시골의사의
주식투자란
무엇인가

시골의사의
주식투자란 무엇인가 2 : 분석 편

초판 1쇄 발행 2008년 10월 24일
초판 50쇄 발행 2024년 3월 15일

지은이 박경철

발행인 이봉주 **단행본사업본부장** 신동해
마케팅 최혜진 백미숙 **홍보** 반여진 허지호 정지연 송임선 **제작** 정석훈

브랜드 리더스북
주소 경기도 파주시 회동길 20
문의전화 031-956-7352(편집) 031-956-7129(마케팅)
홈페이지 www.wjbooks.co.kr
인스타그램 www.instagram.com/woongjin_readers
페이스북 https://www.facebook.com/woongjinreaders
블로그 blog.naver.com/wj_booking

발행처 ㈜웅진씽크빅
출판신고 1980년 3월 29일 제406-2007-000046호.

ⓒ 2008 박경철, 저작권자와 맺은 특약에 따라 검인을 생략합니다.
ISBN 978-89-01-08876-1 (13320)
    978-89-01-08845-7 (세트)

리더스북은 ㈜웅진씽크빅 단행본사업본부의 브랜드입니다.
이 책은 저작권법에 따라 보호받는 저작물이므로 무단 전재와 복제를 금지하며, 이 책 내용의 전부 또는 일부를 이용하려면 반드시 저작권자와 ㈜웅진씽크빅의 서면동의를 받아야 합니다.

*잘못된 책은 바꾸어 드립니다.
*책값은 뒤표지에 있습니다.

시골의사의
주식투자란 무엇인가

분석편 2
시장의 이면을 꿰뚫는 분석

박경철 지음

리더스북

이 책을 펴내며 투자, 기본 지식을 갖춘 후 시작하라

처음 주식투자에 관한 책을 쓰기로 마음먹은 것은 지난 2000년 말이었습니다. 시장은 IT 거품 이후 주가가 폭락하여 암울한 어둠으로 뒤덮여 있었고, 불과 1년 전의 화려한 축포 소리는 온데간데없이 9시 뉴스에서는 주가 폭락을 비관한 투자자들의 자살 소식이 연일 보도됐습니다. 당시 사람들의 가슴에는 '부조리함에 대한 분노'가 가득했습니다.

IMF 이후 정부가 해결책으로 택한 것은 벤처기업 육성과 기업 구조조정 정책. 당시로서는 불가피한 선택이었을 수 있지만 운영과 집행의 미숙으로 인한 후유증은 너무나 깊고 컸습니다. 은행은 문을 닫고 알짜 기업들은 외국 자본에 헐값으로 팔려나갔으며, 그곳에서 근무하던 근로자들은 실업자가 되어 길거리에 나앉았습니다. 그리고 그들은 몇 푼의 퇴직금으로 자영업을 시작하거나 전업 투자자가 되어 주식시장에 들어왔습니다.

머지않아 거품은 붕괴되었습니다. 펀더멘털의 위기를 투기적 가수요로 극복하려 한 정책에 대한 부작용이었습니다. 그때 많은 사람들이 고민했습니다. 내 나라 정부가 과연 무엇을 위해 존재하는가에 대한 근본적인 고민

이 시작된 것입니다. 과거 우리 정부는 늘 강자가 초래한 위기를 약자의 희생으로 막아왔습니다. 사회적 강자로 인해 위기에 처한 경제는, 늘 사회적 약자의 일방적 희생을 담보로 회생했기 때문입니다.

벤처기업 육성정책은 즉흥적으로 진행됐고 아무런 체계도 없었습니다. IMF 시절 고금리로 엄청난 이자수입을 올린 현금 보유자들은 새로운 먹잇감이 필요했고, 정부는 일자리 창출과 가시적인 경제지표가 필요했을 뿐이었습니다. 거기에 검은 정치자금이 필요했던 권력자들의 욕망이 뒤엉켜 벤처열풍을 일으킨 것입니다. 심지어는 조폭들마저 벤처육성 정책에 편승했습니다. 작은 중소기업을 사들여서 KOSDAQ에 상장하고 그 대가를 정치자금으로 제공했다는 흉흉한 소문까지 들려왔습니다.

그 결과 사전에 벤처기업에 투자한 자본들은 천문학적인 자본수익을 얻었고, 벤처정신을 갖고 출발했던 건전한 벤처사업가들도 그 맛을 보고 기성재벌을 흉내내는 데 급급했습니다. 하지만 파티의 진행 비용은 뒤늦게 뛰어든 어리석고 힘없는 백성들의 몫이었습니다. 나 역시 그 과정을 지켜보면서 아무것도 할 수 없는 것에 대해 인간적 무력감을 느꼈습니다. "이건 아니다. 이건 틀렸다." 싶었지만 개인의 힘으로 할 수 있는 것은 아무것도 없었습니다.

그래서 내 작은 경험을 바탕으로 주식시장을 돌아보고, 아무것도 모르고 뒤를 따라오는 사람들의 길잡이가 되고자 하는 바람에서 책을 쓰기 시작했습니다. 하지만 원고는 마무리되면 되는 대로 두 번씩이나 서랍 속으로 들어가고 말았습니다. 왜냐하면 처음 원고를 마무리할 때쯤 시장의 속성이 바뀌었고, 다음 원고를 마무리할 때쯤에는 투자자의 구성이 바뀌었기 때문입니다.

당시 우리나라 기업들은 정상적인 회계 기준이나 기업관행 대신 엉터리 재무제표와 분식회계로 이루어진 가짜 장부들을 태연하게 제출했습니다. 그래서 시장은 기업의 실적을 제대로 평가할 수 없었고, 때문에 한국시장에서 정상적인 기업 분석을 한다는 것은 너무나 어리석은 일이었습니다. 그래서 2000년대 초까지만 해도 주식시장을 분석하는 유일한 대안은 단지 경기순환에 의지한 투자나 기술적 분석뿐이었습니다.

처음에는 '기술적 분석'이라는 주제를 담아 책으로 세 권이 넘는 분량의 원고를 탈고했지만, 원고가 마무리될 무렵 서서히 기업관행이 바뀌었고 투자관행도 바뀌기 시작했습니다. 도리 없이 이번에는 '기업 분석'을 주제로 다시 책을 마무리지었습니다. 하지만 그것 역시 탈고하고 보니 여전히 미진했습니다. 한국식 투자문화에서 원론을 이야기한다는 것은 시기상조라고 여겨졌기 때문입니다. 결국 이것도 저것도 모두 답이 아니었던 셈입니다. 그러고는 한동안 책 쓰기를 포기했습니다. 한편으로는 어차피 이론은 무의미한 것이라 여긴 탓도 있습니다. 제아무리 이론을 가르치려 해도 그것은 문자일 뿐이고, 문자를 통해 온전한 의미를 전달할 수는 없었습니다.

그러다가 2006년쯤 이제는 정말 책을 써도 되겠다고 생각했습니다. 개인들의 자산투자가 늘어났고 시장이 서서히 상승추세로 접어들었지만 이대로 가면 다시 한 번 과거의 전철을 밟을 수도 있을 것이라는 우려가 들었기 때문입니다.

먼저 기초 편으로 《시골의사의 부자경제학》을 썼습니다. 주식투자를 시작하기 전에 필요한 기본적인 지식을 짚고 넘어가야 한다고 생각했기 때문인데, 어쨌건 그 바람에 서랍 속에 있던 두번째 원고가 일부 부활했습니다. 《시골의사의 부자경제학》은 당시 두번째 썼던 원고가 바탕이 되었습니다.

다시 2년의 시간이 흘러 이제 주식투자에 관한 책을 마무리지었습니다.

하지만 이 책은 과거에 쓴 원고를 바탕으로 하지 않았습니다. 이제는 쓸모없는 기술적 분석 이론들은 대부분 버리고, 반드시 전달하고 싶은 내용만 중점적으로 정리했습니다. 이번에는 시장에 관한 이야기를 모두 담되 불필요한 것은 과감히 버리고 가기로 결심한 탓입니다. 그래서 그동안 언론이나 잡지 등에 기고하던 칼럼들도 이 책의 원고로 삼겠다는 전제로 썼고 방송을 할 때도 그것을 감안했습니다.

그런데 대부분은 새로운 원고가 하나씩 추가되면서 채워졌습니다. 그렇게 정리를 하고 보니 원고지로 무려 5,000매가 넘는 분량이 되었습니다. 컴퓨터 앞에 앉아 한 권의 책을 쓰기 위해 계속 작업을 한 것이 아니라 순간순간 필요하다고 생각되는 부분들을 불연속적으로 쓰다보니 분량이 늘어난 것입니다. 설상가상으로 책의 일관성이 떨어지고 곳곳에 동어반복이 일어났습니다. 그래서 마지막에 다 쓴 원고를 한 번 더 과감히 덜어냈습니다. 일 없이 분량만 늘리는 것은 예의가 아닐 뿐더러 독자들에게 해가 될 수 있기 때문입니다.

그 결과 이 책이 나왔습니다. 여기에는 이런 내용들이 담겨 있습니다. 지금까지 내가 경험한 시장 이야기, 그동안 읽었던 결코 적지 않은 양의 전문도서와 논문의 내용을 정리한 노트, 최소 100년간 시장을 분석하고 먼저 공부했던 사람들의 이론과 이야기, 그리고 시장을 보는 방법과 기법에 대한 제 의견들이 그것입니다. 하지만 그동안의 주식 책에서 흔히 볼 수 있거나 다른 책을 한 권 읽으면 알 수 있는 이야기들은 가능하면 배제했습니다.

특히 기술적 분석 부분에서 이미 다들 아는 이야기들은 굳이 이 책에서 반복할 필요가 없다고 여겨 상당 부분을 생략했습니다. 이 책에서 그런 부분을 기대한 독자들은 다소 허전할 수도 있습니다. 하지만 내 생각으로는 이 책에서 다룬 내용 이상의 것을 공부하는 것은 낭비입니다.

세상에 칼은 많습니다. 그러나 요리사가 요리할 때 쓰는 칼은 수많은 칼 중 단 하나입니다. 요리사는 가장 잘 드는 칼 하나만 잡고 요리를 합니다. 투자자들도 마찬가지입니다. 독자 여러분은 이 책에서 소개하는 범위 내에서 한 개의 칼을 선택하길 바랍니다. 그래도 정말 아쉽고 더 많은 칼이 필요하다면, 시중에 나와 있는 책을 한 권 골라 추가로 읽으면 됩니다.

기본적 분석에 대해서도 마찬가지입니다. 요새는 과거와 달리 투자자들이 상당히 전문화되어서 어지간하면 기업 분석이나 기본적 분석을 하는 책들을 한두 권은 읽었고 또 많이 알고 있습니다. 그래서 이 부분 역시 동어반복할 필요는 없다고 생각하여 상당 부분을 생략했습니다.

때문에 책이 정돈이 덜 된 느낌입니다. 하지만 그것은 그대로 두었습니다. 굳이 세련된 구성이나 일목요연한 이론처럼 보이기보다 이런저런 이야기와 고민거리들을 던져 독자들이 따로 생각할 여지를 두는 것이 낫겠다고 여긴 탓입니다. 또 내가 시장을 잘 알고 항상 시장을 이길 수 있는 사람이라면 그러지 않았겠지만, 나 역시 일개 개인 투자자 중의 한 사람이고 내일을 예측할 수 없습니다. 그러니 괜히 하늘천장이라도 뚫은 양 구는 것보다 겸허하게 같이 고민하는 형식을 취하는 것이 옳으리라 여긴 것입니다.

어쨌거나 주식투자에는 정답이 없습니다. 세상 사람들이 어떤 기업의 주식을 싸게 사두면 언젠가는 오른다고 하지만 그것은 오를 때까지 드는 시간과 노력의 기회비용은 생각하지 않고 말하는 것입니다. 또 무슨 종목이 오를지 알 수 있다고 말하는 사람들도 많지만 그것은 애당초 전제조차 성립하지 않는 거짓말입니다. 그래서 이 책에서는 굳이 정답을 찾으려 하지 않았습니다.

하지만 한 가지는 꼭 얘기하고 싶습니다. 이 책을 정독하면 내가 얘기하고자 하는 핵심이 무엇인지 이해할 수 있으리란 점입니다. 그 핵심을 제외한 나머지 이야기들은 핵심을 이야기하기 위한 장치에 지나지 않습니다. 특히 그 핵심에는 기술적 분석, 재무 이론, 그리고 가치분석의 교집합이 만들어지는 부분이 있고 그 부분만은 정말 독자들이 이해했으면 하는 것이 욕심입니다. 하지만 그게 쉽지만은 않을 것이라 생각됩니다. 앞서 말한 대로 이건 책으로 설명할 수 있는 범주의 이야기가 아니기 때문입니다.

아울러 이 책은 초보 투자자들에게는 좀 어려울 것입니다. 사실 책을 쓰는 사람의 입장에서는 이 점이 늘 고민입니다. 눈높이를 어디에 두어야 하는가라는 점 때문입니다. 외람되게도 투자자라면 이 책에 있는 내용 정도는 모두 이해해야 한다고 생각합니다. 이 책을 이해했다면 이제 주식투자를 할 수 있는 면허증을 획득했다고 생각하면 됩니다. 안타깝게도 너무 많은 투자자들이 준비 없이 시장에 들어서고 있습니다. 직접투자든 간접투자든 간에 투자자가 시장에 들어올 때는 최소한의 준비를 해야 합니다. 그런데 많은 사람들이 애써 모은 소중한 자산을 시장에 맡기면서 거의 아무런 준비도 하지 않습니다.

투자란 배우면서 하는 것이 아닙니다. 자동차 운전처럼 최소한의 능력을 갖추어야 시작할 수 있는 것입니다. 그래서 이 책을 읽으면서 이 정도 수준밖에 쓰지 못한 저를 비웃을 수 있어야 합니다. 그리고 이 책의 내용을 모두 이해했다면, 이제야 겨우 주식투자 면허증을 획득했다고 생각하기 바랍니다.

전에도 그랬듯이 내가 쓴 책은 별로 친절하진 않지만 사실은 그것이 내가 독자들에게 가진 '선의'의 표시입니다. 그리고 이 책의 군데군데에 오류도 있고 부족한 부분도 많겠지만, 그래도 너그럽게 이해해주시리라 믿습니다.

끝으로 불편하고 두서없는 원고를 정리하고 출판해주신 리더스북 식구들에게 감사드립니다. 아울러 사랑하는 가족과 블로그를 통해 만난 네트워크 세상의 친구들에게도 깊은 사랑과 감사의 마음을 전합니다.

시골의사 박 경 철

> **프롤로그**

주식투자, 실패를 통해 성공으로 나아간다

  우리는 살면서 무수한 실수와 실패를 반복합니다. 그 점은 나 역시 다르지 않습니다. 하지만 우리는 그 실패가 성공의 밑거름이 될 것이란 희망을 가집니다. 주식투자도 그렇습니다. 많은 사람들이 나는 다를 것이라고 생각하지만 그것은 허상입니다. 사실은 이 순간에도 언제 닥칠지 모를 실패를 두려워하고 있습니다.

  나름대로 꽤 오랫동안 시장을 공부해왔다고 생각하는데, 솔직히 아직도 시장을 잘 모르겠습니다. 그간 내가 지켜본 시장은 영화 〈프레데터〉의 괴물처럼 그 모습을 드러낼 듯하다가 숨어버리고, 흔적이라도 남길 듯하다가 그대로 사라져버리곤 합니다. 더구나 그마저도 때로는 천사의 모습으로, 때로는 악마의 모습으로 나타납니다. 그래서 나는 책을 쓰는 내내 '시장은 이런 것'이라고 설명할 도리가 없음이 안타까웠고, 특히 2권의 원고를 쓰면서는 더더욱 그랬습니다.

  1권에서는 그러한 시장의 속성을 얼추 그림자나마 비슷하게 묘사했다고 할 수 있지만, 2권은 정말 자신이 없었습니다. 이번엔 "주식투자란 무엇인가?"가 아니라 "주식투자란 이렇게 하는 것이다!"여야 하는데 과연 내가 그런 말을 할 자격이 있는지, 진짜 그 방법을 알고 있는지 자문해보면 답변은 오리무중입니다. 그래서 2권의 뼈대를 '시장의 주요 이론을 소개하고 설명하는 해설서'로 가져갈지, 아니면 맞든 틀리든 '내 방식의 방법론' 위주로 갈지를 두고 많은 고민을 했습니다.

대개의 경우 절충점을 찾는 것이 최선이듯 나는 이 책에서도 절충점을 찾았습니다. 그 결과 이미 알려진 기존의 이론 중에서 필요한 부분들은 가능한 한 '재해석'하고, 그것을 바탕으로 해 '나의 방법론'까지 함께 담아내기로 한 것입니다. 그래서 이 책에는 시장 분석을 다룬 보통의 책들에서 자주 만나는 이론들은 상당 부분 빠져 있고, 심지어 독자들이 자주 쓰는 기술적 분석 도구들은 허망할 정도로 많이 생략되어 있습니다. 반면 어떤 부분은 집요할 정도로 상세합니다.

그 결과 2권에서는 MBN을 통해 1년 동안 강의한 '다시 쓰는 기술적 분석'의 주요 내용조차 거의 생략했고(당시 강의는 인터넷에서 무료로 구할 수 있으니 일반적인 기술적 분석 이론들은 그것을 참조하기 바랍니다), 특정 부분은 지나치다 싶을 만큼 반복적으로 강조하고 있습니다.

원래 투자 이론이란 한 사람이 평생을 바쳐 도전해도 한 가지를 완성하기가 어렵습니다. 나 역시 마찬가지입니다. 오랫동안 시행착오를 거쳐 그나마 유용하다고 믿는 한 부분에 천착해왔지만, 그 역시 아직도 완성이 아닌 진행형인지라 지금 그것을 마치 새롭고 유용한 이론이나 되는 것처럼 말하는 것이 옳은지에 대해서 고민이 있었습니다. 하지만 결국에는 책에 모두 담았습니다. 솔직히 말하자면 작심한 셈입니다.

그래서 2권 '분석 편'은 전체적으로는 시장 분석, 즉 투자 방법론을 다루고 있지만, 기본적 분석 부분은 '비판적 분석'의 입장에서, 기술적 분석 부분은 '나만의 방식'을 토대로 다루었습니다.

  때문에 이 책을 읽은 독자들은 한 가지 난제에 부닥칠 것입니다. 전자의 경우에는 그래도 일단 자주 접하는 주제를 다루고 있으니 이해에 큰 무리는 없겠지만, 후자의 경우에는 그 생소함으로 인해 이해하는 데 있어 상당한 어려움이 있을 수 있습니다. 하지만 그대로 내놓기로 했습니다. 일단 저지른 일은 고민한다고 무를 수 있는 것이 아니기 때문입니다.

  더욱이 방대한 양의 초고를 한 권의 책에 담을 수 있는 분량으로 인위적으로 줄이다보니, 좀더 중언부언하고 싶고 좀더 상세히 덧대고 싶은 부분이 눈에 많이 띕니다. 그러나 정말로 그렇게 한다고 해서 결과가 달라지지는 않을 것이라 생각됩니다.

  이 책이 어떤 평가를 받든 내가 주장하는 이론들이 어떤 비판을 받든, 모든 것은 이제 내 손을 떠났습니다. 부족함이 있다면 너그럽게 이해해주시고 들려주실 말씀이 있다면 들려주시기를 바랍니다.

  하필이면 책이 출간되는 때가 대단히 어수선한 시점입니다. 하지만 말씀드린 것처럼 지금 우리가 겪는 작은 실패의 경험들은 미래의 완성과 성공에 큰 거름이 될 것을 믿어 의심치 않습니다. 모쪼록 이 책이 독자 여러분들의 귀중한 자산을 다루는 데 미력한 도움이나마 되었으면 하는 바람입니다.

  2008년 10월, 길고 긴 어두운 터널 속에서 가느다란 희망의 실마리를 붙들고 2권의 서문을 씁니다.

    I've missed more than 9000 shots in my career.

    I've lost almost 300 games.

    26 time, I've been trusted to take the game winning shot and missed.

I've failed over and over and over again in my life.
And that is why I succeed.

나는 선수생활을 하는 동안 통산 9,000개 이상의 슛을 실패했고,
거의 300 게임을 졌다.
또 모두들 내가 결승골을 넣을 것으로 믿었지만,
내가 넣지 못해 진 것만도 26번이나 된다.
내 삶에서 실패는 반복되었다.
바로 그런 실패들이 나를 성공으로 이끌었다.

- 마이클 조던

차 례

- **이 책을 펴내며** _ 투자, 기본 지식을 갖춘 후 시작하라 · 5
- **프롤로그** _ 주식투자, 실패를 통해 성공으로 나아간다 · 12

chapter 1 주식투자의 분석

- 위험은 분석을 낳는다 · 22
- 주식, 어떻게 사고팔 것인가 · 30

chapter 2 주식분석의 함정

- 주식투자와 도박이 다른 이유 · 50
- 기술적 분석의 맹점 · 67
- 기술적 분석과 가치 분석 무엇이 다른가 · 74

chapter 3 거시경제 분석

- 시장을 알고 투자하라 · 80
- 한국시장의 거시지표 · 86
- 미국시장의 거시지표 · 101

chapter 4 주가지수 분석

- 한국의 주가지수 · 118
- 주가지수의 활용 · 127

chapter 5 가치평가와 기업 분석

- 기업의 이력서, 재무제표 · 134
- 재무제표로 기업을 고르는 5가지 원칙 · · · · · · · · · · · · · · 137
- 재무제표의 핵심 · 141
- 기업의 순이익과 배당의 관계 · 155
- 워렌 버핏의 기업 분석은 무엇이 다른가 · · · · · · · · · · · · 158

chapter 6 주가승수의 이해

- 가치평가를 위한 PER의 활용 · 164
- 가치평가를 위한 PBR의 활용 · 189
- 기업의 안정성을 평가하는 PSR · · · · · · · · · · · · · · · · · · · 195
- 저평가 기업을 찾아주는 P/FCF · · · · · · · · · · · · · · · · · · · 201

chapter 7 포트폴리오 분석

- 포트폴리오란 무엇인가 · 208
- 최적의 포트폴리오와 장기투자 · 216
- 기대수익을 높이는 포트폴리오 전략 · · · · · · · · · · · · · · · · · · 231
- 분산투자 포트폴리오 · 248
- 고위험 고수익 포트폴리오 · 254

chapter 8 위험관리와 분석

- 주식 투자자가 리스크에 대처하는 자세 · · · · · · · · · · · · · · · 260
- 주가는 대푯값을 중심으로 수렴한다 · · · · · · · · · · · · · · · · · · 264
- 주가는 정규분포를 따르는가 · 270
- 리스크는 분석 가능한가 · 281

chapter 9 변동성 분석

- 이동평균선은 주가 예측 도구인가 · 296
- 변동성 집중화 현상은 어떻게 포착하는가 · · · · · · · · · · · · · 315
- 변동성을 파악하는 밴드오버레이 · 328
- 이격도를 활용한 변동성 분석 · 367

chapter 10 파동 분석

- 초기의 파동 이론들 · 380
- 엘리어트 파동의 원리 · 391
- 엘리어트 파동의 법칙과 오류 · 398
- 엘리어트 파동의 활용 · 421

chapter 11 각도 분석

- 차트 속 각도로 시세를 판단한다 · 434
- 엘리어트 파동에 적용한 갠 이론 · 447
- 각도론의 응용 · 460
- 추세선 · 475

chapter 12 보조지표 분석

- 추세의 힘을 측정하는 RSI · 488
- 추세의 빠르기를 측정하는 스토캐스틱 · · · · · · · · · · · · · · · 501
- 이동평균선의 한계를 보완하는 MACD · · · · · · · · · · · · · · · 506
- 거래량은 시장에서의 의견 충돌을 지켜보는 지표 · · · · · · 509

- **에필로그** _ 건강한 시장을 염려하며, 건강한 투자를 꿈꾸며 · 514
- **투자에 대한 인터뷰** _ 이채원 부사장과의 대화 · 521
- **참고도서** · 528
- **찾아보기** · 532

chapter 1
주식투자의 분석

> 위험은
> 분석을
> 낳는다

　1930년대 초 미국의 투자은행들은 심각한 위기를 겪었다. 제1차 세계대전 후 진행된 인플레이션의 영향으로 채권 가격이 급락하여 우량채권이 휴지조각이 되었기 때문이다. 2007년 하반기의 서브프라임 모기지 사태만큼이나 큰 위기였다. 그 대상이 과거에는 우량기업의 채권이었고, 오늘날에는 부동산 관련 채권이라는 차이만 있을 뿐이다. 당시 투자은행들은 초우량기업의 채권을 비롯해 표면이자율이 더 높은 2류 기업의 채권 그리고 이자율이 파격적인 3류 기업의 채권까지 무차별적으로 인수했다. 그후 기업으로부터 인수한 채권들을 투자자들에게 다시 팔아넘겼고, 이들은 소위 위험분산이라는 논리로 1류, 2류, 3류 기업의 채권을 섞어서 매입했다.

　하지만 제1차 세계대전과 공황으로 인해 수많은 기업의 채권이 무용지물이 되면서 투자자들의 손실은 급증했다. 투자자들의 환매 요구에 시달린 투자은행들은 그나마 거래가 가능한 우량채권들을 매각하여 환매에 대응함으로써 우량채권마저 휴지에 가까운 가격으로 폭락했다. 또한 그들 중 상당수는 스스로 빠져나올 수 없는 늪으로 끌려들어갔다. 마치 80년 후 2007년판 서브프라임 모기지 사태를 보는 듯한 느낌이다.

주식투자가 채권투자보다 매력적인 이유

채권은 주식에 비해 안정적인 투자 수단으로 여겨진다. 첫째, 채권은 파산시 주식에 비해 우선적인 변제권을 갖고 있으며 둘째, 채권의 가격은 기본적으로 이자율의 변화에 따라 결정되므로 원본 손실의 가능성이 거의 없기 때문이다.

하지만 원인도 규명할 수 없고 논리적으로 설명하기도 힘든 세계적인 공황이나 금융위기가 닥치면 채권 역시 주식만큼이나 위험해진다. 사실 따지고 보면 채권은 안전하고 주식은 그렇지 않다는 생각은 근거없이 막연하다. 실제로 기업이 파산할 때 과연 변제 가능한 파산과 변제 불가능한 파산이 존재할까?

보통주를 가진 주주는 기본적으로 채권 보유자에 대해 채무자가 되고 채권 보유자는 주식 투자자에 대해 채권자가 되는 것은 분명하지만, 양자가 공히 모체로 삼고 있는 기업이 부도를 맞는다면 만기가 도래하지 않은 채권은 주식과 마찬가지로 위험하다. 채권 투자자가 보통주 투자자에 비해 유리할 때는 '청산가치가 존재할 경우'뿐이다.

우리가 경험한 기업 부도는 대부분 개별 기업의 문제가 아닌 이상 경제구조로 인한 대대적인 금융위기나 공황에 의해 발생한 것이므로, 청산가치는커녕 채권 변제마저 불가능하다. 그런 관점에서 본다면 기업에 투자하는 채권 투자자나 주식 투자자 모두 손실을 입는다는 것은 같지만 채권 투자자의 위험이 주식 투자자보다 조금 낮은 것은 사실이다.

그렇다면 이익의 경우는 어떨까? 주식을 보유한 투자자는 기업의 원본 가치가 증가하면 그에 따른 자본이득을 얻을 수 있지만 채권 투자자는 그렇지 않다. 기업의 실적이 증가한다고 해서 채권 투자자에게 이자를 늘려줄 리 만무하다. 다시 말해 경기가 악화되고 실적이 나빠져 기업이 부도 위험에 직면하면 채권 투자자나 주식 투자자 모두 리스크를 부담하지만, 채권 투자자는 기업의 실적에 관계없이 일정액의 이익을 수취하게 된다.

하지만 기업의 신용등급이 하락하고 부도 위험이 증가할수록 채권의 원본가치도 하락하므로, 이자율을 확보하고 있다고 해서 채권 투자자가 전체적으로 이익을 내는 것은 아니다. 1990년대 후반 대우채권, 현대채권 등을 포함한 금융위기와 2000년대 초 카드위기를 생각해보면 그 답은 분명하다.

반대의 경우도 마찬가지다. 기업의 이익이 증가하고 기업의 신용등급이 상승한다고 해서 채권의 원본가치가 그만큼 증가하는 것은 아니다. 채권의 원본가치는 이자율이 하락하느냐 상승하느냐에 따라 움직일 것이고, 투자 대상이 정크본드가 아닌 한 원본가치에 대한 증액은 거의 미미하다.

대신 투자한 기업이 이익을 냈을 때를 생각해보자. 삼성그룹의 이건희 회장이 퇴임하면서 그의 업적을 다룬 용비어천가가 울려퍼질 당시의 기사를 보면, 삼성전자 주식의 시가총액이 1,441배 증가했으며 이익은 64배 증가했다고 나와 있다. 이 경우 기업 이익의 증가와 기업의 지속 가능성에 대한 이익은 모든 보통주 투자자들이 누렸을 것이다. 채권 투자자의 이익은 삼성그룹이 약속한 표면이율이 거의 전부였다고 할 수 있다. 이때 우리는 우량기업의 채권을 보유하는 것이 주식을 보유하는 것보다 반드시 안정적이고 나은 이익을 누린다고 말할 수 없다. 때문에 주식 투자자의 이익은 이론상 채권 투자자의 그것을 능가하는 것이 정상이다.

실제 투자에서 이런 법칙이 적용되지는 않는다. 수많은 보통주 투자자들은 어떤 기업을 살 것인가의 문제가 아닌, 언제 살 것인가에 매달리느라 주가가 오를 때 사들이고 주가가 떨어질 때 파는 역매매를 감행함으로써 오히려 손실을 입거나 채권 투자자의 표면이율 이상의 수익률도 달성하지 못하기 때문이다.

2000년 초 카드위기가 닥쳤을 때 혜안 있는 채권 투자자들은 삼성카드나 LG카드의 채권을 사서 큰 이익을 냈을 것이다. 당시 이들 채권은 액면가에 비해 무려 70%씩이나 할인된 가격에 거래되었고, 만기는 불과 1~2년을 앞두고 있었다.

논리적으로 생각했을 때 이들 채권이 부도를 맞으면 채권 투자자들이 엄청난 손실을 입게 되고 다시 이들을 편입한 채권형펀드, 나아가서는 채권을 포함한 주식형펀드까지 줄줄이 손실을 입게 된다. 또한 국내 채권시장은 공황 상태에 빠지게 되고 이들에게 자금을 대출한 은행도 위기에 처하면서 제2의 금융위기를 맞게 될 것은 불을 보듯 뻔한 일이었다.

아직 IMF의 고통을 잊지 못한 수많은 채권 투자자들은 채권을 내다팔기에 정신이 없었다. 하지만 이때 간과한 사실이 하나 있다. IMF 외환위기 때에는 모자라는 외화를 조달하기 위해 외국은행이나 중앙은행에서 달러를 구해오는 방법밖에 없었지만, 국내 채권시장의 문제는 해당 기업에 원화를 대출하거나 원화 자금을 투입하면 해결된다는 사실이다. 다시 말해 전자는 국가적 위기에 직면하는 상황이라 우리가 해결할 수 없었지만, 후자의 경우에는 비록 모럴해저드에 관한 비난은 쏟아지겠지만 한국중앙은행의 발권력을 통해서라도 해결할 수 있는 문제라는 인식이 필요했던 것이다.

이와 관련해 카드위기 당시 모 경제지에 기고한 칼럼의 일부를 살펴보자.

채권투자에서 이런 종류의 투자 기회는 가끔 찾아온다. 하지만 그렇다 하더라도 채권투자는 최대 이익이 정해져 있다는 한계를 가진다. 즉, 정해진 채권의 표면금리와 원본가액만큼이 최대 이익이 되는 셈이다. 1만 원짜리 채권이 2,000원이 되었을 때 결국 이익은 최대 5배로 확정되는 것이며 "그 이상의 수익은 없다."

주식 투자자의 경우는 어떨까? 이때 카드 회사의 주가는 장외거래가 기준으로 거의 담뱃값 수준 이하로 폭락한 상태고, 결국 상장 과정을 거친 이 주식의 이익은 특정한 이익폭을 한정할 수 없다.

같은 조건에서 채권투자를 선택하기는 쉽지만(물론 혜안을 가진 투자자들의 경우지만) 이 시기에 주식투자를 결정하기는 어렵다. 채권 투자자는 실적이 더 나아지지 않더라도 우여곡절 끝에 만기까지만 버티면 큰 이익을 얻을 수 있지만 주식 투자자는 그 이후의 일까지 감당할 수 없고, 실제 이익이 급증하지 않는 한 주가는 현저히 낮은 상태에 머물 것이기 때문이다.

이것이 채권과 주식의 차이다. 즉, 채권 투자자는 부도 가능성만 판별하면 되지만 주식 투자자는 이익 가능성과 호전 가능성까지 살펴야 한다. 그래서 채권 투자자는 훨씬 안정적인 심리적 환경에서 투자를 하는 반면, 주식 투자자는 불안하고 확신을 갖기 어려운 상황에서 투자를 한다. 결국 주식 투자자는 그들이 참아낼 수 있는 위험을 이기고 견디는 만큼 그에 따른 보상도 커지는 것이다.

주가를 예측하려는 이유

그렇다면 이런 위험이 닥쳤을 때도 주가 하락으로 인한 치명적인 손실을 입지 않을 만큼 충분히 싸게 주식을 사고, 나중에 기업에 대한 평가가 좋아졌을 때는 위험이 제거된 만큼(채권)의 가치에, 더 나아질 것이라는 기대가치를 더한 만큼의 이익을 내는 것이 주식투자의 본질일 것이다.

주식투자의 핵심 포인트는 바로 이 부분에 있고, 벤저민 그레이엄(Benjamin Graham) 이후 많은 가치 투자자들이 주목했던 투자의 포커스 역시 바로 여기에 있다. 이를 기점으로 미국에서는 당시 주류를 이루었던 채권투자에서 주식투자로 서서히 방향이 전환되는 흐름이 나타났고, 이 같은 현상은 최근 몇 년간 우리나라에서도 나타나고 있다. 우리나라 역시 금융자산 중에서 주식에 대한 채권이나 예금의 비율이 1대 9라는 압도적 불균형이 해소되고, 이제 2대 8을 넘어 거의 3대 7 수준으로 진입하는 과정에 있다. 앞으로도 이런 흐름은 당분간 지속될 것으로 보인다 (참고로 미국은 이 비율이 6대 4 정도다).

그러나 2007년 들어 이런 주식 투자자들의 믿음에 금이 가기 시작했다. 주택을 기반으로 한 채권투자에 문제가 발생하는 등 대공황을 떠올릴 만큼 상황이 극적으로 흘러갔기 때문이다.

과거 채권 투자자들이 투자 대상으로 여겼던 채권은 기본적으로 국공채와 회사채를 근간으로 삼았다. 국공채의 경우에는 일단 디폴트의 위험이 낮은 대신 금리가 적고, 기업의 경우에는 신용도에 따라 위험 프리미엄이 매겨졌다. 결국 채권 투자자는 기업에 대한 위험평가를 통해 고위험 프리미엄이 부여된 기업 채권을 안전한 범주에서 사들여서 높은 수익을 취하거나, 리스크가 두려우면 반대로 우량기업의 채권을 사들이고 대신 일정 부분 낮은 이자를 받는 것이 근간이었다.

그래서 채권투자는 은행의 이자율과 비례한 금리소득과 채권 원본의 손실 가능성(기업의 부도 가능성)을 반영한 위험 프리미엄, 이 두 가지를 이용한 투자를 하는 것으로 단순화된 것이다. 하지만 문제는 금융공학이 발달하여 원본 자체가 애매모호해진 경우에는 채권의 위험성이 주식의 위험성을 더 상회하는 상황을 만들어내게 된다는 점이었다. 즉, 원본인 부동산에 대한 채권을 기반으로 다시 발행된 채권, 또 그것을 보증하는 채권, 그리고 그것을 재보증한 채권이 등장한 것이다.

이 과정에서 위험채권과 무위험채권이 뒤섞여 거대한 수조에 독약 한 방울을 떨어뜨린 것과 같은 효과를 만들어냈다. 결국 우량채권마저 본질가치를 정화하기 어려운 아마겟돈의 상황에 빠졌다. 그 결과 2008년 초 금융시장에는 주식보다 채권의 부도 위험이 훨씬 높아지는 기형적인 상황이 연출되었다. 하지만 냉정하게 보면 이것은 과거 기준의 회사채에 대한 이야기가 아니다. 우리가 통상 기업 분석에서 생각하던 채권투자의 개념과 금융공학이 만들어낸 채권은 성립 과정과 기초자산, 파생상품의 종류가 다르다.

따라서 2008년에 불어닥친 신용위기가 미국 은행의 국유화든 달러의 무한공급이든 간에 어떤 식으로든 해결이 되고 나면 채권 투자자들은 채권의 원본가치와 신용 프리미엄의 관계를 다시 생각하게 될 것이고, 이것은 시장에 일종의 건강한 질서를 환기시키는 중요한 역할을 하게 될 것이다.

　이런 맥락에서 보면 채권(회사채)과 주식의 상관관계는 영원한 숙제로 남아 투자자들에게 딜레마를 안겨줄 것이다. 하지만 위기를 통한 채권투자의 손실 경험은 채권이 가진 매력인 '원본 손실의 가능성을 줄이되 수익을 제한하는 틀'을 신뢰하기보다는 '원본 손실의 가능성은 가지되 기업의 수익을 나눠가지는' 주식투자의 유혹에 넘어가는 데 일조할 것이 분명하다.

　이제까지 채권투자와의 비교를 통해 주식투자의 본질을 살펴보았다. 주식투자의 강점에도 불구하고 본질적으로 내재된 위험은 시장 또는 주가를 분석하게끔 했다. 주식투자의 위험을 걷어내고 주가 하락으로 인한 손실을 입지 않으려면 주식을 어떻게 사고 어떻게 팔 것인가에 관심을 기울일 수밖에 없기 때문이다. 이러한 이유로 투자자들은 살아있는 생명체처럼 계속해서 변동하는 주가를 예측하고자 주식시장 또는 증권투자를 분석하기 시작한 것이다.

주식, 어떻게 사고팔 것인가

　주식을 어떻게 사고 어떻게 팔 것인가를 분석하는 방법에는 여러 가지 견해가 존재한다. 전통적으로는 기본적 분석 대 기술적 분석, 또는 증권 분석 대 시장 분석이라는 도식으로 나누어볼 수 있다. 이는 거의 비슷한 개념이라고 알고 있지만 관점이 다르다. 주식의 분석을 증권 분석과 시장 분석으로 나눈 사람은 가치투자의 아버지 벤저민 그레이엄인데, 그는 "주식을 사는 것은 '때'를 사는 것이 아니라 '기업'을 사는 것"이라 했다. 이 말은 주식은 때를 사는 것이라는 많은 사람들의 생각에 반하는 것이다.

벤저민 그레이엄의 증권 분석

　그레이엄은 주가를 예측하기 위해 기업의 과거 실적을 분석하고, 현재

가치를 분석하며, 미래 수익을 예견하는 일련의 작업들이 지극히 어리석은 일이라고 말한다. 기업의 영업력, 경영 능력, 미래수익력, 그로 인한 기업의 영속 가능성 등을 가치화하고 그것을 바탕으로 주가를 매기는 방식을 '투기'라고 정의했다. 왜냐하면 그것들의 가치는 지극히 주관적이며 심리에 의해 지배받고, 아무도 검증할 수 없기 때문이다.

예를 들어, 어떤 기업의 실적이 최근 10년간 연 10%씩 증가했다고 해서 그 다음 10년간도 그만큼 수익이 증가한다는 근거는 어디에도 없다. 비록 그 기업이 그런 능력이 있다 하더라도, 대공황과 같은 불운한 상황을 맞이하거나, 경기의 대주기상의 침체를 겪을 가능성도 있고, 경쟁기업이 등장할 수도 있으며, 어쩌면 올해가 기업 수익력 증가의 마지막 해일지도 모른다는 것이다. 그래서 그의 제자인 워렌 버핏(Warren Buffet)은 "재무 이론을 주장하는 사람들이 말하는 미래가치의 현재가치 할인과 같은 개념은 재무학을 전공하는 교수들의 일자리 마련을 위해 존재할 뿐"이라고 일갈하기도 했다.

사람들은 주가에 기대를 심는다. 어떤 기업의 가치가 지난 10년간 연 10%씩 증가했다면, 향후 10년간도 그럴 것이라는 사실을 믿고 싶어하고 그것을 기정사실화한다. 혹은 어떤 기업의 10년간 평균 주당순이익이 1만 원이었다면 앞으로 10년간 최소 그 정도, 그 이상의 이익을 낼 것이라고 생각한다. 하지만 어떤 기업이 과거 10년간 -1만 원, +2만 원, +1만 원, -2만 원, +1만 5,000원, +2만 5,000원이라는 실적을 보였다면, 이때 이 기업의 평균 주당순이익을 1만 원이라고 규정할 수 있을까? 그리고 그에 근거해서 한해 주당순이익이 1만 원 정도에 이르는 가치를 주가에 반영하는 행위가 성립할 수 있을까?

뿐만 아니다. 수많은 애널리스트들이 목숨을 걸고 알고자 하는 다음 분기 기업 실적은 어떻게 보면 코미디에 가깝다. 만약 애널리스트들이 5년 후 혹은 10년 후의 기업 실적까지 알 수 있다면 그것을 현재가치로 할인한 개념으로 적정주가를 매기는 것이 가능하다. 하지만 이들은 분기수익률마저 제대로 예측하지 못해서 예측보다 실적이 높으면 '어닝 서프라이즈(Earnings surprise)', 예상이 맞으면 '실적 예상치에 부합', 틀리면 '어닝 쇼크(Earning shock)'라고 발표한다. 그러면 시장은 그에 반해 주가가 조절되는 듯하지만 놀랍게도 시장은 그와 다르게 반응하기 일쑤다.

예를 들어, LG디스플레이의 2008년 1/4분기 실적은 애널리스트들의 실적 예상치를 훨씬 뛰어넘었다. 방금 말한 대로 어닝 서프라이즈다. 그런데 익일 주가는 급락에 가까운 수준으로 하락했다. 2008년 1/4분기 실적 발표는 대개 이런 식이었다. 그리고 사람들은 이것을 가리켜 '실적 발표의 저주'라고 불렀다.

이유는 무엇일까? 시장은 다음 분기 혹은 최고 당해연도의 실적이 개선될 것이라는 정도는 이미 반영하고 있고, 그 정도는 기업의 내부자를 통해 충분히 알려지기 때문이다. 당시 LG디스플레이의 실적이 예상을 뛰어넘을 것이라는 정도의 소식은 나 역시 최소 10군데 이상의 통로를 통해 들었다. 결국 기업의 다음 분기나 당해연도 실적 정도는 예측의 의미가 없다고 보는 것이 타당하다.

문제는 이런 논점들이 그 다음에도 지속될 것인가에 있다. 사람들은 일단 주식에 투자하는 이상 낙관적일 수밖에 없기 때문에 일시적으로 악화된 실적은 다음해에 좋아질 것으로, 일시적으로 좋아진 실적은 급격한 실적 호전의 시발점으로 여기려는 경향이 강하다. 그래서 시장에는 지속적으로 거품이 끼게 마련이다. 이 부분에 대해 벤저민 그레이엄은 재미

있는 이야기를 한다.

"PER, 즉 주가수익배율은 현재의 모습으로는 가장 적절한 지표다. 다만 이 배수를 어떻게 매기느냐가 중요한데, 나는 현재 실적 기준으로 10배 정도가 타당하다고 본다. 15배 수준의 PER은 적당하지 않다. 따라서 앞으로 예상치 못하게 나빠질 것을 감안한다면 PER 6배 수준이나 그 이하의 주식을 찾아서 매입하는 것이 옳다고 본다. 이것이 내가 말하는 안전마진(Margin of safety)의 개념이다."

벤저민 그레이엄은 기업의 이익 증가나 손실에 대한 추정치는 시장이 짐작하는 방향성을 크게 벗어나지 못한다고 주장한다. 예를 들어, 경기가 초호황일 때 특정 기업의 실적이 50% 악화될 가능성은 기업 내부의 문제일 뿐 대개의 기업은 실적이 증가한다. 이때 실적이 악화될 수 있는 소수의 기업은 기업평가를 통해 걸러내면 그만이다. 다만 이때 이 기업이 얼마나 좋아질 것인가 하는 문제는 주관의 영역이고 여기서 가격의 거품이 발생한다고 말하는 것이다.

따라서 현재 매겨진 주가수익배율이 6배라면 돌발사건이나 급격한 침체로 기업 실적이 예상과 달리 움직이더라도, 그렇게 싸게 매겨진 주식은 충분히 하락을 감내할 수 있다. 그러나 15배로 값이 매겨진 주식은

Zoom In

안전마진 가치평가를 통해 기업이 저평가되어 있다고 생각하더라도, 시장이 하락하면서 저평가된 주식이 같이 하락하는 경우는 많다. 또 실제 기업이 도산할 경우를 생각하면 저평가라고 해서 무조건 살 수는 없다. 그래서 그레이엄은 기업이 도산하거나 최악의 상황을 맞이해도 손해를 보지 않을 수준까지 저평가된 상태, 즉 내재가치 대비 최소 40~60% 이상 주가가 저평가된 것을 고르는 것을 가리켜 '안전마진'이라 불렀다.

그야말로 견딜 수 없는 수준의 하락을 하게 될 것이라는 논리다.

이에 대해 모멘텀 투자자들은 이렇게 반박한다.

"결국 시장 가격이 현재 가격이다. 시장이 가격을 그렇게 매겼다면 그것이 적정가다. 우리가 주목하는 것은, 3년 후의 순이익 증가를 정확히 알 수는 없다 해도 예리한 통찰이나 직관으로 향후 3년 혹은 10년 후 순이익이 100배 증가할 수 있는 기업을 찾는 일이다. 그리고 시장이 그에 동조하는 강도가 클수록 주가는 비싸게 매겨질 것이며, 주가가 싸게 매겨진 기업은 그만한 이유가 있다."

그럴듯한 이야기다. 하지만 벤저민 그레이엄이 말하는 가치투자 논리는 바로 이 점에서 궤를 달리한다. 우리나라의 많은 투자자들이 말하는 가치투자는 벤저민 그레이엄의 증권 분석에 따른 방식이 아니라 기업 실적의 미래가치에 주목한 것이다. 벤저민 그레이엄이 들으면 지하에서 통곡할 일이다.

다시 돌아가보자. 증권 분석은 기본적으로 상상하기 어려운 가격으로 싼 기업을 찾는 것이 목적이다. 그래서 증권 분석에서는 기본적 분석이라 불리는 기업평가 방식보다 훨씬 가혹한 룰을 적용한다. 이를테면 기업의 순이익이 일정 기간 지속적으로 변동 없이 증가하는 기업임에도 그 기업의 순이익 증가에 비해 주가가 절반 정도 싸게 매겨진 기업이라든지, 순자산가치가 청산가치에도 못 미치는 기업을 찾아내는 작업이다.

여기서 말하는 청산가치에도 재미있는 반론이 있다. 2000년 초 우리나라 기업의 절대다수가 청산가치에 미달했고, 이 글을 쓰는 2008년 현재 일본 기업의 평균 PBR(주가순자산배율)은 1 이하다. 이 기준으로 보면 2000년 초 우리나라 기업 매수가 현명했다고 볼 수 있다(실제로 그랬다. 지금은 PBR 1 이하의 기업은 눈을 씻고도 찾기가 어렵다). 그렇다면 지금 일본에 투자하는 것은 어떨까? 대다수 사람들은 이를 꺼리고 있다. 최근 몇 년간 일본 주식시장의 수익률이 현저히 낮았기 때문이다.

만약 벤저민 그레이엄이라면 어떨까? 한국 기업들 중에서는 살 수 없는 기업이 많다는 사실은 당연히 알고 있지만, 일본이라는 이유만으로 마구 사지는 않을 것이다. 하지만 그의 기준에서 볼 때 일본 기업들 중에서 몇 개의 기업들은 2008년에 살 만한 가치에 도달했을지도 모른다.

벤저민 그레이엄은 모든 기업에 PBR 1이라는 청산 기준을 적용하지 않고, 유동자산을 기준으로 하는 자산가치를 중시했다. 그는 고정자산의 가치를 0으로 취급했다. 이유는 실제로 기업이 청산될 때는 자산가치 이외의 채권이 늘어나 결국 청산가치를 까먹게 될 것이라 여겼기 때문이다. 그래서 그는 영업권이나 기계설비와 같은 자산의 가치는 0으로 두고 유동자산, 즉 실제 잉여금, 유보금, 보유 유가증권의 가치만을 따진 것이다.

지금이 1940년대도 아니고 요즘 이렇게 가혹한 기준을 적용했을 때 과연 살 만한 기업이 있을까 의문이지만, 그래도 찾아보면 있다는 것이 그의 논리다. 그는 이런 식의 기준을 안전마진이라 불렀다. 안전마진이란 어떤 상황에서도 손해보지 않을 정도로 싸게 사는 것을 말한다.

그가 제안하고 워렌 버핏이 확장시킨 경제적 해자(Economic moat)라는

Zoom In   **경제적 해자** 원래 해자(垓子)는 외적의 침입에 대비해 성 주변을 깊이 파서 외적이 성벽을 오를 수 없게 하는 구덩이를 말한다. 경제학에서는 어떤 기업이 영위하는 사업의 진입장벽이 높아서 다른 기업들이 쉽게 뛰어들거나 모방할 수 없는 사업 구조를 갖고 있을 때 해자를 구축하고 있다고 말한다. 다른 말로 "프랜차이즈 밸류가 크다."라고도 한다.

개념도 마찬가지다. 어떤 기업이 다른 기업은 감히 뛰어들 수 없는 안전한 독점 상태에 있다면 가치에 가중치를 부여할 수 있다고 생각했다. 예를 들어, 한국전력의 경우 단단하고 공고한 해자를 갖고 있다(물론 정부의 전기요금 통제라는 만만찮은 약점도 존재하지만). 또 제분회사나 시멘트회사, NHN이나 다음 같은 IT기업의 경우에도 일정 부분 해자를 구축하고 있다고 볼 수 있다.

이렇게 기업이 독과점 구조를 정착하고 있으면 업황이 좋을 때 다른 기업들이 뛰어들 수 있는 여지가 없다. 그리고 기업의 룰, 즉 경기가 악화되면 경쟁기업이 사라지고 경기가 좋아지면 경쟁기업들이 나타난다는 법칙이 적용되지 않는다. 경기가 나빠져도 이용할 수밖에 없으며(가치 하락은 최소한의 수준으로 저지되고), 경기가 좋을 때는 이익을 혼자서 향유하는 기업들을 해자를 구축했다고 말한다.

이것이 그가 말하는 통찰이다. 때문에 그는 증권 분석은 '가능하면'이 아니라 '절대적으로' 안전하고 저평가된 주식을 찾는 분석 방식이며, 이것을 가치투자라고 부른다. 하지만 가치투자에는 하나의 함정이 있다. 벤저민 그레이엄의 시대와 워렌 버핏의 시대를 지나면서 너무 많은 사람들이 가치투자에 눈을 뜨기 시작했다는 사실이다. 여기에 대해 벤저민 그레이엄이 언급한 사실을 되살펴보자.

"기술적 분석이 일정 부분 이익을 취할 수 있는 비법이라는 점을 부정하지는 않는다. 수많은 투자자들이 맹렬하게 경쟁하는 과정에서 누군가가 재빨리 주식을 매수하고 되파는 기술을 기술적 분석이라 한다면, 그것은 많은 사람들이 공유하는 순간 무용지물이 된다."

다시 말해 어떤 기술적 방법이든 처음에는 그것을 통해 이익을 낼 수 있지만, 그것이 공유되는 순간부터 의미를 잃는다는 뜻이다. 그리고 기술적 분석이 지시하는 매수 지점과 매도 지점에는 경쟁자들이 몰리게 되고, 그로 인해 이익을 낼 기회는 사라진다는 것이다. 이를테면 처음 이동평균선을 이용했던 누군가는 상당한 이익을 냈을 테지만, 모든 투자자들이 이동평균선의 지지와 저항을 의식하는 순간부터는 이동평균선에서의 매수단가에 경쟁이 붙어서 비싸지고, 매도 역시 마찬가지가 된다.

그렇다면 가치투자에서는 그렇지 않을까? 유감스럽게도 다르지 않다. 그레이엄에서 출발한 인내심 있고 안목있는 많은 투자자들이, 기업이 내놓은 재무제표에서 거짓을 찾아내고 감춰진 진실에 주목하며 저평가된 혹은 고평가된 주식을 찾으면서, 또는 강력한 해자를 가진 기업들을 발굴하면서부터 가치 투자자가 설 공간이 사라져버렸다. 문제는 더 이상 안전마진을 가진 싼 기업을 찾을 수가 없게 된 것이다. 시장평형이 가치 투자자들의 영역마저도 빠르게 잠식한 셈이다. 아무리 기업을 뒤져도 50%는커녕 30% 저평가된 기업도 보이지 않고, 유동자산만으로 청산가치를 넘는 기업은 아예 사라져버렸다. 해자를 구축한 기업들에는 해자의 높이만큼이나 비싼 값이 매겨져버린 것이다.

결국 가치 투자자들 역시 과거의 논리에서 벗어나 직관과 통찰을 사용해야 하는 상황이 되었고, 가치라는 개념도 절대적 가치에서 상대적 가치로 바뀌었다. 그것은 다우지수의 평균 PER이 10에서 15로 진화한 것만큼이나 혁명적인 변화였고, 벤저민 그레이엄의 시대는 이로써 막을 내리게 된다.

주가는 예측 가능한가

벤저민 그레이엄이 말하는 시장 분석이란 무엇일까? 그것은 문자 그대로 가격을 분석하는 일이다. 여기에는 기업의 실적은 가격에 반영되어 있고, 기업의 실적 역시 가격을 포장하는 포장지로 해석하는 방식이다. 우리는 이 방식을 '모멘텀투자'라고 부른다.

이쯤에서 다시 시야를 넓혀 숲이라는 큰 그림을 보면 기본적 분석과 기술적 분석의 차이가 무엇인지 궁금해진다. 우리가 주식투자의 분석 방법을 이렇게 두 가지로 대별해서 부르는 것은 타당할까? 내가 볼 때 두 방식은 다르지 않다. 기업의 현재 실적과 미래의 실적, 현재의 모습과 미래의 기대 중에서 어느 쪽에 더 비중을 두느냐에 따라 투기적 혹은 투자적이라는 분류가 가능할지는 모르겠으나 기본적으로는 같다.

기업 실적에 대한 전망과 미래에 대한 투자자들의 견해는 가격에 실시간으로 반영된다. 적어도 우리가 알 수 있는 범위에서는 그렇다. 기업의 실적이 증가하는 중에 분기실적 발표일까지 그 사실을 모르는 투자자는 아무도 없다. 다만 순서가 다를 뿐이다. 가장 먼저 아는 사람은 기업의 경영자이고, 그 다음은 내부 책임자일 것이며, 다음으로 생산 현장의 근로자들 순으로 그 사실을 인지한다. 애널리스트가 개입하는 시점은 그 중간 단계 어디쯤일 것이다. 그리고 그때부터는 애널리스트의 전망이라는 이름으로 시장에 알려지기 시작한다.

결국 경영자가 자사주를 사들이는 순간부터, 아니면 내부자들이 그 주식을 사들이기 시작하는 순간부터 가격의 건전한 균형 기능은 섬세하게 깨지기 시작하고, 최종적으로 실적 발표라는 시점에서는 모든 투자자들이 이 사실을 공유한다. 다만 기대치에 대한 오차가 실망과 흥분으로 짧게 추가 반영될 뿐이다.

그 이후는 추정의 문제다. 그렇다면 이런 실적이 추후에도 지속될 것인가? 여기서 '추후'란 말은 다음 분기까지인가, 아니면 3년 후인가? 질문의 폭을 넓힐수록 점점 모호해진다. 회사의 경영자 역시 최소 다음달까지의 실적은 정확하게 전망하고 1년 후까지는 얼추 비슷하게 예상할 수 있겠지만, 3년 후는 그 역시 알 수 없다. 그저 미스터 마켓(Mr. Market) 혹은 미스터 이코노미(Mr. Economy)에 물어야 할 것이다.

여기서부터 투기가 개입한다. 예측 가능한 기간까지의 실적 전망은 이미 주가에 반영되어 있고, 예측 불가능한 시점의 실적 전망은 말 그대로 운에 따를 뿐이다. 불과 2006년까지만 해도 윈도비스타 등으로 인해 반도체의 황금주기가 올 것이라 낙관했던 삼성전자 황창규 사장의 말이, 그로부터 불과 채 1년도 되지 않아 반도체 가격의 대폭락으로 나타났다는 사실을 보면 알 수 있다.

높은 해자를 구축하고 있던 농심의 경우도 마찬가지다. 경쟁자가 없을 것 같던 라면시장에 2008년 들어 경기침체와 밀가루 가격 인상이라는 악재가 겹쳤다. 해자를 구축한 이 기업은 강한 독과점 능력으로 가격에 원가상승을 반영할 수 있다고 낙관했지만, 아이러니하게도 2008년 시장친화적이라는 정부가 들어서자마자 라면 가격에 대한 상시 점검을 공언했다. 그뿐만 아니다. 만약 밀가루 값이 2배, 3배 올라 1,000원 하던 라면 가격이 2,000원, 3,000원이 된다면 칭기즈칸 공략에 무너진 유럽의 단단한 해자들처럼 이 기업의 해자 역시 무너져내리고 말 것이다.

또한 원화 강세와 달러 약세가 지속되자 증권사들은 대한항공을 강력한 주도주로 추천했으나 생각지도 못했던 원화 약세와 유가 상승이 닥치자 항공사의 실적이 급격히 나빠질 것이라고 예측했다. 하지만 주가는 이미 한참이나 하락한 다음이었다.

결국 이런 상황들은 가격으로 나타난다. 다만 가격에 반영되는 시간의 차이와 정확도의 차이로 인해 이익을 취하는 일단의 투자자들이 존재할 뿐이다. 정모 씨라는 어느 당의 비례대표 의원은 자신의 기업이 북방의 어느 나라와 자원개발 계약을 했다고 발표했다. 그리고 이 덕분에 주가가 2,000% 이상 치솟자 그는 주식을 처분해 450억 원이라는 부당이익을 취했다. 그러나 계약이 취소되면서 개인 투자자들은 일거에 휴지조각만 쥐게 되었다.

이런 흐름은 모두 가격에 포착된다. 결국 기본적 분석이란 부당한 가격을 매기는 도구 중에서 기업의 실적이라는 도구를 사용하는 것이고, 기술적 분석이란 그런 것들이 포함된 가격을 살피는 것이라는 관점에서 보면, 오히려 후자가 더 설득력이 있다.

예를 들어, 영민한 기술적 분석가가 가격의 흐름과 거래량, 매수원을 보고 기업의 내부자들이 주식을 사들이는 기미를 파악했다면, 그는 애널리스트의 분석에 의존한 것보다 훨씬 더 빠른 시점에 주식을 매수했을 것이고 또 이익을 냈을지도 모른다. 반면에 기본적 분석가는 기존의 자료에 대해서는 근사치의 평가를 내리지만 미래의 가치, 즉 무형자산, 경영권, 신기술에 의한 예상수익, 현금흐름, 산업 구조의 재편 등은 명료하지 않으므로, 이를 분석할 때 심리가 개입하고 투기적 평가가 개입될 수밖에 없다. 기본적 분석의 함정은 여기에 있고, 기술적 분석은 이 틈을 메우기 위해 기회를 엿보게 된다.

시장가치와 내재가치는 독립변수가 아니다

1930년대까지 시장 분석은 미국에서 새로운 복음으로 여겨지며 장족의 발전을 했지만, 대공황을 겪으면서 그 신뢰도에 심각한 손상을 입게 된다. 이때 등장한 것이 벤저민 그레이엄의 '증권 분석론'이다. 그는 증권 분석에는 기본적으로 세 가지 목적이 있다고 말하는데, 그것은 기업의 상태를 보여주는 설명 기능, 매입 종목을 고르는 기능, 보유 종목에 대한 비판적 평가 기능이라 하였다.

먼저 기업의 상태를 보여주는 설명 기능은 분석 대상 기업이 업계에서 어느 정도의 위치에 있는지, 그리고 어떤 강점과 약점이 있는지를 일목요연하게 정리해서 보여준다. 둘째, 매수 종목을 선정하는 기능은 가장 중요한 기능인데, 기업의 내재가치를 분석하고 그에 비해 주가가 비싸게 거래되고 있는지, 싸게 거래되고 있는지를 보여준다. 이때 내재가치는 핵심적인 개념이다. 실제 시장에서 거래되는 시장가치와 내재가치의 차이는 투자에서 가장 핵심적인 요인이다. 가치 투자자들은 내재가치와 시장가치의 불일치를 조사하고 그 괴리가 얼마나 큰지를 살핀 다음 괴리가 상당히 커서 시장 전체가 위험에 빠져도 해당 기업의 시장 가격이 더 이상 하락할 여지가 없는 종목을 골라야 한다.

1930년대까지만 해도 내재가치란 곧 장부가치로 여겨졌다. PBR 수준의 개념인 청산가치를 내재가치라 여겼던 것이다. 하지만 1930년 이후 내재가치는 기업의 미래수익력을 말하는 개념으로 대체되었다. 기업의 수익력을 합리적으로 평가하는 것이 내재가치의 핵심 사항인 것이다.

예를 들어, 한국전력의 내재가치는 장부가치보다 절반이나 싸다. 장부가치 기준으로 보면 절대 저평가다. 이때 한국전력의 내재가치 역시 시장가치보다 싸다고 말할 수 있는가? 그것이 논점이다. 유가가 오르면 전력요금은 상승해야 하지만, 유가가 오를 때 물가 상승을 억제하기 위해 정부가 개입해서 전력요금의 상승을 제한한다. 이런 공기업의 경우는 기업의 설비와 영업권을 제대로 활용할 수 있는 수익 창출력에 심각한 저해를 받기 때문에 내재가치는 장부가치보다 오히려 낮다.

반면 SK에너지의 경우는 최소한 2007년까지는 내재가치가 장부가치보다 비쌌다. 유가 상승을 독점적 시장 구조가 커버했기 때문이다. 즉, 가격 전가가 가능했던 것이다. SK에너지는 KT나 한국전력과 달리 민간기업이기 때문에 가격을 결정할 때 정부의 제한을 받지 않는다. 따라서 SK에너지는 미래수익력을 그대로 평가받을 수 있다. 이런 합리적인 판단이 내재가치를 평가하는 기준이 된다. 즉, 내재가치란 장부가치와 기업의 기술, 영업력 등을 활용해서 얼마나 지속적인 수익력을 창출할 수 있는지 살피는 데서 출발한다. 다만 그 과정에서 다시 거품이 끼거나 불합리한 판단이 개입될 여지가 크다는 문제가 있다.

내재가치를 평가할 때는 엄정하고 검증된 자료를 기반으로 해야 한다. 예를 들어, 지난 10년간 기업의 실적이 매년 10%씩 증가한 기업과 20% 증가하고 10% 적자를 기록하고 다시 30% 증가한 기업은 각각 평가의 범주가 달라져야 한다. 따라서 기업의 실적 성장과 수익력이 모두를 설득할 수 있는 합리적 바탕 위에서 이루어져야 한다. 때문에 내재가치를 평가하기 위해선 대단한 통찰과 직관이 필요하다.

대신 내재가치 분석을 하는 입장은 검증된 평가에 의존한다. 예를 들어, 태양광처럼 확정되지 않은 신기술을 평가하지 않고 이미 검증된 이익 창출력을 근본으로 한다는 점이 일반적인 기업 분석과 다르다. 이때 기업 분석을 하면서 내재가치 평가에 어려움을 겪는 이유는 대상 자료가 부정확하거나 불규칙한 점, 시장의 변동성이 비합리적인 점, 미래에 대해 확신을 하기 어려운 점 때문이다. 예를 들어, 정유회사의 거대한 설비에 지진이 발생한다거나 전쟁이 난다거나 혹은 10년 주기로 돌아오는 비이성적 시장의 변동성 등은 곤혹스러운 것이다.

내재가치를 살피는 분석가들이 시장가치를 전혀 감안하지 않는 것은 어리석은 일이다. 시장가격은 끊임없이 살피고 교정해야 할 대상이다. 왜냐하면 증권 분석은 내재가치와 시장가치가 괴리를 보일 때 언젠가는 시장가치가 내재가치에 수렴한다는 것을 전제로 하기 때문이다. 이 전제는 시장가치는 내재가치와 독립변수라는 의미가 아니라, 시장가치와 내재가치는 끊임없이 서로 주고받고 교류하는 것이라는 의미가 된다. 1930년대의 내재가치 분석가들이 주가수익배율을 4배가 적당하다고 여겼다면 이제는 8배 정도면 대단히 싸다는 판단을 내려도 될 때가 온 것처럼, 내재가치는 시장가치와 동행하는 것이다.

더구나 내재가치 투자의 가장 큰 문제점은 시장가치와 내재가치가 괴리를 보일 때 내재가치에 대한 투자를 결행했다 하더라도 시세가 수렴하는 시점을 알 수 없다는 점이다. 워렌 버핏처럼 '언젠가는'이라는 생각을 할 수 있는 투자자는 그리 많지 않다. 버핏은 펀드로 치면 폐쇄형펀드 운용자다. 폐쇄형펀드는 주식시장에서 거래된다. 투자자들은 버핏의 포트폴리오가 마음에 들지 않아도 구좌에서 돈을 뺄 수 없으므로 구좌의 수는 동일하게 유지된다. 다만 자신의 지분이 시장에서 할인될 뿐이다.

만약 버핏의 버크셔해서웨이(Berkshire Hathaway)가 향후 10년간 20%의 손실을 낼 것이라 가정해도 버크셔해서웨이의 주식 수(폐쇄형펀드라면 구좌 수)는 줄지 않는다. 버핏은 그것을 책임질 이유도 없고 그저 시장에서 버크셔해서웨이 주가가 떨어지는 것을 바라보면 그만이다. 하지만 대부분의 개방형펀드라면 이미 투자자들이 환매해버려서 펀드 자체가 존립하지 않을 것이다.

개인 투자자도 이와 마찬가지다. 자신의 포트폴리오가 지속적으로 하락할 경우, 아무리 내재가치를 바탕으로 주식을 샀다 해도 결국은 불안감을 이기지 못하고 매도할 것이다. 이러한 차이가 버핏이 시장을 이기는 요인이며 일반 투자자와 구분되는 점이다.

버핏은 내재가치가 시장 가격 대비 낮을 때 매수하고, 그것이 언젠가는 오작교에서 만날 것을 기다린다. 그리고 시장은 언젠가는 그 시점을 제공한다. 다만 '언젠가는'이라는 생각은 버핏처럼 폐쇄형펀드를 운용하거나 개인 투자자가 죽을 때까지 주식을 보유하겠다는 결심을 하지 않는 한 실질적으로 불가능하다. 이 점이 내재가치투자의 가장 큰 문제점이다.

두번째 문제점은 리스크다. 예를 들어, 시장리스크가 발생했다고 가정하자. 전세계적인 인플레이션으로 인해 세계 주가가 동시에 하락했다. 이때 당신이 보유한 내재가치 저평가 우량주는 서서히 떨어지고, 시장가격에 거품이 있던 종목들의 하락은 가파르다. 그리고 언젠가는 두 시세가 만난다고 해도 당신이 그 동안의 시간가치를 감내하고 지킨 결과는 손실뿐이다. 다만 다른 사람들보다 손실이 적었다는 사실로 스스로를 위안해야 한다.

결국 증권 분석에는 몇 가지 핵심적인 문제점이 있는 셈이며, 그런 문제가 존재하는 요인은 다음과 같다. 첫째, 누가 사는가이다. 1년 후에 집을 사야 할 사람이 그 자금으로 투자를 할 경우 내재가치 분석은 부적절하다. 둘째, 시장 상황이다. 시장이 하락을 거듭하는 약세장에서 내재가치투자는 능사가 아니다. 셋째, 가격 요인이다. 시장이 몇 년간 상승을 거듭해서 시장 평균 가격이 지나치게 높아진 시점이라면 곤란하다. 이런 요인은 항상 내재가치 투자자들을 곤경에 빠뜨린다.

기업 분석시 고려할 점

다음으로 실제 기업을 분석할 때 고려해야 할 점은 무엇인가를 생각해보자.

기업에는 성질(quality)과 규모(quantity)라는 두 가지 요소가 있다. 예를 들어, 규모가 큰 대기업은 기본적으로 분석의 안정성이 높다. 대기업은 내부 감시자가 많아서 부정직한 재무제표를 만들 수도 없고, 경영자의 모든 판단이 노출되어 즉흥적이고 위험한 결정을 내릴 수도 없다. 반면 기업의 규모가 작으면 내부 의사결정이 독선적이거나 배타적일 가능성이 크고 외부 감시자의 눈길이 닿지 않는다. 증권사의 애널리스트들도 작은 기업에는 관심이 없으므로 그만큼 제공되는 자료가 안정적이지 않을 가능성이 크다.

두번째는 질의 문제다. 큰 기업이라고 무조건 높은 평가를 내린다면 이미 가격에는 규모에 대한 할증이 되어 있을 것이다. 시가총액에서 안정성에 대한 거품이 작용하고 있기 때문이다. 그래서 모두가 평가할 수 있는 재무제표상의 계량적 지표는 양적 지표이고 그것은 주목의 대상이 되지 못한다.

분석가는 오히려 자신의 안목과 직관이 빛을 발할 수 있는 지점에 시선을 고정해야 한다. 이를테면 자기자본이익률, 이익 성장세, 배당수익률, 배당 성향, 현금흐름, 자산과 부채의 변동, 영업의 독점력, 지속성, 경영지표 등을 감안하여 가중치를 두고 판단할 수 있어야 한다는 말이다. 특히 진입장벽이 낮은 기업들을 할인하고 진입장벽이 높은 기업들은 할증해야 한다.

또한 신기술은 초기에 뛰어난 주목을 받을 수는 있지만, 그 자체가 경쟁기업의 진입을 쉽게 허용하는 요인이 된다. 블루오션이 금세 레드오션이 될 수 있는 것이다. 따라서 과다경쟁이 일어날 수 있는 업종을 반드시 가려야 한다. 예를 들어, 태양광 업종이 각광을 받으면 그곳에 투자하는 것은 가치투자의 개념에 배치된다. 한국전력이 태양광산업에 진출하지 않고 있기 때문이다. 우리나라에서 전력산업을 가장 잘 알고 있는 한국전력은 스스로 설비투자에 뛰어들지 않고, 다른 기업들이 발전소를 세우면 그 전기를 비싼 값에 사주는 역할만 하고 있다. 이것은 설비투자 후 지속적인 수익을 낼 수 없으니 차라리 비싼 값에 전기를 사는 것이 장기적으로는 이익이라는 판단을 내리고 있다는 뜻이다.

이때 전력에 대한 보조금을 보고 우후죽순처럼 뛰어든 중소기업들은 나중에 유가가 떨어지면 결국 도태되고, 유가가 치명적으로 올라 정말 태양광산업이 중심산업이 될 기미가 보이면 한국전력이 본격적으로 뛰어듦으로써 시장의 한계에 부닥친다. 때문에 이런 종류의 기업들은 가치투자자의 관점으로는 투자의 대상에서 질적 문제를 지닌 기업이 된다.

다음으로는 실적 전망치에 대한 판단이다. 앞서 말한 대로 실적 전망치는 과거의 자료를 기반으로 미래의 수익을 측정하려는 시도다. 하지만 과거의 자료에서 우리가 참조하는 것은 결국 추세, 즉 트렌드다. 만약 과거 실적 추세에서 미래 실적에 대한 답을 도출하는 것이 타당하다면 내재가치 분석은 존재할 이유가 없다. 주가에 매겨지는 가격은 이미 이런 계수들을 계량화한 가격일 테니 말이다.

하지만 내재가치 투자자들이 중시해야 할 것은 실적의 안정성이다. 실적 추세가 좋아졌다면 그 원인을 분석해야 한다. 예를 들어, 원화 약세로 실적 개선이 3년간 증가된 수출기업이 있다면, 그 기업은 원화가 강세로 돌아서는 순간 실적이 떨어진다. 이때 지난 3년간의 실적을 바탕으로 이후 3년간의 실적을 전망하는 것은 오류다. 중요한 것은 실적 그 자체가 아니라 실적 안정성이다.

chapter 2
주식 분석의 함정

주식투자와 도박이 다른 이유

　룰렛은 승패가 결정되는 과정을 눈앞에서 지켜볼 수 있다. 회전하는 원반에 구슬이 던져지면 도박꾼들은 칩을 건다. 쌩쌩 돌던 원반의 속도가 점차 느려지면 도박꾼들은 더 이상 돈을 걸 수 없게 된다. 돌아가는 원반 위의 구슬이 어느 구멍으로 들어갈지를 인간의 인지능력으로 예측하는 것은 불가능하다.

　만약 마지막 구슬이 완전하게 구멍에 들어가기 직전까지 판돈을 거는 것으로 게임의 규칙이 바뀐다면 결과는 어떻게 될까? 보나마나 그 카지노는 파산하고 말 것이다. 도박장은 절대로 게임 참여자들이 마음대로 시간을 조정하면서 가장 유리한 순간에 판돈을 걸 수 있게 내버려두지 않는다.

　경마 역시 마찬가지다. 경주마들이 출발선상에 서 있을 때는 기본적 분석을 이용해 어느 말이 우승할지 예측할 수 있다. 경마꾼들이 기수와 말의 과거 우승성적과 더불어 그날 말의 상태까지도 살필 수 있기 때문이다. 과거에 잘 뛰었던 말은 오늘도 잘 뛸 가능성이 높다. 이 때문에 배당은 공평해진다. 과거의 성적이 우수한 말과 기수가 등장하면, 많은 사람들이 그 말에 돈을 걸기 때문에 상대적으로 우승 배당금이 적어진다. 경마는 우승할 것 같지 않은 말이 우승할 때 배당이 커지는 구조를 갖고 있다. 승률이 낮을수록 배당이 높고 승률이 높을수록 배당이 낮다. 문자 그대로 고위험 고수익인 셈이다.

이런 경우 만약에 말이 결승점에 골인하기 직전까지 판돈을 걸 수 있다면 어떻게 될까? 이때는 무조건 경마꾼들이 게임에서 이기게 된다. 하지만 배당금은 한 푼도 없을 것이다. 모두가 결승점에 골인할 것으로 보이는 말에 판돈을 걸게 되면, 우승마에게 돌아갈 배당금이 아예 없어지기 때문이다.

포커는 어떨까? 포커게임에서는 상대방의 패를 알 수 없는 것이 원칙이다. 상대방의 패를 모르는 상태에서 블러핑(bluffing, 실제 들어온 패보다 더 좋은 패가 들어온 것으로 상대방이 생각하게끔 만드는 것)도 하고 레이스(raise, 상대가 높인 판돈을 다시 높이는 것)도 하지만, 만약 상대의 패를 정확히 안다면 게임 자체가 성립이 되지 않을 것이다.

포커에서는 자신의 패가 좋지 않다고 해서 무조건 게임을 포기할 필요가 없다. 예를 들어, 처음 받은 4장의 카드패가 좋지 않다고 해보자. 그럴 때마다 계속 죽다가 좋은 카드가 들어올 때만 게임에 참여하면, 다른 사람들이 게임에 응해주지 않는다. 그가 좋은 패를 쥐었다는 것을 모두가 알게 되기 때문이다. 그래서 포커는 자신의 패가 좋건 나쁘건 어느 수준에서는 억지로라도 게임을 계속 해야만 한다. 그래야 결정적인 기회가 생긴다.

이렇듯 모든 도박에서 도박꾼에게 유리한 규칙이란 존재하지 않는다. 세상의 모든 도박의 규칙은 하우스에겐 유리하고 도박꾼에겐 불리하다.

주식투자는 정신적 판단이 지배한다

주식은 이와 다르다. 그런데도 많은 사람들이 여전히 주식을 도박에 비유하는 이유는 아직도 많은 주식 투자자들이 도박을 하듯 투자를 하기 때문이다.

주식투자는, 경마처럼 우승 예상마에 많은 사람들이 걸었다고 해서 배당이 적어지지 않는다. 오히려 많은 사람들이 한 곳에 걸수록 수익은 더 커진다. 또 룰렛처럼 시간 제한이 있는 것도 아니다. 마지막까지 기다렸다가 가장 가능성 있는 주식을 사도 아무도 뭐라 하지 않는다. 또 포커처럼 패가 나쁠 때 계속 죽는다고 해서 신경쓰는 사람도 없다. 패가 나쁘면 101번째 좋은 패가 들어올 때까지 100번을 죽을 수도 있다. 주식은 언제나 내가 최상의 패를 잡았을 때만 게임에 응할 수 있는 유리한 게임이다. 바로 이 점이 주식투자가 가진 장점이고 주식투자가 도박이 아닌 이유다.

주식투자가 도박이 되는 것은 투자자들이 도박하듯 투자를 하기 때문이다. 예를 들어, 말이 출발한 뒤에 게임에 참여해도 되는데 굳이 어느 말이 앞서 나갈지를 예측하려 들거나, 룰렛의 원반 속도가 느려져 어느 구멍에 구슬이 들어갈지 예상될 때 배팅해도 되는데 굳이 구슬이 던져지자마자 배팅하는 행위가 바로 그것이다. 또 내 손에 좋은 패가 들어올 때까지 10번이고 100번이고 기다려도 아무도 시비 걸지 않는데도 불구하고 게임에 매번 참여하는 것이 바로 주식투자를 도박과 다름없게 만드는 원인이다.

물론 본질적인 측면에서 보면 주식투자가 도박과 같은 점도 있다. 게임에 참여하는 비용이 들고, 그 비용은 돈을 잃든 따든 항상 지불해야 하며 그 비용은 하우스(주식투자라면 정부와 증권사 등)로 들어간다. 따라서 게임의 빈도가 높아질수록 승률은 낮아진다.

사람들이 여관을 빌려 카드게임을 하는 경우, 돈을 잃은 사람의 주머니에서 나간 돈과 딴 사람의 주머니에 남은 돈은 차이가 나게 마련이다. 이럴 때 사람들은 돈을 딴 사람이 수익을 감추었거나 잃은 사람이 엄살을 부린다고 여기기 쉽다. 그러나 잘 살펴보면 사실 그 돈은 방값, 술값, 담뱃값 등으로 쓰였다.

주식투자 역시 그렇다. 아무리 비용을 줄인다고 해도 일단 비용은 들게 마련이고, 비용은 빈도에 따라 증가한다. 하지만 주식투자의 감춰진 비극은, 참가자 모두가 돈을 잃으면 그것으로 끝나고 마는 도박판과 달리, 주식시장에는 끊임없이 돈이 들어온다는 데 있다. 누군가가 돈을 잃고 사라져도 어느새 다른 사람의 돈이 들어와서 그 틈을 메우고, 국가의 경제 규모가 커지면 커질수록 잃어서 나가는 사람보다 돈을 들고 들어오는 사람들이 더 많아진다. 돈을 번 사람들은 주식시장을 떠나지 않고, 잃은 사람들은 전장의 소총수처럼 흔적 없이 사라져간다. 그리고 그 자리는 늘 새로운 사람들로 채워진다. 이 때문에 주식시장은 늘 사람들로 넘쳐나고 자본주의가 존속하는 한 영원히 지속될 것이다.

시장에서는 살아남는 것이 미덕이고 돈을 버는 것이 목표다. 세상의 모든 투자에서 돈을 벌고 싶지 않은 사람은 없다. 그래서 사람들은 버는 방법을 연구한다. 때문에 도박판에는 적외선 카메라나 형광 인식기가 동원되고, 타짜들은 더욱 현란한 손기술을 익히는 데 몰두한다. 하지만 주식시장에서는 그런 것들이 아무런 소용이 없다. 주식시장은 상대 몰래 비표가 표시된 화투장을 만드는 물리적 기술이 아니라 고도의 정신적 판단이 지배하는 곳이기 때문이다.

게임에서 이기는 가장 좋은 방법은 바로 시장의 특성 중에서 개인 투자자에게 유리한 부분을 최대한 활용하는 것이다. 첫째, 상대의 패를 정확히 읽고 내 카드를 정확히 분석한 후 내가 좋은 패를 들었다고 생각될 때만 게임에 응한다. 둘째, 우승이 확실해진 상황에서만 돈을 건다. 그리고 마지막으로 최대한 비용을 지불하지 않는다.

자기 페이스를 유지해야 승리한다

증권시장의 분석은 경마와 비슷한 부분이 있다. 다만 경마 분석은 사람들의 의견이 다르면 다를수록 이익이 커지지만, 주식시장에서의 분석은 많은 사람이 동의하면 동의할수록 이익이 커진다는 차이가 있다.

기업의 재무제표는 누구에게나 공개되어 있고 누구나 접근이 가능하다. 또 증권사들이 어지간한 기업의 실적 전망은 해주고 있으며, 그 자료들은 리포트라는 이름으로 모두에게 공개된다. 투자자는 30개 이상의 증권사로부터 삼성전자의 실적 전망을 들을 수 있다. 그 중에서 가장 신뢰가 가는 증권사의 자료를 택하거나 30개 증권사가 제시한 의견의 합을 30으로 나눈 평균을 택할 수도 있다. 더구나 각각의 의견 차이는 그리 크지 않다. 한 군데서 예상 순이익이 1조 원, 다른 곳에서 1조 3,000억 원이라고 할 수는 있어도 한 증권사에서 1조 원, 다른 증권사에서는 적자라는 리포트가 나오지는 않는다.

기업의 정보는 경영비밀상 내부자들에게만 알려지는 불가피한 사항을 제외하면 공정공시를 통해 전해지고, 기업의 실적 전망은 기업을 탐방하는 모든 애널리스트들에게 거의 똑같이 제공된다. 기업의 내재가치를 판단하는 방식에 있어서는 차이가 나려야 날 수가 없는 것이다.

그런데 비슷한 자료를 받고도 왜 누군가는 주식을 사고 누군가는 팔려고 할까? 이는 미래에 대해 서로 다른 판단을 내렸기 때문이다. 과거의 자료나 임박한 미래의 실적에 대한 분석 차이가 아니라 2년이나 3년, 혹은 10년 후의 미래가치에 대한 견해가 다른 것이다.

이런 질문을 던져보자. 삼성전자가 100년 후에도 한국 최고의 기업으로 존재할 것이라 믿는가? 즉각 답하기 곤란할 것이다(참고로 100년 전 다우존스지수에 포함된 우량주 중에 지금까지 살아남은 기업은 GE 단 하나에 불과하다). 그럼 50년 후에는 어떤가? 역시 답하기 어려울 것이다. 그럼 10년 후에는 어떤가? 이쯤에서 대개 의견이 나오기 시작하겠지만, 그 답에는 약간의 편차가 존재할 것이다. 그렇다면 당장 1년 후에는 어떤가? 여기에 대해서는 모두 "그렇다."라고 대답할 것이다.

기업가치에 대한 판단은 여기에서 갈라진다. 미래가치 부분이 바로 핵심이라는 뜻이다. 그래서 누군가는 과거의 이익 성장률을 기준으로 미래도 이러할 것이라는 판단을 하는 반면, 다른 누군가는 과거가 어쨌든 미래는 미래일 뿐이라고 말한다.

기업의 영속성은 아무도 알 수 없다. 이에 대해 워렌 버핏과 같은 위대한 투자자들은 '해자'의 개념을 도입했고, 오늘날의 가치 투자자들은 그것을 가리켜 프랜차이즈 밸류(Franchise Value)라고 부른다. 또 누군가는 경영자의 능력에 주목했고, 또 다른 사람들은 미래 신수종산업(미래산업을 이끌 수 있을 정도로 새롭게 키워나갈 만한 유망 사업), 즉 기술력을 중시한다. 실제 승산을 보면 해자 개념이 상대적인 우위에 있었고 가장 안전했다. 신기술에 주목하는 사람들은 그것이 현실화되는 순간 엄청난 성과를 얻지만, 현실화되지 못할 경우에는 위험부담이 크다는 문제가 있다.

워렌 버핏과 같은 사람들은 경영자의 능력 역시 상당히 낮게 평가한다. 기업은 그 자체로서 자기항상성이 존재한다고 보았기 때문이다. 기업 구성원들은 기업을 유지시키기 위해 노력하지만 결국 그것은 기업 구성원의 DNA에 의존하는 것뿐이다. 단기적으로 기업의 재무 구조를 개선시키기 위해 기업 자체의 DNA를 훼손하는 경영자들은 불필요하며, 개인의 독단과 판단으로 기업을 이끌고 가는 것은 위험하다는 것이다. 하지만 그 의견에 반대하는 사람들은 바로 그 점이 경영자의 역할이라고 말한다.

과연 어느 쪽 주장이 맞을까? 우리나라의 경우만 놓고 보면 경영자의 자질은 별 의미가 없다는 말이 맞다. 재벌가의 아들이나 손자가 대를 이어 경영하고, 심지어는 오너가 사망하면 집안에만 있던 부인이나 딸이 그 자리에 앉아도 기업은 멀쩡하게 굴러갔기 때문이다. 결국 기업이 유지되는 데는 기업을 둘러싼 환경, 경기, 국가적 여건 등이 더 중요하며, 경영자의 역할은 시장이 만들어준 신화에 불과하다고 생각할 수 있다.

Zoom In   **프랜차이즈 밸류**   워렌 버핏의 가치투자 기준 중 하나로 독점적 판매권 또는 강력한 브랜드 파워를 뜻한다. 즉 대체재가 존재하지 않으며 가격 규제의 영향을 받지 않는 제품이나 서비스를 제공하는 기업이 프랜차이즈 밸류를 지닌 기업이라는 것. 워렌 버핏은 소비자 기호와 규모의 경제가 결합한 형태의 강력한 프랜차이즈를 지닌 코카콜라와 질레트를 평생 보유할 기업이라고 꼽았다.

또 경영자에 대한 의존은 위기를 심화시키는 문제점도 있다. 예를 들어, 버크셔해서웨이에 투자한 주주들은 그 회사의 실적이 악화되어도 눈 하나 깜박하지 않지만, 경영자인 워렌 버핏의 건강이 나빠지면 안절부절못한다. 그들에겐 워렌 버핏이 얼마나 오래 살 것인지가 최대 관심사다. 같은 논리의 연장선에서 경영자 프리미엄을 인정하는 것 역시 적당치가 않다.

그래서 기업 분석의 틀에서 가장 중요한 것은 누가 어떤 지표에 주목하는가에 달려 있는 것이 아니다. 결국 '시장'이 어떤 지표에 주목하는가가 중요한 문제로 귀결된다. 경기가 나쁠 때 시장은 자산가치에 주목하고, 경기가 좋으면 수익가치에 더 관심을 둔다. 때로는 현금 안정성이 큰 기업을, 때로는 투자가 늘어나고 M&A를 통해 몸집을 불려가는 기업을 선택하기도 한다. 그래서 기업 분석을 일종의 유행이라고 보는 시각도 그리 틀린 것은 아니다.

반면 시장을 인기 관점에서 바라보는 사람들도 있다. 이들은 대개 기술적 분석가로 폄훼당하지만, 실제로 시장이 폄훼하는 기술적 분석가들은 자신이 들고 있는 자로 길이를 재거나 궤변으로 현혹하는 무리들을 가리킨다. 인기 관점에서 보는 것과 심리 관점에서 보는 것은, 뜻은 같지만 용어가 다르다. 그리고 전자는 천박해 보이는 데 비해 후자는 지적으로 보인다는 차이가 있다.

시장은 그 자체로 하나의 우주다. 시간의 관점에서 단기·중기·장기 투자자들의 의견이 엇갈리고, 가치의 관점에서 과거, 현재, 미래를 중시하는 사람들의 견해가 충돌한다. 또한 이동평균선을 보고 매매하는 사람, 보조지표를 보고 투자하는 사람, 일목균형표가 비법이라고 주장하는 사람까지, 다양한 사람들이 다양한 경로로 판단하고 매매한다. 이 모든 판단들은 기준이 다르고 근거가 다르다. 때문에 특정 기준에서의 판단이 시장에서 가장 우월한 기준이 될 수 없는 구조다.

시장은 절대강자를 인정하지 않는다. 이를테면 100미터 단거리 선수, 200미터 단거리 선수, 마라톤 선수, 멀리뛰기 선수가 특정 구간에서 달리는 속도는 그의 능력이 아닌 판단 기준에 따라 달라진다. 초기 10미터 구간에서는 100미터 선수 중의 하위그룹도 1등일 수 있고, 이봉주 선수도 꼴등을 할 수 있다. 그래서 어느 한 구간의 달리는 양상을 두고 어떤 선수의 능력이 더 뛰어나다고 말할 수 없는 것이다.

그런데 우리는 하나의 구간에서 승패를 가르려고 한다. 그러다보니 어떤 구간에서는 100미터 선수가 가장 우수해 보이고, 어떤 구간에서는 마라톤 선수가 가장 우수해 보인다. 만일 보폭을 기준으로 삼는다면 멀리뛰기 선수가 가장 우월할 것이다. 투자 역시 그렇다. 세상에 가장 훌륭한 투자법이란 없다. 그렇다면 워렌 버핏은 어떤 투자법으로 그렇게 엄청난 부를 축적했을까?

그는 마라톤 선수였고 언제나 마라톤 주법을 사용했다. 마라톤 선수가 10미터 기록을 체크하는 대회에 나가지 않는 것은 당연하다. 그는 마라톤 경기가 열릴 때만 참여했다. 이론적으로 보면 워렌 버핏은 최고의 선수라기보다는 최선의 선택을 한 선수일 뿐이다. 만약 그가 1990년대 중반에 기술주를 사고 1990년대 말에는 가치투자를 했다면, 다시 말해 성장의 시대에는 성장주를, 가치투자의 시대에는 가치투자를 했다면 전세계 부의 절반을 거머쥐었을지도 모른다. 더구나 워렌 버핏 정도의 안목이라면 적어도 1990년대 말 일시적으로라도 포트폴리오에 성장주를 추가할 수 있었을 텐데 그는 그렇게 하지 않았다. 1999년 초 〈월스트리트 저널 Wall Street Journal〉로부터 "워렌 버핏의 시대는 갔다."는 말을 들을 정도로 우직하게 장거리 주자로서의 소임에만 충실했다.

그렇다면 1990년대 말 당시 그와 같은 지위에 있었던 다른 이의 행로는 어땠을까? 영국의 어느 유명한 펀드매니저는 기술주 거품의 광풍에 동참하지 않았다. 주식은 내재가치 대비 저평가된 것이 아니라면 살 필요가 없다는 가치투자의 원칙을 고수하며 오히려 굴뚝주를 추가로 편입했다. 그러자 1999년 말 그가 운용하던 펀드의 가입자가 모두 빠져나가고 펀드 규모는 10분의 1로 축소되었다. 투자자의 항의가 빗발친 것은 말할 것도 없었다. 결국 그는 2000년 초 조소를 받으며 자산운용업계에서 퇴출되었다. 그리고 그가 떠난 몇 달 후, 그의 주장이 옳았음이 증명되었다. 그렇다면 그는 다시 복귀할 수 있었을까? 그렇지 않다. 그는 업계에서 완전히 퇴출되었다. 그 사건 이후 다른 운용자들도 모두 돌아섰기 때문이다.

이 사례는 시사하는 바가 크다. 시장 전체가 가는 방향에 서면 결과가 나빠도 책임질 필요가 없지만, 시장의 주류 논리와 반대 입장을 취하다 일어난 실패는 용서받지 못한다는 것을 의미하기 때문이다. 따라서 모든 운용자들이 시장 전체와 함께 움직이려는 군집효과가 발생한다. 모두가 같은 논리에 함몰되면 당연히 의견은 그쪽으로 쏠린다. 시장이 상승할 때는 상승으로 의견이 모이고, 하락하면 모두가 하락으로 한 목소리를 내는 이유가 바로 여기에 있다.

일반 투자자의 심리 역시 마찬가지로 작용한다. 시장과 맞서기를 두려워하는 것이다. 이는 결과적으로 워렌 버핏과 같은 투자자들이 이길 수 있는 공간을 만들어준다. 워렌 버핏은 펀드 운용자가 아니다. 그는 어떻게 보면 지주사의 회장이고 투자자들은 펀드 가입자가 아닌 주주일 뿐이다. 더구나 그는 최고경영자가 아닌 오너다. 회사의 절대 지분을 갖고 있고 사람들은 그를 축출할 수 없다. 그래서 그는 자신의 페이스대로 경기를 이끌어갈 수 있다. 결과적으로 그는 이길 수밖에 없는 것이다.

그래서 그는 1990년대 말 영국에서 비운의 펀드매니저가 퇴출되는 가운데서도 지위를 보전할 수 있었고, 시장이 제자리로 돌아오자 다시 투자의 제왕 자리를 지켜낼 수 있었다. 그것이 워렌 버핏이 성과를 거두는 가장 큰 이유다. 시장은 모두에게 기회를 준다. 하지만 사람들은 아무 때나 무조건 뛴다. 이것이 그들이 실패하는 이유다.

모멘텀 투자와 가치투자

일반 투자자들이 재무제표를 떼고, 기업의 실적을 전망하고, 미래가치를 판단하는 역할을 한다는 것은 불가능에 가깝다. 그 점에서 일반 투자자들에게 기업의 가치와 실적에 주목하라는 말은 그냥 간접투자를 하라는 말에 다름 아니고, 실제로 그것이 가장 합리적인 방법이다. 일반 투자자들이 아무리 많이 노력하고 연구를 한다 해도 수백 명의 기업 분석 전문가를 확보하고 있는 금융회사를 이길 수는 없다.

다만 개인 투자자들이 금융회사를 이길 수 있는 유일한 한 가지 강점은 유연하고 효율적으로 움직일 수 있다는 것이다. 전문 투자자들은 자신의 펀드에 돈이 들어오는 한 무엇인가를 사야 하는, 즉 항상 경기에 참여해야 하는 선수다. 반면 일반 투자자들은 그보다 능력은 떨어지지만 자신의 전공 종목이 아니면 나서지 않을 수 있는 유연성이 있다. 스스로의 판단에 따라 진퇴를 자유롭게 결정할 수 있는 이점이 있다는 뜻이다.

주식시장에는 가끔 한 번씩 등장하는 선수들이 있다. 그들은 주식시장에 자주 보이진 않지만 한번씩 시장에 나타나서 주식을 매수하고, 큰 이익을 내고는 빠져나간다. 그들은 자신이 생각하는 때가 아니면 시장을 쳐다보지도 않는다.

이들의 기준은 다양하다. 주가가 터무니없이 빠져서 뉴스에 주식 투자자들의 자살 소식이 들려오면 그제야 나서는 사람, 너나없이 시장에 뛰어들어 연일 시장 폭등과 같은 뉴스가 쏟아지면 잠시 들어와서 한번 크게 투자하고 빠지는 사람, 평생 한 종목만 바라보다가 그 종목이 역사적 저점에 오면 사고 고점에 오면 파는 사람 등, 사람마다 투자 속성은 다양하다. 그리고 그들은 이익을 낸다. 왜냐하면 일반 투자자의 유리한 점을 백분 활용하고 있기 때문이다.

보통의 개인 투자자들은 이런 식으로 투자하기가 현실적으로 어렵다. 자산은 적고, 경우에 따라서는 그것을 몇 년씩 그냥 던져두어야 하는데 그 돈이 당장 필요할 일이 없는 사람은 드물기 때문이다. 그래서 이들이 선택할 수 있는 투자법은 모멘텀투자다.

그러나 찰스 다우(Charles Dow)의 후계자인 윌리엄 해밀턴(William Hamilton) 이후 생긴 모멘텀투자의 악습은 바로 기술적 분석에 대한 과신이다. 기술적 분석의 후행성을 무시하고, 그것이 미래의 주가를 알려줄 것이라는 맹신이 개인 투자자들의 운명을 시작부터 그르친다. 증권방송에서는 매일같이 '대박강의'가 이어진다. 그리고 그 강의에는 모두 'OO법'이라는 이름이 붙는다. 주가를 예측하는 신묘한 비법에 대한 강좌가 공개적으로 소개되고 있는 것이다. 돌이켜보면 참 요지경 세상이다.

이런 명제에 대해 생각해보자. "위대한 화가 중에는 맏이가 많다." 당신은 어느새 맏이는 포용력이 크고 안목이 넓기 때문에 그렇다고 생각할 것이다. 하지만 냉정하게 생각해보면 이 명제는 틀렸다. 세상의 아이들 중에는 맏이가 가장 많다. 자녀가 하나인 집에도 맏이가 있고, 둘인 집에도 맏이는 있다. 결국 세상에는 맏이가 가장 많고 그 다음으로 둘째가, 그 다음으로 셋째가 많다. 그래서 "중국집 주방장 중에는 맏이가 많다."라거나 "우리 모임에는 이상하게 맏이가 많다."는 식의 얘기들은 기본적인 명제를 무시했기 때문에 생긴 오해다.

같은 관점에서 "이동평균선이 정배열이 되면 주가가 오른다."라는 말도 오해다. 주가가 오르면 5일선부터 10일선, 20일선, 60일선, 120일선 순으로 주가가 오르고 이동평균선들은 골든크로스를 낸다. 이동평균선이 오르거나 골든크로스를 내서 주가가 오르는 것이 아니라, 주가가 올라서 이동평균선이 움직이고 골든크로스가 생기는 것이다. 선후가 잘못됐다. 그래서 골든크로스니 데드크로스니 정배열이니 역배열이니 하는 모든 말들은 궤변이다. 이 모든 것은 과거의 자료를 미래의 예측 근거로 제시한 것일 뿐이다.

그렇다면 모멘텀투자의 근거는 무엇일까? 지극히 단순하다. 시장이 내달리고 주도주가 서슴없이 치고 나갈 때 그냥 주도주에 가세하는 것이다. 하지만 많은 사람들은 그것을 실행하지 못한다. 주도주란 말은 달리 보면 이미 올라버린 주식을 가리킨다. 그것도 다른 주식에 비해 제일 먼저, 가장 많이 오른 주식이다. 따라서 실제 투자에서 주도주를 택한다는 것은 결코 쉬운 일이 아니다. 그럼에도 일반 투자자들이 모멘텀투자를 할 때 가장 효율적인 수단임은 분명하다.

주도주가 탄생하는 경로는 다양하다. 경우에 따라 황당한 꿈을 머금은 성장주일 수도 있고, 실적 개선의 기대감이 큰 종목일 수도 있다. 혹은 부동산이 많은 자산주일 수도 있다. 무엇보다 주도주는 '현재 시장의 주도논리를 머금은 주식'이라는 정의가 가장 합당할 것이다.

앞서 말했듯이 주식시장에는 수많은 투자 논리와 근거와 기준이 있다.

오늘은 100미터 경주, 내일은 철인 10종 경기, 모레는 마라톤이 열린다. 내일 어떤 경기가 열릴지 예측하지 말고 오늘 열리는 경기, 즉 지금 시장의 트렌드를 인정하는 것도 방법론 중 하나다. 그것을 예측하고 설명하고 스토리를 만들어 주도논리로 이끌든지, 그게 아니라면 그냥 시장에 만들어져 있어서 눈에 보이는 확실한 주도논리에 편승하라는 얘기다.

그러나 앞서 말했듯 대부분의 투자자는 쉽게 주도주를 살 수 없다. 주도주는 살 수 없기 때문에 주도주다. 쉽게 살 수 있다면 이미 그것은 주도주가 아니다. 주도주를 사려면 시장이 자리를 잡고 추세가 확정되고 그 중 가장 강한 추세를 내는 우량주를 살핀 후 도저히 살 수 없는 조건에 이르렀을 때 사야 한다. 이를 가리켜 "달리는 말에 올라탄다." 혹은 '고점 매수, 저점 매도'라고 한다.

당신이 고점 매수를 할 수 없는 이유는 두 가지다. 하나는 당신이 지켜보는 고점 매수 종목들은 대개 일부 집중 투자자들이 시세를 조종하고 있거나 비정상적인 시장의 탐욕에 쉽게 전염되거나 당신에게 허황한 꿈을 주는 주식들이기 때문이다. 추세가 잡힌 시장에서 주도주를 사라는 말은, KOSDAQ시장의 대주주가 자기자본을 횡령하거나 공시를 밥 먹듯 뒤집는 종목 또는 황당한 공시나 계약설을 기반으로 하는 주식을 사라는 것이 아니다. 이러한 주식들을 주도주라고 생각하여 매입하는 순간 당신은 지뢰를 밟은 병사의 신세가 되어버릴 것이다.

그러므로 이런 병폐를 피하기 위해 당신이 지켜보아야 할 기업들은 질량이 큰 기업들이다. 힘은 질량과 가속도에 비례한다. 발진하는 항공모함은 급제동이 불가능하지만 요트는 언제라도 방향을 바꿀 수 있다. 시장에서 가속도에 신뢰를 가지려면 질량을 생각해야 하고, 현재 시장에서 가장 중심적인 힘이 되는 업종, 그리고 그 중에서 가장 대표적인 기업을 골라야 한다.

대개 일반 투자자들은 대박의 논리에 사로잡혀 이런 원칙을 무시한다. 만일 시장에서 중소형 종목들만 풍선처럼 날아오르고 대형 우량주들은 항상 시세가 더디다면 이론상 중소형주의 가격은 수백 만원 대에 이르고, 대형 우량주들은 1~2만 원 대에 머물러야 정상이 아니겠는가?

다시 말하지만 추세, 즉 모멘텀에 의지한 투자일수록 더욱 대형 우량주로 압축하고, 기업 분석의 측면에서 가치를 분석할 때는 다른 사람의 눈에 띄지 않은 감추어진 보석을 찾아야 한다. 가치투자는 기업을 분석하고 저평가주를 골라서 장기투자한 후 언젠가는 적정가치를 인정받을 것을 전제로 하는데, 가치 투자자들이 어느 수준 이상으로 많아지면 투자의 매력이 감소한다. 결국 가치 투자자들은 시장에 잘 알려지지 않고 공개된 자료가 적으며 소외된 주식으로 이동할 수밖에 없다.

반대로 모멘텀투자의 경우에는 어떤 주식에 시장의 관심이 쏠리며 모두가 그 주식이 조정받기만을 안타깝게 기다린다. 저마다 저가 매수의 기회를 노리고 있기 때문에 그러한 기회가 쉽게 오지 않는 대형 우량주를 찾아야 한다. 주도주의 저가 매수 기회가 쉽게 온다면 그때는 오히려 해당 주식의 추세가 전환되었을 공산이 크다. 조정받을 때는 손을 대기 어렵게 쑥 빠져버리고 반등할 때는 매일같이 올라버린다. 우리가 기다리는 '눌림목'은 지나고 나서야 알 수 있기 때문에 눌림목을 기다리며 매일 매수·매도 주문을 내놓고 기다리면 당신의 계좌는 곧 텅 비어버릴 것이다.

모멘텀투자를 하려면 대형 우량주를 강한 시세에서 사야 하고, 가치투자의 경우에는 소외된 중소형 종목을 약한 시세에서 사야 한다. 그런데 많은 투자자들은 그것을 거꾸로 하고 있다.

그렇다면 모멘텀투자는 언제 어떻게 하면 좋을까? 이미 수많은 기술적 분석가들이 이에 대한 답을 제시했다. 사실 모멘텀이 발생한 주식의 경우에는 그것이 설령 가치 투자자가 선점한 주식이라 하더라도 시세가 분출하기 시작하면 모멘텀 투자자의 눈에 들어오게 된다. 하지만 시세가 가속도를 가진다고 해서 모두 적정가치 대비 저평가된 주식이 아니라는 점을 기억해야 한다. 때로는 엄청난 거품이나 집중 매집자의 개입이 있을 수도 있고, 때로는 이룰 수 없는 환상이 가격을 밀어올릴 수도 있기 때문이다.

모멘텀투자에 나선 사람들은 일단 호재성 뉴스나 일과성 재료에 둔감해야 한다. 가치 투자자들은 그런 뉴스를 신중하게 검토하고 반영할 필요가 있지만, 모멘텀 투자자들은 오히려 그런 뉴스가 발생한 기업을 기피해야 한다. 예를 들어, 현대중공업이 시세를 분출하는 이유가 실적 증가에 대한 기대감 때문이고, 거기다 수주 실적 호조와 해상운송 물동량 증가라는 실체적인 재료도 있다고 하자. 그 이상의 뉴스는 불필요하다. 수요가 넘치는 상황에서 후판(厚板) 가격의 상승은 선가 인상으로 해결된다. 다만 수요와 공급이 균형을 이루거나 수요 증가가 한계에 달하는 상황이 오는가에만 관심을 두면 그만이다. 이때는 가격전가의 힘이 사라지기 때문이다.

또 조선업체가 향후 몇 년간 물량을 확보해두었는가는 중요하지 않다. 당해연도의 신규 발주량이 증가세인지 둔화세인지만 알아두면 그만이다. 이 기업에 대해 알아볼 것은 그것이 전부다. 굳이 대차대조표나 손익계산서를 살펴볼 필요없이 증권사 리포트 정도만 참조하면 충분하다. 왜냐하면 이런 기업의 경우 현금흐름에 문제가 생기면 그것을 감시하고 체크할 애널리스트들이 1개 연대쯤은 되기 때문에 굳이 개개인이 나설 필요가 없다는 말이다.

　그럼에도 많은 투자자들은 중소형 테마주에 목을 매고 실제 대부분의 투자자들이 그곳에 몰려 있는 현실은, 주식투자에 있어서 정말 이해하기 어려운 아이러니의 하나다.

기술적 분석의 맹점

이제까지 누차 강조했지만, 주가는 분명히 그 본질적인 가치를 찾아간다. 그렇다면 주가의 본질적인 가치를 어떻게 찾아낼 수 있을까?

이론상으로는 정보, 자료, 실적 전망, 재무제표와 그 외 거시경제 및 미시경제의 다양한 경제적 변수를 분석하여 주가의 본질적 가치를 찾아낸다. 기관 투자가들이 하는 일이 바로 이런 것들이다. 그래서 대부분의 기관 투자가들은 "주식은 이런 것이다."라고 주장하는 나와 같은 아웃사이더들을 억지로 무시하거나, 때로는 가소롭다는 눈빛으로 쳐다본다.

정작 그들은 자신이 '가치 분석이라는 탈을 쓴 기술적 분석'을 하고 있다는 사실은 모르고 있다. 대개의 기관 투자가들은 차트 대신 실적이라는 이름으로 가격을 전망한다. 하지만 그들이 전망이라는 것을 하는 순간 그것은 엉터리가 된다. 그것도 통찰이 아닌 정보를 들고 전망을 하는 순간에는 거의 사기꾼에 가까워진다.

〈연합뉴스〉는 한 증권사의 보고서를 인용해 2008년 6월 11일자에 다음과 같은 기사를 실었다.

STX팬오션 - 장거리 수송 비중 확대와 높은 원자재 가격 유지로 발틱운임지수(BDI, Baltic Dry Index) 호조세가 이어질 것으로 판단되며 중국 조선사들의 벌크선 인도 차질로 벌크선 공급 부족이 나타날 전망. 운용선대의 확대, 수송량 급증, BDI 상승, 원화 약세 등으로 매출액이 급증세를 나타내고 있으며, 운임 상승 및 낮은 비용의 선박 확보로 영업이익 개선세는 지속될 전망.

그런데 6월 13일자에는 다음과 같은 보도가 실렸다.

해운주와 조선주가 벌크선 시황을 나타내는 BDI 급락으로 약세를 면치 못했다. 13일 유가증권시장에서 대한해운은 전날보다 2만 6,500원(13.66%) 급락한 16만 7,500원을 기록했고 STX팬오션(-8.55%), 한진해운(-2.23%)도 하락했다. 조선주인 현대중공업(-2.92%), STX조선(-3.57%), 현대미포조선(-1.84%), 한진중공업(-4.08%) 등도 동반 약세를 보였다. 전날 BDI는 963포인트(8.7%) 급락한 1만 142포인트를 기록하면서 5일째 하락세를 이어갔다. 지난 5일 1만 1,689포인트에 달했던 BDI는 일주일간 무려 1,547포인트(13.23%) 급락했다. 여기다 유가 급등에 따른 부담이 겹치면서 벌크선사인 대한해운과 STX팬오션은 이번 주 들어 20% 넘게 급락했으며 컨테이너사업을 주로 하는 한진해운도 10%대의 하락세를 보였다.

신문에서 며칠 사이 이렇게 상반된 내용을 보도하고 있는 이유는 통신사의 문제가 아니다. 통신사는 증권사의 보고서를 인용한 것뿐이다. 뿐만 아니다. 2008년 5월 중순에 20개의 리서치센터 중 무려 19곳에서 6월 이후 종합주가지수 2,000포인트를 재돌파하는 초강세를 외쳤다. 하지만 6월 말 주가는 1,700포인트를 깨고 급락했다.

이것이 전망이다. 다시 말해 증권사 혹은 기관이 전망을 하는 순간, 그들은 스스로 주식시장에서 기술적 분석가 혹은 모멘텀 투자자라는 사실을 자인하는 셈이다.

다시 말하지만 주가는 전망이 아니다. 전망은 오로지 통찰에 의한 것이고, 모든 투자는 상황에 대응하는 것일 뿐이다. 기술적 분석이든 아니든 전망이 실패하는 이유는 바로 '전망을 하려 들기 때문'이다. 그리고 기술적 분석에 국한하여 생각한다면 기술적 분석을 보조수단으로 여기지 않고 전부로 여기기 때문에 실패하는 것이다.

기술적 분석가들의 오류

보통 기술적 분석가들이 저지르는 가장 핵심적인 오류는 바로 심리다. 우리가 흔히 쓰는 시장심리라는 말에서 '심리'는 흔히 심리학자들이나 심리 전문가들이 분석하는 대상을 가리키는 게 아니다. 시장심리란 특정한 가격 속에 살아있는 에너지를 뜻한다. 차트 속 거래량, 주가, 봉의 움직임이 의미하는 바를 읽어내는 것이다. 어렵게 들릴지 모르겠지만 차트를 펴놓고 수많은 투자자들이 그 차트상에서 매수와 매도의 치열한 심리적 전쟁을 치르는 모습을 상상하고, 그 전쟁터에서 칼과 창이 부딪치는 소리를 들어야 한다. 전문가의 설명을 듣고 앉아만 있는 게 아니라 본인이 몸으로 느껴야 하는 것이다.

우리가 어떤 종목의 주식을 샀는데, 주가가 변동 없이 횡보하고 있다고 가정해보자. 차라리 떨어지면 손절매하고 오르면 추가 매입이라도 하겠는데, 이도 저도 아닌 상황이 계속되니 피곤하기만 한다. 호시탐탐 포기할 기회를 노리지만 막상 포기하지는 못한다. 특정 종목을 살 때는 분명한 이유가 있었기 때문에 항상 긍정적으로 볼 수밖에 없다. 팔고 나서 주가가 급등하면 어쩌나 하는 불안감이 그 종목을 팔 수 없게 만드는 것이다.

만일 주식 보유에 따르는 피로가 누적되어 그 종목을 팔고 대신 다른 종목을 샀더라도, 새로 산 종목보다는 이미 판 종목에 더 신경을 쓰게 된다. 자신이 판 종목이 혹시나 오르지나 않았을지 자꾸 뒤돌아보다가 관심 종목에서 아예 지워버리기로 결심한다. 그런 다음에도 그 종목이 빨갛게 올라가면 괜히 팔았다고 후회하면서 "내가 확실히 주식 보는 눈은 있어. 저것 봐, 분명히 간다고 그랬지."라고 말한다. 그 종목이 파랗게 떨어지는 경우에는 "팔길 잘했네. 그것 봐, 내가 떨어진다고 했지."라고 위안한다. 그러다 급등하면 또 다시 땅을 친다. 이것이 전형적인 투자자들의 심리다.

그러면 그 종목을 매수하지 않고 지켜보는 사람의 입장은 어떨까? 제3자는 방향이 결정되면 오르는 것을 확인하고 사겠다고 하거나, 떨어지는 상황이라면 더 떨어질 때까지 기다리겠다고 생각할 것이다. 내가 어떤 종목을 갖고 있을 때, 그것을 제3자의 눈으로 보면 합리적인 판단을 할 수 있다. 그래서 주식시장에서는 동일 종목을 두고도 각 시점마다 수많은 의견이 있을 수밖에 없다.

어떤 차트 분석가는 간혹 주가가 떨어지고 있는 상황에서 "지금 매수해야 합니다."라는 말을 한다. 심지어 차트를 180도 뒤집어놓고 설명하기도 한다.

"뒤집어놓으면 주가가 어떻게 됩니까? 이런 주가가 되겠죠. 이 종목이 상승했다고 가정합시다. 이제부터는 조정받아야 되지 않겠습니까? 그렇죠. 그러면 떨어지는 주가가 여기서는 반등하는 것이 맞죠."

자칭 전문가라고 하는 사람, 심지어는 차트 전문가라고 자부하는 사람마저 이런 식으로 설명하는 것을 본 적이 있다. 과연 맞는 말일까?

미안한 말이지만 이렇게 생각하는 사람들은 시장에서 몸으로 부딪쳐 다치고 나면 생각이 완전히 달라질 것이다. 위로 밀어올리는 것과 아래로 굴려내리는 것은 다르다. 주가가 오르는 것은 바위를 산 위로 밀어올리듯 더디고, 떨어지는 것은 히말라야 눈사태처럼 한순간이다.

주가의 바닥은 음봉이 점점 길어져 마지막에 길게 푹 떨어질 때다. 반면 상승하는 종목은 양봉이 점점 작아지며 그 폭이 아주 좁아지면 그때가 천장이다. 주가 형성 과정에서 패턴이나 추세 못지않게 심리적 영향도 굉장히 크지만, 심리적 영향은 체계화·계량화할 수 없다. 따라서 봉과 봉 사이 거래량, 각종 차트의 지표 속에서 특정한 요소들을 스스로 읽어내고자 하는 노력이 중요한 것이다.

결국 기술적 분석의 맹점은 지나고 나면 무수한 변형과 눈속임으로 자신을 괴롭힌다는 점이다. 파동을 예로 들어 설명해보자. 〈그림 1〉은 주가의 파동을 5개로 나타낸 엘리어트 파동이다(이에 대해서는 '제10장 파동 분석'에서 자세히 다룰 것이다). 어떠한 지점에서 매수한 주식이 20일 이동평균선에 있다고 하자. 살 때는 20일 이동평균선에 지지를 기대하고 샀는데, 오늘 주가가 하락했다. 과거의 차트를 살펴보니 제5파동의 마지막에 그 주식을 샀으므로 당연히 주가가 A·B·C파동으로 떨어지게 되어 있었다. 그러면 투자자는 자책하고 반성한다. 그런데 다음번에 이러한 상

■■■■■■ 그림 1   엘리어트 파동 ■■■■■■

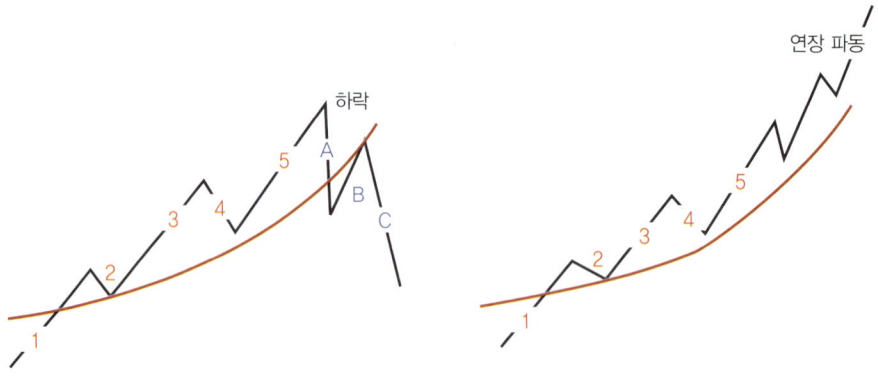

황이 오면 비슷한 가격의 다른 종목을 사서 꽤 많은 수익을 낸 후 파동이 다 된 듯하여 판다. 그런데 이번에는 〈그림 1〉의 오른쪽 그림처럼 제5파동의 연장 파동이 생겨 더 상승해버린다. 그러면 또 땅을 친다. 이런 것이 바로 기술적 분석이다. 기술적 분석에는 무수한 눈속임이 숨어 있다.

기본으로 돌아가라

기술적 분석에서 이러한 맹점을 피하려면 기본으로 돌아가야 한다. 보통 주식투자 관련 책을 사면 첫 페이지는 봉, 다음엔 평균선, 그 다음에 MACD(Moving Average Convergence Divergence), RSI(Relative Strength Index, 상대강도지수) 등이 나오다가 뒤편에 엘리어트 파동이나 갠 이론에 대한 내용이 몇 페이지 나온다. 투자자들은 그 책을 한 권 사서 하루, 한 달, 심하면 몇 달 동안 읽어 달달 외운 후 기술적 분석을 마스터했다고 생각한다. 기술적 분석에서 공부한 것을 갖고 차트의 사례를 보면 너무나 잘 들어맞기 때문이다. 그러고는 실전에서 돈을 잃고 나서야 기술적 분석은 아무 소용이 없다고 얘기한다.

이쯤에서 한번 생각해보자. 봉 모양이든 어떤 보조지표든 추세선 채널이든, 이 하나하나는 시장에서 한 시대를 풍미했던 이가 자신의 모든 주식투자 노하우를 담아 만들어낸 것이다. 당시에 어떤 이가 평생에 걸쳐 만들어낸 것을 과연 한 권의 책에서 단 몇 시간이나 몇 달 만에 전부 이해할 수 있을까?

봉 패턴을 반전형이니 망치형이니 비석형이니 하는 식으로 분류한 것은 누군가가 통계적으로 정리한 것인데, 이런 식으로 따라해보라고 떡을 찍어내듯이 가르쳐주는 것은 아무리 배워봐야 시간 낭비다. 또 반전형이다, 까마귀형이다, 세모형이다, 임신형이다, 하는 것들 역시 주식투자를 하는 사람들이라면 누구나 알고 있다. 이미 세상이 다 아는 것을 가지고 주가를 예측한다는 것은, 결국 바보처럼 이용당하겠다는 것이다.

나에게도 차트와 봉이 말해주는 그 무엇을 느끼기 위해 노력했던 시간들이 있었다. 20년 전에는 봉이 형성되는 과정, 봉이 말해주는 에너지를 익히고 보기 위해 봉 차트만 몇 배 확대해보기도 하고, 축소해서 몇 년치 봉을 한꺼번에 보기도 하는 등 끊임없는 노력을 기울였다. 또한 이동평균선과의 심리적인 긴장과 갈등이 매우 컸던 기억이 있다. 이동평균선이라는 것과 오랜 기간 동안 갈등, 번민, 애증의 관계를 맺어왔던 시간을 생각하면 기본적인 것들에 대한 이해가 얼마나 중요한지 알 수 있다. 일단 기본으로 돌아가자.

기술적 분석과
가치 분석
무엇이 다른가

　'승자의 저주'라는 재미있는 이론이 있다. 간단히 정리하면 이렇다. 하나의 물건을 손에 넣고자 하는 사람이 여러 명이라면 그 물건의 가치를 보고 각자 자신이 지불 가능한 금액을 적어내면 그 중 가장 높은 값을 쓴 사람이 가져가는 것이 경제의 기본원리다.
　예를 들어, 어떤 가치가 있는 유전이 있고, 그 유전의 가스 매장량이 약 10억 배럴이라 치자. 대부분의 사람들은 10억 배럴의 가치를 보고 그 유전의 개발권을 따기 위해 각자 가격을 써넣기 시작한다. 이때 A라는 회사가 100억 원에 개발권을 따냈다고 하자. 이때 다른 사람들은 일단 실패한 것처럼 보인다. 그러나 A라는 회사가 막상 시추공을 뚫고 석유를 채굴해보니 경제성이 없다는 결론이 나왔다면 어떨까? 결과적으로 승자가 망하게 되는 것이다.
　승자의 저주야말로 주식시장의 핵심 이론이다. 예측 불가능한 미래의 가치를 누가 과감히 자신의 것으로 만드느냐 하는 것이다. 다만 그 결과가 좋을지 나쁠지는 아무도 모른다.

현명한 바보와 빠른 바보

이런 합리적인 경제이론을 떠나서 예일대학의 경제학과 교수였던 어빙 피셔(Irving Fisher)는 대공황의 신호탄이 된 1929년 10월 24일 증시 대폭락 사태를 열흘 앞두고 "주가가 더 이상 내려갈 수 없는 고원에 도달했다. 앞으로도 미국의 주가는 이 고원에서 아래로 내려가지 않을 것이며 영원히 정상을 향해 질주할 것이다."라고 주장했다. 저명한 경제학자가 왜 이러한 치명적 오류를 범했을까? 이유가 무엇일까?

주가 분석을 두고 벌어지는 이러한 과정은 '현명한 바보와 빠른 바보'라는 이론으로 설명할 수 있다. 현명한 바보란, 이유가 있든 없든 주가가 오르기 시작할 때 나보다 더 비싼 값에 주식을 사려는 바보가 있는 동안에는 내가 더 빠른 바보가 되려는 사람을 말한다. 그 주식이 얼마만큼의 가치가 있는지 없는지는 생각할 필요가 없다. 나보다 더 어리석은 바보가 뒤에 있는 한 주가는 빠른 바보들에 의해 끊임없이 오르게 되어 있다. 이 빠른 바보들의 물량을 받아주는 느린 바보가 있는 한 주가는 계속해서 올라간다. 이 빠른 바보를 현명한 바보라 하고, 그의 뒤에 있는 바보를 느린 바보라고 한다. 그런데 어빙 피셔는 시장에 느린 바보만 남는 상황은 예상하지 못한 것이다.

경제학자들은 주식시장에서 이러한 설명할 수 없는 현상들이 왜 자꾸 일어나는지 고민했다. 투기의 역사에서 발견할 수 있듯이 시장은 늘 비이성적인 광기에 휩싸인다. 더구나 사람들은 늘 그래왔다는 것을 알면서도 그렇게 하고, 이번에는 다를 것이라고 믿는다.

하지만 가치주와 성장주의 특정한 성장과 흐름은 소위 정반합의 변증법적인 결과로 귀결되었다. 즉, 성장주는 엄청난 버블을 일으키지만 언젠가는 폭락하고, 가치주는 그런 수익을 내지는 못하지만 소수의 안목있는 투자자들에게 늘 안정적인 수익을 선사해왔다. 다시 말하자면 성장주투자는 모두가 버는 것 같지만 사실은 소수가 벌고, 가치주투자는 소수가 버는 것 같지만, 사실은 그것을 행하는 사람들 중 최소한 손해를 보는 경우는 드물다. 그래서 가치주는 절대적으로 안전할 것이라는 일반적인 믿음이 생겨났다.

"두 번 결정할 필요없다. 정상적인 가치, 훌륭한 가치를 가진 우량주라고 판단되면 무조건 사라. 원디시전(One-decision) 주식을 사서 보유하라. 끝까지 들고 가면 된다. 미국시장의 경제를 믿는다면 이 주식은 무조건 오를 것이다."

이런 영향들로 인해 현재 우리가 그렇듯 지나치게 가치 분석에 치중하고 기술적 분석을 다소 간과하는 모습이 나타나지 않았나 생각한다. 그러나 가치주든 성장주든 문제는 몰락하는 모습과 방식에 있었다. 역사적으로 성장주는 동반 몰락을 했고, 우량주는 선별적 몰락을 했다. 이 때문에 대부분의 기관 투자가들이나 가치 분석자들, 비교 분석자들이 '합리의 함정'에 빠지는 것이다.

Zoom In **원디시전** 니프티피프티의 50종목처럼 고민할 필요도 없이 우량한 종목들은 단번에 매수 결정을 내려도 좋다고 해서 붙여진 이름이다.

기술적 분석가들이 빠지는 합리의 함정

합리의 함정이란, 기관 투자가나 펀드 운영자가 우량주나 미래수익률이 좋은 종목, 안정적인 종목 매수로 자금을 운영한 경우에는 설령 그 종목들이 하락한다 하더라도 명분이 있다고 생각하는 것이다. 분명 편입 당시에는 재무 구조가 탄탄하고 주가수익도 좋아 매수 근거가 명확했을 종목들이기 때문이다.

성장주를 따라 샀다가 주가가 폭락하면 무능한 사람으로 몰릴 수 있다. 따라서 기관 투자가들은 기본적으로 이러한 합리의 함정에 빠져 있기 쉽다. 기관 투자가들이 주로 선호하는 가치 분석도 분명히 개념상 맞지만, 주가의 거대한 흐름 속에서는 몰락하는 모습과 성장하는 모습이 다를 뿐이고 이것들이 움직이는 에너지가 다를 뿐이다. 주가라는 것은 항상 같은 파동으로 수렴한다는 관점에서 중도적인 시각으로 바라보는 것이 결국 현명한 투자자가 되는 길이다.

기술적 분석가들이 약세장에서 지는 이유를 야구에 빗대어 생각해보자. 공이 직구로 들어오고 있었는데 바로 눈앞에서 공이 꺾였다. 또는 야구공이 커브볼로 보였는데 눈앞에서 포크볼로 바뀌었다. 이런 식으로 항상 방망이를 휘두르려 하기 직전까지는 공이 눈에 보인다. 그러나 마지막에 공을 쳐올리는 것은 타자의 감각이지 그 공이 포크볼인지, 싱커볼인지, 커브볼인지를 보는 눈이 아니라는 뜻이다. 공이 어떤 공인지 볼 수 있는 기본적인 눈만 기르면 무위자재하게 공을 쳐낼 수 있는 능력을 기를 수 있다.

대박주를 찾는 것이 기술적 분석일까? 혹은 급등주를 찾는 것이 기술적 분석일까? 이는 홈런 치는 법을 찾는 것과 같다. 공이 날아왔을 때 홈런을 치기 위해 무조건 방망이를 휘두르면 스트라이크나 삼진아웃으로 죽는다. 때문에 야구에서 3할 타자 정도면 훌륭한 것이다. 그저 갖다 맞히는 기분으로 공을 치면 허리가 유연해지고, 몸이 무위자재해졌을 때 공은 펜스를 넘어가게 되어 있다. 처음부터 펜스를 넘기기 위해서 공을 치는 것이 아니라, 욕심을 버리고 공에 갖다 맞히는 연습을 하며 자연스럽게 방망이를 휘두르는 사람만이 홈런을 칠 수 있다.

흔히 대박주 찾기, 급등주 찾기, 폭등주 찾기, 수십 배 벌기, 고수 되기 등의 혹세무민하는 이야기들이 시장을 떠돌며 투자자들을 유혹한다. 이런 허황된 것들부터 버려야 하고 이것들을 떠날 줄 아는 눈을 길러야 주식투자에서 실패하지 않을 수 있다. 주식투자는 가르쳐줄 수 있으되 전할 수는 없는 것이다.

주식투자는 어쩌면 하나의 전쟁일지 모른다. 그러기에 쳐서 이기려 하지 말고 이겨서 쳐야 한다. 다시 말하지만 "쳐서 이기려 들지 말고, 이겨서 쳐라." 그리고 치는 방법은 아무도 가르쳐주지 않는다.

세상에 고수는 없다. 나를 포함한 어떤 누구도 스스로 고수라고 얘기하거나 "내가 가르쳐주는 방법으로 투자하면 돈을 번다."라고 말하는 사람이 있다면, 그들은 모두 다 사기꾼이다. 이를 똑바로 알고, 스스로 유연성을 길러냈을 때 진정 승리하는 투자자가 될 수 있을 것이다.

chapter 3

거시경제 분석

시장을 알고 투자하라

　기업을 평가하기 전에 먼저 해야 할 일은 시장 상황을 평가하는 것이다. 아무리 종자와 묘목이 좋아도 기온이 맞지 않고 태풍이 잦으면 좋은 작황을 기대할 수 없듯이, 주식을 매매하기 전에도 시장이 우호적인지 적대적인지부터 파악해야 한다. 그러기 위해서는 거시적인 분석과 안목이 필요하다.

계량경제학의 한계

　월가는 끊임없이 새로운 지표들을 입수하고 그것을 해석하기 위해 분주하다. 하지만 그들에게 전해지는 정보는 마치 히말라야 꼭대기에서 굴러 떨어지는 눈덩이와 같아서 시간이 흐를수록 그 양은 점점 많아지고 해석은 갈수록 부정확해진다. 컴퓨터 시대의 개막과 함께 계량경제학이 처음 소개되었을 때는 대중의 관심을 한몸에 받았지만, 점차 기대만큼 성과를 내지 못하면서 역량의 한계를 드러내고 있다.

시장이나 경제 현상은 계측하려고 하면 일부러 엉뚱하게 움직이는 것처럼 보일 때도 있다. 1920년대에는 기업 실적 정보만 남보다 먼저 입수해도 돈다발을 거머쥘 수 있었지만, 이제는 거시와 미시가 뒤엉킨 경제 현상에 기업 요인, 시장 요인까지 얽히고설킨 온갖 정보가 쏟아지고 있어 더 이상 특정 정보가 승리의 요인으로 작용하지 않는다. 최근 신문만 봐도 그런 현상은 너무나 명백하다. 하루에 쏟아져 나오는 정보량이 얼마가 되든지 상관없이 신문마다 그것을 담아내는 시각이 다르다.

예를 들어, 어느 날 미국의 〈월스트리트저널〉이 예상 밖의 GDP 성장을 헤드라인으로 다루었다면, 영국의 〈파이낸셜타임스 *Financial Times*〉는 금융기관의 추가 상각과 주택 착공률 하락을 메인 기사로 다룬다. 혹은 동일한 신문에서 고용지표의 예상 밖 호조와 소비자 기대심리의 하락에 대한 기사를 같은 면에 배치하는 경우도 있다. 이쯤 되면 거시적 판단을 위한 계량경제학의 방정식이 복잡해진다.

지극히 단순한 방정식 '$a+b+c+d+\cdots\cdots+y=z$'가 있다고 해보자. a는 금리, b는 고용지표, c는 주택 가격, d는 GDP 성장률과 같은 식으로 변수를 정해두고, 각 변수는 그 중요도에 따라 가중치를 둔다. 이에 따라 '$a+2b+5c\cdots\cdots+3y=z$'로 두고 z가 100 이하면 침체, 100~120이면 중립, 120 이상이면 호황이라고 설정하는 것이다. 당신은 과연 이 방정식에 따라 경기를 예측하고, 그에 따라 주가의 움직임을 정확히 예측할 수 있겠는가? 아마도 피식 웃고 말 것이다.

그럼에도 우리는 이런 것이 가능하다고 생각한다. 불과 얼마 전에 우리나라 모 유명 증권사의 임원이 공개적으로 자신만의 모델이 존재한다고 말하면서, 마치 경제를 예측하는 무림의 비급이 손아귀에 있는 양 으스댄 적이 있다. 하지만 결과적으로 그 임원은 바로 그 순간부터 차라리 그러한 모델이 있다는 말을 하지 않는 게 좋았을 난처한 입장에 처하고 말았다.

이유는 지극히 단순하다. 경제를 구성하는 모든 변수 중에서 a는 b에 영향을 미치고, b는 다시 c에 영향을 미치기 때문에 이렇게 단순 계량화 할 수 있는 예측지표는 애당초 존재할 수가 없기 때문이다. 하지만 우리는 시장을 판단할 정보를 구해 그것을 바탕으로 해석하고 예측하기를 원한다. 그래서 시장은 그것을 제공하는 사람과 전하는 사람, 그리고 다시 그것을 가공하는 사람과 사는 사람의 거대한 먹이사슬을 구성하게 된다. 때문에 시장의 계량적 모델은 시장을 예측하는 도구가 아니라 현재 상황을 보여주는 도구이며, 기술적 분석에서 사용하는 이동평균선 이상의 의미를 부여하기 어렵다.

지극히 단순하게 현재 거래중인 증권사의 리서치 자료, 대한상공회의소나 증권거래소에서 제공하는 정보들은 거의 대부분 차트로 만들어져 있다. 그리고 그 차트들은 생산자물가와 소비자물가의 증감, 고용지표, 건설투자지표, 때로는 금리 스프레드 등을 기반으로 한다.

그런데 차트를 해석하는 리포트를 읽어보면 놀랍게도 2중 바닥이니(더블딥), 3중 바닥이니(L형) 하는 이야기들을 하고 있다. 그리고 아마도 과거 평균 대비 과열이므로 조만간 침체가 예상된다든지, 소비자심리가 개선되고 있으니 앞으로 좋아질 것으로 보인다든지 하는 식의 분석 결과를 제시할 것이다.

이처럼 모든 경제 전망은 과거 자료를 바탕으로 미래를 예측하는 것에 불과하며, 다른 자료를 바탕으로 한 상대비교를 통해 의미를 부여한다. 사실 이런 부분들이 경제학자들이 지닌 분석의 함정이다. 우리는 단지 주식시장에서 기술적 분석가들이 그어대는 추세선보다 경제학자들의 현학적 자료가 더 나을 것 같아 신봉하고 있을 뿐 실체는 같다. 노벨상을 받은 폴 새뮤얼슨(Paul Anthony Samuelson)마저 "계량경제학은 수백 년간 축적된 수많은 자료들을 갖고도 사실과 비슷한 근사치조차도 내놓을 수 없는 학문"이라고 비판했다.

거시지표를 통한 주가 예측

계량경제학의 한계를 극복하는, 그나마 현실적인 방법은 무엇일까? 답은 의외로 단순한 데 있다. 주식시장에서 주가를 예측하기 위해 모든 정보와 기술적 분석의 도구들을 동원하는 순간 주가는 오리무중 상태가 되어버린다. 마찬가지로 주가 예측의 기초자산인 경기를 판단하는 흐름에도 복잡다단한 정보들을 총동원할 것이 아니라, 나의 지적 범주 안에서 해석 가능하다고 믿는 근본적이고 원론적인 몇 개 정보를 제대로 '비교 활용'해야 한다.

우리가 경기에 가장 큰 영향을 미친다고 믿는 몇 가지 지표들을 살펴보면 소비 관련 지수, 고용 관련 지수, 재정 관련 지수, 경제 성장률, 금리, 인플레이션 등이 있다. 이에 대한 정보는 매일같이 시장에 쏟아진다. "지난밤 미국시장은 악화된 고용지수에 영향을 받아 하락했다." "밤새 다우지수는 금리 인하에 대한 축포를 터뜨렸다." "주요 기업의 재고가 증가한 것으로 알려짐에 따라 간밤에 미국시장이 급락했다."

한 가지 재미있는 것은 우리나라 주식시장은 자국의 경제지표보다 미국의 지표에 더 큰 영향을 받는다는 사실이다. "지난밤 미국 증시 하락의 영향으로 시장이 급락했다." "미국시장이 급등한 데 호응하여 전장에 강한 상승을 보였으나 외국인 매도가 증가하면서 하락 마감했다."라는 뉴스를 들어본 적이 있을 것이다. 이것은 미국의 고용지표 하나, 주택 착공률 하나가 우리시장에 실시간으로 영향을 미친다고 믿는다는 뜻이다. 그리고 이렇게 분석하고 리포트를 내는 애널리스트는 자신이 할 일은 그저 미국에서 새로운 경제지표가 나오기를 기다리는 것뿐인, 갓 부화한 어린 제비나 다름없다고 자인하는 것과 같다.

그러나 더 놀라운 것은 실제 한국시장이 자국의 고용지수, 소비자지출, 주택지표 등에는 영향을 받지 않는 것처럼 보인다는 사실이다. 심지어는 금리를 인상하거나 인하하는 중요한 사건마저도 이미 시장의 예측 범위 안에 있고 선반영되므로 그리 중요하지 않다고 태연하게들 말한다. 이는 낙관적인 전망일 수도 있지만 직무유기에 해당될 수도 있다.

다음 장부터 우리는 그동안 간과해온 거시적 지표들에는 무엇이 있고, 그것들이 시장에 어떤 영향을 미치는지 살펴보려 한다. 거시지표들을 해석하는 것은 시장에 접근할 때 가장 먼저 해야 하는 중요한 절차다. 많은 사람들이 "시장이 아닌 기업을 사라."고 말하지만, 장티푸스가 창궐할 때 돼지고기가 팔리지 않고 돈이 넘쳐날 때 술집이 흥청거리는 이치를 생각해보면, 거시적인 안목을 바탕으로 미시적인 접근을 하는 것이 아무래도 이치에 닿는 일이다.

이 말에 동의하는 사람들이 흔히들 부딪히는 한계는, 거시지표는 시장 예측에 별로 도움이 되지 않는다는 것이다. 과연 그럴까? 이에 대한 답을 먼저 얘기하자면 "틀렸다."이다. 거시지표는 미시지표보다 오히려 이해하기가 쉽고, 최소한 기업 분석보다는 훨씬 간단하고 유용하다. 누군가가 당신에게 바텀업(Bottom-up)을 권하더라도 절대로 톱다운(Top-down)의 중요성을 잊어서는 안 된다. 이에 대한 이야기는 다음 장에서 계속 이어나가도록 하자.

한국시장의 거시지표

먼저 우리나라에서 흔히 접할 수 있는 거시지표 중에서 투자에 원용할 수 있는 지표는 소비지표다. 나중에 미국의 거시지표를 설명할 때 상세한 이유를 덧붙이겠지만, 소비지표는 경기를 예측할 수 있는 가장 빠르고 정확한 지표라는 사실을 잊어서는 안 된다.

소비자동향지수

〈그림 2〉는 2007년 9월부터 2008년 6월까지의 소비자동향지수(CSI, Consumer Sentiment Index)를 나타낸다. 소비자기대지수는 2008년 4월을 기점으로 100을 하회하면서 현저히 꺾이고 있고, 소비자평가지수는 이미 2007년 10월에 고점을 기록한 후 현격한 하향 추세를 나타내고 있다.

■■■■ 그림 2   2007년 9월~2008년 6월   소비자동향지수 ■■■■

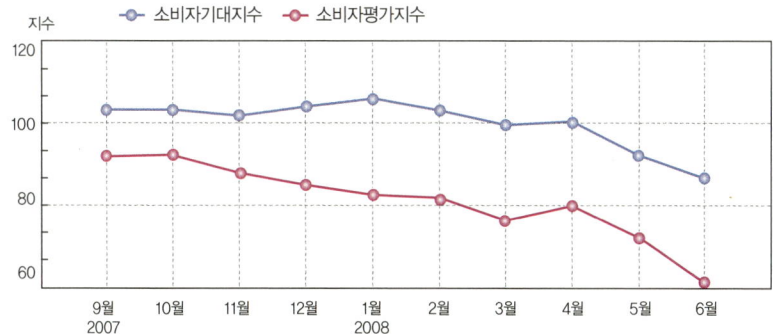

출처 : 통계청

　이 그림을 〈차트 1〉과 비교해보면 의미 있는 변화를 발견할 수 있다. 〈차트 1〉을 보면 고점을 기록한 것이 2007년 11월이고, 2008년 4월의 반등 후 2008년 5월부터 차트상의 주가가 확연하게 꺾이는 모습을 볼 수 있다.

　여기서 〈그림 3〉을 보자. 통계청의 실질 소비지출 증감률 자료는 현실과 동떨어진 느낌을 준다. 명목증감이란 물가를 고려하지 않은 것이고 실질증감은 물가를 고려한 것인데, 어쨌든 이 항목에서는 2007년 3/4분기 이후 급락했던 소비지출이 2008년 1/4분기에 상승한 것으로 나타나며, 이는 앞의 소비자기대지수와는 다른 양상을 보여준다.

　이런 현상이 나타나는 이유는 기대지수는 실제 심리를 나타내지만 실질 소비지출은 통계적으로 후행적인 데다가 정확한 지표가 아니기 때문이다. 또한 실질 소비지출을 실시간으로 평가하기란 거의 불가능하다는 문제점도 있다.

　결국 거시지표와 주가지수의 연관성을 살펴보면, 소비자평가지수가

■■■ 차트 1   2006년 11월~2008년 6월 종합주가지수 ■■■

놀랍게도 주가지수와 거의 동행하며 소비자기대지수는 그에 약간 후행한다는 사실을 알 수 있다. 소비자평가지수와 소비자기대지수를 합해 '소비자동향지수'라고 부르는데, 이 지표는 통계청의 정의에 의하면 경기나 생활 형편 등에 대한 소비자들의 주관적 판단과 전망, 미래 소비지출 계획 등에 대한 설문조사를 통해 지수화한 것으로 가계의 소비동향 및 전망 등을 보다 정확하게 파악하는 데 목적이 있다. 경제에 대한 소비자의 인식이 향후 소비행태에 영향을 준다는 전제 하에 소비자들의 소비지출 계획 및 경기에 대한 인식 등을 조사하여 경기동향의 판단 및 예측의 지표로 사용하기 위해 고안된 것이다.

소비자동향지수가 100이라고 하는 것은 긍정적으로 보는 가구와 부정적으로 보는 가구가 같다는 뜻이며, 100 이하는 다수가 부정적으로 100

▰▰▰ 그림 3 　도시근로자가구의 소비지출 증감률

구분	2007년				2008년		증가 항목	식료품(10.0), 주거비(18.2), 광열수도(6.1), 의류신발(8.3), 교육비(18.6), 교통통신(9.0)
	1/4	2/4	3/4	4/4	1/4	2/4		
소비	5.8	5.4	5.3	10.2	2.5	8.2	8.7	부진 항목	가구가사(-0.7), 보건의료(1.4), 교양오락(2.4)
실질	3.2	3.3	2.8	7.7	-0.8	4.3	3.7		

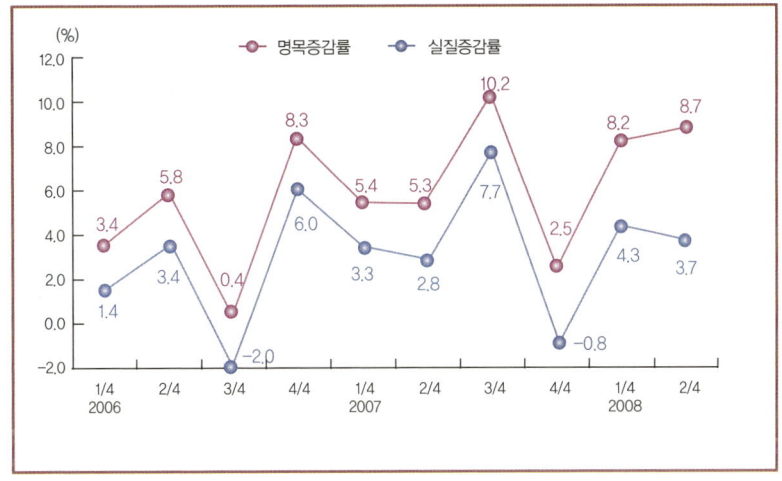

출처 : 통계청

이상은 다수가 긍정적으로 보기 시작했다는 의미가 된다.

　여기서 중요한 것은 소비자기대지수와 소비자평가지수의 차이다. 먼저 소비자기대지수는 현재와 비교하여 6개월 후의 경기, 생활 형편, 소비지출에 대한 소비자들의 기대를 나타내는 지표이므로 소비자들이 예측하는 미래경기라는 의미가 강하다. 이에 반해 소비자평가지수는 6개월 전과 비교하여 현재의 경기, 생활 형편에 대한 소비자들의 평가를 나타내므로 과거에 비해 지금 상대적으로 어떻게 느끼는가 하는 현재의 경기 상황에 주안점을 두고 있다.

소비자들은 대개 현재의 경기가 좋지 않다고 생각하면 미래를 예측하려 들고, 미래 경기가 나쁠 것이라 예측되면 소비를 줄인다. 하지만 현재가 나쁘다고 하는 것은, 심리적으로 불안하기는 하지만 아직 주머니를 닫은 상황은 아니라고 볼 수 있다. 그런데 왜 이런 소비자지수가 중요한 것일까?

소비지출이 줄어들면 기업의 재고가 누적된다. 그 결과 기업의 실적은 악화되고 뒤이어 고용이 줄어든다. 반대로 소비자가 지갑을 열면 기업은 소비자들이 필요로 하는 물품을 제때 공급하기 위해 생산량을 늘리고 재고를 확보하게 된다. 예를 들어, 옷을 사려는 사람들이 늘어나면 각 사이즈별로 많은 수량의 옷을 준비해둬야 고객에게 물품을 팔 기회가 늘어난다. 그러므로 유통단계에서 유통재고를 늘리게 되고, 그러기 위해서는 기업의 생산량이 늘어나야 한다. 이제 기업은 일차적으로 고용을 늘리게 되고, 경기가 확장되어 소비량이 더 늘어나면 기회를 놓치지 않기 위해 설비투자를 진행한다. 〈그림 4〉와 같은 흐름이 만들어지는 것이다.

물론 역의 관계도 성립한다. 소비가 감소하면 생산량이 줄고 고용이 함께 줄어듦에 따라 설비투자가 악화된다. 이때 주식시장은 어느 지점을 반영하게 될까? 당연히 소비지출이다. 소비감소는 자신의 주머니 사정이 여의치 않다는 의미고, 그 상황에서는 불안감을 가진 투자자들이 적

그림 4 　 소비지출이 경제에 미치는 영향

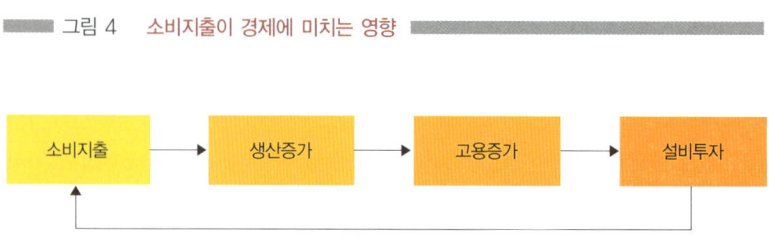

극적으로 자산투자에 나설 수가 없다. 더구나 소비지출의 악화는 연이은 기업 실적 악화를 가져올 것이 너무나 확연하기 때문에 유가증권 시장은 소비지출과 거의 동행한다. 따라서 우리가 고용지표나 설비투자 등을 보고 경기가 침체에 빠졌다고 판단해 주식시장에서 불안감을 느끼는 것은, 이미 지진이 지나간 자리에서 여진을 걱정하는 것이나 다름없는 행동이 된다.

종합주가지수와 동행하는 경기종합지수

두번째 살펴볼 지수는 경기종합지수(CI, Composite Indexes of Business Indicators)다. 자세한 설명을 하기에 앞서 먼저 〈그림 5〉를 살펴보자.

이 그래프도 종합주가지수의 흐름을 놀라울 정도로 거의 정확하게 반영하고 있다. 경기종합지수는 국민경제 전체의 경기동향을 쉽게 파악하

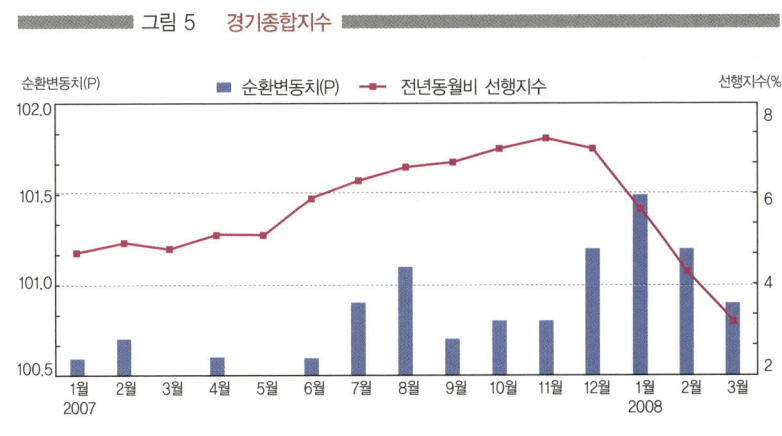

그림 5 　경기종합지수

출처 : 통계청

주) '2005년의 경기종합지수=100'을 기준으로 함

기 위하여 경제 부문별(생산, 투자, 고용, 소비 등)로 경기에 민감하게 반영하는 주요 경제지표들을 선정한 후 이 지표들의 전월 대비 증감률을 합성하여 작성한 지수다. 이것은 특히 개별 구성지표들의 증감률 크기에 의해 경기 변동의 진폭까지도 알 수 있으므로 경기 변동의 방향, 국면 및 전환점은 물론 속도까지도 동시에 분석할 수 있어 우리나라의 대표적인 종합경기지표로 널리 활용하고 있는 자료다.

경기종합지수에는 선행(leading)·동행(coincident)·후행(lagging)종합지수가 있다. 선행종합지수는 앞으로의 경기동향을 예측하는 지표로서 소비자기대지수, 구인구직 비율, 기계수주액(국내), 건설수주액, 총유동성 등과 같이 앞으로 일어날 경제현상을 미리 알려주는 10개 지표들의 움직임을 종합하여 만든 것이다. 동행종합지수는 현재의 경기 상태를 나타내는 지표로서 산업생산지수, 제조업가동률지수, 도소매판매액지수, 비농가취업자 수 등과 같이 국민경제 전체의 경기변동과 거의 동일한 방향으로 움직이는 8개 지표로 구성된다. 마지막으로 후행종합지수는 경기의 변동을 사후에 확인하는 지표로서 생산자제품재고지수, 회사채유통수익률, 가계소비지출 등과 같은 6개 지표로 구성되어 있다(이상 통계청 자료 원용).

이렇게 설명하면 막연히 그런가 보다 하지만, 실제로 무슨 말을 하는 것인지 구체적으로 이해되지는 않을 것이다. 주식 투자자 입장에서는 단순하게 생각하면 된다. 일단 동행지표나 후행지표는 주식 투자자에게 의미 있는 지표가 아니다. 주식시장은 늘 경기에 선행하기 때문이다. 그래서 거시지표에서 주식 투자자들이 기어코 얻어야 하는 정보는 선행지표 단 하나뿐이다. 결국 주가지수 자체가 경기를 선행하는 것이라면 경기선행지수는 주가지수와 거의 동행할 수밖에 없다. 우리가 선행지표에서 얻는 것은 주식시장이 불안한 움직임을 보이고 있거나 정체되고 있을 때, 실제 경기 상황은 어떤지를 비교할 수 있다는 점이다.

그런 맥락에서 〈그림 5〉를 다시 보면, 전년동월비 선행지수 그래프는 소비자기대지수, 구인구직 비율, 기계수주액(국내), 건설수주액, 총유동성 등을 포함하고 있다. 그러나 구인구직 비율은 앞서 말한 대로 일정 부분 후행하는 성격이 있고, 기계수주액과 같은 설비투자에 관한 지표 역시 어느 정도 후행성을 띤다. 하지만 건설수주액은 실제 건축이 아닌 기대심리가 반영되는 것이므로 선행성이 강하고, 총유동성 역시 뒤에 다시 설명하겠지만 주식시장의 관점에서는 상당히 중요한 선행지표다.

결과적으로 선행종합지수는 소비자지출, 건설수주, 유동성과 같은, 주식시장의 상황을 미리 짐작할 수 있는 경기지표이며, 고용이나 설비투자 같은 후행적인 지표들은 이들의 민감성과 노이즈를 제거하는 역할을 하고 있다고 볼 수 있다. 소비자기대지수는 단순히 소비자들에게 한 질문이다. 따라서 경기 상황을 제대로 반영하기 위해서는 소비자기대지수를 민감한 지표로, 경기선행지수를 잡음을 제거한 합리적인 지표로 활용하는 게 좋다. 또한 이런 지표들은 경기의 선행성을 알려주므로 주식시장과 앞뒤로 움직이거나 최소한 동행한다고 가정하면 절대 무시할 수 없는 중요한 지표가 된다. 특히 〈그림 5〉에서 중요한 것은 순환 변동치가 아닌 꺾은선차트로 표시된 전년 동월비 선행지수다.

이제 독자들이 나름대로 이해하는 것처럼 경기 상황 예측에서 전월이나 전분기 대비라는 지표는 큰 의의가 없다. 계절별, 주기별 경기 변화가 다르고 수출이나 수입도 주기성이 있으므로 단순히 전월이나 전분기 실적 비교는 별다른 의미를 가지지 못한다. 하지만 〈그림 5〉처럼 전년도 대비 지수를 그래프로 보면 마치 종합주가지수 차트를 그대로 보는 듯한

드라마틱한 결과를 발견할 수 있다.

기업의 관점인 제조업 경기실사지수

다음으로 살펴볼 지표는 제조업 경기실사지수다. 〈그림 6〉을 살펴보면 잠시 당황하게 될 것이다. 경기실사지수(BSI, Business Survey Index)는 경기동향에 대한 기업가들의 판단, 예측, 계획의 변화 추이를 관찰하여 지수화한 지표인데, 〈그림 6〉의 그래프는 변동성이 크지 않고 더구나 주식시장이 급락한 2008년 2/4분기까지 전저점을 유지하고 있다. 전반적으로 악화되는 양상을 보이기는 하지만 이상하게도 주식시장과 비교해서는 민감성이 떨어지고 있는 것이다. 이유가 무엇일까? 기업인들이 일반 소비자들보다 경기 인식에 둔감할 리가 없는데 말이다.

이 지표는 국내 800여 개 제조업체에 설문조사를 한 결과인데 100을

그림 6 제조업 경기실사지수 실적 및 전망

출처 : 통계청

기준으로 해서 초과이면 호조, 미만이면 악화로 해석한다. 그런데 기업은 가능하면 경기를 긍정적으로 전망하기보다는 부정적으로 전망하려는 경향이 있어서 과거 경기확장기에도 일정 부분 왜곡이 나타났고, 실제로 경기가 부정적일 때는 상대적으로 덜 나빠진 것처럼 보기도 했다.

이런 측면들이 종합적으로 작용을 했겠지만, 그보다는 기업은 소비지출이 변하고 난 다음에 경기를 체감하기 때문이라고 보는 것이 옳을 것이다. 소비자가 지갑을 닫고 지출을 줄이기 시작하면 기업의 재고가 쌓이고 가동률이 떨어지며 고용은 감소하고 설비투자는 중단된다. 기업의 관점에서 보면 경기 선행성의 가치는 없다. 즉, 이런 거시지표들은 주식투자자 입장에서는 매력적인 지표가 아니라는 뜻이며, 오히려 이런 지표가 가장 악화되어 있는 순간이 소비자들의 지갑이 열리는 순간일 수도 있다는 의미다.

때문에 주식시장이 상승 반전했을 때 돌아보면 여전히 BSI는 최대로 악화되어 있는 것을 자주 보게 되고, 주식시장에 이미 한차례 쓰나미가 지나간 후에야 비로소 BSI가 악화되는 양상이 반복된다. 그래서 우리가 언론에서 자주 접하는 "BSI 수치 악화로 향후 주식시장에 그림자가 드리워졌다."라는 식의 기사는, 주식시장에서 보자면 어리석은 정보의 전형이라 할 수 있다.

같은 맥락에서 고용지표를 살펴보면 〈그림 7〉과 같다. 〈그림 7〉에서 실업률은 IMF 이후 급증했다가 서서히 낮아진 상태이며, 경기 악화에도 불구하고 2007년 이후(2008년 실업률은 아직 통계가 나오지 않았다)에 오히려 낮아졌음을 보여주고 있다. 여기서 재미있는 것은 실업률이 가장 높았던 1998~2000년은 주식시장이 상승 반전을 준비하던 시기며, 2000~2002년은 주식시장이 다시 조정기에 들어갔던 시기인데 오히려 고용사정이

■ 그림 7   실업률

출처 : 통계청

개선되고 있다는 점이다.

 물론 이는 산업구조의 변화로 고용의 탄력성이 커진 탓도 있지만, 주식시장의 입장에서 고용지표는 극명한 후행지표라는 사실을 잘 보여주는 것이기도 하다. 다시 말해서 우리가 증시뉴스에서 발견하는 '고용지표 악화', '실업률 급증'과 같은 뉴스들은 이미 주식시장에서는 불길이 시장을 태우고 이제 잔불만 남은 상황에서 나타나는 후행적 성격의 지표라는 말이다. 따라서 고용지표에 관심을 기울이는 것은 정부의 정책 당국자나 사회복지 정책에 관심 있는 경우가 아니라면 쓸모가 없다. 그런데도 시장은 이런 불필요한 정보들을 쏟아내며 오늘 이 시간에도 우리를 불안에 빠뜨리고 있다.

물가지수는 선행성인가 후행성인가

 주식시장에서 인플레이션은 중요한 변수 중 하나인데, 이를 판단하기 위해 물가정보를 먼저 살펴보자.

먼저 소비자물가지수는 도시가계가 소비생활을 영위하기 위해 구입하는 상품 가격과 서비스 요금의 변동을 종합적으로 측정하기 위해 작성하는 지수다. 2005년을 기준(=100)으로 가계소비지출에서 차지하는 비중이 1만 분의 1인 489개 품목을 대상으로 작성한 지표다.

그에 반해 근원물가지수는 가격 변동성이 큰 농산물(곡물 제외)과 석유류 등 일시적인 외부충격에 의한 물가 변동을 제외한 장기적이며 기조적인 물가 변동을 나타내는 지표다. 그리고 이를 '근원인플레이션(Underlying inflation)' 또는 '코어인플레이션(Core inflation)'이라고 부른다. 인플레이션은 심리적으로는 소비자물가지수를, 경제학적으로는 근원물가상승률을 기준으로 하며, 미국의 경우 근원물가지수를 기준으로 연방기금 금리의 상하한선을 조정한다.

생활물가지수는 소비자들의 체감물가를 설명하기 위해 구입 빈도가 높고 지출 비중이 높아 가격변동을 민감하게 느끼는 156개 품목을 토대로 작성한 지표로 소비자기대지수에 가장 큰 영향을 미친다.

이러한 인플레이션 지수는 거의 정확하게 주가지수에 영향을 미친다. 전작《시골의사의 부자경제학》에서 나는 투자를 결정할 때 가장 중요한 지표는 인플레이션과 금리라고 강조했는데, 실제 주식시장에서 인플레이션은 약 6%가 마지노선이다.

〈그림 8〉에 나타나 있듯이 물가지표들은 변동성에 민감하지 않다. 주식시장이 이미 큰 타격을 입은 2008년 4월이 돼서야 고점을 돌파하는 것으로 보아 다분히 후행성을 띠기도 함을 알 수 있다. 따라서 소비자물가, 즉 소비자지출에 2차적인 영향을 미치는 물가의 변동성을 예측하기 위해서는 생산자물가지수를 살피는 것이 유리하다. 주식투자는 늘 선행성을

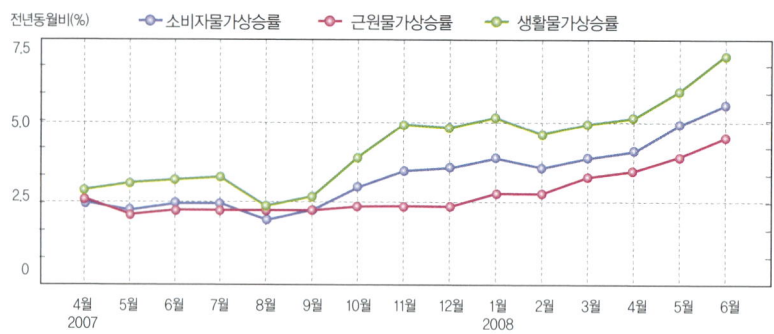

그림 8 소비자물가·근원물가·생활물가상승률

출처: 통계청

갖고 있다는 사실을 염두에 둔다면 말이다.

그 점에서 〈그림 9〉와 같은 생산자물가를 보면 극적인 결과가 나타남을 알 수 있다. 생산자물가는 국내에서 생산하여 국내시장에 출하되는 모든 재화와 서비스요금(부가가치세를 제외한 공장도 가격)의 변동을 측정하기 위해 작성하는 지수(기준연도 2005년=100)를 말한다. 개별 품목 거래액이, 상품의 경우 모집단 거래액의 1만 분의 1 이상인 801개 상품, 서비스의 경우 2,000분의 1 이상의 거래 비중을 갖는 83개 품목을 기준으로 작성된다. 그리고 매월 국내시장에 출하되는 재화와 서비스요금의 공장도가격의 변동을 측정하여 생산자의 부담 등을 측정하는 데 사용된다. 즉, 생산자물가가 올라야 비로소 소비자물가가 오른다는 점을 감안하면, 생산자물가는 뒤이어 나타날 소비자물가의 상승을 선행해서 알려주는 지표라 볼 수 있다.

때문에 우리가 투자자로서 인플레이션을 판단할 때는 소비자물가지수보다 선행적인 생산자물가지수의 변동을 유심히 관찰해야 한다. 또한 생

■■■ 그림 9   생산자물가지수 ■■■

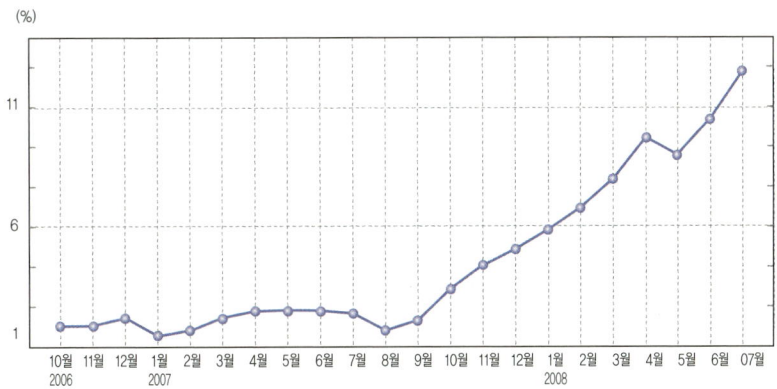

출처 : 통계청

산자물가지수는 실제 주식시장이 감내할 수 있는 인플레이션 수준을 미리 짐작하게 해주므로 이를 더욱 염두에 두고 살펴보는 게 좋다.

거시지표 중 가장 둔감한 금리

마지막으로 우리가 살펴야 할 지표는 바로 금리다. 다음 〈그림 10〉을 보자. 그래프에서도 나타나듯이 금리 역시 후행지표다. 금리는 시중 통화량과 물가 상승률을 감안하여 한국은행에서 결정한다. 특히 중요한 것은 콜금리 목표치다. 단기 금융시장의 금리는 시중자금 사정과 중앙은행 통화정책 등을 반영하여 수시로 변동되며, 장기 금융시장의 금리는 경기 및 인플레이션에 대한 기대를 반영하고 있어 현재의 경기 상황 및 미래 경제에 대한 기대감을 나타낸다.

그런데 〈그림 10〉을 살펴보면, 연간 차트이므로 변동성이 낮다는 사실을 감안하더라도 물가지표의 변화에 비해서는 상당히 둔감함을 알 수 있다. 다시 말해 금리라는 것은 지금까지 살펴본 여러 가지 지표들에 대한 사후적 조치이며, 주식시장 입장에서는 확인사살의 의미만 있을 뿐이다. 이것은 금리의 인상 가능성과 인하 가능성을 보고 주식시장이 움직인다는 사실을 보여주고 있다.

언론에서 말하는 주식시장의 등락 요인 중에서 '전가의 보도'처럼 사용되는 금리에 대한 이야기는 경제학자들이나 애널리스트들이 만들어내는 사후보고서일 뿐, 이미 시장의 기능은 그 이전 소비자의 행동이나 물가에 영향을 받는다는 사실을 꼭 기억하도록 하자.

미국시장의 거시지표

한국 증시를 파악하는 데 유용한 거시지표에 대한 여행을 했으니 이제 미국으로 넘어갈 차례다. 앞서 말했듯이 우리시장의 거시지표들이 이렇게 유용함에도 우리는 늘 미국시장의 거시지표에 목을 매고 있다. 이제부터 미국이라는 나라가 이해하는 거시지표와 함께 왜 우리시장이 미국의 영향권에서 벗어나지 못하는지 그 이유를 살펴보기로 하자.

우선 〈그림 11〉을 보자. A는 소비자지출이고, B와 C는 재고라고 하자. 경기의 특정 국면에서 소비자지출이 상승하면 재고가 늘어난다. 이때 재고는 시장이나 업종의 과점과 상당한 관계가 있다.

예를 들어, 어느 업종이 과점체제를 구축한 소수의 기업에 의해 지배되고 있거나 일본처럼 어느 국가의 산업이 다른 나라가 설비투자를 한다고 해서 따라잡을 수 없는 독점적 기술을 갖고 있다면, 재고는 B 수준에서 유지될 것이다. 비록 소비자 수요가 증가하고 도소매 단계에서 각각

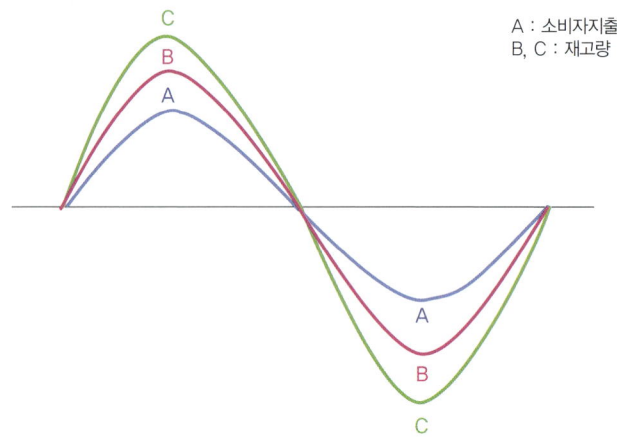

그림 11 소비자지출과 재고

A : 소비자지출
B, C : 재고량

재고가 필요하다고 해도, 우리 회사나 국가의 것이 아니라면 독점적 수준에서는 재고가 과잉으로 치닫지 않는다. 하지만 경쟁산업이나 경쟁시장의 경우에는 경기가 좋고 주문이 늘어날 때 시장 점유율을 확대하고 소비자의 요구에 충실하기 위해서 경쟁적으로 생산을 늘리기 때문에 재고 과잉이 되기가 쉽다.

경기의 경우에도 마찬가지다. 산업 전반이 흥청거리고 경기가 낙관에 빠지면 재고가 빠른 속도로 늘어나지만, 특정 산업 분야만 단기 호황을 누린다면 그 분야의 기업들이 재고 관리에 민감할 것이다. 즉, 재고량은 과점기업(산업) 여부와 경기 낙관의 정도에 따라 달라진다.

경기가 위축되고 둔화의 조짐이 보이면 소비자는 가장 먼저 지갑을 닫을 것이고, 이 경우 뒤이어 재고량이 감소할 것이다. 이때 B곡선을 그리는 기업이나 산업에서는 경기위축에 따른 변동성이 당연히 적을 것이고, C곡선을 그리는 산업, 기업, 국가는 변동성의 타격을 크게 입을 것이다.

■■■ 그림 12   소비자지출의 선행성

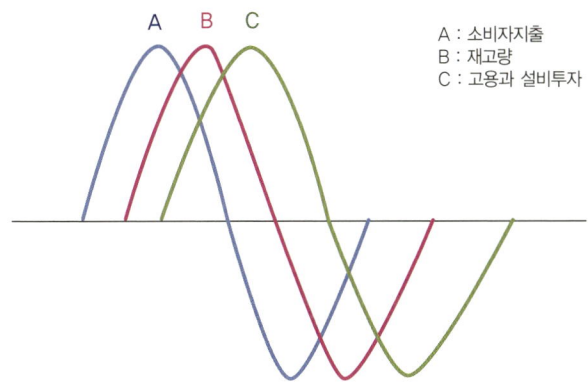

A : 소비자지출
B : 재고량
C : 고용과 설비투자

이런 이유로 소위 경기민감주와 경기방어주의 개념이 등장한 것이다.

〈그림 12〉를 보자. 여기서 A는 소비자지출, B는 재고, C는 고용과 설비투자다. 이때 가장 선행성을 갖는 지표는 무엇일까? 당연히 A가 선행성을 갖고 B와 C는 후행성을 가질 수밖에 없다. 그런데 경기에 6개월 이상 선행하는 주식시장의 미래를 이해하기 위해 고용지표나 설비투자에 관한 지표들을 들여다보고 있다면 이는 매우 어리석은 행동이다. 사실 설비투자가 최악에 이르고 고용지수가 극도로 나빠진 순간은 이미 소비자지출이 바닥을 치고 반전하고 있는 시점이기 때문이다. 그래서 우리가 주력해서 보아야 하는 것은 소비자지출에 관한 지표이며, 그 이상은 정책 당국자들이 정책을 세우는 데나 유용할 뿐이다.

문제는 소비자지출이라는 부분이다. 앞서 우리나라의 지표를 소개하면서 소비자심리지표를 설명한 이유는 실제 소비자지출을 측정할 수 있는 모형이 없기 때문이다. 소비자지출은 워낙 광범위하고, 통계는 늘 분기별로 모아지기 때문에 소비자지출 자체를 알 수 있는 방법이 없다. 그래서 소비자심리지표를 이용하는 것이다. 하지만 소비자지출은 이미 소비자가 행동하고 있다는 동행성을 갖고 있으므로, 우리가 정작 시장에서 알고자 하는 예측성을 상당히 저해하고 있다.

소비자심리가 주식시장과 거의 동행한다고 가정하면, 그 역시 주식시장의 현재의 모습일 뿐 소비자심리가 주식시장을 선행하지 않는 한 선행지표는 아니다. 즉, 소비자심리는 거시지표 중에서 선행지표일 뿐 주식시장의 선행지표는 아니라는 뜻이다. 따라서 우리가 할 수 있는 최선의 방법은 주식시장이 하락 조정 기조를 보일 때 소비심리가 튼튼하면 주식시장은 단지 가격 조정일 뿐이라고 판단하고, 주식시장의 조정이 소비심리의 하락과 맞물리면 이것은 단순한 조정이 아니라 침체의 전조라고 판단하는 상대 비교를 하는 것뿐이다.

그러면 소비자지출을 비롯한 거시지표들이 갖는 의미를 알기 위해 거시지표에 대한 정밀탐사를 한번 해보자.

먼저 거시지표에서 뺄 수 없는 것이 GDP(Gross Domestic Product, 국내총생산)이다. 이 말은 사람이 아닌 지역, 즉 '한국 사람이 생산한'이라는 의미가 아닌 '한국 내에서 생산된'이라는 의미를 갖고 있다. 때문에 외국 사람이 한국에서 생산한 것은 GDP에 포함되지만 GNP에는 포함되지 않고, 한국인이 외국에서 생산한 것은 GNP에는 포함되지만 GDP에는 포함되지 않는다. 따라서 글로벌 시대에 한 나라의 경제적인 역량을 평가하는 데는 GDP가 유용한 지표가 된다.

또 GDP는 중간생산물을 공제한 의미의 순가치를 말한다. 예를 들어, 자동차의 경우 최종 가격인 2,000만 원을 포함시키지만 그 안에 들어가는 부품은 따로 포함시키지 않는다는 의미다. 이 순가치는 자본감가를 포함하는 개념이므로 그야말로 국내총생산이 된다.

미국의 경우 GDP 구성은 소비자지출(약 70%), 정부지출(약 19%), 자본지출(총민간고정투자, 약 16%)로 되어 있는데, 여기서 알 수 있듯이 GDP 항목은 소비자지출이 절대적인 비중을 차지한다. 이렇게 GDP에서 비중이 큰 소비자지출은 다시 서비스(약 60%), 비내구재(약 30%), 내구재(약 10%)로 구성된다. 그 중 서비스 항목에는 의료비, 여행, 금융 서비스, 오락, 주택관리비 등이 포함되고, 비내구재 항목에는 식품, 의류, 연료비 등 필수소비재가 포함되며, 내구재에는 자동차, 가구, 기타 장비들이 포함되어 있다.

우리가 경기라 부르는 경제 현상은, 인플레이션으로 인해 소비자들의 구매력이 떨어지게 되면(같은 돈으로 살 수 있는 물건이 줄어들면), 가장 먼저 오락, 유흥과 같은 서비스 항목을 줄인다. 이때 문제가 되는 것은 그것이 GDP 항목 중에서 가장 비중이 큰 소비자지출에 속하며, 소비자지출 중에서도 가장 비중이 크다는 점이다. 그 다음 줄이는 것은 자동차, 골프채, 요트와 같은 운동장비가 속한 내구재 소비일 것이고, 제일 마지막에 줄이는 것이 필수소비재, 즉 비내구재 항목이 될 것이다.

어쨌든 이 상황은 산업생산 현장과 서비스 현장의 일감이 줄어든다는 것을 의미한다. 이것은 다시 기업으로 연결되며 기업의 이익이 줄어들면 기업은 자본지출을 줄이고 고용을 줄인다. 즉, 고용지표와 자본지출은 이미 둔화된 경기의 마지막에 나타나는 현상이라는 뜻이다. 이후 고용악화는 다시 소비자의 주머니를 가볍게 할 것이다. 하지만 고용감소가 소비자지출에 미치는 영향은 예상보다 크지 않다. 고용을 축소할 시점이면 이미 소비는 바닥에 이른 상태가 되고, 앞서 말한 대로 비내구재나 필수소비재는 줄이는 데 한계가 있기 때문이다. 즉, 고용지표의 극적인 악

그림 13 경기의 흐름

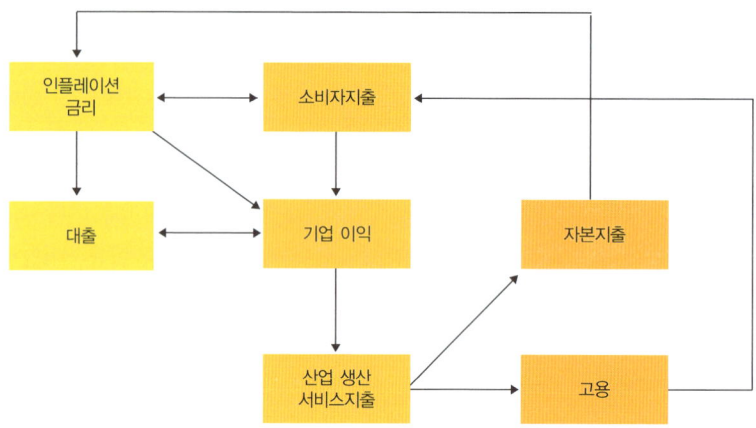

화는, 주식시장에서는 이제 경기가 바닥에 왔다는 사실을 증명하는 우호적인 지표로 기능할 수도 있는 것이다. 이 상황에서 우리가 얻을 수 있는 영감은 서비스지출의 감소가 주가 하락과 동행할 경우, 주가의 조정은 일시적 조정이 아닌 추세 조정의 시작이라는 점이다.

이 점을 간략하게 나타내면 〈그림 13〉과 같다. 굳이 이 구조에 대한 부연 설명은 하지 않겠다. 이것이 우리가 늘 치열하게 부딪히는 현장의 흐름이라 생각하면, 무엇이 선행성을 갖고 무엇이 후행성을 갖는지 알 수 있을 것이다.

결론은 이 흐름이 보여주듯 경기를 결정하는 가장 중요한 요소는 금리와 소비자지출이라는 점이다. 그렇다면 우리가 경기침체라 부르는 기준 (상용 기준은 없지만 보편적으로 미국의 경우 2분기 연속 마이너스 성장, 한국의 경우 잠재성장률 이하의 성장, 중국과 같은 신흥국의 경우 약 3% 이상의 성장률 저하)

역시 소비자지출이 알림판 역할을 할 것이다. 그리고 주식시장에서도 항공, 여행과 같은 서비스업종의 악화와 자동차, 가구, 전자제품과 같은 내구재 생산업종의 악화가 순서상 맥락을 구성할 것이다.

이런 경기하강 구간을 《경제를 읽는 기술 Ahead of The Curve》의 저자인 조지프 엘리스(Joseph Ellis)는 이렇게 설명한다.

- 제1단계 : 경기가 팽창하고 낙관이 지배할 때 소비는 견조하고, 주가는 신고점을 경신한다.

- 제2단계 : 긍정적인 경기전망에 약간의 회의가 발생하고, 거시지표 중에서 가장 앞에 서 있는 소비자지출 등의 지표가 완만하게 둔화하는 기미를 보인다. 당연히 소매판매도 둔화되지만, 문제는 자본지출이 늘고 실업률은 저점에 이르는 등 좋은 고용 상태를 유지한다. 성장세가 낮더라도 기업 실적은 좋은 상태를 유지하고 일시적인 둔화는 인정하지 않는다. 이때 주가는 약간의 조정을 보인다.

- 제3단계 : 경기 우려에 대한 목소리가 커지고 금리와 물가가 상승한다. GDP 성장세가 둔화된 것이 지표로 확인되며, 경제학자들 사이에서는 경착륙과 연착륙에 대한 논의가 시작된다. 하지만 여전히 고용지표는 안정적이고 기업의 예정된 투자나 자본지출은 집행되며 M&A나 투자도 이미 계획된 대로 진행된다. 다만 주가는 고점 대비 15~20% 내외의 하락세를 보인다. 조정이 깊어지는 데 대한 약간의 두려움이 일어나는 시점이다.

- 제4단계 : 본격적인 침체가 시작된다. 기업 실적이 악화되고 자본지출이 감

소하며 M&A를 포기하거나 신규 사업 진출을 접는다. 하지만 실제 시장을 놀라게 하는 것은 실업률의 증가와 고용지표의 하락이다. 이쯤 되면 시장은 "경기하락이 오느냐 마느냐?"가 아닌 "얼마나 진행될 것인가?"로 논점이 바뀌고, 전년 동기 대비가 아닌 전분기 대비 GDP 감소를 주목하기 시작한다. 이것은 경기침체의 시점을 찾아 얼마나 진행될 것인지를 예측하기 위한 행동이다. 주식시장은 비관이 휩쓸고 다시 10~20% 정도의 추가 하락이 나타나며 암울한 전망이 쏟아진다. 속속 나오는 거시지표들의 부정적 소식에 투자자들은 공포에 질리며 바닥에 이르는 단계다. 하지만 주가는 이 지점 어디쯤에서 서서히 반전을 모색한다.

 이 책이 위와 같은 이야기를 반복하는 이유는, 우리가 '경기침체 신호'를 '경기둔화 신호'로 해석하는 오류를 범하고 있기 때문이다. 즉, 경기침체가 확인되는 지점은 이미 주식시장에 쓰나미가 몰아치고 강진이 도시를 휩쓸고 태풍이 들판을 황폐화시킨 후다. 침체가 확인된 다음 이어지는 피해들은 쓰나미가 싣고 온 전염병, 지진 이후의 여진과 같은 것인데 우리는 그제야 "아, 침체가 왔다."라고 장탄식을 한다. 이는 기업과 개인 투자자의 구분 없이 모두가 저지르는 오류다.
 우리가 투자자로서 집중해야 하는 것은 경기둔화의 신호지, 경기침체의 확인이 아니다. 그래서 소비자지출은 매우 중요한 지표인데, 미국은 어느 정도 이것을 확인할 수 있는 시스템이 있지만 우리는 아직 통계적으로 확인할 길이 없다. 만약 소비자지출의 둔화를 실시간으로 알 수 있다면 주식시장에서의 게임은 매우 편해질 것이다.
 이 책이 경제학 책은 아니므로 미국의 실제 소비자지출 추산 이론까지 소개하지는 않겠지만, 여기서 말하고자 하는 문제의식은 충분히 이해했으리라 여긴다. 그렇다면 이제 2007년 7월 〈연합뉴스〉에 실린 기사의 한 부분을 살펴보자.

27일 뉴욕 증시는 미국의 2/4분기 경제 성장이 호조를 보였음에도 불구하고, 서브프라임 모기지 부실로 야기된 신용시장 경색 우려가 지속되면서 다우존스 산업평균지수가 200포인트 넘게 하락하는 등 이틀 연속 급락했다. 이날 증시는, 미국의 2/4분기 경제성장률이 월가의 예상을 넘어선 것으로 나타나면서 장 초반에 상승세를 보이기도 했으나 신용경색이 경제 전반에 미칠 영향에 대한 우려가 가시지 않으면서 경제 성장이 견실하다는 호재가 전혀 힘을 발휘하지 못한 채 폭락했다.

특히 영국 식품업체인 캐드베리스웝스(Cadbury Schweppes)가 최근의 신용경색을 이유로 세븐업(Seven-up) 등을 만드는 미국 내 음료사업 부문의 매각을 연기한다고 밝혔는데, 이런 일들도 자금시장 경색에 대한 투자자들의 우려를 키웠다. 이날 미국 상무부가 발표한 미국의 2분기 국내총생산(GDP) 성장률은 경제 전문가들의 전망치인 3.2%를 웃도는 3.4%를 기록했다. 이는 작년 1분기의 4.8% 이후 가장 높은 것으로 기업과 정부 부문의 소비 증가에 힘입어 미국경제가 활발한 성장을 한 것으로 분석되고 있다.

반면 미국인의 소비심리는 악화돼 미시간대학의 6월 소비자신뢰지수는 90.4로 전달의 92.4보다 낮아졌으며 월가 전망치인 91.2에도 미달했다. 신용경색 우려로 사모펀드인 블랙스톤그룹(Blackstonegroup)이 4.6% 하락했고 씨티그룹(Citigroup)도 1.2% 내렸다. 정유업체 셰브런(Chevron)은 2분기 순이익이 53억 8,000만 달러(주당 2.52달러)로 작년 동기보다 24% 증가하면서 역대 최고치를 기록했다고 밝혔으나 사실상 1.7% 하락했다.

시장 관계자들은 신용경색 우려가 이어지면서 그동안 증시 상승을 이끌어온 기업인수합병(M&A) 활동이 자금조달의 어려움으로 인해 약화될 것이란 걱정이 증시를 짓누르고 있는 것으로 보고 있다.

여기서 우리가 읽어낼 수 있는 것은 신용 거품 우려는 이미 이 기사가 나오기 1년 전부터 시작된 노출 악재임에도 기사는 온통 이 사건에만 주목하고 있다는 사실이다. 소비자지수의 악화가 이제 너무나 뚜렷해졌는데도 기사는 아직 GDP 성장세가 견조하다는 것에 비중을 두고 있다. 아울러 기업의 M&A가 감소하는 사실조차도 신용경색 탓으로 돌리고 있다. 사실 이 정도의 소비자신뢰지수라면 이미 기업 실적 악화에 연이어 자본투자나 고용까지 감소하기 직전 단계라는 사실에 주목해야 하는데 어디에서도 그런 소식을 찾을 수 없다. 심지어는 GDP 성장세가 견조하다는 이유로 이 기사가 나온 다음주에 미국 주가가 연중 최고의 일일상승률을 기록하기까지 했다. 이런 상황에서, 영민한 투자자라면 이미 이전부터 후퇴하여 후방에서 정탐하고 있었어야 마땅하다.

미국의 거시지표

그러면 다음으로는 미국경제의 거시지표들을 살펴보도록 하자.

미시간 소비자신뢰지수

미시간 소비자신뢰지수(University of Michigan Consumer Sentiment Index)는 우리나라와 마찬가지로 설문조사를 통해 소비심리를 파악하는 지표다. 미시간대학에서 1966년을 100으로 해서 현재 소비심리와 미래에 대한

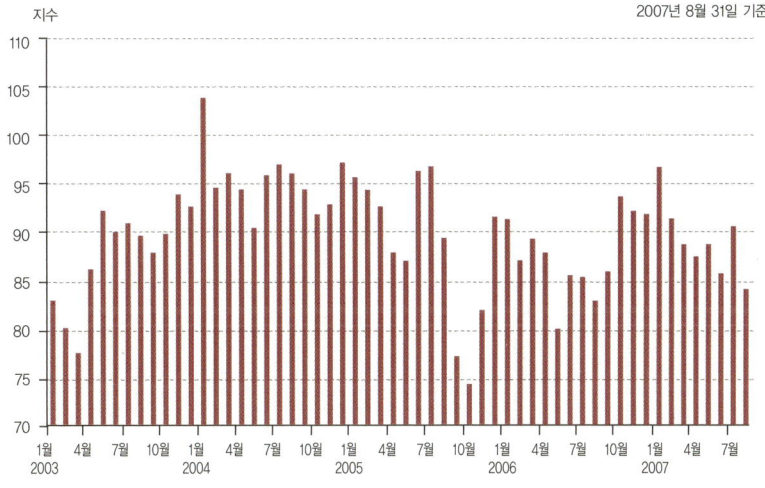

그림 14 미시간 소비자신뢰지수

출처 : 통계청

전망, 고용 상태, 향후 6개월 내의 내구소비재 구매에 대한 계획을 조사하여 발표한다. 미국의 경우 컨퍼런스보드(Conference Board) 지수와 같은 유사한 조사들이 몇 가지 있다. 〈그림 14〉를 보면 미국이 이미 경기 조정 국면에 들어가 있음을 알 수 있다.

내구재 수주

내구재와 비내구재를 구분할 때, 일반적으로 구입 후 1년 이상 사용하면 내구재, 사용 기간이 1년 이하면 비내구재라고 한다. 내구재 수주(Durable Goods Orders)는 소비심리와 밀접한 관계에 있으며 특히 금리에 민감한데, 미국의 경우 리스(lease) 등의 할부금융으로 소비의 상당 부분이 이루어지기 때문이다. 특히 미국의 자체 산업시설들이 해외 이전으로 많이 퇴조하고, 국내에서 생산하는 내구재의 경우 가격 경쟁력을 상실한

■■■ 그림 15   내구재 수주 ■■■

출처 : Briefing.com

부분이 많다. 그래서 내구재 수주의 상황은 미국에 자동차나 전자제품 등의 내구재를 주로 수출하는 우리나라에 밀접한 영향을 미친다.

내구재 주문은 금리의 상승과 하락에 3~6개월 시차를 두고 민감하게 반응하고, 우리나라 수출기업의 실적에도 3~6개월 시차로 영향을 미친다. 이 말은 미국 금리가 상승하면 약 1년 이내에 우리 기업의 수출이 영향을 받을 수 있다는 뜻이다.

〈그림 15〉를 보면 2008년 들어 미국 주식시장과는 달리, 내구재 수주는 크게 감소하지 않고 약간 증가하고 있는 듯한 모습을 보이는데 이것은 감세 효과 때문이다. 경제지표에는 종종 이런 착시가 나타난다.

주택 착공 · 허가 건수

주택 착공(Housing Starts)은 모기지를 이용하는 미국 사람들의 특성상 금리에 민감하고 경기침체에 반응하는 속도가 빠르다. 미국의 경우 단독주택의 착공 건수와 허가 건수는 민간 영역에서, 아파트 등의 다세대주택 착공 건수는 공공의 영역에서 영향을 받는다. 하지만 주택 착공이나 허가 건수는 이미 경기둔화가 나타난 이후의 문제이므로, 경기의 선행지수라기보다는 동행지수의 성격이 강하다. 다만 허가와 달리 착공 건수는 계절별 요인들이 많으므로 민간지표만을 포함한다. 다시 말해 허가 건수는 민간과 공공의 상황을, 착공 건수는 민간의 경기 상황을 반영한다고 정리할 수 있다.

〈그림 16〉, 〈그림 17〉을 보면 주택 착공 건수가 2007년부터 급락하고 있음을 알 수 있다. 하지만 민간 부문과 달리 공공 부문의 건설지표는 〈그림 17〉에서 보듯이 여전히 후행적인 모습을 보여주고 있다. 아울러 이 현상은 상당 기간 지속되었음에도 불구하고, 신문들은 2008년 8월에

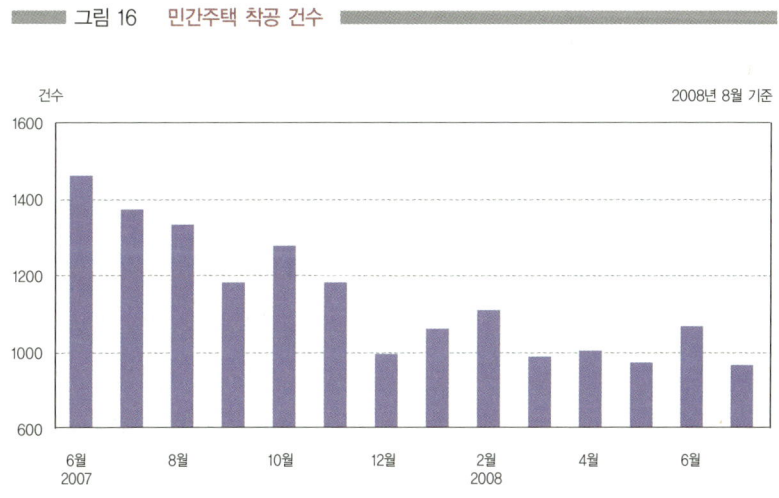

그림 16 민간주택 착공 건수

출처 : Briefing.com

■■■ 그림 17   공공주택 착공·허가 건수 ■■■

출처 : Briefing.com

서야 이런 기사를 내보냈다.

"주택 착공 건수와 인플레이션으로 주가 슬럼프(Stocks Slump on Inflation, Housing Starts)" – 2008년 8월 20일 〈더 썬The Sun〉 헤드라인 뉴스

신규 주택 판매

신규 주택 판매(New Home Sales) 지표는 해석을 잘할 필요가 있다. 이 지표는 새로 지은 주택의 판매와 함께 재고 주택의 수를 같이 비교한다. 이때 신규 주택 대비 재고 주택의 판매 건수를 비교해서 6 이상이면 재고가 넘치므로 신규 주택이 줄어들 것으로 예상하고, 6 이하면 재고가 적으므로 신규 착공이 증가할 것으로 예상한다. 그래서 이 지표는 주택 착공에 대한 예비지표의 역할을 할 수 있다.

우리가 경제기사에서 자주 만나는 지표들은 위에서 언급한 네 가지가 대부분을 차지한다. 이제 이런 지표들의 선행성과 후행성 그리고 활용방법까지도 이해했으리라 믿고 다음으로 넘어가보겠다.

미국 거시지표의 영향

이제 원래의 논지로 돌아가서 생각해보자. 왜 우리는 우리나라 자체의 거시지표보다 미국의 지표에 더 큰 영향을 받을까? 그 이유는 다음과 같다.

첫째, 짐작하다시피 미국 투자자들이 우리시장을 일정 부분 지배하고 있기 때문이다. 둘째, 한국은 여전히 내수보다는 수출 비중이 크며, 역시 우리나라의 대표기업들은 수출 주도형이어서 미국의 경기에 큰 영향을 받기 때문이다.

이러한 문제는 중국으로 넘어가면 더욱 심각해진다. 미국 경기가 기침을 하면 우리는 감기에 걸리는 반면, 중국은 독감에 걸리는데, 이런 현상은 시차를 두고 발생하게 된다. 미국 경기가 둔화되면 몇 개월 후 한국에 그 영향이 나타나고 미국과 한국의 경기가 둔화되면 몇 개월 후 중국에 그 영향이 나타난다. 주식시장이 하락기에 접어들던 2007년부터 미국과 한국의 경기침체에도 불구하고, 일부 전문가들이 미국의 침체를 중국이 보상할 것이라는 황당한 논리를 내세운 것이 얼마나 어리석었는지를 단적으로 알 수 있다.

결론을 내리면 경기의 회복 역시 마찬가지 움직임을 보인다. 미국 경기가 먼저 회복하면, 시차를 두고 한국이, 다시 시차를 두고 브릭스

(BRICs, 브라질·러시아·인도·중국)가 반응한다. 변동성 역시 미국이 10%면, 한국이 20%, 중국은 50% 이상의 효과를 나타낸다.

하지만 우리나라도 일정 부분 내수가 차지하는 비중이 있고 국내자본이 성장했으며 수출 대상도 다양화되고 있다. 그러므로 과거처럼 미국의 거시지표에 지나친 비중을 두기보다는 우리나라의 지표에도 서서히 관심을 두어야 함을 잊지 말아야 한다. 다시 말하지만 투자에 있어 톱다운의 바탕 위에서 기업을 고를 때 바텀업이지, 바텀업 이후의 바이앤홀드(Buy&Hold)는 절대 능사가 아니다.

chapter 4

주가지수 분석

한국의 주가지수

종합주가지수는 주식투자에서 가장 빈번하게 활용하는 지표다. 주식투자를 하는 사람이든 하지 않는 사람이든 언론을 통해 가장 흔하게 듣는 말이기도 하다. "오늘 미국 고용지표 악화로 인해 종합주가지수가 2% 급락했다."는 식의 뉴스를 들어본 적이 있을 것이다.

이처럼 종합주가지수는 빈번하게 인용되지만 그 빈도만큼 이것이 실제 투자에서도 유용한지에 대해서는 의견이 분분하다. 가치 투자자들은 "종합주가지수를 논하는 것은 멍청이들이나 하는 짓이다. 주식은 그저 저평가된 종목을 사서 이익을 내고 팔면 그만이다."라고 말한다. 반면 성장형 투자자들은 "주가지수는 계절과 같다. 제아무리 좋은 밭이라도 한겨울 눈발이 날릴 때 싹을 틔우는 법은 없다. 주가지수는 지금 우리가 씨를 뿌릴 때인지 거둘 때인지를 알게 해주는 가장 기초적인 자료다."라고 말한다.

또 포트폴리오를 운용하는 펀드매니저들은 "주가지수는 기준이다. 내 펀드가 평균적으로 많은 수익을 내고 있는지 아닌지를 알 수 있는 유일한 기준(벤치마크)이 바로 주가지수다."라고 말한다. 그리고 파생상품 전문가들은 "주가지수는 상품이다. 우리는 보이지 않는 숫자를 사고팔며, 주가지수는 우리가 파는 상품 바로 그 자체다."라고 말한다.

이렇게 각기 다른 견해들 모두 나름대로 타당성이 있다. 그럼 주가지수가 유용한 것인지 따져보기 전에, 주가지수란 것이 무엇인지부터 자세히 알아보자.

먼저 증권거래소에서 발행하는 자료집에는 주가지수에 대한 정의가 다음과 같이 실려 있다. "Thermometer, Barometer, Mile Maker, Pulse, Magnifying Glass : Measure the performance of the stock market."

이 말은 곧 "주가지수란 증권시장에서 거래되고 있는 증권의 가격변화를 수치로 나타낸 것으로 온도계요 기압계며 속도계이자 확대경이다. 이것은 곧 주식시장의 성과와 현주소"란 의미다. 이쯤 되면 상찬 중의 상찬이라고 할 수 있다. 이 말은 맞다. 당신이 그것을 활용하든 활용하지 않든 종합주가지수는 주식시장의 돋보기이자 확대경임에 분명하다.

주가지수 작성법

주가지수를 작성하는 방법에는 두 가지가 있다. 우선 그 종목의 비중은 상관없이, 해당 종목들의 가격을 산술적으로 평균해서 비교하는 '주가평균 방법'과 종목마다 다른 주식 수를 반영해서 시가총액을 구한 후 시가총액을 합해서 비교하는 '시가총액 방법'이 있다.

주가평균식 주가지수는 다음과 같다.

- 주가평균식 주가지수 = $\dfrac{\text{대상 종목의 주가 합계}}{\text{대상 종목의 수}}$

이 공식을 조금 전문적으로 살펴보면 유무상증자와 배당에 의한 권리락이나 주식의 감자 합병분할이 생길 때 주가가 갑자기 변하는 현상을 막기 위해 '항상제수(constant divisor)'라 불리는 보정치를 분모에 반영함을 알 수 있다. 이 보정치는 주가를 단순평균으로 나타낼 경우 주식에 특유한 원인, 즉 증자신주(增資新株)의 권리락 및 기타 원인에 따른 주가의 급락 현상이 나타나는 것을 막기 위해 적용하는 계수다. 1만 원이던 주가가 1,000원의 배당을 받아 9,000원이 되면(배당락), 주식의 가치는 같은데도 평균주가는 10%가 하락한다. 이런 현상을 막기 위한 것이 교정수치라고 보면 된다.

이 방식의 대표적인 지수로는 미국의 다우존스평균, 일본의 니케이 225, 우리나라 경제신문사에서 발표하는 한경지수, 매경지수 등이 있다. 우리나라는 1963년 주가평균을 100이라고 하여 1964년부터 상대적인 주가평균을 내어 사용하다가, 1972년, 1975년, 1980년 초의 주가평균을 100으로 수정하였다. 그후 1983년부터는 시가총액식으로 전환하여 사용하고 있다.

주가평균식의 경우 주가평균을 쉽고 간편하게 산출할 수 있는 장점이 있다. 그러나 가격변동이 심하거나, 가격이 상대적으로 높은 고가주나 상대적으로 낮은 저가주가 지수에 미치는 영향이 너무 커서 전체 시장을 평균적으로 살피는 데 애로가 있고, 한정된 일부 종목으로만 산출하므로 시장 대표성이 떨어진다.

이에 비해 시가총액식은 여러 측면에서 시장을 살피는 데 유리하다. 이 방식은 1923년 스탠더드앤드푸어스(Standard&Poor's)사에 의해 처음 도입된 것으로 '자산으로서의 주식가치의 변동'을 수치로 보여주며, 기준 시점에서의 시가총액과 현재의 시가총액을 비교하고 있다.

이를 공식으로 정리해보면 다음과 같다.

- 시가총액식 주가지수 = $\dfrac{\text{현재 시점의 주가} \times \text{주식 수}}{\text{기준 시점의 주가} \times \text{주식 수}}$

이 공식에서 알 수 있듯이, 과거에 비해 시장 규모가 어떻게 변화했는지 지수 그 자체가 알 수 있게 해주며, 개별 종목별로 시가총액이 골고루 지수에 반영되므로 명실상부한 주가평균이라고 할 수 있다. 그래서 GDP와 시가총액을 비교하거나 나라별 시가총액을 비교할 수도 있고, 산업별, 업종별로 구분할 경우 그 나라의 산업별 가치를 한눈에 비교할 수 있다는 장점이 있다.

하지만 시가총액이 큰 몇 개 종목이 전체 지수에 너무 큰 영향을 미친다는 단점도 있다. 예를 들어, 과거 삼성전자가 5% 오르내리면 종합주가지수는 1~2% 움직이는 부작용이 발생했다. 이 경우 모든 종목이 하락세를 기록해도 몇 개의 대형주만 오르면 시장은 상승세로 보이고, 그 반대도 가능하다. 이런 착시 현상의 유발로 시장 전반의 상황을 살피는 데 왜곡이 생긴다.

현재 이 방식은 S&P, MSCI지수, FTSE지수, NASDAQ지수 등 해외 주요 지수가 채용하는 방식이다. 앞서 말한 대로 우리나라 역시 1983년 1월 4일부터 이를 종합주가지수에 채용했다. 그리고 과거 주가평균식 지수와의 단절 문제를 해결하기 위해 종합지수와 업종별지수의 경우에는 1975년까지, 지금은 사라졌지만 부별 주가지수나 자본금 규모별 주가지수는 1980년까지 소급 적용하여 새로운 시가총액식 지수를 발표했다. 다만 지금 우리가 데이터상으로 보고 있는 자료들은 이 소급 자료이므로 굳이 신경쓸 필요는 없다.

현재 우리나라의 종합주가지수, 즉 시가총액식 지수의 기준은 1980년 1월 4일을 기준 시점으로 하여 이날의 종합주가지수를 100으로 환산한 것이다. 아울러 이 방식도 주가평균식의 항상제수처럼 유상증자·신규상장·전환사채의 주식전환 등으로 시가총액에 차이가 생기는 경우에는 기준 시가총액을 수정하여 산출한다. 그러므로 현재 보고 있는 모든 지수는 항상 이런 시장 외적인 부분들이 반영된 수치라고 생각하면 된다.

그럼 이제 우리나라에서 통용되고 있는 지수들에는 어떤 것이 있는지 하나하나 살펴보자.

한국의 통용지수

지수는 크게 시황지수, 상품성지수, 스타일지수로 나뉜다.

먼저 시황지수를 보면 KRX(KOSPI시장과 KOSDAQ시장의 통합지수), KOSPI지수, KOSDAQ지수 등과 같은 종합지수와 대·중·소형주 지수가 있다. 그리고 KOSDAQ시장의 KOSDAQ 100, KOSDAQ Mid 300, KOSDAQ Small과 같은 규모별지수와 각 업종별지수와 마지막으로 KOSPI 200과 같은 산업별지수와 KOSDAQ벤처지수 같은 기타업종지수 등 무려 72종에 이른다.

KRX섹터지수와 KOSPI200, KOSPI100, KOSPI50, KOSDAQ스타지수 같은 지수는 상품성지수로 15종이 있다.

마지막으로 스타일지수에는 배당지수(KODI)와 기업지배구조지수(KOGI)가 있다.

KOSPI(Korea Composite Stock Price Index)는 유가증권시장의 주식 가격 변동을 보여주는 대표지수로서, 우리나라 산업 혹은 기업의 가치를 보여주는 경제지표로 기능하고 있다. 여기에는 유가증권시장의 모든 보통주뿐만 아니라, 리츠(REITs)나 선박투자 회사 등도 포함되어 있는데, 그 중 뮤추얼펀드나 ETF와 같이 기초자산이 따로 있는 종목은 제외된다. 즉, 유가증권시장에서 거래되는 모든 항목 중에서 실제 자산의 가치만을 반영하는 지수라고 생각하면 된다. 또 주권이 신규 상장될 경우에는 상장일 다음 거래일에 지수에 편입하되, 가격 비교의 의미를 살리기 위해 기준 시점과 비교 시점에 동일한 비율로 반영하게 된다.

우리가 두번째로 많이 듣는 KOSPI200은 원래는 파생상품(선물옵션)을 거래하기 위한 기초자산의 기준을 잡기 위해 개발된 시가총액식 지수로 1990년 1월 3일의 시가총액을 100으로 삼은 것이다. 이 지수는 모든 종목을 포함하지 않는다. 주식시장을 대표할 수 있는 시장 대표성과 프로그램 매매를 활발하게 할 수 있을 만큼 충분한 유동성을 가진 기업 중에서 시가총액이 해당 산업군 시가총액의 70% 이내, 유동성 면에서는 산업군 내에서 거래대금 순위가 85% 이내에 드는 종목이어야 한다. 만약 이 조건에서 벗어나거나 새로이 해당되는 기업은 연 1회에 한해 구성 종목을 변경하게 되는데, 시기는 6월 말 선물옵션 동시만기일 다음 거래일이다. 그래서 구성 종목의 변경이 일어나는 경우, 이들 종목을 포트폴리오에 포함해야 하는 펀드들이 프로그램을 통해 이를 사들이고, 반대의 경우에는 팔게 됨으로써 가격 변동폭이 커지는 경우도 있다.

다음으로 KRX섹터지수는 처음 개발된 당시 자동차, 반도체, 정보통신, 건강, 은행 등 5개 산업으로 출발했으며, 현재는 11개의 섹터지수가 있다. 이 섹터지수의 유용성이 잘 드러난 기사가 있는데 한번 살펴보도록 하자. 2006년 12월 〈매일경제〉에 실린 기사다.

섹터ETF, 종목 선택 힘들 땐 한 묶음으로 사라

올 6월 27일 상장한 섹터(업종) 상장지수펀드(ETF)들의 선전이 돋보인다. ETF란 수익률이 KOSPI200지수 등 특정 지수를 따라가도록 만든 인덱스펀드의 일종. 그 중 섹터ETF는 업종별 지수를 벤치마크로 삼는 상품을 가리킨다. 가령 증권선물거래소가 개발한 KRX반도체(Semicon)지수가 1% 오르면 반도체 섹터 ETF 상품인 KODEX반도체와 TIGER반도체도 1%의 수익을 내는 구조다. 업종별로 대표기업 20~30개로 구성된 업종지수를 좇아서 섹터ETF 주가가 따라 움직이기 때문에 업종 전망만 괜찮다면 큰 위험 없이 투자에 나설 수 있다는 편리성도 있다.

향후 자동차 업종이 뜰 것이라고 예상한다면 현대자동차, 기아자동차, 현대모비스 등 관련 종목을 쓸어담는 대신, 자동차 업종ETF인 KODEX자동차에 투자하면 된다는 말이다. 실제로 반도체 섹터ETF 상품은 삼성전자와 하이닉스 등을 비롯해 삼성테크윈, 네패스, 서울반도체, 코아로직, 엠텍비전, 심텍, 신성이엔지, KEC, 소디프신소재 등 총 20개 종목으로 구성된 KRX반도체지수를 따르도록 설계되어 있다.

특히 섹터ETF는 증시에 상장돼 있기 때문에 삼성전자나 현대자동차 등 개별 종목처럼 자유롭게 사고팔 수 있으며 수수료가 싸다는 장점도 있다. 2~2.5%에 달하는 시중 주식형펀드나 1% 전후의 인덱스펀드에 비해 섹터ETF의 수수료는 0.5%대에 불과하다. 상장일 이후 11월 30일까지 등락률을 보면 반도체 섹터ETF 상품이 20~23%로 상당히 높은 편이다. 하루 평균 거래대금도 12억 원을 넘어섰다. 정보기술(IT)지수를 추종하는 섹터IT 상품인 KOSEF IT도 19.5%의 수익률을 올리고 있다.

같은 기간 삼성전자의 주가흐름을 보면 섹터ETF의 상대적인 장점을 확인할 수 있다. 삼성전자 주가는 6월 27일에 58만 3,000원을 기록했고, 11월 30일에는 63만 8,000원을 기록했다. 기간수익률로는 9.4%로 반도체 섹터ETF나 IT섹터와 비교해볼 때 낮은 수치다. 배재규 삼성투신운용 본부장은 "증시가 하락하면 수익률도 하락한다는 건 비슷하지만 시장 대비 더 크게 망할 확률이 없다는 장점이 있다."면서 "우량주 분산효과라는 특성이 알려지면서 개인 투자자들의 관심이 크게 증가했다."라고 전했다.

이처럼 섹터지수는 특징이 같은 기업들이 하나의 지수로 묶여 있기 때문에, 산업별 주가 변동을 쉽게 이해할 수 있고, 이를 바탕으로 뒤에 설명할 ETF와 같은 다양한 파생상품이 개발될 수 있는 뿌리가 되었다.

참고로 출범 당시 섹터펀드는 아래와 같은 5개 섹터로 구성되어 있었지만 후에 미디어통신, 에너지화학, 철강, 필수소비재, 비은행금융, 건설 등 6개 지수를 추가함으로써 현재는 11개 섹터로 늘어났다. 그리고 섹터를 구성하는 종목도 수시로 교체되면서 시장의 현주소를 정확히 보여주는 데 기여하고 있다. 최초 5개 섹터와 지수 구성 종목은 아래와 같다.

- KRX Autos : 현대자동차(현 현대차), 현대모비스, 기아자동차(현 기아차), 한국타이어, 현대오토넷, 금호타이어, 대우자동차판매(현 대우차판매), 쌍용자동차(현 쌍용차), 한라공조, 대우정밀(현 S&T대우), 한

국단자, 평화산업, 동양기전, 성우하이텍, 대원강업, 넥센타이어, 에스엘, 카스코(현 상장폐지), 인지컨트롤스, 한국프랜지

- KRX Semicon : 삼성전자, 하이닉스, 삼성테크윈, 네패스, 서울반도체, 코아로직, 엠텍비젼, 심텍, 신성이엔지, KEC, 소디프신소재, 텔레칩스, STS반도체, 코미코, EMLSI, 테크노세미켐, 케이씨텍, 이오테크닉스, 동진쎄미켐, 한미반도체

- KRX Health Care : 유한양행, 한미약품, 동아제약, LG생명과학, 코미팜, 부광약품, 영진약품, 중외제약, 대웅제약, 일양약품, 광동제약, 일동제약, 경동제약, 메디포스트, 삼진제약, 녹십자, 환인제약, 일성신약, 보령제약, 동화약품

- KRX Banks : 국민은행, 신한금융지주, 하나금융지주, 우리금융지주, 외환은행, 기업은행, 대구은행, 부산은행, 전북은행, 제주은행

- KRX IT : 삼성전자, 하이닉스, LG전자, NHN, LG필립스LCD(현 LG디스플레이), 삼성SDI, 삼성전기, 삼성테크윈, 현대오토넷, 엔씨소프트, 휴맥스, LS전선(현 LS), 다음, CJ인터넷, 대한전선, 웹젠, 대덕전자, 네오위즈, 신도리코, 금호전기, LG마이크론, 포스데이타, 네패스, 서울반도체, 코아로직, 안철수연구소, 우리이티아이, 팬택앤큐리텔, 한국전기초자, 플랜티넷

주가지수의 활용

이제 주식시장에서 사용하는 '지수'의 개념에 대해서는 어느 정도 이해가 되었을 것이다. 이번에는 왜 이렇게 복잡한 지수들을 굳이 만들어내는 것인지에 대해 생각해보자.

첫째, 주가지수는 앞서 설명한 대로 현재 주식시장의 위치를 가늠하게 하는 역할을 한다. 둘째, KOSPI200과 같은 지수는 선물·옵션 거래를 가능하게 하여 인덱스펀드 등이 설정될 수 있게 한다. 셋째, ETF와 같은 새로운 금융상품이 등장할 수 있는 기반을 만든다.

그 중 첫번째 이유는 설명이 필요없을 것이고, 두번째 인덱스펀드의 설정이라는 부분을 짚어보자. 선물이나 옵션과 같은 파생상품은 실체가 없다. 예를 들어, 선물지수200은 문자 그대로 숫자일 뿐이다. 그런데 우리는 시장에서 이것을 사고판다. 기초자산이라는 것이 있기 때문이다. 선물지수는 KOSPI200을 구성하는 종목의 지수가 오를지 내릴지 살펴서 그 방향에 투자하는 것이다. 그런데 선물을 파는 사람과 사는 사람이 공허하게 아무것도 없는 숫자놀음에 돈을 투자할 수는 없다.

선물시장은 만기일에 선물지수와 KOSPI200지수를 맞추도록 하고 있고, 이때 선물을 산 사람은 만기일에 KOSPI200지수를 구성하는 종목을 자신이 사기로 한 금액에 받는다. 그리고 판 사람은 정해진 가격에 KOSPI200지수에 해당하는 종목을 팔게 된다. 다만 이 절차가 번거로우므로 인수인계를 한 것으로 가정하는 것일 뿐 원래는 그렇다. 즉, 우리가 선물을 사고판다는 개념은 KOSPI200지수에 포함된 종목들을 만기일에 그 가격(지금 사고판 선물 가격)에 주고받는다는 약속인 셈이다.

그런데 왜 선물시장은 종합주가지수가 아닌 KOSPI200지수를 기준으로 하는 것일까? 여기에는 여러 가지 이유가 있는데, 먼저 앞서 설명한 대로 종합주가지수는 상장된 전종목의 시가총액을 기준으로 하기 때문이다. 인덱스펀드처럼 실제 KOSPI200지수와 같이 펀드가 오르고 내리기 위해서 펀드매니저는 KOSPI200지수에 해당하는 모든 종목을 비중대로 사야 하고 또 팔아야 한다.

그나마 KOSPI200에 해당하는 종목을 사기도 힘든데, 종합주가지수를 기초자산으로 해 선물지수를 설정하면 그야말로 시장은 엄청난 비용과 절차를 필요로 한다. 사실 주식을 그렇게 비율대로 사는 것도 불가능하다. 이 경우 선물지수와 종합주가지수를 만기일에 맞출 수도 없고, 선물 매도자와 매수자 간 가격의 불일치도 발생한다. 물론 KOSPI200이라고 해서 이런 문제가 없는 것은 아니다. 선물지수와 KOSPI200지수가 약간씩 차이가 나다가(나중에 다시 설명하겠지만 이것을 '베이시스'라고 한다) 만기일에 같아지면, 선물 매도자와 매수자 간에 이론상 보유한 종목의 가치가 실제 지수와 같아야 한다. 종합지수를 구성하는 것보다는 쉽지만 200개에 가까운 종목을 그렇게 비율대로 편입한다는 것은 쉬운 일이 아니다.

실제로 KOSPI200지수를 따라서 움직이는 인덱스펀드의 경우에는 KOSPI200을 구성하는 종목을 다 사지는 않고 그 중에 대표성 있는 종목을 골라서 KOSPI200에 비슷하게 종목을 사들인다. 따라서 그 결과는 KOSPI200의 상승·하락률과는 차이가 나게 된다. 이런 차이로 인해 결과적으로 인덱스펀드의 수익률은 조금씩 달라지게 된다. 즉, KOSPI200 종목을 모두 사면 KOSPI200과 상승·하락이 같지만 실제로는 덜 사게 되므로 넘을 수도 모자랄 수도 있는 것이다.

어쨌든 KOSPI200지수가 있어서 선물시장도 있고 인덱스펀드도 있고 옵션시장도 있다. KOSPI200이라는 지수가 존재하지 않는다면 선물 거래를 할 수도 없고, 우리가 알고 있는 프로그램 매매라든지 인덱스펀드라든지 하는 모든 거래는 구경조차 할 수 없는 것이다. 그렇게 되면 시장은 경우에 따라 브레이크가 풀린 자동차처럼 급등락할 위험에 처한다(선물지수에 연계된 프로그램 매매는 이것을 막는 기능도 수행한다).

선물옵션과 같은 파생상품이야 그렇다 치고, ETF와 같은 상품은 도대체 무엇인가? 이것은 파생상품도 아니고, 그렇다고 해서 실물도 아니다. ETF는 종합주가지수나 KOSPI200지수가 없어도 존재할 수 있다. ETF라는 상품은 문자 그대로 상장지수펀드(ETF, Exchange Traded Fund)다. ETF라는 개념은 대상 주식에 따라 주가지수를 만들고 그것을 거래한다고 생각하면 된다.

좀 쉽게 풀어보자. 인덱스펀드는 이미 설명한 대로 KOSPI200지수와 비슷한 펀드수익률을 올리기 위해 그 중에서 평균이 될 만한 주식 그룹들을 골라서 투자한다고 했다. 펀드매니저가 개입을 해야 하는 것이다. 하지만 KOSPI200을 대상으로 하는 상장지수펀드는 정확히 KOSPI200

을 구성하는 종목을 비중대로 편입하여 펀드를 구성하고, 이를 바탕으로 ETF라는 증권을 발행한다. 그래서 ETF는 인덱스펀드와 성격은 유사하지만 수익률은 정확하게 KOSPI200의 등락률과 같다. 즉 펀드매니저가 할 일이 없는 것이다. 이것을 KOSPI200 ETF라고 한다. 이 경우 수수료는 인덱스펀드보다도 현저히 싸다. 그러므로 인덱스펀드에 가입하기보다는 KOSPI200 ETF를 사는 것이 비용 면에서 유리하다.

더구나 ETF는 인덱스펀드처럼 KOSPI200만 대상으로 하는 것이 아니다. 이것은 앞서 소개한 모든 지수들을 대상으로 만들 수 있다. 예를 들어, 섹터지수인 KRX Banks지수를 산다고 가정하면 이것은 국민은행, 신한금융지주, 하나금융지주, 우리금융지주, 외환은행, 기업은행, 대구은행, 부산은행, 전북은행, 제주은행을 골고루 산 것과 같다. 은행 업종이 좋을 것이라고 생각은 되지만 구체적으로 어느 은행이 나아질지 모르겠다면 편안하게 이 지수를 사면 된다. 전체 주식시장이 좋아질 것으로 보이지만 어느 업종이 나아질지 잘 모르겠다면 KOSPI200을 대상으로 한 ETF를 사면 될 것이다. 또 업종에 관계없이 대형주가 나을 것으로 생각되면 대형주 지수를 기준으로 한 ETF를 고르면 된다.

여기서 한 가지를 좀더 생각해보자. 지수는 분명히 KRX, 즉 증권선물거래소에서 만든다. 하지만 상품은 금융회사에서 만든다. 그러니 KOSPI200지수는 거래소에서 만들지만, 그것을 기초로 사고파는 선물거래는 증권사에서 하는 것이 당연하다. 그러므로 KOSPI200은 기초지수이고, 선물지수는 증권사에서 현재 사고파는 KOSPI200지수의 현재 가격이다.

그렇다면 모든 지수를 대상으로 사고팔 수 있는 ETF는 선물과는 분명히 다른 개념이다. 그래서 선물지수는 선물 만기일에 KOSPI200과 일치해야 한다. 중간에 선물지수가 KOSPI보다 높든 낮든 상관이 없다. 그 이유는 KOSPI200에 해당하는 종목을 모두 편입해서 사고팔았다는 가정으로 이루어지는 거래이기 때문이다. 즉, 만기일에는 선물 매수자가 KOSPI200에 해당하는 종목의 비중과 값이 완벽하게 같은 현물을 인도 받는다는 가정이다. 실시간 현물이 편입될 필요는 없는 것이다.

하지만 ETF는 말 그대로 상장지수 '펀드'다. 이 말은 기준이 되는 지수들은 거래소가 제공하지만, ETF는 그것을 만들어서 파는 증권사가 그 지수와 완벽하게 같은 주식을 편입한 것과 같은 펀드를 설정해야만 하는 것이다. 선물거래라면 거래소의 KOSPI 200 지수 자체를 사고파는 것이니 증권사는 중개만 하면 되지만, ETF는 지수와 현물주식의 가치가 일치해야 하고, 그 일을 ETF를 만들어 파는 증권사가 행해야 한다는 의미다. 그래서 ETF의 발행은 관리 능력을 갖춘 증권사로 국한되어 있다.

이 지점에서 2007년 9월 〈머니투데이〉 기사의 일부를 살펴보자.

ETF를 매수하기 전에 운용 현황과 유동성을 반드시 점검해야 한다. 특히 ETF의 가격이 해당 벤치마크지수를 얼마나 충실하게 추종하는지의 여부를 가장 먼저 살펴야 한다. ETF의 가격은 자산운용사가 어떻게 운용하는가에 따라 달라지며, 벤치마크지수와 트래킹에러가 나지 않도록 운용하는 것이 관건이라고 김균 팀장은 설명했다. 매수를 결정하기 전에 과거 운용 현황을 분석해야 하는데 이를 평가할 실력을 갖추지 못한 개인 투자자의 경우 적어도 벤치마크지수와 ETF 가격 사이에 큰 괴리가 발생하지 않았는지 여부를 따져봐야 한다는 얘기다. 유동성도 고려해야 할 대상이다. ETF는 벤치마크지수를 추종하도록 설계되었지만 수급도 가격에 영향을 미치는 변수이기 때문에 유동성이 부족할 경우 지수와 엇박자를 내는 경우도 있다. 또 충분한 거래량이 뒷받침돼야 매도할 때 차익을 실현하기에 좋은 안정성을 확보할 수 있다고 업계 관계자는 설명했다.

이 신문기사를 보면 ETF도 완벽하게 지수와 같기는 어렵다는 것을 알 수 있다. 이론상 ETF는 대상 지수와 가격이 일치해야 하지만 현실적으로 그것을 실시간으로 맞추기란 어렵기 때문에(이것을 '트래킹에러'라고 부른다) 가능하면 그런 능력을 보유한 회사여야 한다는 뜻이다. ETF는 선물처럼 언제라도 사고팔 수 있는 펀드라고 보면 되지만, 바로 그 점 때문에 사고자 하는 사람과 팔고자 하는 사람의 숫자가 일치하지 않으면 내가 원하는 가격보다 본의 아니게 싸거나 비싸게 매수·매도를 해야 한다. 어쨌든 우리가 알고자 하는 것은 ETF 자체가 아니라 지수선물이란 것이 이렇게 다양한 역할을 하고 있다는 사실이다. 이에 대해 다시 한 번 정리하면 다음과 같다.

- 지수는 시장의 가치와 한 나라 기업의 가치평가를 알려주는 신호등이고 시장이 강세인지 약세인지를 알 수 있게 해주는 분석 도구다.
- 지수는 파생시장을 존재하게 하는 근거다.
- 지수는 금융상품을 다양화한다.
- 유동성(돈)의 증가 속도에 비해 유가증권 시장의 상장기업 수는 상대적으로 적게 늘어난다. 이 때문에 다양한 지수상품을 통해 유동성을 분산하여 시장의 수요공급 밸런스를 맞춰주게 된다.
- 같은 맥락에서 우리나라에서 이런 다양한 지수상품들이 등장하는 것은 우리나라도 유동성 증가가 기업상장 수의 증가를 앞서기 때문이고, 이는 본격적인 금융투자의 시대에 돌입했음을 알려주는 간접적인 증거다.

chapter 5

가치평가와 기업 분석

기업의 이력서, 재무제표

1권 중 '주식시장의 역사는 어떻게 진화해왔는가' 편에서 증권시장의 효시를 설명하기 위해 바다로 떠난 선단을 예로 들었다. 그렇다면 오늘날 대한민국의 주식 투자자들은 자신들이 띄워보낸 선단에 대해 어떤 판단을 하고 있을까? 무사히 향신료, 커피, 차를 싣고 돌아올 수 있다고 믿을까, 아니면 저 멀리 바다에서 태풍을 만나 난파될 가능성이 크다고 여길까? 전자 혹은 후자의 판단은 무엇을 기준으로 하여 내린 것일까?

기업의 가치, 어떻게 평가해야 할까

기업은 인재 채용시 먼저 이력서를 받아 서류심사 단계를 거친 뒤 필기나 면접시험을 실시한다. 일반가정에서 자녀를 짝지을 때도 먼저 배우

자감의 성품, 직업, 가정환경 등을 살펴보지 그 사람이 명품가방을 들거나 BMW를 탄다는 이유로 합격점을 주지는 않을 것이다. 기업을 고를 때도 마찬가지로 그 기업의 성장환경, 성품, 능력 등을 복합적으로 고려해서 투자 여부를 판단해야 한다.

진부한 이야기지만 '주식투자는 기업을 사는 행위'다. 때문에 단 10주를 갖고 있더라도 해당 기업의 발행주식 중 내가 보유한 주식만큼 그 회사는 나의 소유라고 생각해야 한다. 내 소유를 대충대충 고를 수는 없지 않겠는가. 그러므로 당신은 주식투자를 하기 전에 먼저 '기업을 사는 자신만의 기준'을 가져야 한다.

주식시장에서 기업을 판단하는 눈은 그야말로 백인백색이다. 어떤 이는 이익 성장에, 어떤 이는 현금흐름에, 어떤 이는 프랜차이즈 밸류에 주목하며, 또 어떤 이는 다른 사람의 평가에 무게중심을 둔다. 당신에게 아직 자신만의 기준을 세우지 못했다면 먼저 다른 사람들이 공통적으로 중시하는 기준을 살펴보자.

어떤 기업이든 인재를 채용할 때는 학력이나 경력과 같은 자신들이 요구하는 자격 요건을 이력서에 적게 한다. 기업의 재정 상태나 경영 내용이 담긴 재무제표는 기업의 이력서라 할 수 있다. 기업이 직원을 뽑을 때 이력서를 먼저 보고 어떤 사람인지 파악하는 것처럼 투자자는 재무제표를 보고 어떤 회사인지 파악해야 하는 것이다.

물론 회계에 대한 상식이 없는 사람에게 재무제표를 읽는 일은 '너무나 먼 당신'이다. 특히 수학에 약한 사람들은 복잡한 기업회계에 대해서는 말만 들어도 머리가 지끈거릴지 모른다.

재무제표를 읽는 이유

하지만 투자에서 가장 중요한 것은 손실 방지다. 손실의 종류는 잘못된 투자에서 오는 손실, 이익을 낼 수 있는 투자를 하지 않아 생기는 기회비용의 손실 그리고 잦은 거래로 인해 발생하는 거래비용의 손실이 있다.

투자자가 가장 중요하게 생각하는 것은 이중 기회비용의 손실이다. 기회비용의 손실은 시장에 참여하지 않아서 발생하는 게 아니라 꼭 투자해야 할 종목에 투자하지 않아서 발생한다. 가치투자에서는 시장 참여 자체에 대한 압력이 없다. 시장에 참여하지 않아야 할 경우는 모든 종목이 비싸게 거래될 때다. 상대적으로 싼 주식들이 널려 있다고 해서 참여하는 게 아니다. 절대적으로 싼 주식을 놓치는 것이 기회비용의 손실이다. 거래 손실이나 기타 손실들은 이를 바로잡음으로써 충분히 제어할 수 있다.

때문에 투자의 우선순위는 "무엇을 살 것인가"가 아니라 "무엇을 사지 않을 것인가"가 되어야 한다. 당신이 공개된 시장 자료를 통해(증권가의 분석을 통해) 대강의 후보군들을 리스트업했다면 그 다음에 할 일은 무엇을 살 것인지가 아니라 무엇을 사지 말아야 할지를 판단하여 걸러내는 작업이다. 이것이 바로 우리가 재무제표를 통해 기업을 파악하는 이유이다.

재무제표로 기업을 고르는 5가지 원칙

재무제표를 읽고 "무엇을 사지 않을 것인가"를 고른다는 것은 기업의 인사담당자가 수천 명의 지원자 중에서 부적격자부터 추려내는 서류심사와 같은 과정이다.

본격적으로 재무제표 읽는 법에 들어가기에 앞서 수많은 투자 후보군 중에서 무엇을 빼고 무엇을 고를지 판단하는 다섯 가지 원칙을 살펴보자.

의무 이행 능력은 있는가

기업을 고를 때 가장 중요한 제1의 원칙은 "손실이 발생하지 않도록 기업이 해야 할 의미를 이행할 능력이 있는가", 즉 의무이행능력을 보는 것이다. 예를 들어, 부채상환으로 당기순이익이 증가한 기업은 불황기에 위험에 빠질 수 있다. 기업은 경기침체로 자금 조달이 힘들어지고 상황 압박이 거세질 때에도 부채를 상환할 수 있어야 하므로 항상 부채에 대한 적정 듀레이션을 유지해야 한다. 설령 유동자산이 많은 기업이라도 미래의 특정 시점에 유동자산을 현금화하지 못한다면, 단기 유동성 부족으로 위기에 빠질 수 있다. 그래서 기업의 위험관리자와 위험관리(Risk Management)의 성격을 이해하는 것이 무엇보다 중요하다.

안정성은 낮더라도 수익성이 커 보이는 기업을 선택하는 함정에 빠지지 않도록 주의해야 한다. 안정성이 떨어지는 기업은 우선 배제한 후 나머지 중에서 수익성이 가장 좋아 보이는 기업을 차선으로 삼는 것이 투자의 우선순위다.

배당은 얼마나, 어떻게 하는가

두번째는 배당을 살펴보는 것이다. 배당은 기업의 이익 안정성을 보여주는 척도다. 물론 수익의 전부를 배당하는 기업이 좋은 기업이라고 할 수는 없다. 경우에 따라서는 대주주가 감자를 통해 기업의 자산을 모두 가져갈 수도 있다. 또 기업은 이익의 일부를, 재투자를 위한 자원으로 활용하여 기업의 가치를 계속적으로 늘리기 위한 노력을 기울여야 한다. 따라서 우량 기업의 배당은 적정하면서 일정해야 한다. 재투자를 하지 않는 기업은 영속성을 보장받을 수 없다. 따라서 우량한 기업의 배당은 적정한 수준에서 일정하게 이뤄져야 한다.

기업이 순이익을 내고도 배당을 하지 않는 것도 문제가 된다. 이때는 배당을 하지 않는 이유를 살펴야 한다. 손익계산서에 반영을 하지 않은 탓도 있고, 잠재된 위험을 위해 내부 유보를 하거나 신규 투자에 대한 경영진의 비밀스러운 목적이 숨겨져 있을 수도 있다. 그 중에서도 특히 나쁜 것은 꾸준히 배당을 해오던 기업이 배당을 하지 않는 것이다. 이것은 기업이 재정상의 어려움을 겪게 됐다는 적신호일 가능성이 크다. 때문에 배당 성향이 나빠져서는 안 된다.

이자보상배율은 적당한가

세번째로 살펴봐야 할 것은 이자보상배율이다. 이자보상배율은 기업의 채무상환 능력을 나타내는 지표로 영업이익을 금융비용으로 나눈 것이다. 보통 이자보상배율은 높을수록 좋은 것으로 알려져 있지만 너무 높아지면 기업의 성장을 저해할 수 있다. 기업의 채무는 적정선에서 관리되어야 하며, 이자로 너무 많은 비용을 지불하는 기업은 경기가 악화되고 금리가 상승하는 국면에서 위기에 빠질 수 있다.

계속기업의 가능성이 있는가

네번째는 계속기업의 가능성이다. 계속기업의 가능성은 손익계산서를 자세히 살펴봄으로써 파악할 수 있다. 기업이 계속기업으로 존재하기 위해서는 수익을 창출해야 하고 이자를 갚아야 하며, 경쟁기업의 진입을 막기 위해 신규 투자를 해야 한다. 경우에 따라서는 한계사업은 정리하고 신규 사업 진출을 결정해야 할 때도 있다. 그러기 위해서는 물론 이익을 내야 한다. 시가총액 대비 부채총액 비율은 이런 상황을 파악할 수 있는 유용한 지표이다. 이자보상배율이 적정하지 않더라도 시가총액 대비 부채총액 비율이 크다면 그 기업의 안정성은 높다고 볼 수 있다. 기업의 청산가치는 왜곡되기 쉽고 장부평가는 항상 부적절하다. 시장 가격을 기준으로 살핀다면 시장에서 평가받는 시가총액을 자산으로 보고, 시장이 해당 기업의 시가총액을 평가하는 것을 부채에 대한 안정성으로 여겨도 무방하다.

현금화될 유동자산은 얼마나 되는가

다섯번째로 유동자산도 살펴봐야 할 매우 중요한 항목이다. 극단적인 성향을 가진 분석가들은 기업을 평가할 때 유동자산을 '0'으로 두기도 한다. 하지만 유동자산은 즉시 현금화할 수 있는 자산이므로 어떠한 경우에도 그 기업의 자산가치를 정확하게 반영한다. 예를 들어, 기업이 보유한 부동산이나 설비자산은 상황에 따라 공시지가나 고철 가격밖에 인정받지 못하는 경우도 있다. 하지만 유동자산(현금, 유가증권, 매출채권, 재고자산)은 곧바로 현금화가 가능하고 그 예측도 정확하다. 정상적인 기업이라면 반드시 유동부채보다 유동자산이 더 많아야 한다. 보통 유동부채를 제외하고 남는 유동자산은 '운전자본' 혹은 '순유동자산'이라고 부른다. 기업은 현금 보유량이 충분해야 하고 유동자산 대 유동부채의 비율이 적정해야 한다.

재무제표의 핵심

주식투자를 할 때 재무제표에서 우선적으로 살펴봐야 할 것들을 알아봄으로써 대강의 흐름을 익혔을 것이다. 이제 재무제표를 통해 기업의 내부를 자세히 들여다볼 차례다.

사실 2000년 이전까지 우리나라 기업의 재무제표는 들여다보는 게 별 의미가 없었다. 왜곡, 거짓, 분식이 넘쳐났기 때문이다. 하지만 2000년 이후에는 신뢰성이 높아졌다. 어찌 보면 우리나라에서 기업을 제대로 평가하고 투자할 수 있게 된 것은 이제 겨우 7~8년 정도 되었다고 할 수 있다. 같은 맥락에서 2008년 현재 중국 기업의 재무제표는 믿을 수 없다. 지금 생각으로는 중국의 대표은행까지도 아직은 그러하리라고 생각된다.

재무제표는 기업의 재산 목록이다. 기업을 평가하기 위해 재산 목록을 살피는 것은 너무나 당연한 일이고, 그것을 일목요연하게 보여주는 재산목록표가 바로 재무제표다. 재무제표는 대차대조표, 손익계산서, 이익잉여금 처분계산서, 현금흐름표, 자본변동표와 주석으로 구성되어 있다. 그 중 기업의 가치를 측정하는 데 가장 중요한 것은 대차대조표, 손익계산서, 현금흐름표 이렇게 세 가지다. 여기서는 이것들을 중심으로 재무제표에 대해 알아보겠다.

기업의 진단서, 대차대조표

재무제표를 검토할 때 가장 먼저 보게 되는 것은 대차대조표다. 대차대조표는 기업의 재무 상태를 보여주는 진단서와 같다. 기업에 들어온 돈, 나간 돈, 투자된 돈, 번 돈 등 기업의 모든 자산 변동이 이 안에 포함되어 있다. 우리가 흔히 말하는 장부가치는 대차대조표상의 자산가치다. 다만 이 경우 무형자산의 가치는 포함되지 않는다.

주당 장부가치는 다음과 같이 구할 수 있다.

- 주당 장부가치 = $\dfrac{\text{자산의 가치} + \text{잉여금} - \text{무형자산}}{\text{발행주식 수}}$

대차대조표상의 장부가치는 아무런 의미가 없다. 고정자산의 평가는 고무줄과 같고, 어차피 주가는 장부가치가 아닌 실적가치를 따르기 때문이다.

앞에서 기업의 자산가치를 가장 정확하게 반영하는 것은 유동자산임을 밝힌 바 있다. 따라서 기업의 장부가치, 즉 청산가치는 유동자산을 기준으로 판단하는 것이 옳다. 예를 들어, 기업의 이익이 증가하고 있다면 유동자산이 증가할 것이 예상되므로 기업의 주가는 청산가치를 웃돌게 되지만, 적자가 계속되면 자본을 잠식할 우려가 커지면서 주가는 청산가치를 밑돌게 된다.

청산가치보다 낮은 가격에 거래되는 주식에는 투자자들의 우려가 반영돼 있는 것이다. 만약 이 기업의 실적이 반전된다면 이 주식을 산 투자자는 상당한 시세차익을 얻을 수 있다.

하지만 이 경우도 과거에 실적이 증가했을 때 기업의 주가에 반영된 적이 있는지 살펴봐야 한다. 때에 따라 실적과는 무관하게 주가가 움직이는 기업들이 있다. 이런 기업의 경우 설사 청산가치보다 낮게 매수했더라도 실적 호전이 주가 움직임에 아무런 영향을 미치지 않을 수 있다.

그 다음으로 살펴봐야 할 것은 기업의 유동부채와 유동자산의 적정성이다. 만약 유동부채가 많고 만기가 집중될 경우 경기악화가 진행되면 기업은 순식간에 위기에 빠지게 된다.

〈표 1〉에는 대차대표상의 핵심 항목이 잘 나타나 있다. 특히 증권사에서 제공하는 재무제표들은 대개 필요한 사항들이 간략하게 정리되어 있어 쉽게 이해할 수 있다.

〈표 1〉에서 대차대조표를 보면 자산총계, 부채총계, 자본금, 자본총계의 네 가지 항목이 있는데, 이것은 다음과 같은 내용이다.

먼저 기업의 자산은 자본과 부채로 구성되어 있다. 자산은 현재 기업이 가진 모든 재산이고, 그 중에서 자기 돈을 자본, 빌린 돈은 부채라고 말한다. 예를 들어, 10억 원짜리 공장을 짓는 데 5억 원을 빌렸다면 이 기업의 자산은 10억 원이고 부채는 5억 원, 자기 돈 5억 원은 자본이라고 부른다.

- 자산 = 자본 + 부채

표 1 한국전력의 재무제표

[대차대조표] (십 억)

항목	2003/12	2004/12	2005/12	2006/12	2007/09
자산총계	56,470.00	58,917.00	61,627.00	63,536.00	65,228.00
부채총계	18,827.00	18,640.00	19,421.00	20,574.00	20,603.00
자본금	3,204.00	3,204.00	3,208.00	3,208.00	3,208.00
자본총계	37,643.00	40,277.00	42,206.00	42,962.00	44,625.00

[손익계산서] (십 억)

항목	2003/12	2004/12	2005/12	2006/12	2007/09
매출액	22,397.00	23,600.00	25,112.00	26,979.00	21,774.00
영업이익	1,813.00	1,973.00	1,326.00	1,232.00	1,208.00
경상이익	3,100.00	3,989.00	3,181.00	2,624.00	2,804.00
당기순이익	2,316.00	2,881.00	2,449.00	2,071.00	2,204.00

[시장가치 비율] (억 원, 배)

항목	2003/12	2004/12	2005/12	2006/12	2007/09
PER 최고/최저	6.91/4.65	6.02/4.01	10.08/6.62	14.05/10.48	10.10/7.94
PBR 최고/최저	0.43/0.29	0.44/0.29	0.59/0.39	0.68/0.51	0.69/0.54
PCR 최고/최저	8.16/5.49	4.99/3.32	10.43/6.84	12.77/9.52	10.93/8.59
PSR 최고/최저	0.71/0.48	0.74/0.49	0.98/0.65	1.08/0.80	1.02/0.80
EVA	-338.66	6,397.39	-3,957.59	-3,084.99	
EBITDA					
EV/EBITDA	5.15	4.71	11.55	13.36	12.01

[재무 비율] (원, %)

항목	2003/12	2004/12	2005/12	2006/12	2007/09
매출액증가율	6.41	5.37	6.41	7.43	6.64
영업이익증가율	-3.72	8.85	-32.80	-7.11	-14.89
순이익증가율	-24.31	24.39	-15.00	-15.44	5.05
자기자본이익율	6.34	7.39	5.94	4.86	6.71
주당순이익	3,674	4,574	3,854	3,245	4,724
주당매출액	35,531	37,468	39,529	42,287	46,674
주당순자산	58,523	62,496	65,419	66,630	69,278
유보율	1,081.06	1,163.68	1,219.39	1,264.13	1,314.23
부채비율	50.01	46.28	46.02	47.89	46.17

출처 : 금융감독원

즉, 대차대조표는 기업이 자본과 부채를 활용해서 어떤 자산을 취득했는지를 보여주는 표이다. 자본금이 1,000만 원이고, 부채가 1,000만 원인데 그 돈으로 회사를 설립했다면 자산과 자본의 내용은 다음과 같다.

- 자산 = 기계 500만 원, 사무실 임대보증금 500만 원,
    사무용품 500만 원, 남은 돈 500만 원
- 자본 = 자본금 1,000만 원
- 부채 = 부채 1,000만 원

이렇게 되면 회사의 돈이 어떻게 사용되었는지 큰 흐름을 알 수 있다. 여기서 한발 더 나아가 기업의 내용을 좀더 자세히 살펴보자.

〈표 2〉처럼 자산은 유동자산과 고정자산으로 나눌 수 있는데 유동자산은 회사의 자산 중에서 1년 이내에 현금화할 수 있는 자산(현금, 채권, 주식, 재고)을 말하고, 고정자산은 1년 내에 돈으로 바꿀 수 없는 자산을 말한다. 공장부지, 2년 만기 채권, 기계설비 등은 고정자산이고, 1년 안에 만기가 돌아오는 채권, 회사가 보유한 상장주식 등은 유동자산이다.

여기서 기업의 유동자산이 많으면 기업은 위기 상황에서도 쉽게 대응할 수 있으며, 고정자산의 비중이 크면 당장 현금흐름이 나빠질 경우에는 돈을 빌릴 수밖에 없을 것이라는 추론이 가능하다. 다만 유동자산 중에 재고 항목은 유심히 살펴야 한다. 왜냐하면 재고의 크기가 클 경우 유동자산으로 잡히지만, 상황에 따라 헐값으로 처리되거나 혹은 팔리지 않아 결손처분이 될 수 있기 때문이다. 그러니 재고 항목은 유심히 살펴봐야 한다.

고정자산은 투자자산(장기 금융상품, 유가증권 등), 유형자산(비품과 기계장

표 2 한국전력의 재무 내용

[자산] (십 억)

구분	2005/06	2005/09	2005/12	2006/03	2006/06	2006/09	2006/12	2007/03	2007/06	2007/09
유동자산	2,560	2,778	2,926	3,698	2,735	3,924	3,669	4,487	3,740	3,996
고정자산	57,814	58,227	58,701	58,499	58,968	59,183	59,867	60,004	60,453	61,232
자산총계	60,375	61,055	61,627	62,198	61,704	63,107	63,536	64,490	64,193	65,228

[부채] (십 억)

구분	2005/06	2005/09	2005/12	2006/03	2006/06	2006/09	2006/12	2007/03	2007/06	2007/09
유동부채	5,398	4,436	5,683	6,021	4,714	6,346	6,857	8,088	7,642	6,770
고정부채	13,842	14,429	13,738	13,970	14,634	13,173	13,717	13,279	13,148	13,834
부채총계	19,240	18,865	19,421	19,992	19,347	19,520	20,574	21,367	20,790	20,603

[자본] (십 억)

구분	2005/06	2005/09	2005/12	2006/03	2006/06	2006/09	2006/12	2007/03	2007/06	2007/09
자본금	3,204	3,204	3,208	3,208	3,208	3,208	3,208	3,208	3,208	3,208
자본잉여금	14,365	14,369	14,423	14,433	14,434	14,439	14,519	14,507	14,516	14,519
이익잉여금	23,792	24,809	24,654	24,655	24,814	26,021	25,993	26,148	26,413	27,576
자본총계	41,134	42,190	42,206	42,206	42,356	43,588	42,962	43,124	43,403	44,625

출처 : 금융감독원

치를 감가상각한 누계액), 무형자산(영업권 등)으로 구성되어 있는데, 이 부분은 사실 해석이 자의적일 수 있다. 예를 들어, 기계장치의 경우 5년에 걸쳐 감가상각을 했는데 앞으로 5년은 더 쓰게 될 수도 있고, 영업권의 경우 누군가가 M&A를 하지 않는 한 적정 가격이 얼마인지를 알기도 어려운, 즉 과다·과소 계상이 가능한 항목이기 때문이다.

부채 부분도 마찬가지다. 부채 역시 유동부채와 고정부채로 나뉘는데, 유동부채는 1년 이내에 갚아야 할 부채, 고정부채는 1년 이후에 갚아야 할 부채를 말한다. 이 부채의 적정한 관리가 기업경영의 핵심이라고 볼 수 있고, 자산과 부채의 관계는 기업의 당기순이익을 좌우하는 가장 중요한 요소가 된다.

다음으로 중요한 것은 자본총계다. 자본은 자본금, 자본잉여금, 이익잉여금으로 구성되어 있다. 상식적으로 생각해도 자본이 늘어나는 기업은 좋고, 줄어드는 기업은 위험하다.

〈표 2〉에서 한국전력의 자본을 살펴보면 최근 3년간 전혀 변하지 않았다는 사실을 알 수 있다. 자본잉여금 역시 보유자본에 대한 배당이 포함된 미세한 조정 외에는 큰 변화가 없었다. 주당 5,000원인 이 기업의 주식을 주당 1만 원에 증자했다면 5,000원은 자본에 편입되고 나머지 5,000원은 자본잉여금으로 기록된다. 한국전력의 경우에는 자본금의 유상증자가 일어나지 않았기 때문에 이 항목에 대한 변화가 없는 것이다.

마지막 이익잉여금에서는 의미 있는 변화가 발생했다. 이익잉여금은 기업이 이익을 낸 다음 남은 이익의 적립분을 기록한 것이다. 기업이 이익을 내면 주주들이 배당금으로 찾아가거나 재투자를 하게 되는데, 이때 남은 금액이 바로 이익잉여금이다. 이런 잉여금이 많은 기업일수록, 또 그 증가 비율이 클수록 탄탄한 기업이라고 할 수 있다.

이처럼 세 가지 항목을 보면 한국전력은 자본금의 변동도, 자본잉여금이나 이익잉여금의 증감도 별로 없는(이익 변동성이나 지출 변동성이 거의 없는), 긍정적 측면에서는 안정적이지만 부정적 측면에서는 역동성이 떨어지는 기업이라고 볼 수 있다.

기업의 손익을 보여주는 손익계산서

손익계산서는 그 기업의 주식을 살지 말지 결정할 때 대차대조표보다 더욱 주의깊게 살펴봐야 할 지표다.

손익계산의 문제

손익계산서가 아무리 중요해도 이것을 볼 때는 반드시 대차대조표를 놓고 비교 확인해가며 봐야 한다. 손익계산서는 왜곡이 크고 단편적인 데 반해 대차대조표상의 자산과 부채라는 항목은 왜곡하기 어렵기 때문이다. 손익계산서에서 감가상각비나 준비금 같은 항목은 얼마든지 조작이 가능하다. 또 잉여금과 손익 계정 같은 계정상의 배치에 따라서도 기업에 대한 판단이 달라질 수 있다. 특히 감가상각이나 준비금 책정과 같은 요소는 더 주의해서 살펴야 함은 말할 것도 없고, 고정자산이나 유가증권 처분과 같은 일회성 이익이 존재하는지도 꼼꼼히 확인해야 한다.

그뿐만이 아니다. 특별손실과 영업손실의 교차 확인이나 유휴시설의 유지·보수 비용 등에 대한 해석도 필요하다. 예를 들어, 유휴시설 유지비용의 경우 기업이 시설을 매각하면 저절로 사라져버릴 일과성 손실일 수도 있다.

또 잉여금에서 한꺼번에 비용을 상각할 경우 기업의 이익이 부풀려질 소지도 크다. 향후 지출되어야 할 비용을 잉여금 계정에서 일거에 상각해버리면, 다음 분기부터 이익은 부풀려지게 된다. 특히 감가상각 비용은 자본가치의 하락을 현실화하는 것이므로 이 부분을 소홀히 하면 곤란하다. 그러므로 기업의 순이익을 평가할 때 감가상각이 적절한지를 반드시 확인해야 한다.

또 기업은 특정한 경우에 자산을 재평가해서 자산가치를 떨어뜨리고 그에 따른 감가상각을 줄이는 방법으로 이익을 부풀릴 수도 있고, 반대로 자산 재평가를 통해 자산가치를 부풀림으로써 감가상각을 높이 책정해 순이익을 축소할 수도 있다. 따라서 자산을 재평가할 때는 경영진의 의도를 정확히 간파하는 것이 무엇보다 중요하다.

수익력에 관한 문제

기업의 수익에 대한 얘기는 아무리 해도 지나치지 않다. 누차 강조한 대로 미래의 수익을 확정적으로 예측할 수 있는 방법은 없다. 다만 과거의 평균 수익과 최근 수익의 추세를 자료로 활용하는 것뿐이다. 그 외에는 직관이다. 하지만 우리는 이러한 직관과 추세를 너무 지나치게 신봉한다.

과거의 실적평균은 대상 기간이 길수록 변동성이 적을수록 좋다. 투자자들은 기업의 최근 실적 추세가 좋아지면 추세에 대한 기대를 부풀리고 최근 추세가 나빠지면 지나치게 부정적으로 평가하는 경향이 있다. 이처럼 냉정하지 못한 자세로는 올바른 판단을 내릴 수 없다.

예를 들어, 경기 변동에 영향을 많이 받는 반도체 회사의 실적 추세가 나빠지기 시작했다면 과거 10년 혹은 20년의 평균 수익을 대조하고, 평균 변동성도 검토해야 한다. 반면 과거와 실적평균이 우량하고 변동성이 적은 유틸리티 기업의 실적 추세가 악화된다면 이는 매우 심각한 문제가 발생했다는 의미일 수 있다.

그래서 투자자들은 먼저 실적의 추세를 보고 그 추세를 평가에 반영할 만한 근거가 충분한지 확인한 후, 그 다음으로 해당 기업의 이익이 추세와 어떤 관련이 있는지를 살펴봐야 한다. 추세가 단순히 경기순환 때문인지, 기업의 내부 문제인지, 과거와 같은 상황에서는 어떻게 극복했는지, 또 동종 업계의 다른 기업은 어떤지 등을 비교해야 하는 것이다.

특히 주가수익배율을 부여할 때는 평균 이익과의 관련성을 반드시 기억해야 한다. 최근 몇 년간 순이익 증가율만으로 다음해의 이익을 추정해서 PER을 높게 부여하는 것은 오류다. PER은 기업의 이익 평균치를 살핀 다음 부여해야 하고, 특히 해당 기업의 PER이 역사상의 고점을 넘어서는 순간에는 더더욱 그렇다.

손익계산서의 예

〈표 3〉은 한국전력의 손익계산서다. 지금부터는 눈을 부릅뜨고 살펴보자. 손익계산서는 항목별로 따로 구성되어 있는 대차대조표와는 달리,

표 3 한국전력의 손익계산서(연간)

항목	단위	2002/12	2003/12	2004/12	2005/12	2006/12
매출액	억	210,479	223,975	235,999	251,123	269,790
매출원가	억	182.251	195.926	205.657	226.312	245.457
매출원가율	%	86.59	87.48	87.14	90.12	90.98
판매관리비	억	9,400	9,921	10,610	11,552	12,018
수출비중	%	0.00	0.00	0.00	0.00	0.00
영업비용	억	191,651	205,847	216,268	237,864	257,474
영업이익	억	18,828	18,128	19,732	13,259	12,316
영업외수익	억	34,462	25,953	28,657	26,306	21,788
영업외비용	억	10,007	13,085	8,501	7,755	7,864
이자비용	억	6,280	5,836	5,630	4,730	5,443
법인세비용차감전순이익	억	43,283	30,996	39,888	31,810	26,239
법인세비용	억	12,685	7,836	11,080	7,324	5,534
계속사업이익	억	30,598	23,159	28,808	24,486	20,705
중단사업이익	억	0	0	0	0	0
법인세효과	억	0	0	0	0	0
당기순이익	억	30,598	23,159	28,808	24,486	20,705

출처 : 금융감독원

일종의 플로차트(flow chart, 흐름표)로 항목이 순서대로 배열되어 있다. 위에서부터 한 개씩 살펴보면 기업의 손익 구조가 한눈에 들어오게 되는데 큰 흐름은 다음과 같다.

- 매출액 → 영업이익 → 법인세 비용 차감 전 순이익 → 당기순이익

기업의 손익에서 가장 중요한 항목이 물 흘러내리듯이 구성되어 있다. 먼저 매출액은 문자 그대로 한 해 동안 기업이 벌어들인 모든 돈을 말한다. 하지만 그렇게 많은 돈을 벌어도 매출원가가 높으면(한국전력의 경우 유가상승) 매출원가율이 높아질 것이다. 매출액에서 영업비용(매출원가와 판매관리비)을 차감하면 기업의 영업이익이 나온다. 매출액이 아무리 커도 영업이익이 낮으면 그 기업은 구조에 문제가 있다는 뜻이다.

다음으로 법인세차감전순이익(EBT, Earning Before Tax)은 위 흐름대로 영업이익에서 영업외수익과 영업외비용을 반영한 것이다. 하지만 증권사의 기업 분석에서는 법인세차감전순이익과 별도로 영업이익 차감 항목인 영업외비용 중 이자비용을 분리한 이익 개념인 EBIT(Earning Before Interest and Tax, 이자·법인세차감전영업이익)의 항목을 두는 경우도 많다.

영업이익과 EBIT는 상당한 차이가 있다. 즉, 아무리 영업이익이 많이 나는 기업도 EBIT가 적다는 것은 이자비용을 많이 지출하고 있다는 뜻이다. 만약 손익계산서에 이자비용 항목이 따로 나와 있지 않다면 대차대조표에서 자산에 비해서 부채가 과도하지 않은지를 반드시 확인해야 한다. 반대로 영업이익과 EBIT가 별 차이가 없다고 해서 안심해서는 안 된다. 영업외이익에는 보유하고 있던 땅을 팔았다든지 투자한 수익에서 이익이 난다든지 하는 일과성 이익도 포함되어 있다. 따라서 이익 성향

을 파악할 때는 이와 같은 불연속적인 이익이 얼마나 되는지도 확인해야 한다. 일과성 이익은 매년 발생하는 게 아니므로 다음해에는 이익이 급감할 수도 있기 때문이다.

최종적으로는 당기순이익은 법인세차감전순이익에서 법인세 비용을 차감하여 나오게 된다.

기업분석의 백미, 현금흐름표

이제 기업 분석의 백미라고 할 수 있는 현금흐름표를 살펴보자. 〈표 4〉를 보면 2007년 한국전력의 주가가 왜 그렇게 소외되었는지를 금세 알 수 있을 것이다. 앞의 자료들에서는 거의 모든 지표들이 기대도 불안도 가질 필요가 없는 안정적인 상황이었지만, 현금흐름에서는 상황이 나빠

표 4 한국전력의 현금흐름표 (연간)

항목	단위	2002/12	2003/12	2004/12	2005/12	2006/12
영업활동으로 인한 현금흐름	억	26,902	19,624	34,791	23,672	22,777
당기순이익(순손실)	억	30,598	23,159	28,808	24,486	20,705
현금의 유출이 없는 비용 등 가산	억	19,702	23,711	22,136	23,564	23,833
(현금의 유입이 없는 수익 등의 차감)	억	31,537	23,285	25,725	23,073	18,590
영업활동으로 인한 자산 및 부채의 변동	억	8,139	-3,691	9,573	-1,305	-3,172
투자활동으로 인한 현금흐름	억	-20,494	-24,505	-19,183	-22,895	-21,590
재무활동으로 인한 현금흐름	억	-5,906	2,448	-14,818	-3,151	-1,980
현금의 증가(감소)	억	502	-2,432	790	-2,374	-793
(기초현금)	억	5,599	6,101	3,668	4,459	2,085
기말현금	억	6,101	3,668	4,459	2,085	1,292

출처 : 금융감독원

표 5 한국전력의 재무비율(연간)

[성장성비율]

항목	단위	2002/12	2003/12	2004/12	2005/12	2006/12
총자산증가율	%	5.98	4.68	4.33	4.60	3.10
자기자본증가율	%	8.98	4.68	7.00	4.79	1.79
매출액증가율	%	6.19	6.41	5.37	6.41	7.43
영업이익증가율	%	-4.05	-3.72	8.85	-32.80	-7.11
법인세차감전순이익증가율	%	71.36	-28.39	28.69	-20.25	-17.51
순이익증가율	%	72.06	-24.31	24.39	-15.00	-15.44
매출액영업이익증가율	%	-9.64	-9.52	3.30	-36.85	-13.54
매출액법인세차감전순이익증가율	%	61.37	-32.70	22.13	-25.05	-23.22
매출액순이익증가율	%	62.03	-28.87	18.05	-20.12	-21.29

[수익성비율]

항목	단위	2002/12	2003/12	2004/12	2005/12	2006/12
매출액총이익률	%	13.41	12.52	12.86	9.88	9.02
매출액영업이익률	%	8.95	8.09	8.36	5.28	4.56
매출액법인세차감전순이익률	%	20.56	13.84	16.90	12.67	9.73
매출액순이익률	%	14.54	10.34	12.21	9.75	7.67
EBITDA마진	%	16.01	15.19	15.55	12.69	11.33

[안정성비율]

항목	단위	2002/12	2003/12	2004/12	2005/12	2006/12
자기자본비율	%	66.66	66.66	68.36	68.49	67.62
타인자본비율	%	33.34	33.34	31.64	31.51	32.38
부채비율	%	50.02	50.01	46.28	46.02	47.89
유동비율	%	44.78	38.55	47.13	51.48	53.50
이자보상배율	배	3.00	3.11	3.50	2.80	2.26
순차입비율	%	32.68	35.23	29.86	29.81	31.75
차입비율	%	34.60	36.36	31.08	30.40	32.11
현금비율	%	28.07	10.70	20.51	10.27	4.33
금융비용부담율	%	2.98	2.61	2.39	1.88	2.02
타인자본비용	%	4.92	4.47	4.30	3.73	4.09

[투자수익률]

항목	단위	2002/12	2003/12	2004/12	2005/12	2006/12
ROE	%	8.87	6.29	7.39	5.94	4.86
ROA	%	5.84	4.19	4.99	4.06	3.31

출처 : 금융감독원

졌음을 알 수 있다.

현금흐름표는 '문제는 항상 돈'이라는 버핏의 말대로, "내 손에 쥐고 있지 않은 돈은 돈이 아니다."라는 생각으로 점검하면 된다. 예를 들어, 한국전력이 북한에 전력을 100억 원어치 팔았다고 가정하자. 그것은 영업이익으로 잡힐 것이다. 하지만 그 돈을 실제로 손에 쥐지 못했다면 어디까지나 매출채권일 뿐이다. 북한의 사정으로 그 돈을 오랫동안 받지 못하게 된다면 결국 그 돈은 대손상각을 통해 손실 처리될 것이다.

좀더 세분해서 살펴보면 영업 활동으로 인한 현금흐름은 당기순이익, 현금의 유입·유출이 없는 비용의 가산·차감 항목, 영업 활동으로 인한 자산 및 부채의 변동 부분으로 구성되어 있음을 알 수 있다. 그 중 현금 유입이 없는 비용의 가산은 단기주식매각평가차익이나 단기사채상환을 통한 이익(이자비용의 감소) 등이 있고, 유출이 없는 차감 항목은 감가상각비, 대손상각비, 주식 매매손실, 퇴직금, 연금, 적립금 등이 포함된다.

투자 활동으로 인한 현금흐름은 건물이나 유가증권을 매입·매도하는 데 사용된 돈의 흐름을 보여준다. 이 항목에 대해서는 자기 자산과의 비교를 통해 이 자산이 적정하게 구입된 것인지, 불필요한 현금흐름인지, 이로 인해 현금흐름이 악화된 것은 아닌지를 다시 살펴야 한다. 재무 활동으로 인한 현금흐름에는 주식 증자 등으로 인한 현금의 유출입과 단기부채를 상환한 비용 등이 포함된다.

마지막으로 현금의 증가와 감소 그리고 기말현금은 현재 현금 보유 현황을 보여주는데, 한국전력의 경우 현금이 뚜렷하게 감소하고 있음을 알 수 있다. 결국 한국전력이 공기업이라는 것을 고려하면 정부에서 예산 지원을 할 수밖에 없는 상황인 것이다. 기업의 가치에서 가장 중요한 포인트는 "미래에 현금을 얼마나 더 벌어들일 수 있는가?"임을 기억하도록 하자.

기업의 순이익과 배당의 관계

주식의 가치는 배당, 수익, 자산이라는 세 가지 요소를 지니고 있다. 이 중에서 배당은 안정적인 기업의 대표적인 상징이다. 하지만 배당은 기업의 안정성 이상의 의미를 가져서는 안 된다. 기업의 이익은 재무 구조를 개선하거나 신속한 투자를 위한 유보금으로서 기업이 갖고 있어야 할 자금으로 사용되어야 하고, 생산설비에 대한 유지·보수, 신규 투자를 진행하는 데도 사용되어야 한다. 또 일부는 벤처기업이 상장될 때 엔젤 투자자들의 몫처럼, 기업에 투자한 사람들이 자본금을 회수하는 데 이용될 수도 있다.

이 때문에 기업 수익이 곧 배당과 연결되거나 과도한 배당을 하는 것을 무조건 좋다고 볼 수는 없다. 2007년 결산기에 대신증권이 10년 연속 배당을 시행했다고 해서 시장의 관심을 끌었다. 이는 자본금 회수나 배당수익을 목적으로 하는 투자자들에게는 좋은 소식이지만, 기업의 가치나 계속기업, 배타적 독점기업으로의 성장성에 자신을 잃었다는 의미로 받아들여질 수도 있다.

경영진들이 과도하게 배당을 유보하고 잉여금을 축적하면 주주들의 입장은 그리 즐겁지 않다. 그러나 배당 유보가 나중에 더 나은 배당이나 더 큰 시세차익으로 돌아올 것이 확실하고 주주들이 거기에 동의한다면 문제될 것이 없다.

예를 들어, 삼성전자는 시가배당률이 낮더라도 시가총액이 그만큼 커지기 때문에 문제가 없다. 하지만 시가총액의 증가가 따르지 않는데 기업이 배당수익을 유보하는 것은 그리 즐거운 일이 아니다.

냉정하게 분석해보면 기업의 재무제표에 있는 순이익을 사내 유보하면 일단 기업가치가 증가하고, 향후 기업 실적이 나빠져도 배당을 할 수 있는 재원이 확보되므로 기업의 재무 안정성이 좋아진다. 하지만 이것이 주주의 이익에 부합하는지는 잘 살펴봐야 한다. 우선 기업의 이익이 유보되는 것만큼 주주는 배당을 받지 못하고 있음을 염두에 둬야 한다. 또한 주주가 언제까지나 그 기업의 주주로만 남아 있는 것은 아니란 점도 생각해야 한다. 즉, 주주는 자신이 주식을 매각해야 할 시점에 그동안 유보된 이익의 복리 수익만큼 주가가 오르거나 나중에 그만큼의 추가 배당을 받지 못하는 경우가 많다.

반면 대주주에게는 배당이 적은 것이 유리하다. 왜냐하면 대주주는 기업의 본질적인 주인이고 대주주의 지분은 특별한 경우가 아니면 대물림하기 때문이다. 따라서 이들에게는 사내유보를 통한 기업 내부의 축적이 훨씬 유리하다. 더구나 대주주는 주식을 매각할 계획이 없으므로 자신이 매각할 시점에서 주가가 하락했거나 결과적으로 배당을 받는 것이 이익이라고 판단할 상황이 존재하지 않으므로 일반 주주들과는 입장이 다르다. 따라서 배당 유보는 기업에는 득이 될 수 있지만 주주에게도 득이 되는 것은 아니다.

더구나 기업의 경영진, 특히 전문 경영인의 경우에는 자신의 성과에 민감하다. 전문 경영인이 기업의 이익을 모두 배당으로 돌리는 선택을 할 리는 만무하다. 그는 유보한 이익을 바탕으로 신규 투자를 하거나 M&A에 나설 것이고 그 중에는 단기실적이나 업적을 위해 무리하게 이뤄진 과잉투자도 빈번할 것이다. 이익을 유보하는 이 같은 미국식 경영은 확실히 주주의 이익을 훼손할 가능성이 크다. 유럽의 기업들처럼 이익을 배당하고 신규 사업에 진출하는 경우에는 신주를 발행하여 자금을 충당하는 편이 주주의 이익에는 부합하는 것일 수 있다. 주주에게는 당장의 1만 원이 미래의 10만 원보다 낫다.

이에 비해 주식배당의 의미는 좀더 가치가 있다. 이론적으로 이익을 유보하고 그만큼 주식배당을 하든 하지 않든 주주 입장에서 가치는 불변이다. 하지만 주식배당을 하면 주주는 그만큼 주식을 팔아 배당금의 형태로 자금을 회수할 수 있고, 기업은 주식배당을 하는 만큼 자본금이 증가한다. 이것은 다시 주당 배당을 지키기 위한 압박이 될 것이고 경영진은 주식 수가 늘어났으므로 주당 충족해야 할 배당금을 벌기 위해 노력하게 된다. 더구나 기업의 입장에서는 주식배당만큼 잉여금이 아닌 자본 전입이 일어나므로 자본금에 대한 수익을 지켜야 하는 의무가 부과된다.

결국 기업이 주식배당을 한다는 것은 경영에 대한 자신감의 표출이므로, 이는 주주에 대한 책임감을 보여주는 것이기도 하다. 하지만 투자자의 입장에서 보면 '단기적인' 실효가 없다.

워렌 버핏의
기업 분석은
무엇이 다른가

　주가는 순환하고 경기도 순환한다. 시장은 기회와 위기의 국면이 교차적으로 나타나는 곳이다. 하지만 이 순환이 모든 투자자에게 동일하게 적용되지는 않는다. 왜냐하면 투자 성과의 결정적인 차이는 성장 국면에서 나타나는 것이 아니라 위기 국면에서 나타나기 때문이다.

　2008년을 덮친 미국발 신용위기의 과정에서 위기를 극복하지 못하고 쓰러지는 기업은 살아남은 기업에 헐값으로 먹힐 것이고, 현명한 투자자는 태풍이 휩쓸고 지나간 자리에서 떨어진 과일을 주워담을 것이다. 그 점에서 볼 때 버핏의 투자 행태는 참으로 탁월하다. 그는 기업의 성과가 극도로 부진하거나 경기순환 구조 또는 자산거품 구조에서 헐값에 내놓은 기업들을 사들인다. 일부 현명한 자본가들도 마찬가지다. 그들은 위기의 과정에 참여하지 않고 한발 빼고 기다리면서 현금을 확보하고 있다가 벌처펀드(Vulture Fund) 등을 만들어 쓰러지는 자산과 기업을 탐욕스럽게 먹어치운다. 이들은 대체 어떤 눈을 가졌기에 이런 일이 가능할까? 거기에는 통찰적인 부분과 분석적인 부분이 동시에 작용한다.

또한 그들은 분석에 있어서도 다른 면모를 보인다. 기업 분석에 대해 우리가 한 가지 간과하는 것은 같은 지표는 늘 같은 역할을 한다고 믿는 것이다. 하지만 현명한 투자자들은 다른 사람과 똑같은 현금흐름표, 손익계산서, 대차대조표를 살피면서도 현재의 상황에 따라 가중치를 부여한다. 그것이 일반 투자자와 다른 점이다. 이를테면 2004~2007년 초까지의 상황이라면 손익계산서상의 영업이익과 당기순이익을 주목해서 봤을 것이다. 그때는 기업의 이익 성장을 살피고, 이익 성장의 기대가 얼마나 더 지속될지를 냉정하게 판단하는 것이 기업 분석에서 가장 중요한 부분이었다.

침체기에도 영업 활동을 할 돈이 있는가

2008년 중반의 상황이라면 현금흐름표에 주력해야 한다. 전세계 경제 상황이 악화되고 기업들의 수익이 둔화 기미를 보이는 경기침체 상황이 인정되면 살아남는 기업을 살피는 것이 무엇보다 의미가 있기 때문이다. 물론 이때 대차대조표의 중요성은 말할 것도 없다. 우리가 손익계산서상에서 보는 영업이익이나 현금흐름표에서 보는 영업현금흐름은, 기업이 본업인 장사를 얼마나 잘했는가를 살핀다는 점에서는 기본적으로 같은 맥락이다. 하지만 영업현금흐름은 그 본원적 행위를 그냥 무게를 달아서 판단하는 영업이익과 달리 실제 지출되지 않은 감가상각이나 실제 들어오지 않은 매출채권 등을 합산하거나 소거한 것이다. 즉, 장사를 해서 손에 쥔 돈의 크기를 말하는 것이므로 경기가 나쁘고 상황이 악화될 때는 주머니에 들어온 돈만 내 돈으로 봐야 한다는 점에서 보면 영업현금흐름의 중요성이 대단히 높아지는 것이다.

이론상 정상적인 상황이라면 영업이익과 영업현금흐름은 정의 상관관계를 가지며, 영업현금흐름이 영업이익보다 크다. 앞서 말한 대로 영업현금흐름은 매출채권이나 재고자산 등을 손익계산서상의 당기순이익에서 소거하지만, 대신 감가상각은 합산하기 때문이다. 이때 감가상각은 장부상의 상각이지 실제 돈이 나가는 것은 아니다. 그래서 영업현금흐름이 영업이익보다 큰 경우가 대부분이다. 하지만 매출채권이 실제 돈으로 들어올 수 없는 상황이 우려되는 위기나 극심한 침체 국면에서는 영업이익과 영업현금흐름은 정비례하지 않을 수 있고, 경우에 따라서는 영업현금흐름이 오히려 영업이익보다 작아지는 경우가 있는데 그것은 재고와 매출채권의 증가로 인해 소거되는 이익이 많아서이다.

이 경우 기업의 위기관리 능력은 현저하게 감소한다. 기업이 영업을 하려면 갑자기 부채를 갚아야 할 상황이 올 수도 있고 급히 원자재를 사야 할 돈이 필요할 수도 있다. 그런데 영업현금흐름이 감소하게 되면 이런 활동들이 둔해지고, 경우에 따라서는 도산할 수도 있다. 그래서 위기 상황이 오면 꼭 영업이익 대비 영업현금흐름의 차이를 확인하고 상황을 점검해야 한다.

위기 상황을 견뎌낼 상환 능력이 있는가

기업의 재무 건전성에 대한 평가 또한 중요하다. 재무 건정성에 있어 핵심적인 역할을 하는 것은 기업이 부채를 상환할 수 있는 능력이 있느냐 하는 점이다. 금융위기가 오고 금리가 급등하고 차입금이 만기연장되지 않을 경우 기업은 위기에 빠진다. 그리고 기업이 이 상황을 이기려면 부채에 대한 내성이 얼마나 큰지 알아야 한다.

이때 중요한 지표는 당연히 대차대조표를 살피는 것이고, 그 중에서도 $\frac{부채}{자기자본}$인 부채비율을 살피는 것이다. 다행스럽게도 우리나라 대기업들은 IMF 이후 이 부분에 집중해서 부채비율을 상당히 낮춘 바 있다. 하지만 그게 전부가 아니다. 부채비율이 높든 낮든 부채는 있는 것이고, 이 부채를 상환할 능력이 어느 정도 되느냐를 따지는 것이 침체기나 위기 상황의 논점이다.

그렇다면 상환 능력은 어떻게 판단해야 할까? 그것은 바로 기업의 수익성이다. 수익성은 낮은데 금리가 올라가면 부채비율이 낮더라도 그 돈을 갚지 못할 수가 있다. 기업의 수익성 악화는 낮은 부채비율에서도 심각한 위협이 된다.

이 상환 능력을 보는 것은 $\frac{영업이익}{금융비용}$인 이자보상배율인데, 이 이자보상배율은 $\frac{영업이익}{매출액}$인 매출액 영업이익률과, $\frac{금융비용}{매출액}$인 금융비용 부담률로 쪼개어 볼 수 있다. 이렇게 나누어 놓고 보면 이자보상배율은 매출액 대비 영업이익률이 커서 매출액 영업이익률이 높을수록, 금융비용이 적고 매출액이 커서 금융비용 부담률이 낮을수록 높아진다는 것을 알 수 있다.

그 다음에 여기서 한번 더 쪼개어보면, 금융비용 부담률은 시중금리에 따라 달라지는 차입금 평균 이자율($\frac{차입금}{금융비용}$), 기업의 재무 상태를 보여주는 차입금 의존도($\frac{차입금}{자산}$), 자산을 얼마나 효율적으로 이용하고 있는가를 알려주는 자산회전율($\frac{매출액}{자산}$) 등으로 세분화된다. 결국 금융비용

부담률은 차입금 평균 이자율과 차입금 의존도가 낮을수록 높아지는 구조가 된다. 결국 기업의 부채상환 능력은 영업 활동으로 인한 수익의 효율성과 차입금에 대한 의존도, 그리고 시중금리 수준이 낮을수록 높아진다.

이 중에서 매출액 영업이익률과 자산회전율은 기업의 실력에 따라 영향을 받고, 차입금 평균 이자율과 차입금 의존도는 외부적 환경의 영향을 많이 받을 수밖에 없다. 문제는 차입금 의존도는 증자 등으로 자본을 확충함으로써 개선될 수 있는 기업의 재무적 결정 요인인데, 증시나 신용위기 상황에서는 이것이 여의치 않은 상황이 발생한다는 점이다.

복잡하지만 이 부분을 좀더 상세히 들여다보면, 현금흐름을 기준으로 얼마나 차입금을 갚을 수 있는지를 알기 위해 현금흐름 보상배율을 살펴볼 수다. 현금흐름 보상배율은 $\frac{\text{영업현금흐름}+\text{이자비용}}{\text{단기차입금}+\text{이자비용}}$으로서 2008년과 같은 신용위기 상황에서 단기차입금을 얼마나 잘 상환할 수 있는지를 살펴보는 것이다. 또 같은 맥락이라면 현금흐름 이자보상배율을 볼 수도 있는데 이것은 $\frac{\text{영업현금흐름}+\text{금융비용}}{\text{금융비용}}$으로, 현금흐름을 통해 기업이 단기적으로 차입금을 지급할 수 있는 능력을 살피는 데 이용할 수 있다.

이런 측면에서 2008년 기준 우리나라 기업들의 낮은 수익성과 일부 대기업의 낮은 이자보상배율은 경기와 신용위기 확장과 같은 변동 요인에 따라 위험한 상황으로 전개될 수 있다. 특히 2007년 성행한 기업의 과도한 인수합병은 상황 여하에 따라 열병을 겪을 수도 있는 것이다.

---

*이 글은 LG경제연구원에서 나온 이한득 박사의 리포트와 박상수 박사의 리포트, 그리고 2000년 10월 11일자 〈LG주간경제〉 592호 중 부실기업 판정 기준으로서의 이자보상배율의 타당성을 참조 및 부분 인용하였습니다.

chapter 6

주가승수의 이해

가치평가를 위한 PER의 활용

"요람에서 무덤까지."라는 말이 있다. 이 말은 영국의 사회보장제도의 슬로건이었지만 '인간의 모든 생'을 뜻하는 관용구이기도 하다. 철학자들은 "모든 동물은 본능과 지성을 갖고 있다. 다만 그 지성의 두께가 철학을 만든다."라고 말한다. 먹는 것, 자는 것과 같은 본능은 가르쳐주지 않아도 각 생명체의 유전자에 암호처럼 담겨 전해진다.

하지만 지성은 진화한다. 처음에 지성은 본능을 위해 봉사한다. 지성이 뛰어난 종은 먹을 것을 찾는 방법을 더 잘 알고, 스스로를 보호하는 방법을 개척한다. 그러나 지성의 크기가 더 커지면(본능을 위해 봉사하는 이상으로 커지면) 본능과 분리되면서, 지성은 "왜 사는가? 왜 죽는가?"처럼 "왜?"라는 질문을 던지기 시작한다. 이때 철학이 탄생하는 것이다. 이 때문에 철학은 지성의 크기가 커질수록, 지성의 두께가 두꺼워질수록 중요해진다.

우리는 늘 모든 현상에 대해 "왜?"라는 질문을 던져야 한다. 투자 분야에서 우리가 던져야 할 "왜?"라는 질문은 주가수익배율(PER, Price Earning Ratio)에 대한 것이라야 한다. PER은 주식투자에서 가장 기본적이고 원초적인 주제다. 주식시장의 가치를 평가하는 제1의 척도이자 주식투자를 하는 내내 우리는 그야말로 요람에서 무덤까지 그림자처럼 우리를 따라다닐 것이기 때문이다.

자산투자의 본성은 이자수익

주가수익배율이라는 용어만 보면 무슨 뜻인지 알 듯 말 듯하다. 이 용어의 의미를 잘 이해하기 위해 더 근원을 찾아 들어가보자. 우리가 투자를 한다는 것은 기본적으로 '무위험 수익에 대한 상대적 우위를 달성하는 것'이다. 예를 들어, 동물이 태어나서 어미젖을 물거나 배가 고플 때 길에 떨어진 과일을 주워 먹는 것 같은 행동은 너무도 당연한 본성이다.

이런 관점에서 볼 때 자산투자의 본성은 이자수익이라고 할 수 있을 것이다. 돈이 생기면 그냥 주머니에 넣어두지 않고 은행에 맡기는 것은 마치 동물이 어미젖을 빠는 것과 같은 행동이다. 은행은 우리에게 이자를 지급하고 거기에 약간의 추가 이자를 얹어 돈을 필요로 하는 사람에게 대출한다. 이는 은행의 전통적인 역할로서 돈을 필요로 하는 사람과 돈이 남는 사람 사이에서 중매를 서는 것이다.

우리가 돈을 필요로 하는 사람에게 직접 빌려주지 않고 은행을 통해서 빌려주는 이유는 무엇일까? 첫째, 쉽게 생각할 수 있듯 이 돈을 필요로 하는 사람과 남는 사람이 서로 만나기 힘들기 때문에 은행이라는 중매쟁

이를 이용하는 것이다. 둘째, 내가 은행을 통해서 빌려준 돈은 기본적으로 은행이 채무자가 된다. 채무자가 신용위기, 즉 디폴트 상태에 빠지더라도 내 돈을 빌려간 실채무자가 아닌 은행에게 채무 책임을 지울 수 있다. 이때 은행은 신용이라는 물길에 둑을 쌓아 물길을 조절하는 역할을 한다. 온라인 경매사이트 '옥션'을 통해 거래할 때 먼저 구매금을 옥션 측에 맡기고, 물건을 수령한 후에 판매자에게 결제 처리가 되도록 함으로써, 판매자는 물건을 떼일 위험을 줄이고 구매자는 돈을 떼일 위험을 줄이는 식과 같다. 그래서 은행에 맡기는 돈은 채권자와 채무자 간의 직거래에 비해 채권자와 채무자 양측이 조금씩 더 손해를 보게 하는 구조이다.

만약 은행의 역할이 필요 없다면(이 두 가지 기능이 사회적 신뢰로만 이루어진다면) 우리가 하는 모든 투자 행위는 필요가 없어질 것이다. 장기적으로 부의 축적량은 채권자와 채무자 사이의 거래폭만큼이 될 것이기 때문이다. 하지만 채권자 입장에서는 늘 아쉽게 마련이다. 실제 대출금리와 내가 받는 예금금리가 일치한다면 금리는 항상 매력적이고 다른 투자는 도박으로 치부되겠지만, 실제로는 그렇지 못하기 때문에 그 차이가 늘 채권자의 마음을 불편하게 만든다.

그렇다면 채권자가 이를 만회할 수 있는 방법은 무엇일까? 돈을 빌리려는 채무자의 목적에 동참하면 된다. 기업은 투자를 위해 돈이 필요하면 은행에서 빌리거나 채권을 발행한다. 그 외 할 수 있는 일은 주식시장에서 조달하는 것이다. 이때 기업 입장에서는, 은행에서 돈을 빌려 쓰면 앞서 설명한 두 가지 이유 때문에 비싼 이자를 물게 된다. 채권을 발행하는 경우에도 만만치 않다. 채권자와 직거래를 할 수 있다는 장점은 있지만(중개수수료를 아낄 수 있지만) 대신 돈을 떼일 위험이 있기 때문에 채권자들이 비싼 이자를 요구한다. 그래서 기업 입장에서는 담보 가능한 범위에서는 은행에서 빌리고, 그 외의 부분은 채권 발행을 하게 된다.

그런데 이것보다 더 손쉬운 방법은 없을까? 바로 상장이다. 상장은 자신의 지분에 권리금을 붙여서 시장에 팔 수 있는 방식이다. 다만 이것은 채권·채무 관계가 아닌 동업관계가 된다. 자신의 사업 능력이 좋으면 지분 참여자가 비싼 값을 주고 참여할 것이고, 그 반대의 경우에는 가치가 낮게 평가될 것이다. 아울러 동업자들로부터 기업 경영에 간섭을 받게 된다. 기업들이 설비투자를 하면서 늘 은행이나 채권만 활용하면 자금 동원의 한계에 부딪히고 사업에 대한 리스크도 혼자서 져야 한다. 반면에 상장을 하면 이러한 문제들이 해결되는 대신 어려운 시어머니를 모시는 꼴이 된다.

그럼 투자자 입장에서는 어떨까? 어떤 식당 주인이 장사가 잘 돼서 옆에 가게를 하나 더 확장하고 싶어한다. 만약 이때 당신에게 투자를 권유한다면 당신은 어떤 판단 기준을 가져야 할까? 아마도 "은행에 맡기는 것보다 더 나은 수익을 주는가?"라는 것이 척도가 될 것이다. 이 가게에 1,000만 원을 투자했을 때, 연간 100만 원의 이익을 나눠받을 수 있다면 당연히 투자를 하는 게 낫겠지만, 10만 원만 받을 수 있다면 투자하지 않는 것이 낫다. 하지만 1,000만 원을 이익으로 나눠준다고 해도 혹시 그 가게가 망하거나 가게 주인이 야반도주할 위험에는 어떻게 대처해야 할까?

은행이 아닌 곳에 투자할 때는 위험이 커진다. 따라서 그 위험을 감수하면서 투자를 할 때는 최소한 이익이 이자보다는 커야 한다. 이 개념이 '시장의 본질가치'다. 우리가 식당에 투자할 때는 식당의 시설물 가치보다 그 식당이 벌어들이는 이익을 더 우선시해야 한다. 그렇다면 식당이 벌어들이는 이익은 무엇을 보고 판단할 수 있을까?

미인대회 본선 출전기준이 되는 EPS

이때 기준이 되는 것이 주당순이익(EPS, Earning Per Share)인데, 이는 PER을 살펴보기 전에 미리 이해하고 있어야 한다. 예를 들어, 당신이 투자할 식당의 지분을 100주로 나눈다고 생각해보자. 그리고 그 주식의 50%인 50주를 주인이 갖고 있고, 그 외 5명이 10주씩 갖고 있다고 가정하자. 이때 당신이 먼저 알아야 할 것은 한 주당 얼마의 이익을 남길 수 있는가 하는 점이다. 이익이 1,000만 원이라면 주당으로는 10만 원의 이익을 남긴다고 볼 수 있고, 만약 당신이 이 지분을 주당 100만 원에 산다면 당신의 연 수익률은 10%다. 이만하면 투자할 만하지 않은가? 하지만 이 식당의 이익이 100만 원이라면 주당 이익은 1만 원이 되고 당신의 수익률은 1%가 된다. 이 경우 식당의 지분을 인수하는 것은 바보 같은 일이다.

이렇게 기업의 이익을 총발행주식 수로 나눈 값이 EPS이다. 좀더 전문적으로 말하자면 기업의 세후순이익을 발행된 전체 보통주(의결권이 없는 우선주는 계산에서 제외한다)의 수로 나눈 값이다. 정확하게 회계용어를 빌리면 다음과 같이 정리할 수 있다.

- 영업이익 = 매출액 − (매출원가 + 판매비와 관리비)
- 세전이익 = (영업이익 + 영업외수익 + 지분법이익) − (영업외비용 + 지분법손실)

- 당기순이익 = 세전이익 - 법인세 비용
- 주당순이익 = $\dfrac{\text{당기순이익}}{\text{발행주식 수}}$

EPS는 해당 회사가 얼마나 장사를 잘하는지를 보여주는 가장 중요한 지표다. 장사꾼은 장사를 잘하는 것이 기본이다. 그러므로 좋은 주식을 고를 때 EPS가 증가하는 주식을 골라야 한다는 것은 더 말할 필요가 없는 사실이다. 하지만 EPS는 경기가 좋을 때는 거의 모든 기업들이 증가하고 경기가 나쁘면 거의 모든 기업들이 감소하므로, 중요하게 보아야 할 것은 내가 투자하고자 하는 기업의 상대적인 이익이다. 따라서 주당 분기별순이익 혹은 주당 연간순이익은 최소 전체 평균의 2배 이상의 증가율을 보이는 기업으로 한정하는 것이 좋다.

우리는 어디까지나 최고의 미인을 선발하는 것이 목적이다. 때문에 주당순이익이 시장평균보다 최소 2배 이상 증가한 기업은 일단 본선에 진출할 자격이 있다고 볼 수 있다.

그런데 문제는 이러한 순이익의 증가는 회계상의 자료라는 점이다. 예를 들어, 통상적인 연구개발비(기업의 미래 생존을 위해 필수적이다)를 줄였다거나 올해 결제해야 할 대금 지급을 내년으로 미뤄서 올해 순이익이 늘었다면 이런 순이익은 의미가 없는 것이다. 이런 편법으로 늘어난 순이익은 내년에 폭탄이 되어 돌아올 것이기 때문이다.

두번째, 기업의 전환사채(BW)가 발행되어 만기가 도래하고 있거나 신주 발행이 예정되어 있다면 주당순이익은 희석되고 말 것이다. 혹은 지난해까지 엉망이던 실적이 기저효과(Base effect, 비교 대상이 되는 기간의 부진이나 호조 때문에 경제지표가 부풀려지거나 위축되는 것으로 나타나는 효과)로 인해 급증한 것으로 보이는 경우도 있다. 자본금이 100억 원인 회사가 지난해 겨우 100만 원을 벌었다가 올해 1,000만 원을 번 것을 두고 이익이 10배 급증했다고 보면 곤란하단 얘기다.

그러므로 주당순이익이라는 항목에서는 우리가 꼼꼼하게 살펴야 할 것이 많다. 먼저 회사의 신주발행 여부, 전환사채 전환, 기저효과, 대차대조표상의 마사지(앞서 설명한 비용 통제로 인한 순이익 증가) 등을 고려해야 하는 것이다. 그러기 위해서 우리가 주시해야 할 중요한 지표는 회사의 매출액이다. 매출이 늘지 않았는데 순이익이 늘었다면 그것은 회계상의 화장에 지나지 않고, 매출액이 100배 늘었는데 순이익은 10배 늘었다면 순이익이 크게 늘어난 것은 맞지만 이익의 질이 형편없는 것일 수도 있다. 따라서 주당순이익은 항상 매출액과 함께 생각해야 한다.

이것은 반드시 기억해두자. 연간 주당순이익의 증가는 동일업종 내에서 '최고'이고, 시장평균 대비 '2배 이상' 획기적으로 증가를 해야 하며, 분기당 주당순이익 증가율이 '연속 3/4 분기 이상' 높아졌을 때 비로소 미인대회에 출전할 자격이 주어진다. 다시 기억하자! 연간 주당순이익의 '급격한' 증가, 분기당 주당순이익의 '지속적'인 증가는 주가 상승의 원동력이라는 것을.

PER 활용법

이쯤에서 PER로 돌아가보자. 먼저 PER은 순이익을 기준으로 볼 때 현재 주가가 합당한 가격으로 거래되고 있는가를 살피는 기준이다.

- $\text{PER} = \dfrac{\text{주식가격}}{\text{EPS}}$

예를 들어, EPS가 1,000원인데 주가가 1만 원이라면 PER은 10배가 된다. 이것은 투자자들이 기업의 이익만을 기준으로 할 경우에 이익창출의 10배 정도 프리미엄을 주고 이 주식을 사는 것이라고 할 수 있다. 이익이 500원이라면 PER은 20배, 이익이 2,000원이라면 PER은 5배가 된다.

그렇다면 우리는 여기서 이러한 의문을 품어야 한다. 왜 EPS의 10배나 되는 돈을 주고 이 주식을 사는 것인가? 역수를 보면 이 질문에 대한 답이 나온다. PER이 10배라는 이야기는 이 주식이 1만 원일 경우 1,000원의 이익을 올린다는 의미다. 1,000원은 원금 1만 원 대비 10%이므로 다음과 같은 공식이 만들어진다.

- 주식의 기대수익률 $= \dfrac{1}{\text{PER}}$

은행에 자금을 예치하면 금리로 5% 안팎이지만 PER이 10인 주식에 투자하면 10%의 이익을 낼 수 있으니 은행에 예치하는 것보다 주식투자를 하는 것이 유리한 셈이다.

정리하면 PER은 낮을수록 좋고, 높을수록 나쁘다. 하지만 주식투자가 이렇게 쉽고 단순한 것이라면 왜 누구나 성공하지 못하고 실패자가 나오겠는가? 이론상으로는 이 말이 맞다. 그러나 PER이 낮다는 것은 이 회사가 위기에 빠져 있음을 나타내는 것일 수도 있고, 반대로 PER이 높다는 것은 성장성이 높은 기업으로 평가받고 있다는 것일 수 있다. 이익에 비해 가격이 지나치게 저평가된 것(PER이 낮은 것)은 투자자들이 그 기업을 사기를 꺼린다는 뜻일 수 있고, 반대로 지나치게 고평가된 것(PER이 높은 것)은 투자자들이 그 기업이 앞으로 높은 실적을 낼 것으로 확신하고 있다는 의미로 해석할 수도 있다는 말이다.

여기서 우리는 주식투자의 전통적 딜레마와 마주치게 된다. PER이 높은 주식은 '전년도까지의 이익(대단히 중요하다)' 기준으로 볼 때는 현재의 주가가 높지만, 내년에 EPS가 2배로 증가할 것으로 기대된다면 현재 20인 PER을 실제로는 10이라고 생각할 수 있다. 이렇게 시차에 따라 PER의 평가가 달라질 수 있음을 감안해야 한다.

또한 PER은 양날의 칼이 될 수 있음을 인정해야 한다. 차라리 그 근본이 되는 EPS는 증가 자체가 현재지만 PER은 과거이며, 더군다나 미래가치를 예상해야 한다는 고민을 안고 있기 때문이다. 그러나 이런 문제에도 불구하고 기본적인 것 하나만 알아두면 그리 복잡할 게 없다. 투자자들이 흥분을 담을 때는 PER이 적정가치를 상회하며 투자자들이 비관을 담을 때는 적정가치를 하회한다. 따라서 PER은 상대가치라는 측면에서 봐야 하고, EPS는 절대가치의 측면에서 봐야 한다. PER을 무턱대고 주가의 적정가치를 매기는 기준으로 평가하면 큰 오류가 발생할 수 있는 것이다.

PER을 활용하는 가장 좋은 형태는 다음과 같다.

첫째, 시장이 상승세에 있으며 주도주가 높은 PER 배수를 받으며 승승장구할 때 상대적으로 PER이 낮은 종목을 고르는 것은 유용하다.

둘째, 반대로 주식시장이 연일 하락하며 추세가 꺾일 때 PER이 낮다고 해서 저평가라는 결론을 내리면 큰 손실을 입을 수 있다. 상승세에서 고PER 주식이 이익 증가로 정상적인 가치가 될 수 있듯이, 하락세에서 저PER 종목은 반대로 실적 하락으로 시간이 지나면 저평가가 아닌 오히려 고평가의 결과가 되는 경우가 많기 때문이다.

셋째, 주식시장 전체의 PER을 평가하는 것은 거의 항상 유용하다. 또한 시장 간의 가치, 즉 한국·중국·미국의 시장 등을 상대비교할 수도 있으며 추세가 잡힌 상승장에서 저평가주를 발굴하는 데도 활용할 수 있다.

PER과 금리의 관계, 수익률 격차

이번에는 PER을 이용한 수익률 격차(Yield gap)라는 관점에서 살펴보자. 지금까지 우리가 살핀 EPS와 PER의 개념을 중심으로 보면, PER 10배라는 것은 해당 기업에 투자할 경우 기대수익률이 10%라는 의미가 된다. 이때 금리와의 격차를 살피면 이제 처음에 제기한 문제에 대한 답을 찾을 수 있다. 금리 수익은 일단 무위험 수익이다. 예를 들어, 당신이 돈을 은행에 맡기거나 5년 만기 국채나 3년 만기 초우량 회사채(삼성전자나 포스코 같은 기업의 회사채)에 투자할 경우 그 돈을 떼일 확률은 거의 제로라고 보면 된다. 국가부도에 준하는 위기가 닥친다면 모르지만 그렇지 않다면 그 돈은 안전하다. 이때 금리의 예상 수익이 2008년 1월처럼 약 7% 수준이라면 화장실에서 경제신문 한번 펴보지 않고 살아도 연간 7%의 수익이 보장된다. 그런데 주식에 투자할 경우에는 얘기가 달라진다. 가격 하락에 따른 위험부담이 크기 때문에 가지고 있는 내내 신경을 곤두세워야 한다.

그렇다면 당신은 금리 대비 어느 정도의 추가 수익이 난다는 기대가 있어야 주식에 투자하겠는가? 최소 3% 정도는 추가 수익을 기대할 수 있어야 주식투자를 할 것이다. 주식투자의 기대수익이 8%인데, 금리수익 7%의 상황에서 주식투자를 할 바보는 없기 때문이다. 이때의 3%라는 차이를 가리켜 수익률 격차라고 부른다. 이 격차는 고정된 것은 아니지만 보편적으로 3% 정도가 적당하다.

그렇다면 2008년 현재 금리수익이 7%라면 주식시장의 기대수익은 10% 이상이 되어야 하고, 이 말은 곧 PER이 10배 이하여야 한다는 말과 동일하다. PER이 5라면 주식의 기대수익은 20%가 되므로 무려 13%의 추가 수익이 가능하고, PER이 20이라면 오히려 주식시장의 기대수익이 2%가 적은 것이 된다. 이때 2008년 1월 기준으로 PER이 13이라면 주식시장의 기대 수익은 약 7.7%가 되고 금리수익 대비 0.7%의 추가 이익밖에 기대할 수 없다. 만일 그런 상황에서 당신이 주식투자를 감행한다면 그 이유는 다음의 네 가지밖에 없다.

첫째, 금리가 인하될 경우다. 금리 수익이 5% 이하로 내려가는 경우 다시 주식투자의 매력이 생긴다.

둘째, EPS가 20% 이상 증가하는 경우다. PER이 낮아지므로 다시 매력이 생긴다.

셋째, 기업의 이익은 정체되었지만 주가가 20% 이상 떨어지는 경우다. 이때도 PER이 낮아져서 매력이 생긴다.

마지막으로, 복합적인 경우다. 주가가 약간 떨어지고, 기업의 이익도 조금 늘어나는 경우가 있을 수도 있다.

PER의 기대값은 존재하는가

그럼 이러한 내용을 염두에 두고 2008년 1월 1일 〈한경 비즈니스〉에 기고한 칼럼을 살펴보자.

'가치 투자자의 아버지'라 불리는 벤저민 그레이엄의 3대 저작, 전문가를 위한 《증권 분석Security Analysis》, 일반인을 위한 《현명한 투자자The Intelligent Investor》 그리고 재무제표 해석의 교범인 《재무제표의 해석Interpretation of Financial Statement》은 증권투자에서 기념비적 의미를 지닌다. 그 중 1934년 데이비드 도드(David Dodd)와 함께 쓴 《증권 분석》은 투자서의 백미라고 할 수 있다. 그들은 이 책에서 주식을 매수할 때 PER과 PBR이 낮은 종목을 고르는 것은 배당수익률이 높은 종목을 고르는 것과 함께 가장 중요한 일이라고 말했다.

그럼에도 불구하고 PER은 현대 증권투자에서 여러 가지 측면에서 공격받고 있다. 심지어 윌리엄 오닐(William O'Neil)은 그의 유명한 저작 《최고의 주식 최적의 타이밍How to Make Money in Stocks》에서 "당신이 그렇게 믿는다면 서둘러 꿈에서 깨라."라는 극언까지 서슴지 않았다. 이유는 무엇일까? 아마도 주가수익배율이 높으면 대개 시장이 강세일 때가 많고, 주가수익배율이 낮으면 반대인 상황이 많다는 점 때문일 것이다. 특히 시장의 강세가 진행될 때는 대개 고PER 종목들이 시장을 주도하기 때문에 이때 저PER 종목을 고르는 것은 시장에서 소외되는 결과를 낳는다. 그 점에 대해서는 모든 투자자가 동의할 것이다.

하지만 우리는 주가수익배율이 가진 함정을 정확히 이해하지 못하고 있다. 예를 들어, 배가 부르면 숟가락을 놓을 것이지만 그 음식이 맛있거나 특별한 음식이라면 우리는 과식을 할 것이다. 또한 배가 고프면 음식을 먹는 것이 당연하지만 그럴 때라도 음식이 맛이 없거나 변질된 것이라면 숟가락을 금세 놓을 것이다. 때문에 누군가가 밥 한 그릇을 거의 다 비웠다고 하더라도 단정적으로 그가 식사를 거의 끝마쳤다고 여겨서는 안 된다.

여기서 우리는 음식의 맛, 질, 신선도 외에 그 식사의 의미(생일잔치나 결혼기념일 따위)까지 생각해야 한다. 하지만 대개 일반적인 경우에는 한 그릇의 식사는 곧 식사의 종료를 의미한다. 그것은 습관이자 기준이기 때문이다.

PER 역시 그 점에서 다시 생각해보면 주식의 가격을 매기는 데 기준이 될 수 있다. PER에 EPS를 곱하면 일단 현재 주식의 가격이 될 것이다. 또한 내가 고른 주식이 싼 것인가 비싼 것인가는, 그 기업의 통상적인 PER이 몇 배인가에 따라 판단할 수 있다. 습관이기 때문이다. 이를테면 특정 종목의 주가는 PER 10~20 사이에서 형성되어왔다는 경험칙이 바로 그것이다.

이때 경험칙에 의한 습관이 만들어지는 이유는 기업의 성장성과 깊은 관련이 있다. 이를테면 기업이 막 생겨나서 새로운 비전을 제시하는 경우 투자자들은 $PER = \frac{주가(P)}{EPS(E)}$ 공식에서 P의 값을 더 크게 인정하거나 E가 작더라도 그것을 감수하게 되는 것이다. 이 기업이 비록 처음에는 미약하지만 미래에는 창대할 것이라는 믿음이 반영되기 때문이다.

따라서 처음 일어난 기업, 신생 산업군에 뛰어드는 기업들은 자연적으로 PER이 높게 평가되고, 국가의 경우에도 성장 가능성이 높은 신흥개도국들은 PER이 높은 반면 선진국은 낮은 현상이 나타난다. 예를 들어, 마이크로소프트의 경우 처음에는 200에서 100으로, 이제는 50 이하의 PER이 당연한 것이 되었다.

이것은 더 이상 사람들이 마이크로소프트에 새로운 꿈을 기대하기 어렵다고 (이제 마이크로소프트는 새롭게 보여줄 것이 많지 않다) 여긴다는 의미다. 그래서 우리가 알고 있는 기존의 우량기업들의 PER은 대개 크지 않고 특히 굴뚝주들의 PER은 대단히 낮으며, KOSDAQ 기업들의 PER은 상대적으로 높게 부여되는 것이다. 따라서 기업들이 신성장 산업을 찾고 변신을 하면서 기대감을 부풀리면 이 기업이 앞으로 어떻게 될지 모르므로 PER은 높아진다.

오랫동안 한 우물을 파는 경우에는 기업의 이익이 늘어나는 만큼 주가가 오르고, 이익이 줄어들면 주가만 내릴 뿐 PER은 큰 변화 없이 일정한 수준에서 맴돌게 된다.

같은 맥락에서 저평가 업종이라 불리는 SKT의 경우도, 과거에는 엄청난 주가

수익배율이 당연시되었지만 이제는 시장에서 14~15배의 주가수익배율을 인정받고 있다. 이때 SKT의 PER은 고평가일까, 아니면 저평가일까?

이에 대한 답을 찾기는 쉽지 않다. 예를 들어, 이동통신 업종은 가입자 100만 명의 시장에서는 엄청난 꿈의 기업이고 PER 100도 싸다고 평가할 수 있다. 하지만 가입자가 2,000만 명이 넘어버린 상황에서는 더 이상 가입자를 늘리기 어렵다는 점에서 기업의 성장은 정체될 것이고 PER은 낮아질 것이다. 소위 장치산업이 된 것이다.

하지만 다시 SKT가 IP TV와 같은 사업에 진출하고, 3세대 이동통신 사업이 ARPU(Average Revenue Per User, 가입자 1인당 월평균 매출액)를 늘리는 결과를 낳을 것이라는 기대를 준다면, 혹은 베트남의 이동통신 사업이 성공하고 다시 제3국으로 가지를 뻗어간다면 사람들은 SKT의 PER에 가중치를 두게 될 것이다. 다시 말해 EPS가 주가에 비해 낮아도 주가를 적정가치로 인정하게 될 것이라는 의미다.

물론 이 역시 기업에 대한 규제라든지 기타 변수들을 제외한 경우에 해당되는 말이지만, 어쨌든 PER의 속성은 결국 '꿈'이다. 때문에 고PER 주식이라고 해서 고평가라고 말하는 것은 사실 부적절하다. 성장주에 있어서 PER은 적정가치를 말하기에 곤란한 지표라는 의미가 되는 것이다.

하지만 우리가 주식시장에서 만나는 기업들은 대부분 예측 가능한 사업을 영위한다. SKT나 KT처럼 통신산업 재편이나 신정부 출범 이후 가격인하 공세에 직면하는 것과 같은 일은 기업의 역사에서 드문 일이다. 대부분의 기업들은 늘 영위하는 사업, 즉 주력사업이 있고 그 주력사업은 기업의 가치나 속성을 어지간해서는 변하기 어렵게 하는 기둥이다.

이를테면 한국전력이 신재생에너지 사업에 뛰어드는 것이, 전력을 생산하는 국가기간산업이자 정부의 가격통제에 따라 기업의 실적이 달라지는 공기업이라는 성격에 큰 영향을 미칠 수는 없다. 하지만 보다 덩치가 작은 기업이 신사업에 진출하면 그때부터 PER은 더 이상 기업의 가치를 측정하는 도구가 될 수 없다.

같은 맥락에서 현대중공업을 비롯한 조선 업종의 PER을 살펴보면 재미있는 결과를 발견할 수 있다. 이들 기업은 분명히 성장기업은 아니다. 경기주기에 따라 업황이 갈리는 대표적인 굴뚝산업이며, 현재 이들의 경이적인 이익도 머지않아 끝날 것이고 조만간 설비과잉으로 시달리는 시기가 온다는 것도 누구나 알고 있다. 이 업종은 경기민감형 산업 중에 큰 주기를 그리는, 예측 가능한 업종이라 할 수 있다.

때문에 이들 기업의 주식은 성장주라고 부르지 않는다. 따라서 이익의 규모가 증가하면 주가가 비례해서 같이 오르고, 이익의 규모가 줄어들면 주가가 같이 내리는 것이 정상이다. PER의 등락이 크지 않다는 뜻이다. 다만 PER은 지난해 실적 EPS를 기준으로 보기 때문에 현재 고실적이 예상되는 시점에서의 주가가 고평가, 즉 'P'가 과다 계상된 것으로 보여도 큰 무리는 없다. 이 기업의 PER이 그동안의 습관을 벗어난 고PER을 보이는 것은 2006년과 2007년, 그리고 2008년의 이익이 너무 빠르게 증가하는 데 반해 2006년 기준의 기업 이익으로 계상한 PER은 고평가일 수밖에 없기 때문이다. 하지만 2007년의 이익 예상치를 기준으로 계상한 PER은 그동안의 습관의 범위를 벗어나면 곤란하다. 혹은 2007년에도 올해만큼의 EPS 증가율을 나타낼 것이라는 기대가 배어 있어서 PER이 높다면, 내년 실적 예상치 기준으로 볼 때, 즉 '주가/EPS'에서 2008년의 이익 예상치를 대입할 경우에는 다시 습관적 PER의 범주에 들어가야 한다. 그 이상이면 거품이며 명백한 비이성적 과열이다.

이렇게 미래의 이익 성장률을 계상해서 PER의 적정성을 평가하는 것을 '주가수익성장비율(PEGR, Price Earnings Growth Ratio)'이라고 부른다. PEGR은 PER을 연간 수익성장 기대비율로 나눈 것이다. 즉, 연간 성장률이 50%에 이르는 회사라면 그 기업의 PER이 50이라고 해도 PEGR은 1이 된다.

전설적인 투자자 피터 린치(Peter Lynch) 역시 기업을 고를 때 PEGR이 0.5 이하인 경우는 매수하고, 1.5 이상인 기업은 매도하라고 이야기한다. 이 말은 기업의 PER이 고평가라 하더라도 혹은 성장률이 좋다 하더라도, 기업의 가치 평가에는 한계기준이 존재한다는 의미다.

그렇다면 앞서 예시한 조선주들은 고평가일까, 저평가일까? 이번 기회에 기업의 회계 자료를 한번 살펴보고 각 증권사들의 이익 예상치의 차이들도 점검해본 다음, 오늘 예시한 문제들을 퍼즐 풀듯이 계산해보는 것도 좋은 두뇌 개발거리가 될 것이다.

이 칼럼에서는 금리와의 상관관계를 고려하지 않고 PER을 단지 그 자체의 논리만으로 살펴보았다. 이 칼럼의 요지는 이렇다.

PER은 성장주에는 가중치를 둬야 하고 자산주나 가치주에는 할인율을 둬야 한다. 그런데 성장주 혹은 성장국가라 하더라도 그것이 어느 정도 자리를 잡고 산업이나 사업이 예측 가능한 범주에 들고, 또 기업의 지속가능성이 손에 잡히기 시작하면 기업의 주가에 대한 평가나 위험도도 감소하고 수익 기대치도 서서히 떨어진다는 것이다.

그래서 이때 저마다의 PER에 대한 가중치가 달라지게 되는데, 이들에 있어서 적절한 PER은 나름의 습관이라고 표현했다. 즉, 시장이 특정 PER의 정도를 기억하고 그것을 기준으로 주식의 가격을 매긴다는 뜻이다. 주당순이익에 얼마의 PER을 부여할 것인가 하는 점은 곧 'EPS×PER= 적정주가'라는 의미가 된다.

따라서 기업가치의 적정치는 "성장주인가, 가치주인가?" 그리고 "동일 업종 안에서는 상대적으로 어떤가?" "다른 나라와 비교해서는 어떤가?"

"시장 전체와 비교해서는 어떤가?"라는 식으로 살펴야 하며, 이런 고민과 판단 없이 단순히 PER의 절대값만을 두고 고PER이니 저PER이니 따지는 것은 결국 PER 무용론을 불러오게 된다.

결론적으로 말해 PER에는 상대적 PER과 절대적 PER이 존재한다. 상대적 PER은 시장이 오버슈팅(overshooting)하거나 언더퍼폼(underperform)했을 때 타기업이나 시장과의 비교를 위해 사용하고, 절대적 PER은 시장이 안정화되거나 고평가 혹은 저평가 이후 안정화를 향해 움직일 때 적용하는 것이 옳다.

이런 시각에서 〈그림 18〉을 보자. 이 그림은 기관 투자가들이 적정가치를 판단하는 데 사용하는 주가수익률밴드(PER밴드)를 보여주고 있는데 이는 절대적 기업가치를 적용하는 대표적인 모델이다. 이 그림을 유심히 살펴보면, 1998년 후반부터 PER 6배 수준에서 2000년 거품이 극한에 다다랐을 때 PER 20배를 넘어서는 모양이 나타남을 알 수 있다. 이후 안정

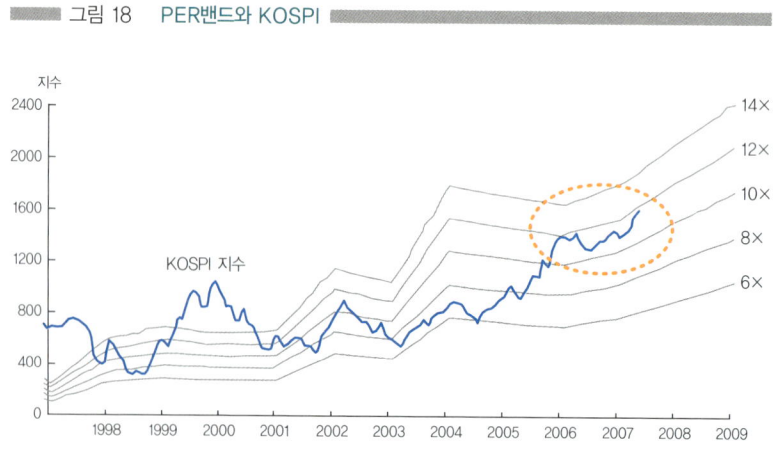

그림 18   PER밴드와 KOSPI

출처 : 대우증권 리서치센터

화된 시장이 2004년 중반 6배를 저점으로 다시 PER 상승을 이룬 다음 2007년 중반 12배 수준에 이름을 보여주고 있다. 이 그림에는 나타나 있지 않지만 이후 주가가 200포인트를 돌파하면서 PER 13배까지 상승한 후 2008년 1월 다시 12배 이하로 내려간 양상이다.

여기서 우리가 얻을 수 있는 것은 무엇일까? 절대적 기준의 PER 관점에서 시장이 아무리 침체해도 PER 6배 수준은 바닥이라는 점이다. 이때는 주식시장의 기대수익률이 무려 16.6%나 되는데 금리는 오히려 4% 수준에서 오르내리고 있는 상황이다. 이때 주식을 사야 할지 팔아야 할지 고민하는 것은 어리석다(참고로 2008년 7월 KOSPI200의 PER은 약 11배이다).

2002년과 2004년은 우리나라 투자자들이 주식을 사서 자산을 불릴 수 있는 결정적인 기회의 시기였지만, 주가 그래프만을 살피는 투자자의 입장에서는 쉽게 결단을 내리기 어려웠을 것이다(기술적 분석의 입장에서는 이 구간들이 대개 하락 후 반등에서 저항선에 걸리는 시점이기 때문이다).

그런데 이 그래프에서 1999년 초 PER이 12~13을 넘어서는 순간, 투자자들은 무조건 비싸다고 주식을 다 내던져야 했을까? 이 구간은 실제 많은 가치 투자자들이 곤욕을 치른 구간이다. 하지만 이때 상대적 기준의 PER을 적용했다면, 우리는 성장주에 주력했을 것이고 시장이 마차가 내달리듯 달리는 시점에서 얼마든지 추가 수익을 향유할 수 있었을 것이다. 다시 말하면 1999년 초가 되기 전까지는 전통주들에서 얼마든지 수익을 낼 수 있지만, 이후부터는 성장주에서만 수익을 낼 수 있는 구간이 된다는 의미다.

그럼 미래를 그려보면 어떻게 될까? 만약 많은 사람들이 주장하는 주가지수 5,000포인트 시대가 온다면(나는 언젠가 그 이상이 가능하다고 본다) 기업의 실적(EPS)이 획기적으로 증가하는 경우에는 이익을 많이 내는 전통적인 우량기업들에 주력하는 투자를 지속하지만, 만약 시장이 수급논리에 의해서 지나치게 흥분하는 상황이 온다면(EPS 증가보다 주가 상승이 빨라서 PER이 높아진다면) 그 당시의 성장을 대변하는 주식으로 눈을 돌려야 한다는 의미가 된다.

PER에 대해서 어느 정도 이해가 되었다면 이제 문제점을 다시 한 번 점검해보자. 다음에 나오는 〈표 6〉은 미래에셋증권의 HTS에서 살핀 LG생명과학의 기업 분석 정보다(모든 증권사에는 기업 정보가 존재하지만 미세한 차이가 있다. 직전 발표 수치는 모든 증권사가 동일하지만 추정 정보는 다를 수 있다).

표를 보면 업종PER은 25.28인데, 이 기업의 PER은 183.14이고 12M PER, 즉 향후 12개월 추정 PER은 60.53이다. 그렇다면 LG생명과학은 심각한 고평가 상황임을 알 수 있다. 그리고 PER이 74.4라고 되어 있다. 왜 이런 차이가 생기는 것일까?

이는 주가는 실시간으로 반영되는 데 비해 EPS는 전년도 결산을 기준으로 계산하기 때문에 생기는 오류다. 〈표 6〉의 LG생명과학의 PER ①은 전년도 실적을 기준으로 현재의 주가를 계산한 것이고, PER ②는 2007년 추정 실적 EPS를 기준으로 PER을 계산한 것이다.

〈표 7〉 LG생명과학의 주요 재무 정보를 보면 이해가 될 것이다. 연간 이익(Annual) 부분을 보면 상단에 EPS가 표시되어 있는데, 이 회사의 EPS가 2007년 들어 급격히 좋아질 것임을 보여주고 있다('2007.12(E)'처럼 추정 실적에는 '(E)'라는 표시가 붙어 있다). 특히 2005년의 적자에서 흑자로 전환해 빠르게 실적이 회복되고 있는데, 적자인 경우 EPS가 음의 값(-)을 가지므로 PER은 계산이 원천적으로 불가능하다. 따라서 2005년의 PER은 N/A(No account)로 표시된다.

표 6 LG생명과학의 기업 분석

(주)LG생명과학 (A068870)
LG Life Science Co., Ltd.
KSE : 의약품
http://www.lgls.co.kr

업종 PER	PER	12M PER	배당수익률
25.28	183.14	60.53	7.18

FICS Sector : 의료
FICS Industry Group : 제약 및 바이오
FICS Industry : 제약

주식담당 : 02)3773-0602
본사 : 02-3773-5114
본사주소 : 서울시 영등포구 여의도동 20 LG트윈타워빌딩

FICS : FnGuide Industry Classification Standard

PER : 전일자 보통주 수정주가/최근결산 EPS
PBR : 전일자 보통주 수정주가/최근결산 BPS
12M PER : 12개월 Forward PER, 배당수익률 : 보통주 DPS(현금) 이용

Price & Size [2007.12.20]	
종가(원)	64,500
52주 최고	74,500
52주 최저	37,700
변동율(1개월,%)	0.78
변동율(3개월,%)	8.57

Shareholders [2007.11.30]	주권의 수(주)	지분율(%)
(주)LG(외2인)	5,126,538	30.93
미래에셋자산운용투자자문(주)(외2인)	1,547,992	9.34
국민연금관리공단	1,135,180	6.85
LG생명과학 자사주	7	0.00

Consensus [2007.12.28]	투자의견	목표주가(원)	EPS(원)	PER(배)	추정기관수
SELL HOLD BUY	3.9	77,333	1,100	46.6	12

* 1=Sell, 2=U/Weight, 3=Neutral, 4=Buy, 5=S/Buy
* EPS, PER은 FY1에 대한 증권사 평균 추정 실적임.

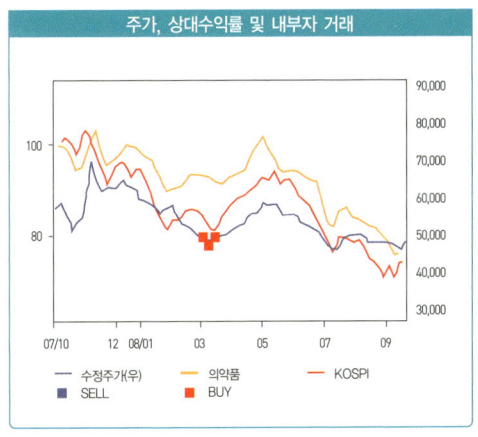

주가, 상대수익률 및 내부자 거래

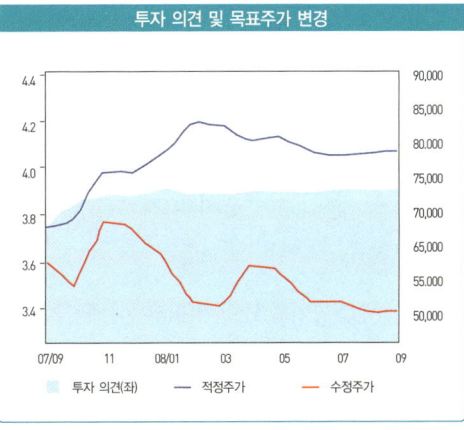

투자 의견 및 목표주가 변경

출처 : 미래에셋증권

표 7   LG생명과학의 주요 재무 정보

Financial Highlight

Recent A. 2006.12	Annual				Net Quarter				
Recent Q. 2007.09	2004.12	2005.12	2006.12	2007.12(E)	2006.12	2007.03	2007.06	2007.09	2007.12(E)
EPS(원)	630	-55	353	869	178	122	227	105	433
BPS(원)	9,532	9,028	8,999	9,499	8,999	9,111	9,220	9,035	9,510
보통주DPS(현금,원)									
발행주식수(보통주,천주)	16,577	16,577	16,577	16,577	16,577	16,577	16,577	16,577	16,577
PER(배)	56.00	N/A	133.81	74.35					
배당수익률(보통주,현금,%)									
매출액(억 원)	2,136	2,133	2,212	2,518	644	575	592	573	789
영업이익(억 원)	306	4	88	194	30	25	46	22	107
영업이익률(%)	14.33	0.19	3.98	7.69	4.68	4.31	7.70	3.88	13.52
당기순이익(억 원)	101	-9	59	146	30	21	38	18	73
순이익률(%)	4.72	-0.43	2.68	5.80	4.65	3.58	6.44	3.07	9.23
ROA(%)	2.73	-0.24	1.54	3.66	0.77	0.53	0.97	0.45	1.82
ROE(%)	4.80	-0.38	2.46	5.83	1.24	0.84	1.54	0.71	2.90

출처 : 미래에셋증권

한편 최근 1년간 분기별 이익(Net Quarter)의 변화를 보면 분기별 이익이 좋아지고 있는 것이 한눈에 들어온다. 이렇게 PER은 항상 지난 실적을 기준으로 현재의 주가를 반영하는 지표이므로 가능하면 최근의 실적을 기준으로 분기별 혹은 연간 변화를 살펴야 하고, EPS의 변화도 함께 주의깊게 살펴야 한다. 아울러 증권사마다 추정 실적이 다르므로 신뢰할 수 있는 증권사의 자료를 함께 참고하여 적절한 판단을 내릴 필요가 있다.

LG생명과학의 PER은 이제 급속히 낮아지고 있음을 알 수 있다. 따라서 이 기업의 기대 성장률 PEGR을 기준으로 본다면 고평가된 상태가 아니며 충분히 유망한 회사라고 할 수 있다. 하지만 이 기업이 바이오나 제약이라는 성장 산업의 중심에 있기 때문에 가능한 평가이지, 기존 산업이라면 이런 평가는 대단히 위험한 것일 수 있다.

재무제표와 PER

이제 앞에서 공부한 재무제표 분석과 PER 개념을 연결해서, 2008년 1월 〈아시아경제〉 기사를 한번 살펴보자.

국내기업 어닝시즌의 첫 테이프를 끊은 포스코가 어닝쇼크 수준의 4분기 실적을 내놨다. 10일 포스코는 4분기 매출이 5조 4,340억 원, 영업이익 8,753억 원을 기록했다고 밝혔다. 매출은 전분기 대비 0.5% 늘었으나 영업이익은 20.2% 감소하며, 증권사들이 잇따라 낮춘 눈높이에도 못 미쳤다. 그러나 전문가들은 포스코의 실적 부진에도 올 상반기 일회성 비용 제거, 철강 가격 인상 등으로 영업이익 1조 원대 회복에 무게를 싣고 있다.

실적 발표를 앞두고 시장에서 루머로 떠돌던 영업이익 8,000억 원대가 현실로 드러났다. 이는 지난 3분기 영업이익 1조 730억 원에 비해 2,277억 원이나 줄어든 것이다. 10일 FN가이드에 따르면 15개 국내 증권사가 추정한 포스코의 지난해 4분기 영업이익 컨센서스는 1조 600억 원이다. (중략)

포스코의 4분기 영업이익(8,753억 원)은 낮아진 시장 눈높이보다 1,445억 원(14.1%)이나 밑도는 수치로 전 증권사의 예상치를 모두 하회했다. 다만 매출은 컨센서스에 비해 1,366억 원가량 많았다. (중략)

삼성증권은 스테인리스(STS) 사업의 적자 지속, 신우리사주(ESOP) 출자와 개보수에 따른 생산 차질 및 보수 비용 등을 전분기 대비 영업이익 감소의 원인으로 꼽았다. CJ투자증권의 정지윤 애널리스트는 "스테인리스 적자폭은 물론 개보수 비용이 예상치를 크게 웃돈 것으로 보인다."고 말했다. SK증권의 이원재 애널리스트도 "지난 3분기 글로벌 철강사가 일제히 스테인리스 부진을 보인 가운데 이 같은 기조가 4분기에도 이어졌다."며 "생산량 감소와 수요 약화 등의 요인이 스테인리스 성장의 발목을 잡고 있다."고 분석했다.

증권사들은 포스코의 4분기 실적이 어닝쇼크 수준이지만 올 상반기 점차 회복세에 접어들 것으로 예상했다. 현대증권의 박현욱 애널리스트는 "개보수 비용은 일회성 성격이 짙은 만큼 포스코의 견조한 펀더멘털에 미치는 영향은 미미할 것."이라며 "올 상반기에는 영업이익 1조 원대를 거뜬히 회복할 것"으로 낙관했다. 대우, 삼성증권 등도 올 1분기부터 영업이익 1조 원대를 회복할 것으로 보고 있다. 포스코의 향후 실적과 주가흐름에 있어 철광석과 석탄 등 제품 가격 인상이 최대 변수로 꼽히고 있다. 김경중 삼성증권 애널리스트는 "올 1분기 영업이익은 1조 1,000억 원, 2분기에는 1조 3,000억 원으로 회복세를 보일 것"이라며 "2~3월 가격 인상으로 올 상반기 수익성이 좋아질 것"이라고 밝혔다. 이원재 애널리스트는 "중국과 일본에 비해 가격이 너무 낮은 수준이며 수입 가격 격차를 좁히고 수익성 균형을 위해서는 포스코의 가격 인상이 불가피한 상황"이라며 "현재 시장은 가격 인상보다는 인상 시기와 폭에 관심을 갖는 상황"이라고 말했다. 그는 또 "1분기 중 가격을 인상할 것으로 예상되며 올 상반기 가격 인상 효과를 낼 수 있을 것으로 기대된다."고 덧붙였다.

한편, 포스코의 2007년 연간 매출은 22조 2,066억 원, 영업이익은 4조 3,082억 원으로 각각 전년 대비 10.79%와 10.69% 증가했다. 당기순이익도 3조 6,794억 원으로 14.75% 늘었다.

이 기사를 분석해보자. 포스코는 연간매출액, 영업이익, 당기순이익이 모두 10% 이상 늘었으므로 장사를 잘한 셈이다. 그런데 여기에 노란불이 커졌다. 연간 매출액이 늘었음에도 불구하고 3분기까지 잘나가다가 4분기 들어 갑자기 경고음을 울린 것이다. 증권사들은 1분기, 2분기, 3분기의 실적 추세를 보고 4분기의 예상 EPS를 산정했는데, 그것이 의외로 낮아짐으로써 예상 분기 PER보다 실제 분기 PER이 낮아진 셈이다.

그런데 내용을 들여다보니 크게 걱정할 일은 아니다. 개보수 비용이 4분기에 집중된 것이다. 이 경우 일회성 비용이기 때문에 분기 예상 EPS 에서는 걱정할 일이 아니지만, 연간 EPS로는 '글쎄' 라는 판단이 옳다. 왜냐하면 분기별로 개보수 비용이 갑자기 지출될 수 있으나 개보수 비용이란 길게 보면 일상적인 비용이기 때문이다.

두번째, 타국 대비 가격이 낮다는 것은, 포스코가 국민기업이므로 그만큼 가격탄력성을 유지하기가 어렵다는 의미다. 자동차, 조선 등 다른 국내기업에 원가부담을 안길 수 있기 때문에 민영화되긴 했지만, 가격결정 구조가 완전히 자유로운 것은 아니다. 이 점은 가격 인상으로 만회가 가능하지만 여전히 포스코의 짐이다. 또한 스테인리스 부진은 걱정되는 부분이다.

이 점을 이해하기 위해 다음 기사를 보자. 2006년 11월 〈한국경제〉의 기사 중 일부다.

포스코가 중국에서 쇳물부터 최종 제품까지 만드는 스테인리스 일관 설비를 22일 완공하고 연 60만 톤 규모의 스테인리스를 생산한다. 이로써 포스코는 국내 생산능력(연 200만 톤)을 합쳐 스테인리스 조강(쇳물) 생산능력이 연 260만 톤으로 늘어나면서 중국 태원강철(300만 톤), 독일 TKS(282만 톤)에 이어 세계 3대 스테인리스 메이커로 부상하게 됐다.

포스코는 이날 중국 장쑤(江蘇)성의 장자강(張家港)에 위치한 '장가항포항불

수강'에서 이구택 회장, 이재훈 산업자원부 산업정책본부장, 왕롱 장쑤성 상임위원 등이 참석한 가운데 스테인리스 일관 생산설비 종합 준공식을 가졌다. 중국에서 외국 기업이 스테인리스 일관 설비를 완공한 것은 포스코가 처음이다.

전기로를 통해 쇳물을 제조한 뒤 최종 판재류까지 생산하는 이번 일관 설비 건설에 포스코는 총 7억 2,000만 달러를 투자했다. 이구택 회장은 준공식에서 "이날 준공한 일관 설비는 중국이 현재 수입에 의존하고 있는 고급 스테인리스 열연강판을 생산한다는 점에서 중국의 철강산업 정책에 잘 부합하는 투자"라며 "앞으로도 한·중 양국의 철강산업을 상호보완하고 공동 발전시킬 수 있는 사업을 전개할 것"이라고 말했다.

이 외에 포스코가 2007년 한 해에만 세 차례나 스테인리스 가격을 인하했다는 기사까지 찾아보았다면, 이제 포스코 실적에서 스테인리스 업황이 상당히 중요함을 알았을 것이다. 그리고 마지막으로 철광석, 석탄과 같은 실물 가격이 인플레이션 등의 영향으로 계속 오른다는 점을 감안한다면, 포스코가 가격을 올리지 않는 한 이 순간부터는 더 이상의 장밋빛 낙관은 금물이라는 사실을 알 수 있다.

이제 요건은 하나다. 석탄과 철광석 가격이 하락한다는 전제는 세계경기 침체로 원료 가격이 하락해야 한다는 말인데, 철강산업 자체도 세계경기에 민감한 영향을 받는다는 점에서 이것은 양날의 칼이다. 둘째, 스테인리스 업황은 장치산업의 특성상 쉽게 회복되기가 어려운 부분이다. 셋째, 결론은 가격 인상이다. 다만 가격 인상이 제품 판매를 저하할 정도가 아닌 적정한 '립스틱 포인트'를 찾는 것이 중요하다. 때문에 향후 포스코의 가치 판단은 성장성을 감안해서 PER 배수를 더 높여서는 곤란하고 가격 인상으로 인해 PER 배수가 낮아지기를 확인하는 것이 중요함을 알 수 있다.

가치평가를 위한 PBR의 활용

주가순자산배율(PBR, Price Bookvalue Ratio)을 설명하기에 앞서, 2005년 9월 게재된 〈머니투데이〉의 다음 기사를 살펴보자.

주가 예측, PER보다 PBR 봐라

흔히 사용되는 주가 예측지표 중 주가수익배율보다 주가순자산배율의 예측력이 한 수 앞선 것으로 나타났다. 특히 KOSDAQ시장에서는 PER보다는 PBR이 유용하다는 조사 결과가 나왔다. 증권선물거래소가 26일 배포한 '주가 예측지표로서의 PER 및 PBR의 유용성 분석' 자료에 따르면 2000년 이후 이 두 지표와 국내 주식시장의 흐름을 비교해본 결과 PBR이 PER보다 높은 주가수익률 예측력을 가진 것으로 조사됐다.

12개월 동안 각 지표로 나눈 그룹군(PER/PBR 상중하 그룹 총 6개)의 주가수익률을 측정해본 결과 저PBR주가 저PER주보다 더 높은 주가 상승률을 나타낸 것이다. 즉, 주가가 PER보다 PBR에 더욱 민감하게 반응하는 경향을 보인 것. PBR은 투자지표로서 유용성이 큰 것으로 확인됐다. KOSPI와 KOSDAQ 양 시장 모두에서 PBR이 낮으면 낮을수록 주가수익률이 높게 나타났다. 특히 KOSDAQ에서는 PER의 유용도가 떨어지는 반면, PBR에 따른 주가 반영 속도는 빠르면서도 지속적으로 나타나며 투자지표로서 톡톡한 역할을 한 것으로 드러났다.

PER도 유용한 투자 참고 지표이긴 하지만 PBR에 비해 주가와의 상관성에서 다소 뒤지는 것으로 조사됐다. PER이 낮은 종목일수록 주가는 높은 상승률을 기록했다. 국내 주식시장에서 2000년 이후 실적에 비해 주가가 낮은 종목들은 꾸준한 주가 상승을 이뤄 적정가치에 부합하도록 변모했다. 그러나 시장별로 PER의 반영 양상은 다르게 나타났다. KOSPI 시장에서 저PER주는 시간이 지남에 따라 점점 높은 수익률을 보였다. 반면 KOSDAQ 시장에서 저PER주는 단기간에만 올랐을 뿐 시간이 지남에 따라 주가와의 상관성은 떨어졌다.

한편 주가수익배율이란 주가를 주당순이익으로 나눠 산출한 지표로 낮을수록 주가가 저평가됐다는 것을 의미한다. 주가순자산배율은 주가를 주당순자산으로 나눠 산출하며 재무 내용 면에서 주가를 판단하는 척도로 평가된다. 여기서 순자산은 대차대조표상의 자산에서 부채를 차감한 것을 말한다.

PER인가, PBR인가

위의 기사는 PER은 거래소시장에서, PBR은 KOSDAQ시장에서 유용한 지표가 되었음을 다루고 있다. 앞서 말한 대로 KOSDAQ시장은 계량화하기 어려운 성장성을 가격으로 매겨 사고파는 것이므로 기본적으로 투기화되어 있다. PER이 높을수록 인기가 있고 미래가치가 선호되고 있지만, 그 반대의 경우는 저평가가 아니라 꿈조차도 없다는 의미다.

그렇다면 PBR은 무엇일까? PBR은 주가를 주당순자산가치로 나눈 값이다. 즉, $\frac{주가}{1주당 순자산}$가 바로 PBR이다. 여기서 말하는 순자산이란 대차대조표상에 나타난 총자산에서 부채를 뺀 문자 그대로의 '순자산'을 말하는 것으로, 성장성이나 기업의 특성이 아닌 현재 해당 기업의 재무가치, 다시 말해 재산가치를 따지는 것이다.

A기업, B기업, C기업이 비슷한 업종에서 비슷한 수익을 내고 있는 상황에서 이 회사들의 장부상 주당순자산은 2만 원이고 주가가 각각 1만 원, 2만 원, 3만 원이라고 가정하자. 이때 A기업의 PBR은 각각 $\frac{1만 원}{2만 원}=0.5$, B기업의 PBR은 $\frac{2만 원}{2만 원}=1$, C기업의 PBR은 $\frac{3만 원}{2만 원}=1.5$가 될 것이다. 그럼 A기업은 회사를 매각하면 주식을 두 번 살 수 있고, B는 팔아서 주식을 사면 적당하고, C는 회사를 팔아서 전체 주식의 3분의 2밖에 살 수 없다는 뜻이다.

그렇다면 이 중에서 어느 회사를 사야 할까? 당연히 A기업이다. 이때 이들 기업의 목표가는 A사는 2만 원으로 매수, B사는 중립, C사는 30% 하향될 것이다. 이렇게 보면 '주가 예측, PER보다 PBR 봐라'라는 기사 제목도 나름대로 합리적이라고 할 수 있다. 하지만 정말 그럴까?

우선 답부터 말하자면 "그렇지 않다."이다. 가치투자의 아버지 벤저민 그레이엄은 앞서 말한 대로 PER과 PBR의 중요성을 누누이 강조했다. 그렇다면 그를 스승으로 삼은 버핏도, 그리고 그를 사모하는 가치 투자자 군단들도 스승의 가르침을 따라야 하겠지만 아쉽게도 현실은 그렇지 못하다. 왜냐하면 벤저민 그레이엄이 기업을 평가하던 시절에는 미국의 주력산업은 대부분 굴뚝주, 소위 2차산업에 해당하는 거대장치산업들이었다. 이들 기업의 특성은 넓은 부지, 대규모 설비, 엄청난 자금을 필요로 한다는 것이다. 전력, 에너지, 철도, 통신서비스와 같은 산업들은 거대한 인프라를 필요로 하고 자산도 가치평가가 수월하다. 즉, 이런 산업군들의 속성상 "만약 그와 같은 시설을 짓기 위해서는 얼마만큼의 자금이 필요할까?"라는 역질문에 대한 답으로, PBR이라는 개념이 쉽게 자리잡을 수 있었던 것이다.

하지만 현대 기업들은 다르다. 2차산업은 신흥국 중심으로 재편되고, 자본 거래가 활발한 나라들이나 3차산업으로 무게중심이 이동하는 산업군을 가진 나라에서 PBR의 의미는 갈수록 퇴색하고 있다. 이 때문에 PBR은 PER이 고평가된 상황에서 거품의 정도를 살피는 데 의미를 두거나 과거 대비 상대적인 가치평가를 할 때, 혹은 동일업종에서 가치를 비교할 때 정도만 유용할 뿐 하이테크화하는 기업들이나 서비스 기업들의 경우에는 유용성이 없다고 해도 과언이 아니다. 크레듀와 같은 교육 기업, 인터넷 기업 NHN, 심지어 엔터테인먼트 기업 등의 경우에는 그 정도가 더 심하다.

하지만 그렇다고 PBR이 무용한 것은 아니다. 자산가치는 2차 장치산업 분야, 토지나 시설 설비를 기본으로 하는 분야 그리고 금융 기업에서는 여전히 독보적인 가치평가의 기준이 될 수 있다. 하지만 한국전력과 같은 거대장치산업의 경우에는 보유 부동산이나 설비만 해도 PBR이 상당히 저평가된 것은 사실이지만, 장부가치와 실제가치의 차이가 큰 것이 고민이다. 보유 부동산의 경우 구입 시점의 가격으로 자산을 산정하거나 공시지가 기준으로 평가된 경우가 많아서 실제의 PBR은 우리가 아는 것 이상으로 낮을 수도 있다.

소위 자산주 열풍이 불면 이익 성장성은 낮지만 저평가된 자산가치만으로도 주가가 급등할 수 있다(섬유, 제지, 제분 등 공장부지가 많이 필요한 2차 산업이 대표적이다). 특히 금융 기업의 경우에는 대차대조표상의 자산이 현재가치를 거의 반영하기 때문에(주식이나 채권 같은 유가증권이나 현금성 자산은 가치가 실제가치를 반영한다) 더욱 유용하다. 금융 업종의 경우에는 자산가치가 장부가치와 비슷하므로 실제 자산가치 대비 적정주가를 산출하기가 쉽고 다른 기업과 비교할 때도 마찬가지다. 예를 들어, A방직과 B방직의 PBR이 둘 다 0.5라고 가정할 경우에 A방직은 자산이 구입가로 장부에 반영되어 있고, B방직은 자산 재평가를 통해 실거래가로 반영되어 있다면, 결국 A방직이 저평가된 것이라 생각할 수 있는 것이다.

PBR이 유용할 때

이쯤에서 정리하면 PBR은, 영업이익 성장률이 정체되고 PER 역시 10 이하로 금리수익 정도밖에 내지 못하는 소위 사양산업일 경우에는 상당히 유용하다. 이런 경우 회사는 청산이 유리하고 청산이 유리한 회사는 실자산의 가치가 더 중요하기 때문이다. 반대로 PER이 높고 프랜차이즈 밸류가 큰 회사의 경우에는 무형자산을 평가할 잣대도 마땅치 않고, 현재가치보다는 미래가치가 더 중요하므로 은행, 증권, 보험사 등의 금융기관을 제외하고는 현재 자산은 큰 의미가 없다고 할 수 있다.

결국 PBR은 한국전력, 가스공사, 방직회사, 제지회사, 제분회사, 봉제회사, KT, 은행, 보험, 증권, 조선, 철강, 건설 등의 경우에 적용할 수 있는 지표다.

그런데 이렇게 단순하고 명확한 PBR지표가 거래소시장에서는 별로 환영받지 못하면서, 어떻게 기술력과 미래가치가 중요한 KOSDAQ시장에서는 효과를 거둔 것일까?

앞에 소개한 기사와 나의 설명은 분명히 차이가 크다. 이유는 단순하다. 첫째, 과거 KOSDAQ이 지나치게 미래만 보면서 허상을 좇고 투자자들은 현재가치에 주목을 한 결과 PBR이 더 유용한 지표로 사용되고 있기 때문이다. 둘째, 그 결과 2000년 이후 KOSDAQ에서 소위 굴뚝주들이나 건설주들의 주가가 주로 성장했고, 순수 벤처기업들의 주가는 부진했기 때문이다.

기업의 안정성을 평가하는 PSR

주가매출액비율(PSR, Price to Sales Ratio)은 주가를 주당매출액으로 나눈 것인데, 이를 보기 쉽게 정리하면 아래와 같다.

- 주당매출액 = $\dfrac{\text{총매출액}}{\text{발행주식 수}}$
- 주가매출액비율 = $\dfrac{\text{주가}}{\text{주당매출액}}$

PSR은 낮을수록 저평가되었다고 볼 수 있는데, 모든 지표가 그렇듯이 이 지표의 활용 역시 그렇게 단순한 문제가 아니다. 여기서 우리가 주목할 것은 PSR 지표의 기준이 매출액이라는 점이다. 그럼 이익을 기준으로 하는 PER에 비해 매출액을 기준으로 하는 PSR의 강점과 약점은 무엇인지 알아보자.

매출액은 기업의 손익계산서에서 가장 먼저 나오는 항목이다. 그 다음으로 매출원가, 판매관리비, 영업비용, 영업외비용, 이자비용, 법인세 등의 항목이 나온다. 여기서 회계조작이 가장 어려운 부분은 바로 매출액이다. 기업의 회계에서 항목을 조절하는 소위 '마사지'는 아래의 항목을 적당히 조작하거나 비용을 과다계상하는 식으로 이루어지지만, 매출액은 전체에서 가장 위쪽에 자리잡은 항목이므로 손을 대기가 대단히 어렵다.

때문에 매출액은 기업의 시장파워를 가장 적나라하게 볼 수 있는 항목인 셈이다. 이를 주식 수로 나누면 1주당 매출액이 나오고, 이것을 다시 주가로 나누면 이 값은 주식시장이 주당 100원의 매출에 대해서 몇 %의 가치를 인정하는지를 보여준다.

한 기업의 매출액이 1,000억 원이고 발행주식 수가 1억 주라면 주당매출은 1,000원이 되며 주가가 1만 원이라면 주가매출액비율은 10이 된다. 이 계산에서 볼 때 기업의 매출액이 커지면 주당매출액이 커지고, 주당매출액이 커지면 주가매출액 비율이 낮아진다. 이것은 결국 주식 1만 원 어치는 1,000원의 매출에 의해 형성된다는 뜻이다.

이렇게 PSR은 상품을 판매하는 '기업의 힘'에 비해 주가가 적정한지를 나타내지만, 문제는 매출과 이익이 정비례하지는 않는다는 데 있다. 이를테면 유통 업종의 경우 매출액 대비 수익성은 낮다. 하지만 첨단소프트웨어 업체는 매출액 대비 이익률이 높다. 따라서 기업 간 단순비교로 PSR을 사용하는 것은 어리석은 일이다.

그렇다면 PSR은 기업 분석에서 어떤 의미를 갖고 있을까? 이를 알아보기 위해 〈표 8〉 LG생명과학의 재무제표를 살펴보자.

이 기업처럼 이익이 들쭉날쭉한 기술형 기업에서 중요한 것은 PER이 아니다. 이때 이 기업의 매출액 항목을 살펴보면 2003년 이후 2,000억 원 수준에서 안정되어 있음을 알 수 있다(이 표에서는 2007년 3분기까지만 반

표 8   LG생명과학의 재무제표

| 현재가 | 59,500 ▲ | 100(0.17%) | 84,001(90,550) | 액면 5,000 | 자본금(억) 829 | 시가총액(억) 9,863 | 결산월12월 |

[대차대조표]   (십 억)

항목	2003/12	2004/12	2005/12	2006/12	2007/09
자산총계	341.00	396.00	383.00	389.00	396.00
부채총계	167.00	151.00	144.00	147.00	146.00
자본금	71.00	84.00	84.00	84.00	84.00
자본총계	174.00	246.00	239.00	243.00	250.00

[손익계산서]   (십 억)

항목	2003/12	2004/12	2005/12	2006/12	2007/09
매출액	179.00	214.00	213.00	221.00	174.00
영업이익	15.00	31.00		9.00	9.00
경상이익	-1.00	5.00	-5.00	9.00	11.00
당기순이익	3.00	10.00	-1.00	6.00	8.00

[시장가치비율]   (억 원, 배)

항목	2003/12	2004/12	2005/12	2006/12	2007/09
PER 최고/최저	219.92/58.47	62.27/37.42	0.00/0.00	171.67/109.92	98.95/62.28
PBR 최고/최저	9.17/2.44	4.23/2.54	6.11/3.55	6.73/4.31	6.63/4.17
PCR 최고/최저	126.15/33.54	13.53/8.13	136.58/79.30	50.18/32.13	39.84/25.07
PSR 최고/최저	4.02/1.07	2.98/1.79	4.35/2.53	4.61/2.95	4.34/2.73
EVA	-73.01	67.14	-189.76	-170.50	
EBITDA					
EV/EBITDA	30.65	21.96	35.03	25.02	28.67

[재무비율]   (원, %)

항목	2003/12	2004/12	2005/12	2006/12	2007/09
매출액증가율	208.23	19.32	-0.18	3.73	10.96
영업이익증가율		106.92	-98.64	2,021.19	60.58
순이익증가율		212.34			160.01
자기자본이익율	2.24	4.80	-0.38	2.46	4.12
주당순이익	236	648	-55	353	605
주당매출액	12,899	13,530	12,684	13,157	13,793
주당순자산	5,663	9,532	9,028	8,999	9,035
유보율	145.37	192.05	184.49	188.85	197.75
부채비율	95.49	61.49	60.28	60.35	58.20

출처 : 금융감독원

표 9 한국전력의 재무제표

| 현재가 | 37,750▼ | 250(-0.66%) | 1,495,609(1,413,787) | 액면 5,000 | 자본금(억)32,078 | 시가총액(억)242,192 | 결산월12월 |

[대차대조표] (십 억)

항목	2003/12	2004/12	2005/12	2006/12	2007/09
자산총계	56,470.00	58,917.00	61,627.00	63,536.00	65,228.00
부채총계	18,827.00	18,640.00	19,421.00	20,574.00	20,603.00
자본금	3,204.00	3,204.00	3,208.00	3,208.00	3,208.00
자본총계	37,643.00	40,277.00	42,206.00	42,962.00	44,625.00

[손익계산서] (십 억)

항목	2003/12	2004/12	2005/12	2006/12	2007/09
매출액	22,397.00	23,600.00	25,112.00	26,979.00	21,774.00
영업이익	1,813.00	1,973.00	1,326.00	1,232.00	1,208.00
경상이익	3,100.00	3,989.00	3,181.00	2,624.00	2,804.00
당기순이익	2,316.00	2,881.00	2,449.00	2,071.00	2,204.00

[시장가치비율] (억 원, 배)

항목	2003/12	2004/12	2005/12	2006/12	2007/09
PER 최고/최저	6.91/4.65	6.02/4.01	10.08/6.62	14.05/10.48	10.10/7.94
PBR 최고/최저	0.43/0.29	0.44/0.29	0.59/0.39	0.68/0.51	0.69/0.54
PCR 최고/최저	8.16/5.49	4.99/3.32	10.43/6.84	12.77/9.52	10.93/8.59
PSR 최고/최저	0.71/0.48	0.74/0.49	0.98/0.65	1.08/0.80	1.02/0.80
EVA	338.66	6,397.39	-3,957.59	-3,084.99	
EBITDA					
EV/EBITDA	5.15	4.71	11.55	13.36	12.01

[재무비율] (원, %)

항목	2003/12	2004/12	2005/12	2006/12	2007/09
매출액증가율	6.41	5.37	6.41	7.43	6.64
영업이익증가율	-3.72	8/85	-32.80	-7.11	-14.89
순이익증가율	-24.31	24.39	-15.00	-15.44	5.05
자기자본이익율	6.34	7.39	5.94	4.86	6.71
주당순이익	3,674	4,574	3,854	3,245	4,724
주당매출액	35,531	37,468	39,529	42,287	46,674
주당순자산	58,523	62,496	65,419	66,630	69,278
유보율	1,081.06	1,163.68	1,219.39	1,264.13	1,314.23
부채비율	50.01	46.28	46.02	47.89	46.17

출처 : 금융감독원

영되어 있다).

하지만 2005년에는 경상이익과 당기순이익이 적자까지 기록했다. 그렇다면 최소한 이 기업의 경우 문제는 매출이 아니라 연구개발비 등의 투자나 판매관리비 등의 항목을 살피는 것이고, 그것이 타당하다면 현재의 이익보다 신약 개발이 성공했을 경우에 발생할 이익에 초점을 두어도 좋다. 최소한 장사를 못한 것은 아니라는 의미다.

이때 만약 이 기업의 매출액이 급증한다면, 상황은 많이 달라질 것이다. 그러고 나서 PSR 항목을 들여다보면, PSR은 최대 4 내외에서 최소 2 수준으로 안정되어 있음을 알 수 있다. 즉, LG생명과학은 주당 1만 원의 매출에 대해서 2~4만 원의 시장가치를 주식시장이 부여하고 있다는 의미가 되는 것이다.

이번에는 〈표 9〉 한국전력의 재무제표를 살펴보자. PSR이 0.5~1 수준에서 맴돌고 있다. 주당 1만 원의 매출액에 대해 시장가치를 그 아래로 보고 있다는 뜻이다. 그 이유는 매출과 이익은 크지만 이익률이 낮기 때문이다. 박리다매를 하는 기업이라는 뜻이다. 이때 LG생명과학과 한국전력의 PSR을 단순비교해서 "한국전력이 낫다."는 평가를 내린다면 그것은 어불성설이다. 그럼 PSR은 어디에 활용할 수 있는지 다시 정리해보자.

먼저 PSR은 업종 간의 비교에서 해당 기업의 견실도를 알 수 있는 거울이다. PSR이 낮다는 것은 매출이 견실하다는 의미며, 이익 변동성이 큰 기업에서 그 기업의 안정성을 가늠해볼 수 있는 잣대이기도 하다.

하지만 장기간 기업의 매출이 정체된다는 사실은 곧 기업이 자신의 가치를 까먹고 있다는 의미로 해석할 수도 있다. 기업은 매년 비용이 증가한다. 인건비, 원자재 가격, 심지어 전기세까지도 최소 인플레가치 이상은 오를 것이기 때문이다.

예를 들어, KT처럼 한 기업의 매출액이 5년간 제자리걸음인데 그럼에도 이 기업의 순이익이 증가한다면 그것은 연구개발비 감소, 인건비 감축 또는 판관비 감소 등이 원인일 것이다. 하지만 매출액 정체 상태에서 구조조정에 의해 이익을 일시적으로 증가시킨 경우 그 다음에는 어떻게 할 것인지의 문제가 남게 된다. 더구나 연구개발비 등을 줄이면 시장의 변화에 대응하는 신제품을 내놓지 못해 경쟁시장에서 뒤처질 게 뻔하다. 그래서 매출액 정체는 곧 주가의 정체를 부르고, 이런 기업들은 매출액 대비 주가의 저평가가 유발됨으로써 저PSR 상태에 놓이게 된다.

한국전력은 다소 특이한 사례다. 한국전력은 매출액이 이익에 영향을 받는다. 즉, 기업공개의 의미를 살리기 위해서 이익은 일정하게 유지시키되 총이익은 정부의 통제를 받는 것이다. 이익이 늘면 전기요금을 억제하고 이익이 줄면 올리는 구조다. 유가가 하락해서 원가가 줄어들면 전기세 인상이 보류되고, 반대의 경우에는 전기세를 올린다. 정부의 물가관리의 중심에 서는 것이다. 이 경우 매출은 원가 상승만큼 꾸준히 안정적으로 증가하고 그에 따라 주가도 느리게 움직이므로 PSR은 거의 변화가 없다.

한국전력은 정부가 가격을 통제하려는 의지의 크기에 운명이 달린 셈인 것이다. 이명박 정부에서는 한국전력의 기업으로서의 가능성이 좀더 커질 수 있고, 이 경우 PER을 좀더 높게 인정받을 수 있는 국면이 조성될 가능성이 크다.

결론은, PSR은 이익 변화가 심한 기업에서 기업의 안정성을 평가할 수 있는 지표라는 것이다.

저평가 기업을 찾아주는 P/FCF

다음은 2006년 2월 2일 〈파이낸셜뉴스〉 기사의 일부다.

위기가 기회… 저평가주 노려라

KOSPI증시는 환율 반등, 국제유가 하락 등 호재에다 미국과 일본 등 해외증시의 양호한 흐름까지 더해졌지만 식어버린 투자심리가 회복되지 않고 있다. 수급과 심리가 모두 불안한 가운데 미 금리의 불확실성, 공급물량 확대 등 시장에 파장을 일으킬 요인까지 상존해 당분간 증시는 살얼음판을 걸을 것이라는 게 전문가들의 지적이다. 이러한 조정장세 속에서 주가가 급락했음에도 불구하고 일부 종목들은 탄탄한 기본기를 바탕으로 언제라도 도약할 채비를 갖췄다는 평가를 받는다. 특히 지난 한 달 동안에만 15% 내외의 하락폭을 기록했음에도 주가수익배율(PER), 주당순현금흐름(P/FCF, 주가/자유현금흐름비율), 주가매출액비율(PSR), 주가순자산배율(PBR) 등이 평균치에 못 미치는 종목들이 손꼽혔다.

하락폭 대비 중장기 상승세 유망 종목

기업	주가 (2/1일) (원)	연초 대비 하락률 (-%)	FY06F Valuation 지표			
			PER (배)	PCFR (배)	PSR (배)	PBR (배)
세종공업	4,605	(25.2)	6.7	4.1	0.24	0.75
한진	27,500	(22.8)	18.4	22.1	0.40	0.66
G2R	13,900	(22.3)	16.1	5.8	0.87	1.68
성신양회	15,500	(20.1)	6.9	3.6	0.56	0.54
자화전자	7,100	(19.3)	10.2	14.1	1.17	0.98
SK케미칼	24,300	(18.6)	19.3	10.1	0.58	0.90
두산	28,500	(17.9)	11.3	3,842.9	0.29	1.24
중외제약	32,050	(17.8)	10.9	10.6	0.59	1.21
부산인프라코어	15,800	(16.8)	11.5	15.5	0.83	1.98
통화약품	16,250	(16.2)	8.8	7.2	0.53	0.55
현대산업개발	37,600	(15.7)	9.9	9.8	1.03	1.43
한국타이어	12,300	(15.5)	9.7	28.0	0.86	1.18
LG석유화학	21,100	(14.7)	5.3	4.9	0.50	1.10
부산가스	21,450	(14.2)	9.1	29.6	0.48	0.88
금호타이어	13,800	(13.2)	6.6	9.1	0.49	0.92
대한가스	23,450	(12.8)	11.2	13.1	0.33	0.68
쌍용차	7,300	(12.7)	7.3	NA	0.21	0.66
한화	32,000	(12.3)	10.0	126.4	0.96	1.40
현대차	85,100	(12.3)	11.5	19.7	0.85	1.40
현대상선	14,800	(11.6)	6.0	28.0	0.31	1.09
삼성SDI	96,000	(11.5)	10.8	1,107.8	0.78	0.92
평화산업	6,780	(10.7)	9.1	NA	0.51	1.47
대한항공	28,400	(10.1)	9.2	3.4	0.25	0.49
LG전자	81,200	(9.8)	11.6	35.6	0.54	2.02
현대모비스	83,600	(9.7)	8.9	16.5	0.87	1.76
대우건설	12,400	(8.1)	11.2	11.3	0.79	1.58
한국가스공사	29,850	(7.6)	9.9	3.3	0.18	1.67
한샘	6,000	(7.3)	11.0	3.4	0.27	1.20
LG상사	21,650	(7.1)	9.3	13.5	0.23	1.84
동부화재	19,250	(7.0)	9.1	NA	0.42	1.74

출처 : 현대증권

전문가들은 이렇듯 급락장세 속에서 역발상식 투자에 적합한 종목들은 'PER 평균치인 9.6배 이하, P/FCF 10배 미만, PSR과 PBR이 1배 미만인 조건' 중 2개 이상을 만족하는 것으로, 그 정도면 충분한 상승 여력을 갖췄다고 평가했다.

이 기사의 후반부에 등장하는 소위 전문가라 불리는 이들의 이름은 뺐는데, 사실 나는 그들의 의견에 수긍하면서도 한편으로는 실소를 금하지 못했다. 왜냐하면 그들이 제시한 기준은 앤터니 갤리어(Anthony Gallea)와 윌리엄 패털론(William Patalon)의 책 《역발상 투자의 원칙Contrarian Investing》을 그대로 인용한 것에 불과했기 때문이다. 더구나 이것은 2005년 8월에 내놓은 다른 애널리스트의 리포트와 거의 같은 내용인데, 두 애널리스트 모두 같은 책을 인용한 셈이고 아마 서로가 그 사실을 모르고 있었던 듯하다.

이 기사에서 우리에게 필요한 것은 'P/FCF 10배 미만'이라는 항목이다. 보기만 해도 머리가 아플 것 같이 느껴지지만, 그래도 왜 여기서 저평가 요소 중에 하나로 꼽았는지를 짚고 넘어가자. 그 이유를 알아보기 위해 먼저 자유현금흐름(FCF, Free Cash Flow)의 개념을 살펴보겠다.

FCF는 기업이 번 돈을 과연 어떻게 굴리고 있었는지를 보여주는 지표다. 여기서 말하는 돈은 기업이 매출액에서 각종 경비와 사업을 유지시키기 위한 필수적인 돈을 쓰고도 남은 돈, 즉 자유롭게 쓸 수 있는 돈이다. 기업이 영업을 해서 생긴 영업현금흐름에서 현재 사업의 유지 비용을 지출하고 남은 현금을 말하는 것이다.

- 자유현금흐름(FCF) = 세전 당기순이익 − 자본적 지출

때문에 이 돈은 기업의 미래를 위한 투자, 재무구조 개선, 배당주와 자사주 매입, 신규 설비투자 등의 미래가치를 늘리기 위한 투자, 자기자본화, 유동비율 개선을 위한 단기 금융상품 가입, 단기 현금화가 쉬운 유가증권 투자 등에 마음대로 쓸 수 있다.

기업의 지출 항목에서 감가상각비는 비용으로 처리되지만, 사실 이것은 장부상의 놀음일 뿐 기업에서 돈이 밖으로 나가는 것은 아니다. 다시 말해 이미 투자된 자본은 기계를 산 것이고, 기업은 그 돈을 갚는 비용을 처리하면서 세전 당기순이익을 발생시킨다. 그럼에도 불구하고 감가상각비를 두는 이유는 기계설비의 수명이 다하면 새로운 기계를 살 돈이 필요하기 때문이다.

당신이 개인택시 기사라고 가정하자. 우선 할부로 자동차를 한 대 사서 영업을 하면, 번 돈에서 가스비나 정비 비용뿐 아니라 할부금에 대한 원금과 이자도 매달 갚아나가야 한다. 한 달에 200만 원을 번다고 할 때 자동차의 가치가 줄어드는 만큼(총 30만 킬로미터를 탄다고 할 때, 1년에 10만 킬로미터씩 탄다고 가정하고 자동차 가격의 3분의 1만큼)은 번 돈이 아니라고 하면, 50만 원을 공제한 150만 원을 한 달 순수입으로 볼 수 있다.

당신이 집을 사기 위해 빌린 돈이 있어서 번 돈 중 2분의 1을 매달 채권자에게 상환하기로 약속한 상태라면, 그 채권자는 당신이 번 돈을 150만 원으로 보는 것이 합당하다. 이것을 가리켜 잉여현금흐름(SCF, Surplus Cash Flow)이라 한다.

- 잉여현금흐름(SCF) = 세전 당기순이익 + 감가상각비 − 자본적 지출

어느 것을 중요시하든 그것은 상관없다. 중요한 것은 이 지표들이 기업의 가치를 적나라하게 드러내고 있다는 사실이다. 기업은 현찰을 얼마나 남기느냐가 핵심이고, 미래에는 이 흐름이 어떻게 되는지가 중요하다. 주가는 이 미래의 흐름을 현재가치로 계산해서 내려진 평가물이다. 결과적으로 기업의 좋은 현금흐름은 IMF 같은 경제위기나 경기침체로

인한 공황이 와도 기업을 지켜줄 것이고, 좋은 시절에는 주주들에게 배당으로 돌려주거나 자사주를 매입 소각해서 주당가치를 높여주거나 신규 사업에 진출해서 미래에 꿈을 실어줄 수도 있다. 이것을 확대해서 지표로 만들면 다음과 같다.

- 주당현금흐름(CPS) = $\dfrac{\text{잉여현금흐름}}{\text{발행주식 수}}$

- $\dfrac{\text{주가(Price)}}{\text{주당현금흐름(CPS)}} = \dfrac{P}{CPS} = $ 주가현금흐름비율(PCR)

※ 〈표 9〉 한국전력 재무제표상의 시장가치 비율 참조

- 주당자유현금흐름 = $\dfrac{\text{자유현금흐름}}{\text{발행주식 수}}$

- $\dfrac{\text{주가(Price)}}{\text{자유현금흐름(FCF)}} = \dfrac{P}{FCF} = $ 주가/자유현금흐름비율(P/PCF)

즉, P/FCF 비율은 낮을수록 현금흐름이 좋고, 주가가 그에 비해 저평가되어 있다는 기준이 될 수 있다. 다만 자유현금흐름이 높은 기업(P/FCF 비율이 낮은 기업)들은 주주들이 본전을 뽑아내고 이익을 가져가는 데만 관심이 있을 가능성이 크고, 새로운 사업에의 진출이나 기타 성장성에 대한 고민 없이 소위 '100년 기업'에 안주하고 있을 가능성 또한 크다. 현금흐름에 비해 주가가 저평가된 이유는 바로 그 점일 것이다. 이 때문에 이런 기업들은 대개 금융위기, 경제불안, 경기위축 등으로 투자심리가 흔들리는 국면에서 각광받으면서 P/FCF 비율이 갑자기 커질 수 있으므로(주가가 크게 오를 수 있다), 앞서 제시한 분석 기사가 나름대로 타당성

을 갖는 것이다.

　이런 기준으로 보면 한국야쿠르트와 같은 기업이 나중에 상장을 한다면 현금흐름 기준으로 볼 때, 그야말로 황금알을 낳는 거위가 될 수 있을 것이다. 같은 맥락이라면 동서식품과 같은 기업들의 주가가 2007년에 왜 그렇게 크게 오를 수 있었는지에 대한 이해도 가능할 것이다. 여러분이 직접 이 기업들을 한번 분석해보길 바란다.

　참고로 앤터니 갤리어와 윌리엄 패털론은 매수신호가 첫째, 주가가 50% 이상 하락하고 둘째, PER<12이며 셋째, P/FCF<10 넷째, P/S (주가/주당매출)<1이면서 다섯째, PBR<1인 경우를 고르는 것이 안전한 역발상 투자라고 정의했다.

chapter 7

포트폴리오 분석

포트폴리오란 무엇인가

포트폴리오는 '서류가방'이라는 뜻이다. 이것저것 파일이 가득한 서류가방처럼 여러 가지 다양한 자산들이 모여 있는 구성이라는 의미다. 대개 증권시장에서는 이것을 가리켜 '바구니'라고 바꿔 부른다. 따라서 "달걀을 한 바구니에 담지 마라."는 증권시장의 격언은 "포트폴리오를 잘 구성하라."와 같은 뜻이다.

투자자가 포트폴리오를 구성하는 목적은 기본적으로 '더 많은 수익'을 올리기 위해서가 아니라 가능한 한 '손실을 줄이기 위해서'다. 하지만 많은 개인 투자자들은 포트폴리오 원래의 목적은 잊은 채 욕심나는 종목들을 이것저것 사들이며 보유 종목을 늘리는 방식으로 포트폴리오를 구성한다. 이는 내가 왜 이 주식들을 모두 보유해야 하는지에 대한 판단 기준이 없기 때문이다.

좀더 신랄하게 말하자면 개인 투자자의 포트폴리오는 혹시 이 종목이 오를지 몰라 '겁이 나서' 이것저것 사 모은 바구니와 같다. 몰라서 모은 것이지 알아서 모은 것이 아니다. 주식을 사면서 그 주식에 대한 확신보다는 충동이 앞선 결과다.

그보다 더 큰 문제는 만약 바구니에 담은 주식들이 모두 오르지 않으면 대체 어떻게 처리할지는 고민하지 않는다는 것이다. 막연히 오르기만 바라거나 실컷 보초만 서다가 정작 오를 때가 되면 보유 피로를 느끼고 던져버리는 우를 범한다. 그래서 늘 "사면 하한가 팔면 상한가"라고 탄식하게 되는 것이다. 반면 전문 투자자의 포트폴리오는 다르다.

첫째, 구성 목적이 명확하다.

둘째, 포트폴리오의 구성과 변경에 일관된 원칙이 있다.

셋째, 포트폴리오 내의 모든 종목이 오를 것이라 기대하지 않는다.

넷째, 최대의 수익이 아닌 위험과 수익의 균형점을 겨냥한다.

위험은 최소화, 수익은 최대화할 수 있을까

사실 포트폴리오의 개념이 정립된 지는 오래되지 않았다. 엄밀한 의미에서 포트폴리오의 개념이 투자에서 받아들여지기 시작한 시점은 1952년 해리 마코위츠(Harry Markowitz)의 논문 '포트폴리오 선택(Portfolio Selection)'이 유명한 학술지 〈금융저널 *Journal of Finance*〉에 실리면서부터다. 당시 그의 나이는 25세였다.

고작 14쪽에 지나지 않던 이 한 편의 논문이 향후 투자 세계의 방향을 뒤집어놓을 줄은 아무도 예상하지 못했다. 그의 논문은 10년 이상 주목받지 못했지만, 그는 결국 포트폴리오 이론을 개발한 공로로 1990년 노벨 경제학상을 수상하는 영예를 누렸다. 마코위츠는 투자 분석으로 노벨상을 수상한 최초의 인물인 셈이다.

이 상황을 이해하기 위해 1950년대 미국의 증권시장이 어떠했는지를 간략하게 살펴보자. 미국 증권시장은 1929년 대공황에 의한 폭락 이후 고점을 회복하는 데 무려 25년이 걸렸다. 마코위츠가 논문을 쓰던 당시 풍토로 봤을 때 주식투자는 건강한 상식을 가진 사람들은 절대 해서는 안 되는 것이었고, 객장은 투기꾼들이나 기웃거리는 도박장일 뿐이었다. 뿐만 아니라 각종 작전세력들과 주가조작이 성행하고 주가는 실적을 반영하지 않았다. 이 때문에 배당금이 금리의 3배나 되었지만, 배당금을 받기 위해 주식을 산다는 것은 전재산을 유전탐사에 거는 것만큼이나 위험한 일로 인식되었다. 이는 1970년대의 우리나라 상황과 비슷하다고 할 수 있다. 실제로 우리나라 금융시장은 미국보다 20년 정도 뒤쳐져 있다.

〈그림 19〉는 당시의 다우존스지수를 나타낸 그래프다. 마코위츠가 논문을 쓸 당시에는 대공황이 일어난 지 20년이나 지났지만 주가는 여전히 전고점의 70% 수준에 머물러 있다.

마코위츠가 주목한 개념은 트레이드오프(trade off, 맞교환)다. 트레이드오프란 쉽게 말해 "손에 사과를 쥔 사람이 배를 쥐려면 손에 쥔 사과를 놓아야 한다."는 것이다. 인생에 공짜는 없으며 무엇인가를 얻기 위해서는 반드시 무엇인가를 버려야 한다. 투자에서도 마찬가지다. 이익을 얻기 위해서는 반드시 위험을 감수해야 한다. 어떤 위험도 감수하지 않고 이익만 내겠다는 꿈은 투자 세계에서는 실현 불가능하다. 마코위츠는 이것을 개념화했다. 수익을 내기 위해 위험을 감수해야 한다면 "가능한 한 위험은 최소화하고 수익은 최대화할 수 있는 방법은 무엇일까?"를 고민했다.

■■■ 그림 19   1950년대의 다우존스지수 ■■■

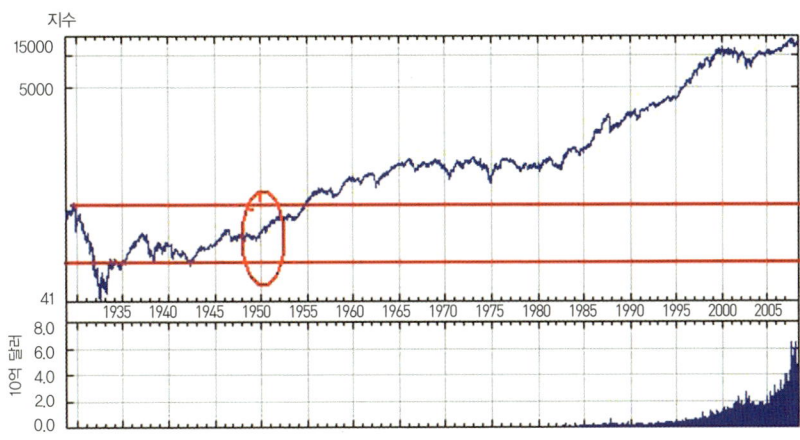

출처 : http://finance.yahoo.com

그러나 이것 역시 말이 안 되는 이야기다. 세상에 아무리 많이 먹어도 배부르지 않고 맛있으면서 값싼 음식은 존재하지 않는 법이다. 먼저 그는 특정한, 좋은 주식을 골라 보유하는 바이앤홀드 형태의 투자법에 문제가 있음을 간파했다. 시장이 아무리 흔들려도 내가 고른 주식은 안전할 것이라는 믿음이 얼마나 허황된 것인지는 과거의 증시 폭락을 통해 증명되었는데도, 무조건 좋은 주식을 골라서 바이앤홀드를 하겠다는 투자 전략이 과연 옳은 일인가에 주목했다.

한 개의 주식은 세 가지 교차위험에 노출되어 있다.

첫째, 시장리스크다. 인플레이션이 증가하고 금리가 인상되며 GDP 성장률이 낮아지는 것과 같은 거시적 위험이 주식의 가치에 실시간 영향을 미친다. 때문에 "지수는 종목과 무관하다."는 식의 논리는 "우리집은 튼튼하므로 전쟁이 나도 상관없다."는 말만큼이나 어리석다.

둘째, 업종리스크다. 예를 들어, 현대미포조선이 제아무리 실적이 좋고 다른 조선주에 비해 저평가되었다 하더라도, 업황이 나빠지고 벌크선 운임지수가 낮아지고 해상 물동량이 줄어들면 도리 없이 영향을 받을 것이다.

셋째, 종목 자체의 리스크다. 보유 종목의 기업 현금흐름이나 신규 투자 실적의 전망에 따라 주가가 변하는 것은 당연하다. 때문에 종목에 대한 분석만으로 충분하다고 믿는다면 잘못된 생각이다.

투자자는 시장이란 이 세 가지 리스크가 교차되는 곳이며 내가 보유한 주식에는 실시간으로 수만 가지 힘이 동시에 작용한다는 사실을 잊지 말아야 한다.

마코위츠 생각은 나중에 설명할 윌리엄 샤프(William Sharpe)의 논리에 영향을 미쳤다. 어쨌거나 마코위츠가 생각한 것은 개별 주식의 위험은 영향을 받는 다양한 변수에 실시간 노출되어 있기 때문에, 이 리스크를 중화시키지 않으면 자산은 늘 커다란 위험에 빠진다는 것이다. 그는 가능한 한 위험을 중화시키는 방법을 생각한 끝에 논문을 쓰게 되었다.

물론 여기서 재무 이론을 상세하게 다룰 필요는 없지만 핵심만 소개하자면 이렇다.

마코위츠의 포트폴리오론

마코위츠는 집중투자는 파산이라는 극단적 위험을 가져올 수 있으므로 종목 분산으로 위험을 분산할 수 있다고 생각했다. 하지만 분산투자를 한다고 해서 무조건 위험이 줄어드는 것은 아니다. 계란을 여러 바구니에 나눠 담을수록 수익도 그만큼 줄어들기 때문에 분산만이 능사는 아니다.

그는 위험 분산 방법에 대해 깊이 연구한 결과 수익과 변동성(리스크)은 반드시 1대 1로 대응하지는 않는다는 사실을 밝혀냈다. 즉, 변동성이 10% 줄어든다고 해서 기대수익이 10% 증가하는 것은 아니라는 얘기다.

그렇다면 답은 명료하다. 마코위츠는 "포트폴리오를 구성할 때, 같은 기대수익을 겨냥한다면 최소의 리스크를 가지는 게 좋고, 리스크가 같은 수준이라면 최대의 기대수익을 가진 종목으로 조합하는 것이 좋다."는 답을 내놓았다.

분산은 곧 변동성이고, 변동성은 곧 리스크다. 즉, 분산이란 '돈을 잃을 수 있는 가능성이 현실화될 수 있는 확률'이다. 마코위츠의 방법에 따르면 분산의 크기가 크면 클수록, 즉 표준편차가 큰 종목일수록 리스크가 커지므로 내가 보유한 종목의 분산(표준편차)을 구하면 그 종목의 리스크를 측정할 수 있다.

기대이익 부분은 존 버 윌리엄스(John Burr Williams)의 현금흐름 할인법(DCF)을 차용해 알아보면 좀더 분명한 답을 얻을 수 있다(윌리엄스는 현금흐름 할인법을 통해 기업의 미래배당금 흐름을 예측하고, 그것이 지금 보유주식의 가치에 적당하게 반영되어 있는지를 확인하여 내재가치를 추정할 수 있다고 주장했다). 이로써 마코위츠의 포트폴리오 선택은 적절하게 이루어진다. 비슷한 분산을 가지며 미래 현금흐름 가치가 높은 주식을 편입하거나 반대로 현금흐름 가치가 비슷한 주식 중에서 분산이 낮은 주식을 골라내어 포트폴리오에 편입하면 된다는 것이다.

문제는 이렇게 포트폴리오를 구성하면 종목리스크의 분산은 효율적이지만, 업종리스크로부터는 자유롭지 못하다는 데 있다. 이를테면 포트폴리오 내에 현대중공업, 대우조선, 태웅 세 가지 종목이 존재한다고 해보자. 이때 이들 종목이 삼성중공업이나 STX조선으로 구성된 포트폴리오보다 마코위츠 이론에 더 부합하는 것이라 해도 조선업의 업황이 나빠지면 포트폴리오 자체가 위험에 빠질 수 있다. 종목에 대해 아무리 효율적인 포트폴리오라 하더라도 위험을 완전히 배제할 수는 없는 것이다.

이때 그는 공분산(共分散, covariance)의 개념을 도입한다. 공분산은 쉽게 말하면 종목들이 비슷하게 움직이는 성향을 가리킨다. 예를 들어, 국민은행과 삼성증권은 종목과 업종이 다르지만, 비슷하게 움직이는 성향이 있어 공분산이 높다. 같은 맥락에서 국민은행과 우리은행의 공분산은 높고, 국민은행과 한국전력의 공분산은 낮다.

이런 이유로 그는 효율적인 포트폴리오를 구성하기 위해서는 이렇게 공분산이 높지 않은 종목들로 구성해야 한다고 주장한다. 이는 이후 미국 주식시장의 흐름에서 증명된다. 1960년대 우량하다는 이유만으로 니프티피프티(Nifty Fifty)를 집중 편입한 펀드들은 불과 2년 만에 20%, 3년 만에 70%의 하락률을 기록했다.

그의 이론을 정리하자면 이렇다. 당신이 감수할 수 있는 위험의 범위를 먼저 정하라. 큰 위험도 감수할 각오가 되어 있다면 증권주, 경기민감주, 성장주 등을 포함하라. 위험을 감수하기로 했다면 그 중 가장 저평가가 심한 종목으로 구성하는 것이 좋다. 위험을 감수하기 싫다면 KT&G나 한국전력 같은 종목으로 포트폴리오를 구성하되 그 중에서 가장 저평

Zoom In　**니프티피프티**　우아한 50종목. 1969년부터 1973년까지 미국에서 성장주에 상처입은 투자자들이 눈을 돌린 우량기업을 가리킨다. 수십 년간 안정적인 수익을 창출하고, 미래보다 현재, 그리고 과거에 항상 좋은 실적을 보여준 일등기업들을 지칭하는 말이다. 당시 미국시장에서는 이런 우량주 50여 개가 연일 급등하면서 그 자체로 하나의 거품을 만들기 시작했다.

가된 주식으로 채워라. 다만 유의할 점은, 완벽하게 포트폴리오를 만들었다 해도 주식시장이 급락하면 이 포트폴리오 역시 안전할 수 없다는 것이다. 따라서 공분산이 작은 자산들로 헤지를 해야 한다. '주식과 금', '주식과 채권' 등으로 묶어 자산을 배분하는 것이 안전하다는 말이다.

최적의
포트폴리오와
장기투자

주식투자에서 사실로 증명된 유일한 법칙은 '적절한 포트폴리오 관리를 동반한 우량주의 장기투자'다. 이에 대해 피터 린치는 그의 저서 《피터 린치의 이기는 투자 Beating the Street》에서 이렇게 말했다.

다음번에 주식시장이 하락하면 우량주를 모조리 거두겠다는 결심은 지켜지지 못한다. 항상 새로운 위기는 그 이전의 위기보다 심각해 보이기 때문이다. 따라서 악재를 보고 주식을 사들인다는 것은 거의 불가능하다. 그것이 어렵다면 꾸준히 주식을 사 모아라. 그렇게 하면 시장에서 잦은 매매를 하는 사람들보다 훨씬 더 나은 수익을 올릴 것이다.

하지만 정작 이런 결심도 실행으로 옮기기는 힘들다. 아무리 뛰어난 투자자라도 확신이 없다면, 악재가 쏟아지고 주가가 하락하는데 주식을 살 수는 없다. 때문에 투자자들은 확신을 가져야 한다. 그 확신은 자본주의 경제는 결국 발전한다는 것, 과거에도 그랬듯이 우량기업들은 지속적으로 이익을 높여줄 것이라는 점, 미국인들이 부지런하고 창의적이라는 믿음, 이런 것이다. 의심이 생기거나 두려울 때마다 확신을 끄집어내야 한다.

그것이 어렵다면 더 큰 눈으로 보자. 지난 70년간 주식투자 수익률은 연 11%였지만, 채권이나 예금수익은 그 절반에도 못 미친다. 20세기의 상황은 더 복잡하고 암울해졌지만, 그럴수록 주식은 더 높은 수익을 안겨주었다. 하지만 지난 70년 동안 주식시장은 높은 수익을 안겨주는 동안에도 무려 40번이나 주가가 10% 이상 급락했고, 그 중 13번은 33%나 급락하는 끔찍한 상황을 연출했다. 물론 이후의 급락을 모두 합한 것만큼이나 컸던 대공황도 여기에 포함된다. (중략)

앞으로도 이런 급락이나 공황이 있을지 모른다. 나도 여러분도 그것을 미리 예측할 길은 없다. 하지만 지난 세월에 그랬듯이 그 상황에서 주식을 모두 팔아치운다면 당신은 분명 후회하게 될 것이다. 주가는 결국 회복된다. 주가 급락은 흔히 있는 일이다. (중략)

20세기 들어 주가가 33% 이상 하락한 사건은 13번의 급락 중 가장 근래에 있었던 하락일 뿐이다. 앞으로 일어날 10% 이상의 하락은 41번째 하락이며, 만약 증시가 33% 이상 급락한다면 이는 14번째일 뿐이다. 또한 우량기업을 헐값에 살 수 있는 14번째의 기회이기도 하다.

주식은 장기투자에서 이익을 낼 수 있으니 등락에 급급하지 말아야 한다는 것이 그의 결론이다. 《시골의사의 부자경제학》에서 나는 지난 100년간 가장 큰 수익을 낸 투자 방식을 순서대로 나열하면 금리투자, 부동산, 주식 순이라고 주장한 바 있다. 피터 린치의 이론에 따르면 나는 잘못된 정보를 가졌거나 오해를 하고 있는 셈이다.

이렇게 의견이 갈리는 이유는 주식시장의 속성 때문이다. 내가 지적한 부분은 "상장 주식이 영원하지 않다."는 사실이다. 현재의 MMF와 같은 변동금리 상품이 복리수익을 낼 경우에는 인플레이션 이상의 수익을 낼 수 있다. 하지만 주식시장은 다르다. 100년 전 기업의 대부분은 지금 존재하지 않고, 심지어는 20년 전 초우량기업 중 지금은 퇴출 직전에 있는 기업도 널려 있다. 지수만으로 주식시장의 상승률을 계산하면 최고의 수익이겠지만 실제 종목을 장기보유한 것으로 놓고 본다면 본전은 고사하고 마이너스 수익일 것이다.

피터 린치의 전제는 바로 "당신이 투자한 종목이 최소 S&P지수에 포함되어 있도록 계속 적절히 포트폴리오를 관리해왔을 때, 주식의 투자수익이 높다."는 것이다. 이 점을 현대적으로 해석하면 개별투자를 해서 장기투자하는 것이 아니라 "인덱스펀드에 투자할 경우(물론 이 경우도 누적 수수료 부분은 빠져 있다) 혹은 그와 유사한 포트폴리오를 당신이 운영할 경우에 장기투자는 반드시 수익을 낸다."는 의미가 된다.

하지만 이 부분에도 커다란 걸림돌이 있다. 실제로 대부분의 펀드는 주가지수만큼의 수익도 내지 못하는데 설령 그런 수익을 냈다고 해도 시기가 문제다. 예를 들어, 피터 린치가 사례로 든 1920년대에 30세였던 사람이 투자를 했다고 가정하면 결과가 어떨까? 당시 평균 수명을 감안했을 때 1960년이면 그는 사망 연령에 이르고, 그동안 망한 종목을 모두 피해 효율적인 포트폴리오를 구성했다고 가정하더라도 그의 주식자산은 인플레이션을 감안할 때 원금은 고사하고 엄청난 손실을 입었을 것이다.

1970년대에 투자한 사람이라면 어떨까? 그가 주가지수를 잘 따라갔다면 무려 10배 이상의 수익을 냈을 것이다. 하지만 1920년대 말 주가가 최악이었던 시기에 투자한 사람이라면 10년을 버텼는데도 희망이 보이지 않아 주식시장을 저주하며 떠났을 것이다. 피터 린치의 주장에는 시기의 문제가 빠져 있다.

피터 린치가 최고의 투자자인 것은 분명하다. 그는 초대형 펀드를 운용하면서도 결과적으로는 10년 이상 매년 수익을 냈으니까 말이다. 때로는 시장수익률 이상으로 하락했지만 상승할 때는 시장수익률 이상으로 거둬들였다. 이는 그에게 종목을 고르는 탁월한 시각이 있었음을 증명한다.

하지만 이러한 성공 뒤에 그가 주장하는 논점인 장기투자의 우수성만 있었던 건 아니다. 그가 활동하던 시기는 공교롭게도 주식시장이 초활황기에 접어들 때였고, 그는 그 안에서 액티브펀드가 가진 장점을 최대한 누렸다.

주식시장의 성장

미국 증시가 급등한 1920년대는 성장의 시대였다. 미국 기업들은 철도, 유틸리티와 같은 사회간접자본을 중심으로 출발했고 당시 이 기업의 주주들은 대형자산을 가진 사람들이었다. 즉, 당시 기업의 주식은 부자들의 자산이었을 뿐 일반 투자자들의 소유물은 아니었다.

이후 헨리 포드의 대량생산 시스템이 불러온 혁명은 엄청난 산업 생산성을 유발했다. 많은 기업들이 대형화·집중화된 자원에 인적자원을 투입해서 놀라운 생산성을 이끌어낸 것이다. 하지만 이러한 생산성은 예측 가능한 것이 아니었다. 생산은 소비와 맞물려야 하는데 지나치게 과도하거나 과소한 생산은 필연적으로 기업에 부담이 될 수밖에 없었다. 당시 미국에는 중산층이 형성되어 있지 않았고, 대중은 주로 가난한 이민자들이었으며, 이들은 공산품을 소비할 능력이 없었다. 때문에 이들 생산품은 일부 상류층을 대상으로 소비되었지만 나머지 생산품은 주인을 찾지 못했다. 대량생산의 강점인 원가 하락이 추가 소비를 이끌어내는 데 실패함으로써 미국은 공황이라는 처참한 상황을 맞이한 것이다.

이후 기업·사회·국가는 타협점을 찾아야 했다. 기업은 일자리를 제공하고 이익을 창출했으며, 국가는 그것을 조율하는 임무를 나눠 맡았다. 기업은 점진적으로 대기업 위주로 재편되고, 대기업은 민간과 공공의 영역에서 줄타기를 해야 했다. 특정기업의 임금이 낮아지면 근로소득의 감소로 소비가 약해지고, 대신 임금이 높아지면 생산성이 하락함으로써 기업은 타격을 입었다. 이 부분을 기업과 국가가 분배하여 미국 자본주의의 토대를 다지는 시기가 이후 30년 동안이나 지속되었다.

기업은 적정임금을 책정하고 대량생산 시스템으로 임금에 대한 부담을 적절하게 해소했다. 또 국가는 기업의 진입장벽을 높여 일정 부분 과점을 허용하여 기업의 이익을 보호했다. 예측 가능한 경영이 가능해진 것이다. 기업은 보장된 공공 소비와 생산량에서의 독점적 권리를 누리며 스스로 생산량을 조절하거나 원가 상승분을 가격에 전가하되, 그 범위는 국가 사회가 이익이 되는 방향으로 진행됐다. 이를테면 이 시대 미국 대기업에서는 우리나라 공기업 형태의 어젠다가 공유된 것이다.

이것이 가능했던 이유는 단순하다. 기업의 지배권리를 대주주가 행사했기 때문이다. 아직 기업의 수요는 내수에 의존하고 있었다. 소비자는 자국 기업이 만든 제품을 소화했기 때문에 기업은 자국 내의 수요를 예측하고 조절함으로써 수요·공급의 불균형으로 인한 기업의 불안정성으로부터 벗어날 수 있었다.

그 과정에서 국부는 점점 배분되었고 중산층이 급격히 늘어났다. 또한 한국전쟁 이후 의료기술의 발달로 평균 수명이 급격히 연장되면서 사람들은 미래, 즉 은퇴 후를 준비할 필요를 느끼기 시작했다. 이때부터 중산층과 시민층도 미래를 대비하는 수단으로 채권이 아닌 주식투자로 눈을 돌리게 되었다.

기업의 입장에서도 변화가 왔다. 세계무역이 활발해지면서 기업은 설비투자를 대대적으로 확대해야 했다. 이를 위해서는 자본을 확충해야 하는데 기존의 대주주, 즉 창업자와 그 가족 중심의 지배 구조로는 한계에 봉착한 것이다.

아울러 산업구조도 급격히 변화하기 시작했다. 미국 기업의 진출은 곧 외국 상품의 유입을 의미했고 소비자들은 선택의 폭이 넓어졌다. 기업은 과거와 달리 수요와 공급의 탄력성을 고민해야 했다. 1등이 되기 위한 무한경쟁의 시대가 온 것이다.

이때부터 증시를 통해 자본의 유입이 이루어졌다. 더 이상 차입만으로는 기업의 생산성을 보장할 수 없게 되었다. 경쟁이 시작되면서 이자비용을 부담하는 것보다는 대주주의 지분을 희석하더라도 증시에서 자본을 유치하는 것이 유리해진 것이다. 이로써 결국 증권시장의 여건이 성숙해졌다. 개인들은 주식으로 은퇴를 준비하고, 기업은 증시에서 자본을 조달하는 이상적인 구조가 만들어진 것이다.

이런 사회 분위기 속에서 확정기여형 기업연금과 연금의 주식투자 한도를 확대하는 401K 조항이 통과되었고, 근로자들은 잉여자산을 증권시장으로 옮기기 시작했다. 기대수명의 증가는 이자소득만으로는 노후생활이 보장되지 않는다는 불안감을 가져왔고 위험자산에 대한 탐욕을 가중시켰다. 수많은 뮤추얼펀드가 탄생했고 사모펀드와 연기금들이 시장에 개입하기 시작했다.

이때부터 기업은 자본의 영향을 받기 시작한다. 주주들은 자신의 이익을 극대화하기 위해 기업에 영향력을 행사했다. 과거와 달리 지분 구조가 취약해진 기업들은 주주들의 요구를 거절하지 못했고 주주들의 이익을 위해 봉사했다. 이사회는 주주에게 배당을 늘려주거나 주가 상승을 통한 자산가치 확대를 보장해줄 CEO를 영입했다. CEO들은 그들의 생사여탈권을 쥔 이사회를 만족시켜야 했고, 이사회는 주주들의 이익을 대변해야 했다. 기업과 정부, 소비자와 시민의 공통 선을 추구하던 미국 기업의 관행이 무너진 것이다.

뮤추얼펀드의 힘은 점점 강해지고, 사모펀드와 연기금은 점차 직접적인 압력을 가했다. 그리고 이들의 요구는 단기적인 성과에 집중되었다. 이런 상황에서 만족할 만한 이익을 내지 못하면 CEO는 해고될 수밖에 없다. 살아남기 위해 CEO는 대대적인 구조조정과 임금 억제를 예사로 진행했고, 기업은 주주의 이익에 복무하기 시작했다.

전통적인 미국 기업의 성향은 서서히 종언을 고했다. 미국 기업들이 전통적으로 고수해온 일정 부분의 배당과 적절한 규모의 내부 유보가 기업의 투자, 즉 국가에 이익이 되는 방향으로 전개된다는 미국식 기업 이데올로기가 사라지고, 주주들은 이익의 유보보다 배당을, 미래의 안정성과 성장성보다 다음 분기의 당기순이익을 중시하게 된 것이다.

뮤추얼펀드들은 성과 경쟁을 벌이고 연기금들은 자신들의 자금을 더 크게 불려줄 운용자를 찾았다. 의리와 명분은 전혀 중요한 문제가 아니었다. 운용자는 이익을 내지 못하면 금세 고객들이 이탈할 것이라는 사실을 알고 있었고, 그들은 자신들의 요구에 부합하지 않는 기업은 외면하고 주주들의 이익에 봉사하는 기업에는 투자라는 당근을 내밀었다. 그리고 투자를 받은 기업들은 확장의 기회를 잡았지만 거기서 배제되는 기업들은 자본시장에서의 자금 조달은 꿈도 꾸지 못하는 상황이 전개되었다.

이로써 미국 증시는 불타오르기 시작했다. 넘쳐나는 잉여자금들은 증시로 유입되었고, 1970년대 이후 30년간 미국 증시의 황금기가 펼쳐졌다. 이 시기에 수많은 운용사가 생겨났고, 그들은 본격적인 대접을 받기 시작했다. 그 이전의 주식시장은 객장을 어슬렁거리는 탐욕에 가득찬 투자자들과 그들에 복무하며 관행적으로 바이앤홀드를 외치던 운용자들의 몫이었지만, 이제 시장은 이익에 민감하게 움직였고 거래량 또한 폭증했다.

장기투자의 위험과 기회

늘어난 이익은 투자자들에게 "주식을 장기 보유하면 반드시 이익이 난다."는 확신을 주었지만, 자금 운용자들이나 운용사들이 이런 믿음을 획득하게 된 기반에는 스스로도 이해하지 못하는 복합적인 메커니즘이 내재해 있다. 따라서 어쩌면 버핏을 위시한 현자들까지 포함해서 많은 운용자들은 실제적으로 장기 하락의 고통을 겪어보지 못했다고 할 수 있다. 그들 중에 누가 1929년에 주식을 사서 1940년이나 1950년까지 보유해보았겠는가? 그래서 투자자들에게 80년, 혹은 100년을 보유하면 예금보다 훨씬 큰 수익을 올릴 수 있다고 말하는 것은 일종의 배짱이거나 현재까지 그들이 운 좋게 서 있었던 장면을 추억하는 것에 불과하다.

더구나 이 점은 시간이 갈수록 점차 강화되고 있다. 과거 미국 기업의 순위보다 최근 기업들의 순위가 훨씬 더 자주 바뀐다. 자본이 개입해서 대형 M&A를 시도하거나 대대적인 구조조정을 통해 기업을 팔아버리는 통에 기업의 진정한 본질가치를 따지기가 힘들어진 것이다.

과거 기업들은 대부분이 산업재와 거대설비를 보유한 기업이었고, 이들 기업은 생산과 수요의 탄력성이 예측지표에 의해 그려졌으며, 더구나 버핏이 말한 해자를 구축한 기업들은 지천에 널려 있었다. 따라서 당시에 버핏의 투자 방식을 따르지 않은 어리석은 투자자들이 매번 헛발질을 하는 사이, 버핏은 시장의 내재가치와 시장가치 사이의 괴리를 포착하고, 진입장벽이 큰 기업들이 싸게 거래되는 순간 그 기업을 살 수 있는 충분한 기회를 가졌다.

하지만 마이크로소프트(MS), 이베이, 아마존, 월마트, 구글와 같은 기업들은 과거처럼 경영의 미래를 예측하기가 어렵다. 월마트는 저임금을 바탕으로 지배력을 행사하고 있는데, 미국인 평균 임금의 절반 수준의 급여를 제공하면서 막강한 구매력을 이용하여 많은 이익을 낸다. 그러나 월마트의 구매력은 월마트의 임금이 인상될 경우 급속히 쇠퇴할 것이다. 과거 산업자본과 달리 월마트에는 충성스러운 소비자가 없다. 단지 그들이 싸게 팔기 때문에 그곳을 이용하는 것뿐이다. 만약 월마트가 물건을 싸게 팔 수 없다면 소비자들은 돌아서서 경쟁자들을 택할 것이다.

다른 모든 기업의 미래 역시 마찬가지다. 운영체제에 있어 독점적인 지위를 가진 MS가 야후를 인수하려고 부단히 노력하는 이유도 거기에 있을 것이다. 구글 역시 누군가가 더 나은 검색엔진을 달고 나오는 순간 해체될 것이다. 반(反)구글 연합군들은 호시탐탐 그런 기회를 노리고 있다. 지금 전세계적인 대기업들의 지배력(해자)은 과거와 달리 얕은 바닥을 드러내고 있는 수준이다.

투자자들은 이제 기업의 실적이나 자산에 대한 관심보다 미래의 모습에 더 관심을 기울인다. 버핏식의 투자가 장기수익을 낸다는 사실은 인정하지만, 모든 사람이 그 관점에서 기업을 찾는 순간 저평가 기업이 사라질 것이다. 또한 유동성이 증가할수록 그런 현상은 더 심화될 것이다. 늘어난 유동성을 만족시키는 유일한 방식은 불확실한 미래의 꿈을 포장하는 것이고, 투자자들은 점점 미래가치에 주목하기 시작했다. 따라서 기업 분석도 "미래가치를 현재화한다."는 해괴한 개념을 들고 나오게 된 것이다.

우리나라는 어떤가? 우리나라의 투자 여건은 1970년대 미국과 너무나도 닮아 있다. 초대형 장치산업들은 국가 기간산업이라는 이유로 국가, 사회 그리고 기업의 논리가 적절히 배분되었고, 기업의 사회적 책임이라는 이슈는 늘 기업을 제약하는 족쇄로 작용했다. 하지만 2차산업의 시대를 거치고 잉여자산이 축적된 지금은 많은 투자자들이 적립식펀드와 뮤추얼펀드에 돈을 싸들고 찾아가고 있다. 그리고 운용사들은 투자자들의 탐욕, 즉 단기간에 최대한의 이익을 내줄 수 있는 성과에 목을 매고 있다.

운용사들은 연간·월간·분기별 수익률을 광고하고 투자자들은 1년 단위로 투자 대상을 옮기며 수익률을 따라다닌다. 연기금은 당분간 규모가 점점 더 커질 것이고, 법인이나 학교의 잉여자산도 새로운 수익원을 찾아 증시로 몰려들고 있다. 물론 기업연금이나 개인의 보험시장도 마찬가지다. 그 과정에서 주주자본주의가 성숙한다. 운용사들의 발언권은 커질 것이고, 지금처럼 대주주인 재벌 운영체제는 주주들의 압력을 받아 점차 무력화될 것이다.

결국 실적이 뛰어난 시장친화적인 스타 경영자들이 한두 명 나오기 시작하고, 이들의 몸값이 천정부지로 치솟을 날만 남아 있다. 미국 CEO들의 천문학적 수입에 의구심을 표시하던 우리 사회도 머지않아 이를 현실로 받아들이게 될 것이다. 주주, 즉 투자자의 입장에서 기업의 자산가치가 2배가 되면(주가가 2배 오른다면) 시가총액 1조 원짜리가 2조 원이 된다는 의미이며, 이때 500억 원 정도의 연봉과 500억 원 상당의 스톡옵션은 충분히 지급 가능하다.

이것이 진정 국가나 사회를 위해 옳은 일인지는 차치하더라도, 우리가 주주자본주의의 초입에 들어선 것은 사실이다. 설령 재벌 체제가 유지된다고 해도, 소유 구조의 불완전성으로 인해 주주들의 이익에 배치되는 일을 할 수는 없다. 삼성전자가 미래에셋에 추파를 던지는 것도 같은 맥락이다. 앞으로 한국 기업들은 대대적인 2차 구조조정에 직면할 것이다. 주주자본주의가 성숙하는 만큼 주주의 이익과 기업의 구조조정은 맞물려 있기 때문이다.

바로 이러한 근거로 나는 우리 시장이 단기간에 파고를 겪더라도 장기적으로는 황금기를 맞을 것이라는 이야기를 해왔다. 그러나 문제는 있다. 앞으로 자본시장에는 미래에 대한 과도한 희망이 솟아오르고, 또 그에 실망한 하락이 찾아올 것이며, 고유가로 인한 인플레이션이나 스태그플레이션에 의해 위축될 수 있다. 하지만 우리나라의 경우 피터 린치가 말했듯 그것은 고작 '한 번 더 찾아온 조정'에 불과하다는 믿음을 가질 수 있다.

미국의 경우에는 우리보다 먼저 출발한 베이비부머들, 즉 지금 자본시장에서 상당한 부를 축적한 투자자들이 주식시장에서 서서히 발을 빼야 할 시기가 왔다. 생애재무설계라 불리는 라이프사이클 시스템은 이들에게 위험자산으로부터 서서히 발을 뺄 것을 요구할 테고, 그들은 실제로 그렇게 할 것이다. 하지만 우리나라는 아직 그런 위험에서 최소 5~10년간은 안전하다. 때문에 우리는 미국이 맞이한 30년간의 장기 상승보다는 기간은 짧되 강한, 그러나 한계는 예정되어 있는 자산시장의 황금기를 맞이하게 될 것이다.

그럼 다시 논제로 돌아가보자. 바로 그 점에서 어떤 대응이 필요하겠는가? 중간중간 고비가 있다. 심지어는 2008년 8월 현재 신문들은 고유가로 인한 불황을 경고하고 있다. 앞서 말했지만 아무리 투자자들에게 장기투자를 외친다 해도 그들이 모두 그렇게 할 수는 없다. 우리나라의 투자자들 중 과연 얼마나 되는 사람들이 고비마다 등장할 급락을 여유 있게 감당하고, 주가가 만족할 수준에 오를 때까지 버틸 수 있겠는가? 현실적으로 이는 거액 자산가를 제외하고는 대부분의 사람들에게 불가능한 명제다.

그럼 우리가 버틸 수 있는 최대한의 선택은 무엇인가? 장기투자를 하더라도 위험에서는 최대한 벗어나고, 최소한 주식시장의 상승 이상의 상승을 이루어내는 것이다. 그 점에서 포트폴리오에 대한 이해가 필요한 것이다. 당신은 둘 중 하나를 선택해야 한다. 당신의 직관과 능력을 믿는다면 당신이 최고라고 생각하는 주식을 골라 매매를 하는 것이 옳다. 그것이 아니라면 당신의 투자 방식에 포트폴리오 개념을 도입해야 한다.

장기투자의 성공은 포트폴리오에 달렸다

재미없는 이론으로 돌아가보자. 공분산이 크면 자산은 위험에 빠진다. 만약 당신의 포트폴리오에 중국, 인도, 브라질, 한국, 미국 등 각국의 주식을 편입한다면, 언뜻 그럴듯해 보이지만 사실은 당신의 자산 모두를 한 종류에 묻어버린 것이나 마찬가지다. 종목리스크나 업종리스크는 피했지만 시장리스크에 고스란히 노출됐기 때문이다. 이때 당신의 자산을 주식과 반대로 움직이는 금이나 혹은 MMF와 같은 다른 자산에 투입한다면 결과는 어떻게 될까?

당신이 리스크를 감당할 수 없을 때는 공분산이 낮은 자산들로, 리스크를 감당할 수 있을 때는 주식으로 포트폴리오를 채운다고 할 때, 주식은 최대의 리스크를 안는 방향으로 투자할 수 있다. 기대수익이 가장 높은 주식들로 포트폴리오를 구성하는 것이다. 즉, 유틸리티와 증권으로 구성된 공분산이 낮은 종목으로 포트폴리오를 구성하면 개별 종목의 리스크가 높아도 위험은 줄어든다. 반대로 자산이 고루 포진될 경우 포트폴리오에 기대수익과 리스크가 최대인 종목을 편입해도 전체 자산의 위험은 낮아진다는 의미다. 이것을 '토빈의 분리 정리(Tobin's separation theorem)'라고 부른다.

마코위츠는 포트폴리오 이론에서 투자자가 위험자산만을 고르는 상황을 가정했다. 다시 말해 주식과 같은 위험자산 안에서 위험을 낮춘다는 발상을 한 것이다. 하지만 제임스 토빈(James Tobin)은 이것을 분리했다. 투자자가 자신이 감당할 수 있는 리스크가 어느 정도인지를 먼저 결정하면 위험자산의 비중을 결정할 수 있으며, 이때 위험자산은 최대 기대이익 수준에서 결정될 수 있다는 것이다.

좀더 쉽게 설명해보자. 어떤 투자자가 마코위츠의 말에 따라 낮은 리스크 수준에서 최대의 기대이익을 내는 포트폴리오를 구성했다고 하자. 이 포트폴리오는 높은 기대이익을 얻기 위해 높은 기대리스크를 감당한 사람과 달리, 손실은 적게 보되 수익도 일정 부분 희생한다는 의미다. 이렇게 보수적인 사람과 공격적인 사람의 포트폴리오는 달라진다. 즉, 과부와 고아의 돈이라 불리는 보수적인 돈은 저위험 저수익에, 재벌의 비자금은 고위험 고수익에 투자된다. 결국 마코위츠의 핵심은 최적의 포트폴리오는 투자자 각자의 여건에 따라 다르다는 것이다.

그러나 토빈의 분리 정리를 택하면, 가난한 사람도 자신의 자산 중 일부는 공분산이 낮은 다른 안전자산에 묻어두고 나머지는 주식시장에서 최대 기대이익과 최대 리스크를 동반한 종목에 투자하여, 저위험 저수익의 주식 포트폴리오와 같은 결과를 얻을 수 있다. 즉, 과부와 고아의 돈이 무조건 저위험 저수익으로 가지 않고, 일정 부분 안전자산에 투자하게 되므로 나머지 위험자산은 '카지노 포트폴리오'로 가져가도 된다는 의미다.

이는 모든 투자자에게서 "최선의 포트폴리오는 결과적으로 다르지 않다."는 진리를 알려주고 있다. 우리가 생각할 수 있는 최선의 포트폴리오는 최대의 기대이익을 낼 수 있는 종목으로 구성하되 가능한 한 리스크를 줄이는 방식이라는 것이다.

이제 당신의 선택은 두 가지다. 우선 관심 있는 종목이나 펀드의 시장 변동성, 즉 분산을 구한다(요즘은 증권사나 펀드평가에서 무료로 제공한다). 다음으로 당신의 관심 대상이 되어 당신이 분산을 구한 종목이나 펀드 중에서 기업의 내용과 미래 실적을 분석하고 기대이익이 가장 커 보이는 종목들을 찾는다. 그리고 이 둘을 조합한다.

문제는 이런 과정을 하나의 포트폴리오로 구성하기 위해서는 상당한 노력이 필요하다는 점이다. 여러 가지 시뮬레이션을 통해 다양한 수의 조합을 만들고, 그것을 서로 비교하면서 최상의 포트폴리오를 찾아야 하는데 이 과정은 지난한 게임이다. 특히 당신의 자산 규모가 주는 유혹으로부터 벗어나기란 쉽지 않다. 자산이 부족한 사람이라면 기대리스크가 크더라도 기대수익이 큰 자산에 투자하려는 유혹을 받을 것이고, 자산이

넉넉한 부자라면 기대수익의 증가가 기대리스크의 증가보다 클 때만 투자하고 싶어질 것이기 때문이다. 자고로 포트폴리오란 이런 것이다.

마코위츠와 토빈의 이론을 다시 정리해보자. 당신이 위험자산의 포트폴리오를 불안하게 느끼면 자산의 일부는 채권, 예금, 금 혹은 다른 안전자산으로 돌려야 한다. 당신의 목표가 공격적이고 포트폴리오의 기대수익이 아무리 성에 차지 않더라도 기대수익 폭의 증가보다 리스크 증가를 감수하는 어리석은 짓을 하지 말고 최선의 포트폴리오를 유지하되 차입을 통해 포트폴리오에 투자된 자산의 덩치를 키우는 것이 현명하다. 기대이익에 대한 탐욕에 빠져 무모한 위험을 지지 말라는 것이다.

바꾸어 이야기하면 수익을 위해 KOSDAQ시장의 중소형 테마주를 사지 말고, 수익에 대한 갈증이 크다면 가장 이상적인 포트폴리오를 구축한 다음 대출을 해서 그 규모를 늘리는 것이 차라리 낫다는 얘기다. 주식시장이 두려워서 무조건 안정 배당주만 보유하기보다는 차라리 자산의 일부를 MMF에 넣어두고 주식은 적절한 리스크와 기대수익을 가지는 포트폴리오로 채우는 게 좋다.

포트폴리오를 구축한 후에는 편입된 주식들이 이런 기준에서 이탈하거나 조건이 달라지지 않았는지 점검해야 한다. 혹시라도 이 조건에서 벗어나는 종목이 발생했을 때, 이를 신속하게 바꾸며 자신의 포트폴리오를 최선의 상태로 유지하면 장기투자에서 성과를 거둘 수 있을 것이다. 하지만 아무리 최적의 포트폴리오라 하더라도 무모한 장기투자만 고집하면 예측 불가능한 위험에 빠질 수도 있다.

기대수익을 높이는 포트폴리오 전략

벤저민 그레이엄을 위시해 마코위츠, 배당가치할인모형을 주장한 윌리엄스 모두 미래가치를 현재화하는 방식에 대해 애매한 태도를 취했다. 포트폴리오 이론에서 '동일한 리스크에서 최대의 기대수익'이라고 말할 때, 이 기대수익이라는 정의는 애매하기 그지없다. 먼저 윌리엄스의 배당가치할인모형을 간단하게 설명하면 이렇다.

어떤 기업의 배당액, 배당 비율, 배당 성향, 배당액 증가율 등을 참고하면 미래의 어느 시점에 받을 배당액을 추정할 수 있다. 계산을 간단히 하기 위해서 한국전력의 배당액이 지난 10년간 주당 1,000원이었다고 가정해보자. 아마 10년 후에도 배당액은 비슷할 것이라 예측한다면 한국전력의 10년 후의 배당 기대액은 1만 원이 된다. 하지만 미래의 배당금 1만 원은 지금 내가 한국전력 주식을 살 때 선지급받는 것이 아니라 10년 동안 받을 돈의 합일 뿐이다. 그런데 현재 이자율을 5%라고 해보면, 한국전력 주식을 사서 받을 총배당액은 해마다 5%가 할인되어야 마땅하다. 즉, 앞으로 받게 될 배당액은 미래에 받을 기대감이므로 이자율만큼 할인해서 생각해야 한다. 그래서 '미래가치의 할인'이라고 부르는 것이다.

하지만 이뿐인가? 실제 지난 10년간 배당금 1,000원을 받았다고 해서 앞으로의 10년간도 그럴 것이라는 근거는 어디에도 없다. 따라서 혹시나 배당이 줄어들거나 없을 가능성에 대한 위험도 마땅히 할인되어야 한다. 이렇게 미래가치를 현재가치로 할인한다는 것은 개념상의 문제이지 실제로는 불가능한 이야기다. 그래서 마코위츠의 이론은 이론에 지나지 않으며, 이는 큰 틀에서 이해해야 할 문제다.

주가에는 미래 현금흐름이 반영된다

말이 나온 김에 이 문제를 좀더 깊이 생각해보자. 이 부분은 기업가치 분석의 기본이 되기도 하는 것이니 이번에 확실하게 알아두는 게 좋겠다.

다시 한 번 가치라는 말을 되새겨보자. 가치 혹은 내재가치는 분명히 존재한다. 노벨경제학상 수상자 폴 새뮤얼슨은 '그림자가치(Shadow value)'라는 개념이 내재가치를 감싸고 있다고 했다. 어쨌든 우리는 내재가치를 정확히 알 수 없다. 또 아이러니하지만 모든 투자자가 내재가치를 알게 되면 거래는 이루어지지 않는다.

주식 거래는 내재가치에 최대한 가까이 접근한 현자와 내재가치에서 가장 멀리 서 있는 바보와의 싸움이다. 현자는 바보의 돈을 빼앗고, 시장에 바보가 많을수록 현자는 더 많은 수익을 올린다. 문제는 과연 "현자가 존재하는가? 그것은 어쩌면 결과에 따른 우연이 아닌가?" 하는 점이다.

그 말은 한편으로는 "내재가치를 정확하게 평가할 방법이나 사람이 있는가?"라는 의문과도 같다. 지금까지 내재가치를 평가하기 위한 시도 중에 가장 근사치라 인정되는 것은 '할인모형'이다. 앞서 말한 윌리엄스의 배당가치할인모형도 따지고 보면 '미래 현금흐름의 현재가치'가 된다. 돈을 벌고 현금흐름이 생겨야 배당을 할 것이고, 배당을 하지 않고 유보되는 잉여금까지 고려한다면 주주는 어떤 방식으로든 그 현금흐름의 주인이다. 물론 손익계산서보다 대차대조표를 중시한 벤저민 그레이엄의 생각과는 약간 차이가 있지만 결과는 대동소이하다.

어쨌든 주가에는 그 기업이 미래에 만들어낼 현금흐름이 반영된다. 그 기업이 벌어들인 돈이 중심인 것이다. 하지만 현금흐름이라고 해서 벌어들인 돈을 전부 말하는 것은 아니다. 앞서 살핀 대로 벌어들인 돈 중에서 영업에 사용하고 남은 돈이 잉여 현금흐름이고, 기업평가에서는 이 현금흐름이 가장 중요하다.

잉여 현금을 기업이 보유하는 이유는 여러 가지다. 배당으로 사용하기도 하고 자본으로 전입해서 재무구조를 개선하기도 하고, 혹시 미래 어느 시점에서 배당을 못할 상황이 왔을 때 주주에게 원활하게 배당을 하기 위해 적립하는 돈으로 사용하기도 하며, 또 자사주를 사들여 소각함으로써 주주의 자본가치를 올려주기도 한다.

문제는 주주의 입장이다. 주주가 주식에 투자하는 이유는 주가가 오를 것이라는 기대와 그 주식을 보유한 회사의 주인으로서 회사가 낸 이익을 분배받을 것이라는 기대 때문이다. 그런데 주가가 오를 것이라는 기대 역시 회사가 장사를 잘해서 이익을 늘려갈 것이라는 믿음을 바탕으로 만들어진다. 기업과 주주의 기대치가 각각 다른 것이다. 매수자는 이익의 크기가 지금보다 더 늘어날 것이라고 생각하고, 매도자는 그렇지 않을 것이라고 여긴다. 또 이익이 늘어나더라도 얼마나 늘어날 것인가에 대한 생각의 차이가 매수자와 매도자의 의견을 엇갈리게 한다. 결국 시세 차익에 대한 기대 역시 '이익' 여부에 있는 셈이다.

기업은 이 이익을 배당으로 돌려주거나 재투자하거나 일단 쌓아둔다. 배당을 받든 못 받든 경영진이 횡령할 것이 아니라면 그 돈은 그냥 사라지는 게 아니다. 하지만 투자자들은 지금 당장 배당받는 것을 좋아한다. "나중에 줄게." "재투자해서 늘려서 줄게." 이런 약속이 지켜진다고 확신할 수 없기 때문이다.

경영진은 모든 이익을 배당으로 나누어주는 것을 본능적으로 꺼린다. 앞으로 무슨 일이 생길지 모르고 또 기업이 성장하려면 신규 사업에 투자할 돈도 필요하기 때문이다. 투자자는 당장 주머니에 넣어주는 배당이 달지만 기업이 모든 이익을 배당으로 나눠줘버리면 언젠가는 망하고 말 것이다. 재투자를 하지 않는 기업은 결국 쇠퇴하기 때문이다. 결국 이 둘 사이에서 접점을 찾는 기업이 좋은 기업이라 할 수 있다.

다시 생각해보자. 투자자는 이익을 내는 기업, 그리고 그 이익을 늘릴 수 있는 기업을 선호한다. 그리고 재투자에 필요한 돈이 아니라면 번 돈을 지금 당장 나눠주는 기업이어야 한다. 지금 받는 돈의 가치와 미래에 받을 돈의 가치는 하늘과 땅 차이다. 결국 투자자는 배당을 당장 주지 않는 기업의 유보금에 대한 평가를 하기가 어렵다. 그래서 이 유보금도 일단 잉여 현금흐름이라는 덩어리로 묶어서 생각하자는 것이다.

이런 이유로 배당을 빵빵하게 주는 유틸리티 기업의 주가는 잘 움직이지 않는다. 재투자가 없으니 기업가치가 오를 리 없고 단지 안정적인 이익을 나눠주는 셈이다. 부동산 임대업을 하는 사람이나 유틸리티 기업을 사는 사람이나 같은 마음인 셈이다.

　배당이 적고 재투자가 많은 기업은 뭔가 새로운 사업을 하고 M&A를 통해 가치를 올릴 가능성이 크다. 그러면 기업가치가 오를 가능성도 저절로 높아질 것이고 이에 대한 기대는 주가를 높인다. 반대의 경우 남는 돈으로 투자를 해서 손해가 난다면 기업가치는 하락한다. 그래서 배당을 많이 주는 기업의 주가는 변동성이 적고, 배당을 적게 주는 기업은 변동성이 크다. 현금흐름이 같아도 그렇다. 기업의 가치평가에서는 이 두 가지를 같이 보아야 한다. 어쨌거나 남는 돈이 많은 기업은 좋은 것이다.

미래 가치 할인법

　문제는 기업 주식의 가치를 판단하는 것이다. 우선 생기는 현금흐름을 보면 지금 주가가 적정한지 금세 알 수 있다. 이를테면 10억 원짜리 빌딩의 임대료가 연간 7,000만 원은 되어야 세금을 공제한 금리 수준의 이익이 될 것이다. 이때 건물 임대료가 1억 원이라면 매매가는 너무 싼 것이고 임대료가 3,000만 원이라면 도리어 비싼 것이다.

　지금은 임대료가 7,000만 원이지만 이 건물 앞에 지하철역이 생길 것으로 예상되어 조만간 1억 원으로 오를 것이라고 가정해보자. 건물주는 미래에 오를 임대료인 3,000만 원의 가치만큼 건물 가격을 더 높여 부를 것이다. 하지만 건물을 사는 사람 입장에서는 확실하게 지하철역이 생긴다면 몰라도 소문이 거짓이라면 비싸게 사는 셈이 된다. 이때 매수자는 어떻게 판단해야 할까? 이것이 바로 주식을 사서 시세 차익을 내려는 매수자의 고민이다.

만약 당신이 도시개발계획이나 임대료 상승과 같은 가능성을 무시하고 단지 임대료만 고려한다면 어떻게 해야 할까? 우선 이 건물의 지난 몇 년간의 평균 임대수입을 알아봐야 한다. 혹시라도 공실률이 50%인 건물인데, 건물주가 비싸게 팔기 위해 일시적으로 임대를 준 것처럼 조작했을 수도 있다. 당신은 그 건물의 임대료 수익에 대해 국세청에 낸 세금 자료를 확인하고, 세입자가 앞으로도 계속 머물 것인지 만기가 되면 나갈 것인지도 조사해야 한다. 그리고 이것을 바탕으로 건물의 임대료가 앞으로 얼마가 될지도 추정해야 할 것이다.

그런데 지금 임대료를 기준으로 임대수익률과 금리를 비교하면 건물값이 적당한지 그렇지 않은지를 알 수 있지만, 미래의 임대료는 금리가 어떻게 될지 모르므로 판단하기 어렵다. 예를 들어, 향후 5년까지 임대수익률이 적정하려면 금리가 임대료 상승률 이상으로 상승하면 안 된다. 금리 상승률이 임대료 상승률을 앞서면 결국 건물의 미래가치가 낮아지게 된다. 혹은 금리는 변하지 않더라도 주변에 건물이 자꾸 들어서서 임대료가 낮아질 가능성도 생각해야 한다. 그래서 5년 후에도 이 건물이 안전한 임대수익을 보장할지를 판단하려면 예상보다 어려운 고민에 빠지게 된다. 이것이 바로 미래의 현금흐름을 예측하는 데 있어 당면하는 어려움이다.

현재의 현금흐름과 과거의 현금흐름은 재무제표에 모두 나와 있다. 따라서 지금 주식을 얼마 정도에 사는 것이 적당한지는 우리도 알 수 있다. 하지만 중요한 것은 1년 후 혹은 10년 후에 현금흐름이 얼마가 될지를 아는 것이다. 그래야 현재의 가격에서 사두면 이익이 될지 손해가 될지를 판단할 수 있기 때문이다. 이때 진짜 고민은 이것이다. 첫째, 최근까지의 현금흐름이 앞으로도 계속될 것이라 보장할 수 있는가? 둘째, 미래에 생길 현금흐름을 어떻게 현재가치로 판단할 수 있는가?

첫번째 문제를 해결하기 위해서는 현명함이 필요하다. 과거의 기업 실적, 안정성, 경영 능력 등을 평가하고 이 기업이 경기순환업인지, 자본 규모는 어느 정도인지 살피면서 미래 실적이 유지될 수 있을지를 판단해야 한다. 만약 이 판단이 틀리면 모두 소용없게 된다. 두번째 고민인 미래가치 문제는 수익 예상이 들어맞았다 하더라도 여전히 문제가 된다. 10년 후에 100억 원을 번다면 현재가치로는 그것이 100억 원이 아니기 때문이다.

우리는 주식을 사면서 당장 현금을 지급하지만 미래 현금흐름은 매년 시간이 지나야 현실화된다. 그리고 그 기간이 길면 길수록 돈의 가치는 금리만큼 떨어진다. 때문에 1년 후의 현금흐름은 금리만큼 공제하고, 2년 후에는 2년치 금리만큼 공제하고, 10년 후 미래 실적은 10년치 이자만큼 공제해야 정상이다. 이것을 '금리할인'이라고 한다.

문제는 이렇게 금리할인을 해도 앞서 부동산 문제처럼 내년 혹은 3년 후의 금리 예측이 틀리면 소용없다는 것이다. 갑자기 인플레이션이 20%가 되면 미래 현금흐름이 예상 외로 많이 나온다 하더라도 무려 20%나 손해를 보는 셈이 된다.

위험할인도 주의해야 한다. 예를 들어, 한국전력은 더 지을 발전소도 없고 더 판매할 전력도 없다. 이익 규모는 정부가 거의 일정하게 조절하며 특별히 영업비용이 더 높아질 이유도 없다. 더구나 독점기업이니 경쟁자가 생겨서 망할 가능성도 없다. 이 경우는 과거 실적을 바탕으로 미래를 추정하면 오차가 적다. 하지만 하이닉스 같은 경우는 어느 해 수천 억원의 이익을 냈다가 반도체 경기가 나빠지면 갑자기 적자로 둔갑한다. 이 경우 미래의 수익이 얼마가 될지 대체 무엇을 보고 판단하고 어떻게 그것을 믿을 수 있겠는가? 따라서 미래에 예상되는 현금흐름에 대해서 일정 부분 위험치만큼 추가 할인을 해야 한다.

  이런 원리가 바로 현금흐름의 할인, 즉 '미래가치의 현재화'다. 이쯤 되면 미래가치의 현재화라는 개념도 참 웃기는 개념이라는 것을 짐작할 수 있을 것이다. 더 나아가면 마코위츠가 말한, 기대수익이라는 것도 웃기기는 마찬가지다. 결국 주식투자는 절대로 계량화가 불가능하고 투자자의 직관과 현명함에 상당 부분을 의존할 수밖에 없다는 것이 확실해졌다. 다만 그 직관이 차트에 대충 추세선을 그어서 판단하는 감각이 아니고 기업의 실적 추이, 독점력, 시장 지배력, 기술력, 자본력, 경영 능력, 과거의 위기를 헤쳐온 경험, 기업 조직원들의 DNA, 경쟁기업의 상황, 업황, 경기 추이, 산업 동향, 세계 금융시장의 유동성 등을 종합적으로 판단하여 결정되는 고도의 정신적 작용이라는 것을 기억해야 한다.

  내친 김에 다수의 시장 분석가들이, 펀드들이, 금융시장의 메이저 플레이어들이 그리고 대학원에서 재무를 전공한 대학원생들이 중시하는 '현금할인'에 대해 좀더 구체적으로 살펴보자.

  결국 투자 분석에서 가치 할인율은 미래의 금리가 어떻게 움직일지에 대한 오차와 기업의 실적 변동에 대한 오차가 핵심이다. 전자의 경우는 지난 10년간 국채금리를 기준으로 보면 된다. 물론 지난 10년간의 평균금리가 5%였던 국가의 금리가 내년에 갑자기 10%로 오르는 상황에 닥칠 수도 있지만 그래도 그 방법이 합리적이다.

  두번째로 실적 부분 역시 지난 10년간의 자료를 통해 판단하되, 그것의 안정성을 보려면 한 가지 전제가 필요하다. 변동성의 비교대상 기준이 되는 '현금흐름 지수' 같은 것은 존재하지 않으므로, 특정 기업의 현금흐름의 변동을 객관적으로 분석하기 위해서는 해당 기업의 주가가 시장평균(주가지수) 대비 얼마나 큰 변동성을 가지는지 살펴야 한다. 이것이 '베타계수'라 불리는 시장 변동성이다. 하지만 이렇게 자꾸 대치를 하다보면 가뜩이나 불확실한 미래에 대한 판단이 실타래처럼 꼬인다.

미래가치를 할인하는 기준은 일반적으로 기업의 객관적인 규모(자본금, 시장 점유율, 매출액 등), 재무비율(부채, 이자보상배율, 잉여금 등), 기업의 성격(유틸리티, 경기민감형 기업 등), 성장기업(우리나라의 경우 전자), 쇠퇴기업(우리나라의 경우 섬유), 프랜차이즈 밸류(독점력), 경영진의 능력과 리스크 등이다. 이에 따라 각각 개별적인 추가 할인을 하거나 할증을 하면 된다.

어쨌든 기업이 망할 경우에는 기본적으로 미래 현금흐름 자체가 없으므로, 미래 현금흐름이 지속적으로 늘어난다는 가정은 일단 그 기업은 이론상 영구적으로 존재해야 한다는 말이다. 즉, 미래 현금흐름이 향후 5%씩 계속 줄어들 것으로 예상되면 그 기업은 15년 안에 현금흐름이 없어질 것이고 결국은 망하게 되는 것이다. 하지만 대개의 기업은 최소 경제 성장률 수준의 증가는 이루어지는 것이 정상이다.

자본주의 사회에서 경제 성장은 기업의 이익으로 이루어진다는 것을 전제로 하고, 그 이익의 상당수는 상장기업의 힘이라는 점을 받아들인다면, 최소 상장기업이 경제 성장률 이하의 성장을 한다는 것은 기업으로서의 존속이 어려운 상황이라고 볼 수 있고, 당신은 이 기업의 성장률을 이제 "몇 % 추가로 매기느냐?" 혹은 "할인을 얼마로 하느냐?"로 고민하게 될 것이다.

포트폴리오론의 정리

이쯤에서 포트폴리오론을 다시 한 번 정리해보자.

첫째, 포트폴리오에서 위험이란 무엇인가

현대 포트폴리오 이론은 위험을 다루고 있다. 이때 위험은 손해가 실체화될 가능성이지 손해 그 자체는 아니다. 더구나 위험은 수익을 내기 위해서는 반드시 감수해야 하는 업보와 같은 것이다. 만약 5년 만기 국채에 투자하고 있다면 당신의 위험은 0이다. 그리고 수익은 인플레이션보다 조금 높은 수준에서 결정될 것이다. 당신이 위험을 지지 않고 얻을 수 있는 최대 이익이다.

그런데 당신이 그 돈으로 건물을 사서 임대를 한다면 건물가치 하락과 감가상각의 위험, 경우에 따라서는 임대료를 제대로 못 받을 위험을 지지만 대신 건물의 가치가 0원이 될 가능성은 없다. 혹은 그 돈으로 한국전력 주식을 산다면 시가 대비 4~6%의 배당을 받지만, 대신 주가가 급격히 오를 가능성은 낮다. 반면 대신증권 주식을 산다면 역시 시가배당률이 5%에 육박하겠지만 주가가 하락할 위험은 상당히 크다. 물론 한국전력보다 가격이 상승할 가능성도 크다. 이것이 위험의 개념이자 정의다.

둘째, 포트폴리오 분산의 효과

이러한 위험은 분산과 표준편차로 정의된다. 수익이 평균에서 벗어날 가능성의 크기만큼 당신은 위험을 크게 지게 된다. 삼성전자는 평균에서 크게 벗어나지 않지만 동양제철화학은 평균보다 훨씬 큰 상승폭과 하락폭을 갖고 있다. 전자는 분산이 낮고 후자는 크다.

이때 당신이 선택할 수 있는 투자는 세 가지다. 첫째, 삼성전자만 산다. 둘째, 동양제철화학만 산다. 셋째, 둘 다 산다. 이 경우 수익은 둘로 나뉘지만, 만에 하나 둘 중 하나의 업황이 급격히 악화되어 파산한다 하더라도 손실은 50%로 제한된다. 즉, 무한대의 수익과 제한적 손실을 입게 되는 것이다.

일반적으로 주식시장에서 대표성 있는 약 20개 정도의 종목을 편입하면 전체 리스크는 시장과 비슷해진다. 50개나 100개를 포트폴리오에 편입하는 것이나 20개를 편입하는 것이나 마찬가지의 효과를 낸다. 당신이 편입한 종목 중에 회계부정, 부도 혹은 사고로 문을 닫은 기업이 있어도 포트폴리오는 위험을 중화하게 되고 이익은 평균을 따른다. 한 개 고른 종목이 수익을 낼 확률은 평균적이지만 위험은 0이 된다. 포트폴리오의 효과는 단정적으로 이것이다.

통계학에서 "표준편차가 크다."는 것은 수익이 날 경우에는 규모가 크지만 반대일 경우에는 그만큼 파산 가능성이 크다는 뜻이다. 이때 포트폴리오를 구축하면 분산은 적절해진다. 특히 장기투자를 할 경우 이익이 난다는 사실은 피터 린치뿐 아니라 많은 연구자들이 검증했다. 하지만 단기적으로는 큰 하락의 위험에 노출될 수도 있는 것이 주식투자다. 주식가치는 GDP가 성장하는 한 장기적으로는 계속 늘어난다. 때문에 주가가 하락하거나 주식시장이 위험에 처하더라도 파산하는 위험만 벗어날 수 있다면 결국에는 이익이 난다. 이때 파산 위험을 벗어나는 길은 혜안을 갖는 게 아니라 포트폴리오 분산이다.

셋째, 공분산에 주목하라

당신이 투자하는 기업이 한 종목은 대한항공이고, 한 종목은 SK에너지라고 하자. 유가가 오르면 SK에너지의 이익이 늘지만, 유가가 내리면 대한항공의 이익이 늘어난다. 반대로 손실도 마찬가지다. 이렇게 투자를 하되 다른 방향으로 이루어지는 이익과 손실의 정도를 '공분산'이라고 한다. 공분산이 양의 값을 가지면 움직임의 방향이 같다. 예를 들면, 현대자동차와 한국타이어, 현대산업개발과 KCC는 동일한 업종의 전후방 산업이다. 반대로 공분산이 낮으면 방향성이 엇갈린다.

하지만 주식시장에서는 공분산이 높고 낮고의 차이는 있지만, 공분산이 음의 값을 가지는 종목은 없다. 주가가 계속 오르면 결국은 같이 오르고, 계속 내리면 결국 같이 내리는 시장의 속성을 공유하기 때문이다. 이때 금과 같은 자산은 반대로 움직인다. 그래서 금의 공분산은 -0.5다. 인플레이션 우려가 커지고 금 가격이 오르면 주가가 내리고, 주가가 오르면 반대로 금값이 내린다.

넷째, 문제는 비체계적 위험이다

지금부터 알아볼 것은 베타 개념이다. 베타란 윌리엄 샤프가 주장한 개념으로 그는 1990년에 마코위츠와 함께 노벨경제학상을 받았다. 그는 "포트폴리오를 분산하면 위험을 줄일 수 있지만, 아무리 줄인다고 해도 결국에는 줄일 수 없는 위험도 있으며 투자에서는 이 위험에 대한 프리미엄이 전체 수익을 가른다."고 말했다.

이를테면 주식투자에 따르는 전체 위험은 투자의 수익과 손실을 결정짓는다. 하지만 그 중에는 체계적 위험과 비체계적 위험이 있다. 비체계적 위험으로는 테러, 노사분규, 전쟁, 석유파동 등이 있고, 체계적 위험으로는 종목 자체의 실적이나 업황 등이 있다. 우리가 분산을 통해 제거할 수 있는 위험은 비체계적 위험뿐이다.

분산을 해서 여러 개의 주식을 보유하고 있으면, 그 중 한두 개의 주식에 비체계적인 문제가 생겨도 나머지가 그것을 낮추어주는 역할을 한다. 하지만 시장 자체의 위험은 나눈다고 해서 줄어들지 않는다. 즉, 전체 주식이 가지는 고유의 '체계적 위험의 합'이 포트폴리오의 위험이 되는 것이다. 실제 종목들은 시장 전체가 하락하거나 오르면서 서로 영향을 주고받기 때문에 체계적 위험은 완전히 제거되지 않는다.

그래서 아무리 잘 분산한 포트폴리오라 하더라도 결국 주식투자는 체계적 위험에 노출될 수밖에 없다. 이때 이렇게 종목별로 변동할 수 있는 고유의 변동성을 베타라고 부른다. 즉, 시장 전체의 변동성(이를테면 KOSPI200)을 1이라고 할 때 어떤 종목은 2배로 등락하고 어떤 종목은 절반의 폭으로 등락한다면, 전자의 베타는 2이고 후자의 베타는 0.5가 된다.

비체계적 위험을 감수하는 대가로 이익을 기대한다면 그는 바보다. 투자자들은 체계적 위험을 감수하는 대가로 수익을 얻는다. 베타가 큰 증권주에 투자하면 위험은 크지만, 그만큼 수익도 크기 때문에 주가가 KOSPI보다 더 많이 올라도 매수에 가담한다. 하지만 베타가 낮은 종목의 경우 KOSPI의 절반만 움직여도 투자자들은 더 비싼 값을 치르려고 들지 않는다. 이것은 정상적이다. 우리가 한 개의 개별 종목만을 사면 은연중에 비체계적 위험을 감수하게 되지만(이를테면 현대자동차의 노사분규), 몇 개의 종목을 나눠서 매수하면 이런 대가 없는 위험은 제거가 가능해지는 것이다.

여기서 한발 더 나아가자면 A, B 2개의 포트폴리오의 베타가 같다는 것은 A포트폴리오는 비체계적 위험이 크고(전체 위험이 커진다) B포트폴리오는 비체계적 위험이 낮더라도(전체 위험이 낮아진다) 두 집단의 실제 위험은 같음을 의미한다. 앞서 말한 대로 비체계적 위험은 이미 포트폴리오를 구성함으로써 분산에 의해 사라지기 때문이다. 따라서 이 경우 투자자는 A포트폴리오를 선택하는 것이 유리하다. A가 전체 위험이 크므로 수익에 대한 기대가 크기 때문이다. 사라진 비체계적 위험으로 인해 2개의 포트폴리오의 손실 가능성은 같으므로 현명한 투자자는 A를 택하게 된다. 이렇게 해서 우리는, 잘 분산된 포트폴리오는 비체계적 위험이 클수록 더 큰 수익을 준다는 결론을 내릴 수 있다.

다섯째, 위험의 진짜 의미는 무엇인가

지금까지 알아본 지식의 범위에서 우리가 일반적으로 말하는 위험은 다음과 같다. 예를 들어, 베타가 0인 투자를 한다면 지금 당신의 자산은 MMF에 모두 들어 있을 것이다. 또 베타가 1인 투자를 한다면 KOSPI와 움직임이 비슷한 종목을 보유하고 있을 것이다. 이때 당신은 장기적으로는 분명히 MMF보다 나은 수익을 낼 것이지만, 분명히 어느 순간 혹은 어떤 기간 MMF보다 훨씬 낮은 수익을 내거나 큰 손실을 경험할 것이다. 물론 최악의 경우 주가가 휴지조각이 되기도 한다. 이것이 주식투자에서 말하는 위험의 진정한 정의다.

이때 노후에 쓸 퇴직금을 투자금으로 사용해서 전부 잃을 경우 큰 문제가 발생한다고 가정해보자. 당연히 당신은 자본금도 최대한 지키고 싶고 그러면서 이익은 가능한 한 크게 내고 싶을 텐데, 침착하기로 소문난 상담사는 이렇게 말할 것이다.

"선생님의 돈은 과부와 고아의 돈과 같은 소중한 돈이므로 변동성이 낮은 KT, 한국전력, 도시가스 같은 회사에 투자를 하시지요."

이때 고개를 끄떡이며 수긍한다면 당신은 기회비용을 상실한 것이다. 상담사의 말은 당신의 돈이 베타가 1 이하인, 혹은 0.5 수준인 종목에 투자된다는 말과 같다. 이때 차라리 그 돈의 절반을 MMF에 넣고, 나머지 절반은 베타가 1인 종목들로 주식을 사면 당신의 포트폴리오는 어떻게 될까? 전체 포트폴리오의 베타는 0.5가 된다. 즉, 베타가 0.5인 주식으로 포트폴리오를 채우는 것이나, 절반은 안전한 MMF에 넣고 절반은 베타가 1인 종목에 넣은 것이나 결과적으로 위험은 같다. 수익은 어느 쪽이 나을까? 당연히 후자다. 왜냐하면 전체 위험이 같더라도 비체계적 위험이 클수록 수익이 크기 때문이다.

한때 이러한 베타에 대한 믿음이 시장을 지배하기도 했다. 지금도 어지간한 증권사에서는 베타가 얼마인지를 제공하고, 우리나라의 펀드 평가사들은 펀드 포트폴리오의 베타가 얼마인지도 제공한다. 많은 투자자들이 이것을 극대화하기 위해 상승장에서는 고베타 종목을 사고, 하락장에서는 저베타 종목을 사는 방식이 유행했다.

하지만 이것은 어리석은 일이다. 강세장이 오늘까지만 지속되고 내일부터 하락하면 고베타를 보유한 투자자들은 금세 손실이 커질 것이니 말이다. 그래서 "강세장에 고베타, 약세장에 저베타."라는 말은 시장이 계속 오를지 내릴지를 아는 사람만이 할 수 있는 말이다. 베타는 얄팍하게 단기적인 수익을 내는 도구가 아니라 포트폴리오 이론의 한 축일 뿐임을 명심하자.

여섯째, 기대 이상의 수익, 알파

여기서 말하고자 하는 알파란 옵션에서 사용하는 용어가 아니다. 보통 투자자들이나 운용자들이 예측된 베타 이상의 수익을 얻었을 경우에 말하는 "알파를 얻었다."라는 개념을 의미한다. 즉, 알파는 "이론상 기대수익을 넘었다."는 뜻이다.

원래 포트폴리오의 매력은 알파를 얻는 것이다. 피터 린치도 설파했다시피 포트폴리오는 여러 개의 종목을 편입하고 그 중에서 한두 개의 10루타 종목을 얻는 것이 핵심이지만, 지금은 그 이야기를 하려는 것이 아니다. 사실 지금까지 이론상으로 보면 전체 위험이 같다면 베타가 높은 포트폴리오는 수익이 더 좋아야 하고 플러스알파까지 얻을 수 있어야 한다. 그런데 실증적 연구를 한 결과 그것은 사실과 다른 것으로 밝혀졌다.

지난 30년간 미국시장에서 거래된 모든 종목을 대상으로 베타 등급을 각각 다르게 해서 포트폴리오를 구성하고 수익을 측정해보았다. 그랬더니 황당하게도 가장 낮은 베타들을 가진 포트폴리오와 가장 높은 베타들로 구성된 포트폴리오의 실제 수익이 별 차이가 없었다는 사실이 확인되었다. 즉, 베타를 높이면 수익이 커질 것이라는 샤프의 주장이 근거가 없던 것이다. 이론과 현실은 달랐다.

이유는 정확하지 않지만, 여기에는 여러 가지 설이 있다. 기본적으로 우리가 측정하는 베타라는 것 역시 이전까지의 가격 변동성을 근거로 측정한 것이므로 내일의 변동성은 아무도 모른다는 점(바로 이 점이 뒤에 설명할 볼린저밴드의 확장성과 맞물린다), 베타 자체가 명료하게 계산할 수 있는 것이 아니라는 점, 그 외에도 우리가 이해할 수 없는 여러 가지 변수가 포함되어 있을 것이라는 점 등이 지적되고 있지만 어쨌거나 실제 연구 결과는 그랬다.

이러한 연구 결과는 기술적 분석이 근거 없음을 증명한 것만큼이나 금융시장에 큰 회오리를 불러왔다. 이후 투자 세상에 '베타의 죽음'이 찾아왔기 때문이다.

  이쯤에서 당신은, 그렇다면 왜 이 책에서 이렇게 장황하게 포트폴리오 이론을 다루었는지 의문이 생길 것이다. 나는 당신이 베타를 따져서 포트폴리오를 구축하고 체계적 위험을 수익에 반영할 것을 기대한 것이 아니라, 그것이 갖는 진정한 의미, 즉 위험과 수익의 관계, 분산에 대한 개념들을 명확하게 이해하기를 바란다. 지금까지 이 이론을 주의깊게 살피고 여러 번 읽은 이들은 앞으로 주식투자의 이론 세계에서 상당한 식견을 갖게 되었음을 나중에 깨닫게 될 것이다.

분산투자
포트폴리오

　오리를 키우는 농부가 고민에 빠졌다. 오리 출하 시기는 다가오는데 가격이 원가 수준에도 못 미칠 정도로 폭락해버렸기 때문이다. 농부는 고심 끝에 더 이상 사료를 먹이지 않고(돈을 들이지 않고) 연못에서 오리를 키우면서 오리 값이 다시 반등하는 시점까지 기다려보기로 했다. 하지만 농부의 고민은 여기서 끝난 게 아니다.

　연못은 동쪽과 서쪽, 두 곳에 있는데 어디에서 오리를 키울지를 결정해야 했다. 동쪽 연못에는 미꾸라지가 풍부해 오리의 살을 찌우는 데 그만이지만, 서쪽 연못에는 물고기가 오리가 겨우 연명할 수 있는 수준밖에 없었다. 그리고 동쪽 연못으로 가는 길에는 통행 차량이 많은 반면 서쪽 연못으로 가는 길에는 차도가 없다.

　농부는 나중에 오리를 비싼 값에 팔기 위해 동쪽 연못으로 보내기로 결정했다. 그런데 가만히 생각해보니 동쪽 연못으로 가는 길에는 통행 차량이 많아 자칫하다가는 교통사고로 오리가 몰사할 가능성이 있었다. 그래서 그는 오리 떼가 한꺼번에 길을 건너게 하지 않고 한 마리씩 건너가게 했다. 이때 농부의 선택은 현명한 것일까?

오 리 떼 의 패 러 독 스

오리를 무리지어 보내면 처음 몇 번은 모두 무사 통과할 수 있겠지만 언젠가는 떼죽음을 당하는 날이 올 수 있다. 하지만 하루에 한 마리씩 보내면 뒷 순서의 오리들은 먹이가 부족해 하루에 한두 마리씩 죽어서 손실이 쌓일 수도 있다. 이때 농부의 이익은 '기간의 운'에 따라 결정된다. 다행히 오리 가격이 빨리 회복돼 오리 떼 모두 사고를 당하기 전에 시장에 내다팔 수 있으면 떼를 지어 보내는 것이 옳고, 만약 가격 회복이 늦어진다면 나눠서 보내는 것이 옳다. 하지만 오리 가격이 계속 하락해 출하 기간이 지나치게 늦춰질 경우에는 오리 전부를 잃을 위험이 점점 커진다.

이때 농부가 오리 떼를 보존할 수 있는 방법은 무엇일까? 그것은 바로 오리 떼를 둘로 나눠서 반은 서쪽 연못으로, 반은 동쪽 연못으로 보내는 것이다. 이 경우 농부는 오리 값의 폭락으로 출하 시기를 늦춘 채 계속 시간이 흐른다 하더라도 언젠가 오리 값이 오르면 나머지 절반을 시장에 내다 팔 수 있다.

여기서 농부가 할 수 있는 최선의 선택은 무엇인가? 사실 시장 타이밍이 적절해 오리의 살이 잔뜩 올랐을 때 비싼 값에 팔 수 있는 행운과, 가격이 맞지 않아 출하를 늦추다가 가격이 올랐을 때는 이미 모든 오리를 잃을 위험은 대칭적이다. 다만 그가 오리 떼를 반으로 나눌 경우에 가격이 좋아질 때까지 절반은 지킬 수 있겠지만, 대신 오리 가격이 2배 이상 급등하지 않는 한 큰 이익을 볼 가능성은 상당 부분 사라진다.

지금 던진 이 수수께끼는 일종의 패러독스다. 하지만 이에 대한 답은 있다. 천체물리학자인 오스본(M. F. M Osborne)은 브라운 운동(Brownian Motion)을 변동성 분석에 대입해 "주가의 변동폭은 시간의 제곱근에 비례한다."는 루이 바실리에(Louis Bachelier)의 이론을 증명했다. 그의 이론에 의하면, 오리 떼의 패러독스에서 농부가 오리를 떼 지어 보내든 나누어 보내든 수익이나 손실의 확률적인 차이는 없고, 이 농부의 리스크(변동성)는 단지 시간이 흐를수록 증가할 뿐이다.

바꿔 말하면 농부가 오리 가격이 최고에 달하는 어느 시점까지 기다렸다가 팔았을 때 큰 이익이 날 가능성과 큰 손실을 볼 가능성은 같고, 이익을 보든 손해를 보든 그것은 운이라는 뜻이다. 결국 이 패러독스에서 농부가 개입할 수 있는 유일한 방법은 오리 떼를 둘로 나눠서 반은 동쪽으로, 반은 서쪽으로 보내는 것이다. 그렇게 하지 않는다면 농부에게 가장 합리적인 대안은 동전을 던지는 것뿐이다.

Zoom In

브라운 운동 액체나 기체 안에 떠서 움직이는 미소입자의 불규칙한 운동. 물체가 전체적으로는 움직이지 않는 평형 상태라도 물체를 이루는 미소입자는 열운동을 하고 있어 다른 미소입자와 부딪치면서 병진운동을 하기 때문에 일어나는 현상이다. 물에 떠 있는 꽃가루의 운동, 냄새의 확산 현상 등에서 살펴볼 수 있다.

분산투자의 의미

포트폴리오 이론의 핵심은 분산투자에 있다. 투자를 하다보면 "한국펀드, 중국펀드, 선진국펀드에 분산투자하면 위험이 적다."는 말을 많이 듣지만, 사실 이때의 위험에는 정도의 차이가 거의 없다.

이를 통계학적으로 설명하면 공분산이라 부르는 상관계수가 양의 값을 가지면 그 자산의 변동성은 시간이 길어지면 거의 같아지기 때문이다. 즉, MSCI지수 0.7 정도의 공분산을 갖는 한국시장을 보유할 경우 보유 기간이 길어지면 어느 시점에서 이 자산들의 위험도는 같아지는 것이다. 이 점은 신흥시장의 경우에도 마찬가지로 적용된다.

이 때문에 자산투자에서 분산투자는 공분산이 음의 값을 갖는 자산을 중심으로 구성해야 한다. 예를 들어, 금의 경우 MSCI 기준 공분산은 -0.4~0.5 수준인데, 이것은 금값이 오르면 주가가 떨어지고 주가가 오르면 금값이 떨어질 가능성이 크다는 의미다. 이러한 음의 공분산은 시간이 지날수록 오히려 자산배분의 효과를 높여주게 된다.

그래서 여기서 말하는 자산배분은 채권수익률을 기준으로(0으로 잡을 때) 주식과 실물이 좌우로 분포하는 분산 배치를 함으로써 농부가 최소한 오리의 절반은 비싼 가격에 팔 수 있는 기회를 잡게 된다는 의미이지, 주식시장 내에서의 업종별 분산이나 주식시장별 분산과 같은 소극적 의미의 배분을 의미하는 것은 아니다.

자산배분은 미국 같은 선진 자산시장에서 대공황이나 블랙먼데이 등의 우여곡절을 겪은 결과 그런 위험을 회피할 수 있는 방법은 결국 자산배분밖에 없더라는 경험에서 나온 것이다. 예상치 못한 자산시장의 폭락과 같은 경험을 한 후 많은 경제학자들과 투자 이론가들이 정립한 모델인 셈이다. 아울러 이러한 투자법의 진정한 의미는 더 나은 수익을 바라는 것이 아니라 위험을 분산하는 것임을 명심해야 한다.

이런 측면에서 보면 국내 투자자들이 염두에 두고 있는 분산투자는 애당초 목적이 잘못 설정되어 있다. 금, 물, 석유 등의 실물에 투자하고, 신흥시장과 한국시장에 주식을 분산투자하는 이유는, 위험에 대한 진정한 회피가 아니라 더 나은 수익 추구이기 때문이다.

대부분의 투자자들은 이런 지적에 동의하지 않는다. 수십 억원의 자산을 운용하는 사람의 입장에서는 충분히 동의할 수 있겠지만, 소액으로 투자하는 사람의 입장에서는 그것이 가능하지 않기 때문이다. 그래서 투자자들은 가능하면 채권 대비 수익률이 높을 것으로 예상되는 자산에 집중하게 되고, 그 결과 수익과 손실은 항상 양의 값을 가지지 않고 양과 음의 값을 반복하게 된다.

소액 투자자들의 진짜 비극도 여기에서 시작된다. 주식시장을 역사적으로 잘 관찰해보면 주가는 대개 표준편차의 범위 내에서 움직이는 정규분포의 모습을 하고 있지만, 드물게 이 범위를 벗어나는 움직임이 발생하고 이것이 수익률을 결정적으로 좌우한다. 편차를 벗어나는 비정상적 변화는 극히 드문 일부분인 데다 그 기간도 아주 짧지만, 실제 수익에 미치는 영향은 너무나 큰 것이다.

10년간 주식시장의 전체 수익률을 놓고 비교해보자. 이 기간 동안 수익률이 70%인 경우 만약 편차를 벗어난 극적인 순간을 제외하고 계산해보면 수익률은 그 절반도 되지 않는다. 이는 손실률도 마찬가지다. 그래서 많은 투자자들은 수익률이 극적으로 상승하는 짧은 기간에는 일찌감치 주식을 팔고 일시적인 폭락의 시기에는 보유하고 있다가 속수무책으로 당함으로써, 나머지 긴 기간에 벌어들인 평범한 수익을 그대로 반납

한다. 이 경우의 최종 수익률을 비극적이라고 표현하는 이유가 바로 여기에 있다.

경제학자들과 시장의 많은 이론가들은 분산투자가 아닌 집중투자(주식과 같은 자산에 집중하는 경우)에서 이러한 비이성적 행태를 소거하기 위한 논의를 진행해왔다. 뒤에서 다시 설명하겠지만 분포곡선에서 '뚱뚱한 꼬리(Fat tail)'라 부르는 이 기간의 움직임을 활용하거나 반대로 회피하는 것이 어쩌면 주식투자의 전부일지도 모른다.

고위험 고수익 포트폴리오

"당신들 중에 누가 시장평균의 수익을 낼 수 있습니까?"

포트폴리오 이론의 아버지 마코위츠가 유수의 펀드매니저들이 모인 강연회에서 이 같은 질문을 던졌다. 펀드매니저들은 마코위츠의 질문에 황당하다는 반응을 보였다. 당시 펀드매니저들은 스스로 늘 큰 수익을 내고 있다고 믿었기 때문이다.

하지만 마코위츠는 펀드매니저들의 그릇된 확신을 깨기 위한 추격의 고삐를 놓지 않았다. 그는 10년간 미국 연기금과 대형 뮤추얼펀드의 수익률을 조사해보니 실제 시장수익률(지수 상승률)을 지속적으로 앞서는 펀드는 없었으며, 그나마 상대적으로 높은 수익을 기록한 펀드는 "펀드매니저가 어떤 종목을 편입했는가에 달린 게 아니라 자산을 어떻게 배분했는가에 따라 달라진다."는 통계 자료를 내놓았다.

이 사실은 투자에서 거의 혁명적인 발상의 전환이었다. 그 전까지 펀드매니저들은 직관, 영감, 모멘텀, 성장 스토리(개념주) 등에 의존해 자신이 마치 미다스의 손이라도 되는 양 으스댔지만, 알고 보니 전체 시장을 시가총액에 따라 전부 사서 보유한 것보다 결과가 나빴다는 사실이 백일하에 드러난 것이다. 즉, 최고의 수익을 내는 최고의 슈퍼 포트폴리오는 바로 '시장 그 자체'라는 얘기다. 이는 후에 윌리엄 샤프와 제임스 토빈 등에 의해 계승 발전되어 인덱스펀드가 시장에 등장하는 계기가 되었다.

이렇듯 이제는 너무나 당연한 포트폴리오 이론도 당시로서는 상당히 생소한 개념이었다. 하지만 마코위츠의 이론은 단순히 시장지수를 추적하는 인덱스가 최선이라는 의미는 아니었다. 핵심은 "무조건 시장만큼만 수익을 내자."는 것이 아니라 "최선의 이익을 낼 수 있는 조합을 찾아보자."는 것이었다. 그는 "같은 위험을 가질 때 최대의 기대이익을 내는 조합을 선택하고, 같은 기대이익이라면 최소의 위험을 지는 조합을 선택하라."는 지배원리 개념을 주장했다. 여기서 말하는 위험이란 변동성을 의미한다. 주식시장에서 기간에 따라 가격이 변동하는 변동치는 곧 위험이며 그는 이것을 베타라고 불렀다. 따라서 베타가 크다는 말은 그만큼 손실 가능성이 크다는 뜻이고, 반대로 베타가 작다는 것은 그만큼 손실 가능성이 작음을 뜻하는 것이다.

정리하자면 마코위츠는 개별 주식들의 변동성(베타)을 조사하고 상대적인 변동성의 크기를 측정한 다음, 변동성이 같은 경우 최대의 수익을 내는 종목을 고르면 된다고 주장했다. 그렇다면 여기서 그가 말하는 기대수익은 어떤 의미일까?

이것을 이해하기 위해서는 먼저 주식이 갖고 있는 가치평가모형을 알아야 한다. 주가는 이론적으로 미래의 현금흐름을 현재가치로 할인한 수치다. 쉽게 풀어서 설명하면 배당할인모형(DDM, Dividend Discount Model)의 경우 해당 기업의 미래 배당가치를 합산한 다음 현재의 금리로 할인하면 그 기업의 기대수익이 나온다.

예를 들어, 어느 기업의 현재 배당이 향후 10년간 매년 100원씩으로 예상된다면 현재의 배당액은 100원의 가치 그대로지만, 다음해의 100원은 금리에 해당하는 만큼 할인해야 한다. 다시 말해 편의상 금리를 10%로 가정하고 배당가치를 계산해보면, 첫 해의 배당가치는 100원이지만 다음해의 배당가치는 90원이 되고 그 다음해에는 81원의 가치를 갖게 되는 것이다. 그리고 이 기업의 계산된 배당액을 합하면 해당 기업의 10년간 배당가치가 환산된다. 지금 가진 돈은 이자가 붙지만 미래에 받을 돈은 채권과 같은 것이므로 금리할인이 필요하고, 이런 할인 개념을 "미래가치를 현재가치로 할인했다."고 말하는 것이다.

현실 적용 가능한 포트폴리오론의 탄생

그러면 다시 본론으로 돌아가보자. A주식은 변동성이 0.5이고 기대수익은 1%, B주식은 변동성이 0.5이고 기대수익은 1.5%라고 가정해보자. 이 경우 우리는 당연히 B주식을 포트폴리오에 편입해야 한다. 또한 기대수익이 1%, 변동성이 0.5인 C주식과 기대수익이 1%, 변동성이 0.7인 D주식이 있는 경우 우리는 당연히 C주식을 골라야 한다. 하지만 보통 투자자들은 변동성 부분은 고려하지 않고 기대수익만 좇거나 기대수익을 무시하고 변동성만 좇는다. 그래서 영감, 정보, 모멘텀 등에만 의존한 투자자들이 지배 원리를 택한 투자자들에게 항상 지는 것이다.

그런데 문제는 이런 식의 계산이 이론적으로는 가능하지만 실제 투자에 적용하기는 거의 불가능에 가깝다는 것이다. 그래서 샤프는 마코위츠의 이론을 계승하여 주식시장의 평균지수 대비 개별 종목의 변동성을 지수화한 샤프 비율(Sharpe Ratio)을 발표했고, 이로써 두 사람은 노벨상을 수상하는 영광을 안게 된다. 샤프지수는 어떤 종목의 변동성을 지수에 대한 상대적인 비율로 규정했기 때문에 종목의 변동성을 통해 곧 지수 대비 위험도를 알 수 있게 한 것이다.

이를 계기로 뮤추얼펀드에는 혁명이 일어났다. 펀드매니저들은 그때서야 비로소 포트폴리오에 눈을 뜨게 됐고 겸손해지기 시작했다. 하지만 시장은 참으로 재미있다. 모두가 이런 자산배분 이론이 옳다 여기더라도 단기적으로는 이런 선택을 한 투자자보다 그렇지 않은 투자자가 더 나은 수익을 올리는 경우가 존재한다. 또 아주 드물게는 워렌 버핏이나 피터 린치처럼 장기적으로도 더 나은 수익을 올림으로써 마코위츠 스스로 예외를 인정할 수밖에 없게 만들기도 한다. 그래서 투자자들은 늘 신기루를 좇게 되고 펀드매니저들은 여전히 자신의 영감이나 직관을 신뢰하는 자기착각에 빠져드는 것이다.

펀드매니저들은 지난 100년간 극소수의 특별한 예외를 보면서 늘 자신이 최고의 수익률을 낼 수 있다는 아집과 독선에 사로잡혀 있었고, 투자자들 역시 그렇게 믿는 국면들이 늘 존재했다. 사람은 그래서 알 수 없는 동물이다. 이는 카지노에서 잭팟을 터뜨리는 사람이 극소수임에도 불구하고 카지노는 늘 미어터지고, 경마장과 경륜장 역시 도박꾼들로 붐비는 것과 같은 이치다.

이 문제를 해결하기 위한 또 하나의 이론이 등장한다. 토빈의 분리정리다. 제임스 토빈은 같은 자산 안에서 아무리 제대로 된 분산을 해도 그 자산 자체가 갖는 위험은 분리될 수 없으며 언젠가는 심각한 손실을 입을 가능성이 있다는 전제에서 출발했다. 같은 포트폴리오에서 가능하면 낮은 기대이익과 낮은 위험보다는 높은 변동성과 높은 기대이익을 선택할 수 있는 방식을 연구한 것이다.

이를테면 당시 재무설계사(FP)들이 믿고 있던 상식 중에 "과부와 고아의 돈은 낮은 변동성과 낮은 수익에 투자하고, 부자의 돈은 그 반대를 선택해 투자하라."는 말이 있었다. 과부와 고아는 이익이 덜 나도 위험이 적은 주식에 투자하고, 부자는 손실을 각오하고 큰 자산에 투자하면 된다는 것이다. 하지만 현실은 달랐다. "부자는 더 큰 돈을 벌기보다 안정성을 택하고, 자산이 적은 사람들이 오히려 위험이 큰 조합을 고른다."는 이율배반이 나타났다.

토빈의 주장은 주식시장에서 시장 자체의 위험은 어차피 정도의 차이일 뿐 어느 종목에서나 나타나는 것이라면(주가 폭락시 방어주나 성장주나 정도의 차이만 있을 뿐 같이 하락하는 현상을 생각해보자), 자산 자체의 방향성이 다른 자산에 나누어 투자하면 될 것이라는 말이다. 그것이 바로 앞에서 설명한 공분산을 이용한 자산배분의 원리다. 즉, 당신이 고위험 고수익을 택하려고 한다면 당신의 자산을 주식 안에서 어떻게 나눌까 고민하기에 앞서 서로 방향성이 다른 자산(예를 들어 주식과 금의 조합)에 먼저 배분하고, 일단 배분한 자산은 최고 수익과 최고 위험의 조합에 투자하란 얘기다. 그러면 결과적으로 자산 보호와 수익을 동시에 노릴 수 있다.

이런 점에서 살펴보면 선진국과 한국, 신흥시장의 주식으로 나누어 편입하면 리스크가 줄어든다는 믿음이나, 위험자산에 올인하는 일부 펀드나 가입자들의 행보가 얼마나 위험한지 너무 간과해왔던 것이다.

chapter 8

위험관리와 분석

주식 투자자가 리스크에 대처하는 자세

사람들은 주식시장에서 '리스크(risk)'라는 말을 흔하게 사용하지만 그 의미에 대해서는 깊이 생각하지 않는다. 리스크에 대한 이해는 금융투자의 알파이자 오메가다. 어쩌면 이 책에서 가장 하고 싶은 말이 리스크의 이해와 활용일지도 모른다. 지금부터 설명하는 개념은 금융 이론에 익숙하지 않은 독자들에게는 꽤 어려운 내용일지도 모른다. 하지만 투자를 하기 위해서는 꼭 알아두어야 하는 것들이다.

누구든 책이나 강의를 통해 쉽게 지식을 얻길 원하지만 그것은 잘못된 생각이다. 쉽게 얻을 수 있는 지식은 지식이 아니다. 쉽게 얻을 수 있는 것이었다면 이미 여러분이 알고 있어야 한다. 이 단락을 읽고 이해하는 데 있어 금융이나 재무 이론에 밝은 사람들은 내가 말하고자 하는 핵심만 짚으면 그만이지만, 그렇지 않은 사람들은 난데없이 중고등학교 시절 수학책을 다시 펼쳐야 할지도 모른다. 그렇다 해도 반드시 이해하고 넘어가길 바란다.

그래서 지금부터는 내용이 다소 중언부언이 되거나 견강부회를 하는 한이 있더라도 최대한 쉽게 설명하고자 한다. 만약 이해가 되지 않으면 다시 처음으로 돌아가서 정독하길 바란다.

리스크란 기대와 다른 결과가 나타날 가능성

리스크란 '해로움이나 손실이 생길 우려가 있는 상태'를 말하며 금융시장에서는 '투자자산의 손실을 입을 가능성'이라는 뜻으로 통한다. 이때 '손실 가능성'에는 재산상의 손해를 가져올 어떤 사건이 일어날지 모른다는 불확실성 혹은 불가측성이라는 개념이 포함된다. 즉, 예측되는 기댓값과 실제 결과가 다를 가능성이 있다는 뜻이다. 예상했던 것과 다른 결과가 나올 수 있다는 말은 곧 "나쁠 수도 있지만 좋을 수도 있다."는 뜻이다.

리스크를 사전적 의미인 '손실'에 국한해서 사용해선 안 된다. 리스크의 의미를 확장하면 '애초 내가 예상한 기대치에서 벗어난 결과를 얻을 가능성'이 된다. 결과가 좋은 쪽으로 움직이면 기대 이상의 좋은 성과를, 나쁜 쪽으로 움직이면 기대 이하의 성과가 나오는 것이다.

주식투자의 위험관리 측면에서 볼 때 기대 밖의 이익은 대개 소거한다. 무시한다는 뜻이다. 뜬금없이 하늘에서 떨어지는 이익은 0으로 취급하고, 리스크가 현실화되어 손실이 발생하면 포트폴리오에 어떤 악영향을 미칠지만 고려하는 게 금융시장에서의 위험관리다. 금융공학에서 위험을 규정할 때 표준편차를 이용하는 것도 이 때문이다.

하지만 우리는 투자자다. 대개는 투기 거래자들이다. 개인 투자자들이 어떤 자산에 투자할 때 무위험 차익 거래를 하는 경우는 드물다. 그나마 워렌 버핏 정도의 반열에 올라야 그것이 가능하다. 이런 논리가 무조건 맞는 것은 아니지만 그렇다고 반박하기도 어렵다. 그래서 나 역시 이 점을 인정하고 시작한다. 이 책을 읽는 모든 사람들은 투기 거래자들이다. 그렇다면 투기 거래자답게 생각해보자.

보통사람들이 자신이 가진 소규모 자산을 공분산에 입각해서 위험을 완벽하게 헤지하거나, 하위가합성(sub-additivity, 포트폴리오를 구성하는 자산의 리스크 합을 포트폴리오 전체 리스크의 합보다 작도록 하는 것)을 갖도록 할 수는 없다. 그래서 대부분의 투자자들은 위험에 고스란히 노출된다.

개인 투자자들은 기대한 만큼 주가가 오르면 이익을 얻지만, 그 반대의 경우에는 기대 이상으로 하락함으로써 큰 손실을 입게 된다. 이는 투자자들의 심리상 이익이 날 때는 기대이익 수준에서 이익을 실현하지만, 손실이 나면 기대손실을 넘기는 수가 허다하고, 위험을 피하려 하면(잦은 손절매 등으로) 오히려 누적 손실이 더 커지는 구조를 가지기 때문이다. 거기다가 공포와 탐욕으로 매수·매도 시기까지 잘못 선택하면 이익의 합은 항상 손실의 합보다 적게 된다.

그렇다면 이런 상황을 극복하기 위해서는 어떻게 해야 할까? 해답은 바로 리스크에 대한 올바른 이해에 있다. 즉, 여기서 발상을 달리 하면 이익을 낼 때는 기대이익 이상의 이익을 내고, 손실은 기대손실로 그칠 수 있다. 다시 강조하지만 우리는 투기 거래자다. 차익 거래자들처럼 기대 이상의 이익을 0으로 보는 것이 아니라 적극적으로 추구해야 한다. 또한 손실에 대한 편차는 차익 거래자들처럼 꼼꼼하고 치밀하게 관리해야 한다.

이쯤 되면 이 책에서 하고자 하는 말이 무엇인지 눈치챘을 것이다. 그럼 이제부터 '이익은 무한으로, 손실은 유한으로'라는 꿈 같은 이야기가 가능한지 한번 탐색해보자.

주가는
대푯값을
중심으로
수렴한다

지금부터는 약간 복잡한 개념을 공부할 차례다. 그러기 위해 먼저 알고 넘어가야 할 개념이 표준편차인데, 보통 주식시장에서 표준편차는 변동성과 같은 개념으로 사용한다. 하지만 막연하게 그렇게 생각할 뿐 그것이 실제로 어떤 의미를 갖는지는 깊이 생각하지 않는다. 그러나 이제부터 이 개념에 대해서는 아주 정확하게 이해해야 한다. 그렇지 않으면 이 책에서 얘기하고자 하는 주개념을 놓치게 될지도 모른다.

수학을 전공하지 않았거나 고등학교를 졸업한 지 10년이 넘은 사람들은 표준편차라는 말을 들으면 일단 머리부터 아프겠지만, 사실 그렇게 어려운 개념은 아니다. 더구나 2차 함수를 풀거나 통계학 원론을 공부하자는 것이 아니므로 반드시 기억해야 할 개념만 최대한 이해하기 쉽게 설명하겠다.

표본과 대푯값

국회의원 총선거를 앞두고 정당 지지도를 조사한다고 하자. 이때 전국민을 대상으로 조사를 한다는 것은 불가능한 일이다. 이럴 때 우리는 1,000~2,000명 정도의 표본을 추출해서 그 결과를 분석한 다음, 의미를 확장한다. 그런 다음 결과는 95% 신뢰수준에서 오차범위 3%라는 식으로 말하는데, 이 여론조사에는 표준편차라는 개념이 숨어 있다.

정당 지지율 조사에서 우리가 알고자 하는 집단의 구성원을 국민이라 하고 이것을 모집단이라고 하자. 만약 이 모집단에 투표권이 없는 10대나 초등학생까지 포함되어 있다면 의미 없는 통계가 되고 만다. 투표권이 있다 하더라도 20대만 500명이거나 여자만 900명이거나 충청도 출신만 400명인 경우에도 이 그룹은 전체의 대표성이 없다. 따라서 표본이 대표성을 띠려면 성별, 연령, 지역, 직업에 따라 고루 구성되어야 한다. 즉, 표본은 모집단의 성질을 알기 위한 통계적 추출 대상이다.

그렇다면 금융시장에서는 어떨까? 예를 들어, 향후 1년간의 주가 변동성을 알기 위해 최근 3일간의 주가나 KOSPI 200에도 들지 못하는 작은 종목의 주가만 포함한다면, 이는 대표성을 지닌 표본이라 할 수 없다. 그런 측면에서 보면 우량주 200개를 시가총액대로 반영해서 추출한 지수인 KOSPI 200지수는 잘 추출된 표본이라고 할 수 있다. 왜냐하면 표본은 전체의 상황이나 경향을 보여주는 성질이 있어야 하기 때문이다.

어쨌든 이렇게 표본을 뽑고 나면 그 표본의 성질을 이해하기 위한 분석 작업이 이루어져야 한다. 이를 위해 가장 먼저 해야 할 일은 바로 대푯값을 정하는 일이다. 한 개의 수로 전체를 대표할 수 있는 수를 찾는 것이다.

대푯값으로는 중앙값(median)이나 평균값(mean), 최빈값(mode)이 자주 쓰인다.

중앙값이란 순서대로 놓인 수 중에서 한가운데 있는 값, 즉 전체 합을 이등분한 위치에 있는 값이다. 표본의 수가 1, 3, 5, 7, 9라면 그 중간인 5가 대푯값이 되며, 1, 2, 3, 4인 경우에는 2와 3의 중간값인 2.5가 대푯값이다. 최근 한 달간 삼성전자의 주가 중 50만 원, 60만 원, 70만 원 3개를 표본으로 정했다면 대푯값은 60만 원이다.

그리고 평균값, 일반적으로 말해 '산술평균'은 그룹의 수를 모두 더하여 그 수의 개수로 나누어 구하며, 수학적 공식은 다음과 같다.

- 산술평균 $= \dfrac{X_1 + X_2 + X_3 + \cdots\cdots + X_n}{n} = \dfrac{\sum X_i}{n}$

주어진 값에서 가장 자주 나오는 최빈값 역시 대푯값으로 쓰인다. 삼성전자 주가 중 무작위로 10개의 주가를 뽑았더니 50만 원, 51만 원, 51만 원, 51만 원, 52만 원, 55만 원, 56만 원, 57만 원, 58만 원, 59만 원이 나왔다고 하자. 이 경우 평균값을 대푯값으로 삼으면 54만 원이고 최빈값을 대푯값으로 삼으면 51만 원이다.

대푯값을 평균값이나 최빈값으로만 정하면 문제가 생길 수 있다. 예를 들어, 대상 기간에서 추출한 삼성전자의 주가가 20만 원, 50만 원, 51만 원, 51만 원, 51만 원, 52만 원이었다고 하자. 이때 평균값은 주가의 성질을 적정하게 대변하지 못한다. 20만 원으로 급락한 가격이 평균에 너무 큰 영향을 미쳐 대표성에 왜곡이 발생할 수 있다. 이를테면 주가가 완만하게 상승중임에도 20만 원의 영향을 받아 이동평균선의 하락 기울기가 지나치게 가팔라지는 것이다. 이런 문제를 제거하기 위해서는 '가중평균'이나 '기하평균'을 사용해야 한다.

먼저 가중평균을 살펴보자. 주가의 대표성을 알아보기 위해 삼성전자, 국민은행, 하이닉스에서 각각 1주씩을 추출하여 주당 가격을 알아보았다. 그랬더니 70만 원, 6만 원, 2만 원이었다고 하자. 이때 평균값을 $\frac{70+6+2}{3}=26$이라는 식으로 계산할 수는 없다. 이 세 종목이 한국 주식시장의 대표성을 띠기 위해서는 삼성전자의 KOSPI 시가총액 비중인 9%, 국민은행 2.72%, 하이닉스 1.41%를 각자의 주가에 곱한 다음 평균을 구하는 것이 옳다. 이것이 가중평균이다.

기하평균은 조금 더 중요한 개념인데 그룹에 해당하는 n개의 수를 서로 모두 곱한 다음 그것을 n으로 제곱근한 값을 말한다. 삼성전자의 연간 이익 성장률을 구한다고 해보자. 삼성전자의 이익이 전년도는 2배, 올해는 8배 증가했다고 가정해보자. 단순히 두 기간의 성장률을 합한 것을 기간으로 나누어($\frac{2+8}{2}$=5) "삼성전자는 연평균 5배의 이익 성장을 기록했다."고 하면 맞을까? 물론 틀렸다. 두번째 해의 이익은 실제로 작년의 이익 성장률인 2배에 대한 8배이므로, 사실은 2년 전에 비해 16배 성장한 것이다. 이런 경우 산술평균이 아닌 기하평균이 필요하며, 따라서 삼성전자의 연간 이익 성장률은 그것의 제곱근인 $\sqrt{2\times8}=4$, 즉 4배가 된다.

앞서 말한 대로 '기하평균=$\sqrt[n]{\text{자료의 곱}}$'이 된다. 여기서 n은 자료의 개수다. 예를 들어, 성장률이 2배, 4배, 8배, 10배로 급속하게 높아지는 기업이라면, 이 기업의 성장률의 기하평균은 $\sqrt[4]{2\times4\times8\times10}$으로 계산하는 것이다. 여기서 학창시절을 추억하자면, 기하평균은 "n제곱의 대수는 그 대수의 n배와 같다."는 대수의 성질을 이용하면 쉽게 계산할 수 있다.

어쨌든 기하평균은 대개 성장률, 증가율, 상승률 등의 수치를 필요로 하는 경제 분야에서 자주 사용된다. 내년이나 한 분기 앞의, 전년도 대비 몇% 증가와 같은 단순한 정보가 아닌 가치투자를 위해 "최근 몇 년간 연간 얼마의 성장을 하였는가?"를 알고 싶을 때는 이런 계산 과정이 필요함을 염두에 두자.

사실 우리가 통계학에서 취해야 할 지식은 정규분포와 표준편차 정도면 충분하다. 그 이상은 필요없다. 남대문 시장에서 야채를 거래하는데 함수 계산기와 《수학의 정석》이 필요하지 않듯, 학교에서 배운 지식은 꼭 필요한 분야에서만 골라 써먹으면 그만이다.

정규분포

사람이 계측하는 대개의 정보에는 오차가 존재한다. 이를테면 건물의 높이를 측량할 때도, 포탄이 떨어지는 탄착점의 정확도에서도, 크든 작든 오차가 존재한다. 하지만 그야말로 카오스적인 무작위성이 아닌 한 이런 오차는 대개 평균을 중심으로 수렴한다.

과녁을 향해 화살을 쏜다면, 중심부 주변에 가장 많은 화살이 꽂혀 있을 것이고 과녁에서 멀어질수록 화살의 수는 적어질 것이다. KTX의 연착이나 선착 시간은 대부분 10분 안쪽이고, 1시간이나 2시간의 연착은 드물게 발생한다. 운동장에 커다란 동그라미를 그리고 그곳에 주머니 던지기를 해도 마찬가지다.

우리가 자연계에서 측정 가능한 어지간한 일들은 중심으로 갈수록 밀도가 높고, 주변으로 갈수록 밀도가 낮아진다. 이렇게 펼쳐진 수들의 상태를 알기 위해서는 단순히 평균값만 알아서는 곤란하다. 1, 2, 50, 98, 99의 그룹과 48, 49, 50, 51, 52의 그룹, 이 두 그룹의 평균값은 둘 다 50이지만, 수가 펼쳐진 정도는 많이 다르다. 이때 이 수들의 펼쳐진 정도는 수의 상태를 파악하는 데 중요한 정보가 된다. 이것을 주가라고 본다면 전자는 변동성이 극심하고, 후자는 변동성이 작아 안정적이기 때문이다.

이런 현상들의 집합을 모아서 분포곡선을 그려보면 대개 종 모양의 곡선이 되는데, 우리는 이것을 가리켜 '정규분포' 혹은 '정규분포곡선'이라고 부른다. 심지어 사람의 키나 몸무게 역시 모아보면 정규분포를 따르는데, 이것은 하느님조차도 당신을 닮은 인간을 만드시면서 큰 키와 작은 키, 무거운 몸무게와 가벼운 몸무게로 오차를 내신 셈이다. 그래서 이 곡선을 '오차곡선'이라고 부르기도 하고, 이 곡선의 함수식을 수학적으로 유도한 수학자 칼 가우스(Karl Gauss)의 이름을 따서 '가우스곡선'이라고 부르기도 한다.

이것을 다시 주가에 대입해서 생각해보면, 특정 기간의 주가 역시 그 동안의 평균 주가를 중심으로 상하로 분포한다. 이동평균을 중심으로 주가가 상하로 분포하게 되는데, 이때 주가는 이동평균 주위에 가장 밀집하고, 이동평균에서 멀어질수록 넓게 분포된다.

바로 이 부분이야말로 적정주가라는 무언의 대푯값이 존재한다는 것을 증명한다. 만약 적정주가란 것이 존재하지 않고 가격이 마치 바람에 날리는 먼지처럼 마구잡이로 형성된다면 주가는 이동평균과는 상관없이 형성될 것이다. 시장 참가자들이 의식하는 적정주가에 더 많은 가중치를 부여하는 사람들과 반대의 생각을 가진 사람들이 각각 가격을 결정하지만, 결국 주가는 대푯값을 중심으로 수렴한다는 의미다.

주가는
정규분포를
따르는가

다음 〈그림 20〉에서 보듯 정규분포는 평균 M을 중심으로 밀도가 가장 높고, 좌우로(주가를 기준으로 한다면 상하로) 흩어지는 흐름을 보인다. 이때 의미 있는 영역에 속할 확률은 그림에서 변곡점 σ에 해당하는 부분이다.

사람의 키를 예로 들면 당신의 키는 변곡점 안에 들어갈 확률이 높고, 만약 이 변곡점에서 벗어난다면 키가 예외적으로 크거나 작은 사람이다. 주가에 대입해보면, 어지간하면 다음날의 주가는 이동평균값으로부터 변곡점에 해당하는 구간에 들어갈 가능성이 크고, 거기에서 벗어날 가능성은 작다는 뜻이기도 하다.

▰▰▰ 그림 20   정규분포곡선

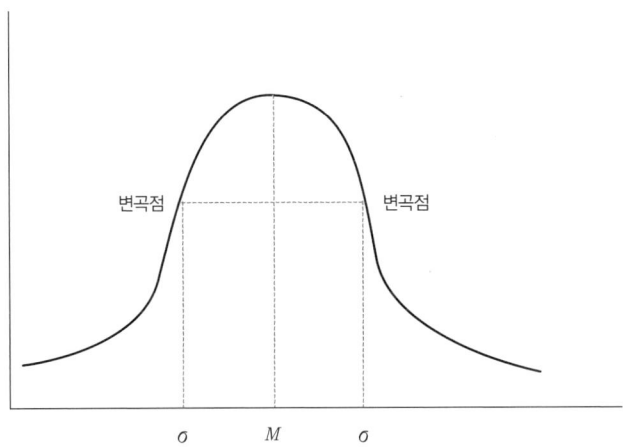

변곡점

변곡점은 매우 중요한 의미를 갖는다. 인간은 태생적으로 직선으로 사고한다. 하지만 행위의 결과물은 항상 곡선화된다. 왜냐하면 사람은 시계 시간으로 살기 때문이다. 날마다 해가 뜨고 지며 하루는 24시간이고 한 달은 다시 30일이다. 우리가 살아가며 보내는 시간은 늘 규칙적이고 일정하게 직진한다.

하지만 그 안에서 일어나는 행위들은 시간과 1대 1 대응하지 않는다. 예를 들어보자. 아침부터 저녁까지 우리가 생산적인 일을 하는 것은 아니다. 수험생이 4시간의 낮잠을 잤다고 하면, 이때 시간은 일정하게 달아났지만 성과는 제자리에 머물러 있을 것이다. 그러다가 아차 하고 뒤늦게 분발해서 따라잡는다면 일의 총량은 시간과 비례하지 않고 들쭉날쭉하게 움직일 것이다.

같은 맥락에서 모든 인간이 자연계에서 이루는 성과는 시계 시간을 따르지 않는다. 앞서거니 뒤서거니 하는 것이다. 기업이든 문명이든 간에 정체와 지체 그리고 급가속을 반복해왔다. 하지만 인간은 이것을 뇌 안에서 한 번 거른 다음 가능하면 직선상의 움직임으로 보려고 한다. 투자에서 장기성과도 그렇다.

기업의 이익 증가세를 생각해보자. 한 기업의 이익이 느슨하게 증가하다가 어느 순간 가파르게 증가하기 시작하면 사람들은 그것을 믿으려 하지 않는다. 그동안 관찰한 증가율의 방향성을 직선화해서 생각하려 들기 때문이다(〈그림 21〉의 a). 그래서 실제 실적(혹은 주가)은 급격히 증가하는데 투자자들은 애써 그것을 외면한다. 그러다가 어느 순간 이것이 상당한 직진성으로 인정될 때에야 뒤늦게 그것을 기정사실화하고 너도나도 뛰어든다(〈그림 21〉의 b). 그러다가 다시 실적이나 주가가 둔화하기 시작하면 대개는 그동안의 직선적 사고에 갇혀 둔화를 인정하지 않는다. 단지 우리가 걸러야 할 잡음 정도로 인식하려는 것이다. 그래서 둔화를 가볍게 생각하지만 정작 이것이 하락의 시초라는 점을 인식하는 데는 상당한 시간이 걸린다. 하락의 방향이 다시 인정될 때까지 말이다(〈그림 21〉의 c).

하지만 이때 문명이나 자산가치의 복리가치에 주목하는 장기 투자자들은 아예 이런 변화 자체를 걸러버리거나 소거한 다음 "장기적으로는 유리하다(〈그림 21〉의 d)."라는 생각을 가진다.

여기에서 d점에 해당하는 "단기성과를 무시하고 장기성과만 이기면 된다."라는 주장을 살펴보자. 이때 장기성과는 문명의 발전 혹은 자산가치의 자연스러운 증가를 취하려는 행위다. 하지만 그 이상의 성과를 얻고자 한다면 단기성과에서도 최선의 성과를 내고 장기성과에서 더 큰 누

■■■ 그림 21　인간의 직선적 사고 ■■■

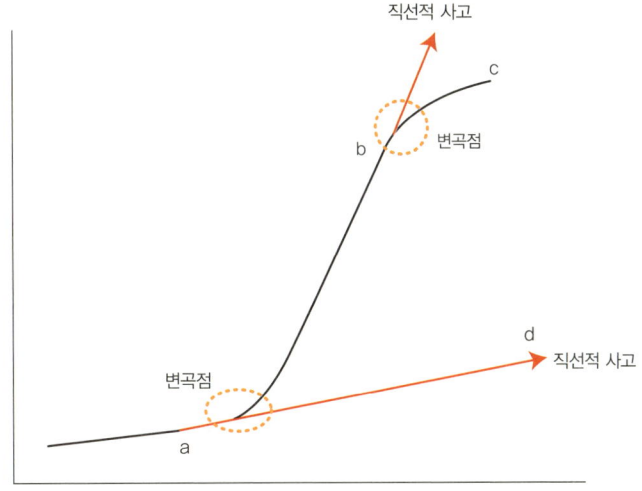

적이익을 얻는 것이 바람직하다. 이것이 바로 크게 성공하는 투자자와 보통의 투자자 그리고 대부분의 실패하는 투자자의 차이다.

우리가 무엇에 주목해야 하는가에 대한 답은 이미 나와 있다. 바로 변곡점에 주목하는 것이다. 다만 그 곡선화가 정말 일시적인 변동인지 추세의 변화를 예고하는 변곡점의 시작인지를 알기 위해서는 단순한 변곡점 이상의 것이 필요하므로 여기서 논의를 좀더 진행해야 한다.

앞서 〈그림 20〉의 정규분포곡선에서 보았듯이 변곡점에 해당하는 지점은 확률적으로 보편성을 벗어나는 지점이다. 주가 예측이든 화살 쏘기든 키 맞히기든 간에, 다음의 수가 일정한 범위에 들 확률은 변곡점 안에 있을 때 가장 높다. 즉, 곡선의 오목점과 볼록점이 바뀌는 지점이 확률적 변수의 기준점이라는 뜻이다. 우리가 도박꾼이라면 선택의 여지가 없다. 대개의 도박은 이런 확률적 정규분포를 그리지 않기 때문에 성립한다.

만약 주사위 던지기가 정규분포를 따른다면 모든 노름꾼은 부자가 될 것이다. 바로 이 점이 주식투자가 도박과 다른 이유이기도 하다. 통계에서는 이 변곡점을 '표준편차'라고 부른다.

〈그림 21〉에서 보듯 정규분포곡선이 특정 지점에서 곡선의 오목점과 볼록점이 바뀌는데 바로 이 점이 표준편차다. 다시 말해 표준편차 범위에 있는 면적은 확률적으로 가장 밀집한 구간이 된다.

이렇게 어떤 숫자 그룹의 분포를 예측하는 데 도움이 되는 것은 '범위'와 '표준편차'다. 먼저 범위는 수학적으로 단순하고 익히기가 쉽다. 예를 들어, 삼성전자의 주가가 60만 원, 61만 원, 80만 원, 99만 원, 100만 원이었다면 평균은 80만 원이고, 범위는 60~100만 원, 즉 40만 원이다. 삼성전자의 평균 주가인 80만 원과 범위 40만 원에 대한 정보를 알았으므로 대강의 삼성전자의 주가 분포를 그릴 수도 있다.

이 경우 범위에는 가장 큰 수와 가장 작은 수의 정보만 반영되고, 나머지 수들은 반영되지 않는다는 문제점이 있다. 삼성전자의 주가가 '60만 원, 61만 원, 62만 원, 63만 원, 64만 원, 80만 원, 96만 원, 97만 원, 98만 원, 99만 원, 100만 원'일 때와 '60만 원, 80만 원, 80만 원, 80만 원, 80만 원, 80만 원, 80만 원, 80만 원, 80만 원, 100만 원'으로 움직일 때의 범위와 평균이 같기 때문이다. 하지만 전자와 후자는 상당히 다르다. 전자는 극단적인 주가 움직임이 나타나는 불안정한 상황이지만, 후자는 상당히 안정적인 평균 회귀성을 갖고 있다. 나중에 설명하겠지만 엔빌로프와 같은 보조지표들을 주식시장 분석에 활용하면 늘 이런 부분에서 문제에 부닥치게 된다. 표준편차는 바로 이런 고민을 없애주는 역할을 한다.

표준편차란 무엇인가

그럼 표준편차에 대해서 좀더 본격적으로 알아보자. 아울러 대체 왜 이런 것을 알아야 하는지 의문이 들어 머리가 아프더라도 반드시 알아야 할 내용이니 참고 주의를 기울여보자.

표준편차란 숫자 그룹에 포함된 각각의 수가 평균으로부터 얼마나 떨어져 있는지를 알아보는 방법이다. 범위는 가장 멀리 떨어진 수의 거리만 아는 방법인데 비해, 표준편차는 각각의 모든 수가 평균으로부터 떨어진 위치, 즉 수의 성질을 모두 포함하는 개념이다. 후에 설명하겠지만 범위가 보조지표상의 스토캐스틱(stochastic)처럼 최대 범위를 반영한다면, 표준편차는 MACD처럼 각각의 성질을 모두 반영하는 것이라고 생각하면 된다.

예를 들어, 10, 20, 30, 40, 50의 숫자 그룹에서 평균은 30이다. 이때 숫자 10은 평균으로부터 20, 20은 10, 30은 0, 40은 10, 50은 20이 떨어져 있으므로 이들 간의 거리를 모두 합해서 산술평균한 값, 즉 $\frac{20+10+0+10+20}{5}=12$가 분포의 크기다. 이 그룹의 수들은 평균으로부터 12 정도 떨어진 거리에 있는 분포를 보여주는 셈이다. 결국 이 그룹은 평균은 30이고 분포는 18~42에 이르는 정규분포곡선을 가진다. 따라서 다음에 추출할 무작위의 수는 18~42의 범위에 있을 확률이 높고, 그 이상과 이하의 수가 나온다면 그것은 예외인 경우로 생각할 수 있다.

이렇게 놓고 보면 범위는 지나치게 넓고 다음에 추출될 수의 범주를 정확히 반영하기 어렵지만, 각각의 수를 모두 반영하는 분포 크기를 이용하면 다음 예측치를 가늠하기가 쉬워진다. 주식투자에서 다음날의 주가가 분포의 범위에서 벗어날 것이라고 예상하기보다는 그 범위 안에서 주가가 형성될 것이라고 보는 것이 확률적으로 유리하다는 의미가 된다.

범위보다 분포를 알 수 있는 더 좋은 방법은 평균에서부터 각각의 수가 떨어진 거리를 합한 다음, 총개수로 나눈 것이다. 그런데 이 부분을 수학적으로 생각해보면, 평균으로부터 떨어져 있는 수는 그 거리가 평균 대비 넘칠 수도 모자랄 수도 있다. 이치상 1, 2, 3, 4, 5의 수 그룹에서 '1-3=-2, 2-3=-1, 3-3=0, 4-3=1, 5-3=2'가 되고 이것을 모두 합하면 0이 된다. 하지만 앞의 분포 계산에서는 '-(마이너스)' 기호를 무시하고 각 수의 거리의 합을 평균한 값을 분포로 삼았다.

이는 일종의 의미 왜곡이다. 이때 분포를 왜곡 없이 표현할 수 있는 방법은 평균에서 떨어진 각각의 거리를 제곱하는 것이다. 이를테면 -2의 제곱은 4, -1의 제곱은 1, 1의 제곱은 1, 2의 제곱은 4가 된다. 이렇게 수를 제곱하면 음수가 양수가 되므로 결과는 '4+1+0+1+4'가 되고 분포의 크기는 '10/5=2'가 된다.

문제는 단위가 붙는 경우이다. 예를 들어, 앞서 예시한 그룹의 단위가 미터라면 분포의 크기는 제곱미터(m^2)가 된다. 길이 단위가 면적 단위가 되었으므로 원래의 단위로 돌려주기 위해서는 다시 제곱근으로 풀어주어야 마땅하다. 이렇게 그룹을 대표하는 분포를 정하고, 그 분포를 규정하는 표준을 제곱근으로 풀어서(루트화) 원래의 단위로 되돌려준 것을 표준편차라고 부른다.

결국 표준편차의 공식은 $\sqrt{\frac{\Sigma(X_1-\bar{X})^2}{n-1}}$ 이 된다.

다시 정리해보면 이렇다. 그룹의 산술평균을 구하고, 각각의 수에서 평균을 뺀 후 제곱한다. 다시 평균을 구하고 제곱근으로 푼다. 바로 이것이 표준편차다. 그럼 분포를 파악할 때 표준편차가 지닌 장점은 무엇일까?

첫째, 각각의 모든 수의 성질을 포함한다. 특정 주가를 기준으로 표준편차를 계산한다면, 각 거래일의 주가가 가진 의미를 모두 읽을 수 있다. 그에 비해 범위는 고가와 저가의 성질만 포함한다.

둘째, 해당 그룹의 대상의 크기에 구애를 받지 않는다. 범위는 그룹의 수가 커지면 반드시 커지고, 작아지면 같이 작아진다. 일주일간의 거래보다 한 달간의 거래에서 신고가나 신저가가 발생할 확률이 더 높기 때문이다. 하지만 표준편차는 분포의 표준을 정하는 작업이므로 개수가 아무리 많아도 그룹의 성질만을 표현할 뿐 분포가 달라지지는 않는다.

장황하게 설명했지만 업무에서 대수를 이용하는 분들은 이미 아는 이야기일 것이고 고등학교 이후 수학책을 한 번도 보지 않은 분들은 여전히 이해가 어려울 것이다. 만일 이 부분이 잘 이해되지 않았다면 다시 돌아가서 꼼꼼히 짚어보길 바란다. 사실 표준편차를 계산하는 방법은 알 필요가 없지만 성질이 어떤 것인지는 완전히 이해하고 있어야 한다.

다시 정규분포로 돌아가보자. 분포에는 여러 가지가 있지만 통계학을 공부하는 것은 아니므로 정규분포에 대해서만 알아보자.

앞에서 언급했듯이 정규분포는 오차곡선이다. 사람이든 기계든 인위적으로 하는 모든 일은 오차가 생기므로 당연히 정규분포를 따른다. 하지만 자연의 경우는 다르다. 예를 들어, 갓 태어난 송아지의 크기나 숲에서 자라는 나무의 키는 정규분포를 보이지만, 바람에 이는 먼지의 비산 방향 혹은 물리학자들이 그렇게 잡으려고 애쓰는 양자역학에서 전자의 스핀 등은 어떤 분포도 따르지 않는 카오스의 세계다. 하지만 대개의 현상들은 평균치에서 좌우로 크게 벗어나지 않는 정규분포를 따르거나, 그와 유사한 분포를 하고 있다.

정규분포에서는 평균과 표준편차만 알면 그 그룹의 성질을 모두 알 수

■ 그림 22 정규분포곡선

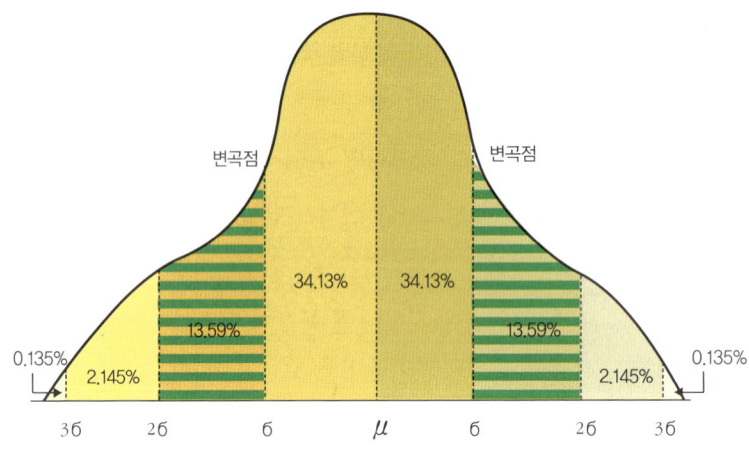

있다. 정규분포는 앞서 설명한 대로 평균값 뮤(μ)에서 가장 빈도가 높고 (곡선의 높이가 높고), 좌우로 표준편차(σ)만큼 간 곳이 변곡점이 되며(가장 밀집도가 높은 구간), 그것을 벗어나는 지점부터는 현저히 밀도가 낮아진다.

이때 곡선 안의 면적을 보면 평균과 표준편차(σ) 사이의 면적은 34.13%, 빗금으로 표시한 σ와 2σ 거리에 해당되는 면적은 13.59%, 2σ와 3σ 사이의 면적은 2.145%, 나머지 빈 공간은 0.135%이다. 정규분포가 평균에서 좌우로 놓이는 분포라는 점을 감안하면 양측을 합해서 각각 68.26%, 95.44%, 99.73%가 된다. 즉, 이동평균값에서 각각의 표준편차를 2σ로 정했다면, 당신의 보유주식이 다음날 그 범위 안에서 가격을 형성할 확률이 95.44%이며, 그것을 벗어날 가능성은 4.56%에 지나지 않는다는 뜻이다. 당신이 보유한 주식의 가격이 올라서 이동평균으로부터 2σ

■■■■ 차트 2 삼성전자의 볼린저밴드 ■■■■

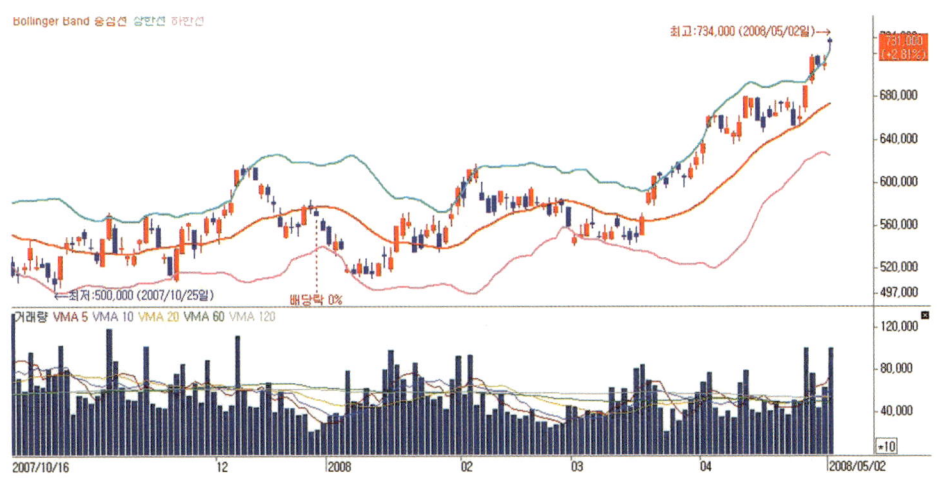

의 범위까지 상승했다면, 그 이상 상승할 확률은 고작 4.56%에 지나지 않는다는 말이기도 하다. 이는 앞에서 말한 도박 게임에 빗대어 생각해보면 확률에 도전하지 말고 깨끗하게 매도하는 것이 유리한 게임이 된다는 의미가 된다. 이 부분을 차트로 살펴보자.

〈차트 2〉는 표준편차를 이용한 정규분포를 펼친 것으로 삼성전자의 주가를 '볼린저밴드(Bollinger Band)'라는 보조지표로 나타낸 것이다. 나중에 설명하겠지만 볼린저밴드는 "평균 주가를 중심으로 가격이 결정되는 양상 역시 정규분포를 따른다."라는 가정을 전제로 이동평균선을 중심으로 표준편차만큼 상하로 밴드를 그린 것이다(〈차트 2〉는 표준편차의 2배, 즉 2σ를 적용한 그림이다).

다시 풀어보면 이 차트에서 최소 옥색과 분홍색의 범위에 전체 주가의 95.44%가 들어가야 한다는 의미이며, 가격이 이 밴드를 벗어날 확률은

4.56%라는 뜻이다. 따라서 6개월간의 주가를 살펴보면 종가 기준으로 주가가 이 밴드를 벗어난 경우는 10번에 불과하다. 이동평균선 주변으로 주가가 밀집하고 있는 모습도 보인다. 그런 논리의 연장선에서 보면 밴드의 상단에 주가가 도달하면 다음에는 밴드 안으로 돌아와 이동평균선 쪽으로 가격이 하락할 확률이 크며, 반대로 분홍색선에 주가가 도달하면 반등해서 최소 이동평균선 쪽으로 다가갈 것이라는 가정이 성립한다.

여기서도 보조지표는 수학적 확률에 의존하고 있음을 알 수 있다. 만약 주가가 정규분포를 따른다면(블랙잭처럼 냉정하게 확률적으로만 접근하면) 주식투자는 반드시 이기는 게임이 될 것이다. 하지만 실제로는 그렇게 간단하지가 않다.

이제 정규분포와 표준편차에 대한 개념을 확실하게 이해했으리라 생각한다. 아직 이해하기 힘들다면 꼭 다시 돌아가서 확실하게 짚고 넘어가기를 당부드린다. 그래야 다음에 설명할 내용도 쉽게 이해할 수 있다.

리스크는 분석 가능한가

통계학 전공자가 아닌 이상 지금까지의 지식 이상을 공부할 필요는 없지만 개념을 확장해서 생각해볼 필요는 있다. "주가가 과연 정규분포를 따르는가?"라는 부분에서 문제가 발생하기 때문이다. 이 문제는 결국 위험관리와 깊숙하게 관련되어 있기 때문에 반드시 점검해야 한다.

우리가 보유하고 있는 자산은 늘 위험에 노출되어 있다. 먼저 현금은 인플레이션 위험, 부동산이나 주식은 가격 하락의 위험, 채권은 금리 변동의 위험에 노출된다. 이런 위험은 독립적이기도 하고 서로 교차하기도 한다.

리스크에는 시장위험, 신용위험, 유동성위험, 운용위험, 국가위험 등이 있다. 이 위험들은 우리가 보유한 자산에 실시간으로 영향을 미치며 때로는 이익을, 때로는 손실을 안긴다. 때문에 당장 자산을 늘리는 것보다 이러한 리스크를 피하는 것이 훨씬 더 중요하다. 우선 위험이 무엇인지부터 차근차근 알아보자.

리스크의 분류

먼저 시장위험(Market risk)은 보유한 자산의 가격이 변동할 때 발생한다. 여기서 자산이란 자기자본과 부채 모두를 가리킨다. 먼저 당신이 현금 5억 원 중 1억 원을 주식에 투자하고 1년 만기 엔화 대출을 받은 돈 2억 원 중에서 1억 원을 보태어 5억 원짜리 집을 샀다. 그리고 나머지 엔화대출금 1억 원은 3년 후에 받기로 하고 지인에게 더 좋은 이자로 빌려주었다고 가정해보자.

이때 엔화 환율이 급등하고 주가가 하락하며 집값이 오르는 상황이 동시에 벌어질 수 있다. 즉 이익과 손실이 공존하는 것이다. 가만히 있는데도 이런 위험은 실시간으로 우리 주변을 맴돈다. 최악의 상황은 금리가 오르고 엔화가 급등하고 주식과 부동산이 폭락하는 것이다.

이때 우리가 할 수 있는 일을 하나씩 정리해보자. 가장 먼저 금리 부분을 정돈해야 한다. 1년 만기 엔화 대출을 받아 투자를 해서 입은 손실은 재투자위험(Reinvestment risk)이라 부른다. 중기대출을 받고 단기투자를 했다가 손해를 입었기 때문이다.

두번째, 갚아야 할 돈의 금리가 가파르게 오르고, 받아야 할 돈의 금리는 고정되어 있다. 또한 대출 만기는 눈앞에 닥쳤지만 받을 돈의 만기는 아직 멀었다. 이것을 자금재조달위험(Refinancing risk)이라고 부른다. 또 내가 빌려준 금리와 받을 금리의 격차가 역전되거나 좁아지는 경우에는 가만히 앉아서 손실을 입을 수 있는데 이는 베이시스위험(Basis risk)이라고 부른다.

 2008년의 상황은 이 세 가지 위험 모두에 노출되어 있다. 뿐만 아니라 환율 변동성에 대한 리스크, 즉 환위험도 안고 있다. 받을 돈과 받아야 할 돈의 환율 차이로 인해 과거 우리나라는 국가위기 상황을 맞기도 했었다.

 세번째, 신용위험(Credit risk)에도 노출되어 있다. 만약 내가 돈을 빌려준 채무자가 직장을 그만뒀다면 당장 노심초사하게 될 것이다. 채무불이행위험(Default risk)이 커졌기 때문이다. 3년 만기가 될 때까지 돈을 받을 수 없다면 채무자의 통장 잔고가 줄어들수록 당신의 위험은 커지고, 어느 순간 그가 잠재적 노숙자 신세가 되면 당신의 차용증서는 거의 휴지 상태가 된다. 그리고 당신은, 그 돈은 이미 회수 불능이라고 판단할 것이다.

 그것만이 아니다. 엔화를 빌려준 은행에서 돈을 갚으라고 요구할 경우 당장 현금화가 가능한 자산은 주식을 팔아 받을 수 있는 대금 1억 원뿐이다. 자산이 충분함에도 부도 위기에 빠지는 것이다. 이것이 유동성위험(Liquidity risk)이다. 더구나 대출금을 금세 갚지 못할 것이라는 사실이 알려지는 순간 신용카드 회사는 거래를 정지시킬 것이고, 집은 금융기관에 의해 가압류될 것이며 결국에는 헐값에 팔리게 된다.

 이것은 개인뿐 아니라 자산을 다루는 금융기관 모두에게 해당되는 중요한 리스크다. 특히 금융기관은 돈을 빌려주거나 외환을 보유한 상대 국가가 채무불이행을 할 가능성이라는 위험까지 지고 있으며, 영국 베어링(Bearings)의 닉 리슨(Nicholas Leeson)이라는 젊은 직원이 파생상품 손실로 은행을 파산시킨 것처럼 내부에서 자산을 다루는 과정에서 발생할 수 있는 운용위험(Operational risk)까지 지고 있다. 이러한 위험에 대한 비용은 고스란히 고객에게 금리로 전가될 것이다.

리스크의 측정

리스크를 피하기 위해 또는 관리하기 위해 가장 먼저 해야 할 일은 위험도를 제대로 평가하는 것이다. 늘 최악의 위험 상황만 상상하며 벌벌 떨 수는 없는 일이다. 더구나 위험을 안지 않으면 이익도 없으므로 무조건 피할 수도 없다.

ALM 기법

금융기관이나 투자은행들은 리스크를 측정하기 위해 ALM(Asset and Liability Management, 자산부채관리) 기법을 주로 사용한다. 지금부터 가치투자를 위한 기업평가에서도 매우 중요한 개념을 설명할 것이므로 집중하기 바란다.

ALM은 먼저 금리에 민감한 자산과 금리에 민감한 부채를 파악하여 그 규모를 적절하게 유지·관리하는 것을 말한다. 즉, 금리가 하락하면 부채에서는 이익을 얻지만 금융자산은 손실을 입는다. 반대로 금리가 인상되면 부채에 대한 이자 부담이 커지지만 금융자산은 이익을 얻는다. 그래서 ALM에서는 이 두 가지 자산의 비율을 적절히 관리하는 것이 중요한데, 이것을 만기갭(maturity gap)이라 한다.

- 만기갭 = $\dfrac{\text{금리민감자산}}{\text{금리민감부채}}$

더 구체적으로 설명하면 재무관리에 대한 강의가 될 것이므로 이 정도로 설명을 마치겠지만, 기업의 입장에서는 항상 자산에 대한 위험 노출도를 스스로 관리하는 것이 중요하다는 사실만 기억해두자.

그런데 투자자나 투자은행의 입장에서는 단순하게 금리 차이와 만기만 관리하는 것으로는 문제가 해결되지 않는다. 돈의 만기를 맞추거나 금리 손해를 조절하는 것은 쉽지만, 부동산이 하락한다든가 주가가 하락하는 등 자산가치가 변하는 것에 대해서는 대책이 없기 때문이다.

VaR시스템

1994년 미국의 투자은행 JP모건(JP Morgan)은 금리, 주가, 환율 및 기타 위험들이 미래에 어떤 형태로 나타날 수 있는지를 산출해서 매일 오후 4시 15분에 경영진에게 보고하는 VaR(Value-at-Risk) 시스템을 개발했다. 현재의 보유자산이 미래의 어떤 시점에 최악의 상황을 만났을 때, 안게 될 위험이 어느 정도인지를 미리 예측하는 경보시스템을 만든 것이다(최근 불거진 서브프라임 모기지 사태는 이런 경보 시스템이 오작동한 것이라고 볼 수 있다). 그 시스템의 결과에 따라 경영진은 그 위험을 감당하기 어렵다고 판단되면 현재의 포트폴리오를 감당 가능한 수준으로 조절하고 리스크에 비해 자산이 보수적이라고 평가되면 위험자산을 늘리는 선택을 한다.

여기에는 '위험조정 자기자본수익률(RAROC, Risk Adjusted Return On Capital)'과 같은 재미있는 개념도 포함되어 있다. 주식과 미국 채권에 각각 5억 달러를 투자하여 양쪽에서 똑같이 1,000만 달러를 벌었다고 가정하면, 10억 달러의 자금이 투하된 것으로 보지 않고, 주식에 7억 달러 그리고 채권에 3억 달러가 투자되었다고 보는 것이다. 위험자산과 비위험자산에서 동일한 수익을 냈다면, 실제로는 위험자산 쪽에 자본투자가 더 많았던 것으로 여기는 셈이다. 위험자산의 수익이 낮았던 부분을 재무적 손실로 인정하는 것이다.

이렇듯 위험관리는 무조건 위험을 회피하는 것이 아니라, 자신이 감당할 수 있는 위험의 범위에서는 적극적으로 감수하고, 위험 수준이 높아지면 감당할 수 있는 수준으로 포트폴리오를 조정하는 것을 말한다. 여기에서 핵심은 '감당 가능한 수준에서는 위험을 적극적으로 감당하는 것'이다.

기업의 경우 재무론적으로 부내거래(on-balance-sheet transaction)인 대차대조표상의 항목 조정을 할 수 있고, 부외거래(off-balance-sheet transaction)인 파생상품을 이용하여 관리할 수 있다.

먼저 부내거래란 앞서 말한 ALM, VaR 등을 말하며, 위험을 측정한 결과가 현재 정상 범위를 벗어나 있다면 대차대조표상 항목과 계수를 조정하는 방법을 택할 수 있다. 예를 들어, 단기부채를 장기부채로 돌리고 만기일을 조절하고 고정금리를 변동금리로 혹은 그 반대로 조절하여 유동성의 미스매치나 기타 위험으로부터 벗어나는 것이다. 부외거래란 금리스왑, 통화스왑, 선물옵션 등 파생상품으로 위험을 헤지하는 것을 가리킨다. 예를 들어, 달러를 보유한 것의 통화위험이 크다고 판단되면, 엔화와 통화스왑 계약을 하거나 선물환 매도를 통해 가치 하락을 방어할 수 있으며, 보유유가증권이나 금리문제는 금리선물 혹은 주식시장의 선물옵션을 통해 방어가 가능해진다.

즉, 이론상으로는 위험에 대한 방어가 가능하다. 하지만 모든 자산에 대해 그렇게 완전하게 위험헤지를 해버리면 수익도 없다. 금융회사든 개인이든 기대수익을 먼저 정하고 현재의 수익과 기대수익의 차이를 목표로 한 다음, 그것을 얻기 위한 만큼의 리스크를 부담하는 것이 위험내성(Risk Tolerance)이 있는 투자 행위다.

그렇다면 여기에서 당장 필요한 것은 무엇일까? '현재의 포지션이 갖는 미래의 위험'을 아는 것이다. 그것을 알아야 포트폴리오를 조절하고 판단할 수 있다. 그런데 지금 갖고 있는 정보는 현재의 정보다. 즉 현재 수준의 위험이 적정하기 때문에 내가 어떤 자산을 보유하고 있는 것이다. 그런데 이것이 미래에 어느 수준의 위험에 노출될 것인지를 아는 것은 '예측'이 된다.

금융사들이 서브프라임 관련 채권을 과도하게 사들이던 작년 초까지 이들이 평가한 리스크는 분명히 '위험내성'의 범주 안에 들었을 것이다. 그러나 작년 말에 사정이 바뀌었다. 위험 규모가 엄청나게 커진 것이다. 왜 당시 금융기관들은 서브프라임 모기지 채권을 매입하면서 감당할 수 있는 위험이라고 판단했을까? 그리고 그 기준은 무엇이었을까? 여기에서 우리는 원하는 답을 얻을 수 있다.

금융사들이 포트폴리오 안에 포함하고 있던 서브프라임 모기지 채권의 위험점수는 어디까지나 '2007년 이전까지의 서브프라임 관련 손실에 대한 역사적 범위'에 기초하고 있었다. 과거 역사적으로 서브프라임 모기지 채권의 부도 확률을 계산한 VaR 평가가 존재했을 것이라는 뜻이다. 그런데 실제로는 그 적정 수준이라 믿었던 것 이상의 엄청난 손실이 일어나고 말았다.

왜 그럴까? 문자 그대로 '과거는 과거일 뿐'이기 때문이다. 금융에서 위험관리는 자산 가격의 변동성을 예측하는 것이며, 그것을 알기 위해서는 먼저 해당 자산의 가격 분포를 알아야 한다. 앞에서 설명한 정규분포 곡선에 지난 10년간 서브프라임 모기지 채권의 변동수익률의 분포를 기록하고, 표준편차를 구하고, 해당 은행들은 확률적으로 손실을 입을 가능성이 몇%라고 추정을 하는 것이다. 다음으로 실제 해당 자산에 대응해서 거래되고 있는 옵션 가격에서 내재 변동성을 계산해야 한다.

전자는 정규분포를 설명하면서 이미 언급했으니 다시 설명하지 않겠다. 하지만 후자를 이해하기 위해서는 유명한 블랙-슐츠(Black-Scholes) 모델에 대한 지식이 있어야 한다.

블랙-슐츠 모델

1973년 피셔 블랙(Fisher Black)과 마이런 슐츠(Myron Scholes)는 옵션 가격의 결정 모형에 대한 논문을 발표했고, 그것은 금융공학 발달의 결정적 계기가 되었다. 그 내용은 생각보다 복잡하다. 전문적으로 옵션거래나 위험관리자의 역할을 수행할 요량이 아니라면 굳이 이 이론 자체를 완전하게 이해할 필요는 없다. 하지만 형태를 알아두는 것은 도움이 된다.

옵션 가격은 기초자산이 되는 주가(S), 행사 가격(K), 만기(T), 변동성(σ), 무위험 이자율(r)에 의해 결정된다. 그 중에서 변동성을 제외한 다른 요소에 대한 정보는 알고 있으므로, 나머지 요소들을 대입하면 '옵션 가격의 내재 변동성'을 파악할 수 있다. 따라서 위험은 이론상 저절로 알 수 있다.

하지만 그렇게 자산시장의 변동이 이론처럼 딱 맞아 떨어진다면 누가 이익을 내고 누가 손해를 입겠는가? 이 부분도 옵션만기가 아닌 시점의 변동성이나 시간에 따라 위험이 변동한다는 점을 고려할 수 없으므로 완전한 위험 예측 모델이 될 수 없다. 극단적인 예를 들어보자. 금융공황이나 911테러를 겪었을 때 옵션 거래자들이 어떤 고도의 금융공학을 동원했다 하더라도 그 결과는 치명적이었을 것이다. 즉, 옵션 가격을 이용한 내재 변동성도 100번 중에 98번 정도 근사치를 추정할 수는 있어도 완벽할 수는 없다는 말이다. 정규분포, 즉 과거 자료의 분산을 이용해서 위험을 추정해도 그것 역시 확률적으로 벗어나는 경우에는 어쩔 도리가 없다. 특히 문제는 가장 많이 사용하는 정규분포를 이용한 경우다.

뚱뚱한 꼬리

이제 본격적으로 가속 페달을 밟아보자. 왜 금융시장에서는 블랙잭처럼 확률을 노리는 게임이 불가능할까? 왜 내재 변동성을 충실히 계산해도 가끔 터무니없는 손실이 발생할까? 주가는 왜 우리가 예측하는 방식을 벗어날까? 이는 모든 금융시장 참가자들의 고민이다.

우선 "금융시장의 가격 결정이 정규분포를 따른다."는 가정이 틀렸기 때문이다. 금융시장, 넓게는 자산시장에는 일반적인 자연 현상이나 기계적인 측정들과는 달리, 인간의 판단이 개입된다. 또한 늘 예상치 못한 변수들이 작용한다. 그래서 자산시장의 움직임은 정규분포를 따르는 듯하지만 실제로는 아니다. 특히 시간에 따른 금융시계열 분석을 할 경우 정규분포의 확률을 벗어난 '떠돌이(outlier) 현상'이 나타난다. 이를 분포에서는 '뚱뚱한 꼬리'라고 부른다. 또 분포는 일반 정규분포에 비해 첨도가 높다(이 부분은 후에 다시 다루겠지만 내가 시장에 접근하는 핵심적인 테마이기도 하다).

〈그림 23〉처럼 자산 가격의 금융시계열 실증분포를 살펴보면 일반 정규분포에 비해 평균에 쏠리는 현상이 나타나고, 평균을 벗어날 확률도 특이한 변이구간에서 집중화되는 형태를 보인다. 이를테면 일반 정규분포는 2σ를 표준편차로 두면 벗어날 확률은 4.56%이지만, 금융시장에서는 그보다 더 클 수도 있고 벗어나는 강도 역시 훨씬 큰 경우가 많다.

다시 말해 금융시장은 정규분포의 확률적 구성을 벗어난다는 뜻이다. 그래서 우리가 볼린저밴드와 같은 보조지표를 이용할 때, 그것이 가리키

■■■ 그림 23   자산 가격의 금융시계열 실증분포 ■■■

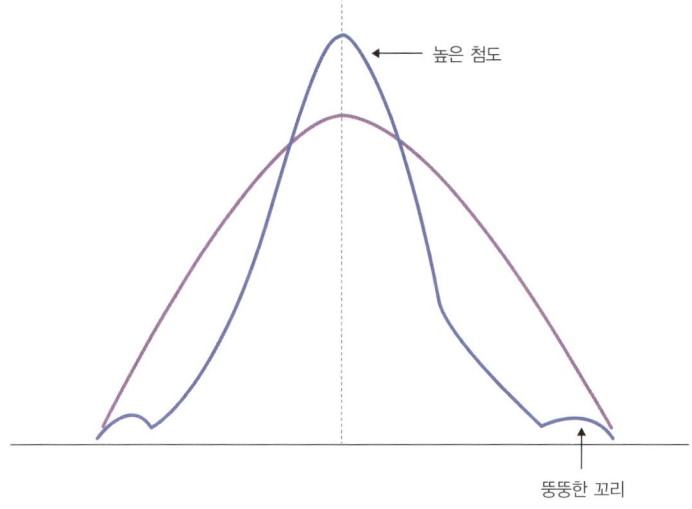

는 대로 매수와 매도를 반복하면 맞힐 확률이 90번이고 틀릴 확률이 10번 정도에 불과하더라도, 그 10번이 수익에는 큰 영향을 미치게 된다.

기업이나 금융기관의 위험관리 또한 마찬가지다. 서브프라임 모기지 채권을 매입하는 미국 투자은행의 경영자들이 매일 오후 4시에 실시간으로 보고 받는 현재 은행자산의 미래 위험도가 2007년에 엄청난 파국으로 나타날 수가 있었던 것이다.

이유는 여러 가지가 있는데 추정컨대 증권시장에서는 상하거래의 제한이 있는 탓이 클 것이다. 상하한가의 제한폭으로 인해 억압된 변동성이 엉뚱하게 분출하는 것이다. 하지만 학자들은 이것이 '장기 기억' 때문이라고 주장한다. 100일간의 거래치를 대상으로 분석했을 때 각각의 가격은 화살을 쏘거나 물건을 만드는 것처럼 독립적인 사건들이 아니라 어제의 가격은 내일의 가격에 영향을 미치고, 내일의 가격은 10일 후의 가격에 영향을 미치는 현상 때문이라는 것이다. 가격이란 그 순간의 경제 현상이나 요인들이 반영되고, 내일의 가격에도 어제의 경제적 현상이나 사건들이 여전히 영향을 미칠 것이므로, 이 이론은 분명히 맞는 말이다. 하지만 그것만으로는 미진하다. 그래서 등장한 이론이 곧 언급할 이질적 시장가설(HMH, Heterogeneous Market Hypothesis)이다.

효율적 시장가설과 이질적 시장가설

효율적 시장가설(EMH, Efficient Market Hypothesis)은 금융시장을 설명하는 이론 중 하나다. 현재의 가격에는 이미 모든 정보가 반영되어 있으므로 과거의 가격은 미래의 가격에 영향을 미치지 못한다고 이 이론은 주장한다. 이는 우리가 알고 있는 정보는 모두 가격에 반영되어 있으므로 금융시장에서 결정된 '현재가가 적정가'라는 궤변으로까지 이어지기도 한다.

이 이론의 가장 큰 특징은 투자자들의 동질성이다. 모든 투자자들은 동일한 정보에 비슷하게 반응한다는 것이다. 예를 들어, 오늘 북핵 문제가 불거지면 모든 투자자들이 그것에 반응해서 주식을 팔거나 특정 가격에 매수를 하게 된다. 때문에 모든 투자자는 현재의 정보에 어떤 식으로든 반응한다는 것이 효율적 시장가설의 핵심이다.

금융시장을 설명하는 또 다른 이론은 바로 이질적 시장가설이다. 이 이론은 투자정보를 받아들이는 투자자들의 반응이 각각 다르다는 것을 전제로 한다. 예를 들면, 시장에는 주식을 5년 이상 장기투자하는 사람과 데이트레이딩을 하는 사람이 혼재하고, "어떤 기업의 당기순이익이 환율로 인해 일시적으로 낮아졌다."는 뉴스를 접했을 때 5년짜리 투자자는 무시하는 반면, 데이트레이더는 순식간에 팔거나 저가에 신규 매수를 하는 것이다. 때문에 시장 참여자들의 이질성을 감안하면 단기 투자자, 중기 투자자, 장기 투자자는 각각 다른 기억에 영향을 받으며, 변동성의 빈도나 강도도 달라진다. 그러므로 미래의 변동성을 예측하기 위해서는 이론상 각기 다른 시간 척도를 가진 거래자들을 각각 구분해야 한다고 보는 이론이다.

'시차상관 분석'을 통해 단기 거래자들의 움직임은 장기 거래자들이 감안하는 기억에 영향을 받지만(장단기 금리 차이, GDP 성장률 등) 장기 거래자들은 단기 거래자들이 감안하는 기억의 영향을 받지 않는다는 점(어젯밤의 뉴욕 증시 등)을 고려하는 것이다.

그래서 단기 거래자들이 영향을 받는 정보에 의해 단기 거래자들의 변동성이 일시적으로 증가하면 이 증가분은 장기 거래자들의 변동성에 합해져서 갑자기 쓰나미와 같은 변동성을 유발하게 된다. GDP 성장률이 낮아지고 물가가 상승하며 금리가 올라가는 영향들을 장기 거래자들이 주시하는 상황에서, 뉴욕 증시가 급락하고 유가가 급등하는 등의 두 가지의 변동성이 더해지며 일시적인 변동성의 과부하가 걸리게 된다. 이는 바로 뚱뚱한 꼬리 현상, 즉 변동성 집중화를 불러온다.

이러한 상관성은 시차상관에 대한 열풍효과(Heatwave effect) 등에도 영향을 받는다. 예를 들어, 오늘 장중에 중국 증시가 급락하고 있다는 사실이 알려지면 우리나라의 증시가 일시적으로 급락한다. 하지만 중국 증시가 마감한 후 시차를 두고 열리는 미국 증시는 더 큰 영향을 받는다. 즉, 변동성은 실시간으로 반영되기보다 일시적으로 억눌려서 분출할 경우에 더욱 집중화되는 경향이 있다는 뜻이다.

또 변동성은 재밌게도 긍정적 정보와 부정적 정보에 대한 반응이 다르다. 예를 들어, 어닝 서프라이즈와 같은 긍정적 정보가 변동성을 상승 쪽으로 느리게 배가시킨다면, 어닝 쇼크와 같은 정보는 집중화되고 강력하게 변동성을 키우게 되며, 이것은 결국 상승과 하락에 대해 변동성 영향이 다르다는 결과를 만들어내기도 한다.

이렇게 변동성에는 우리가 알지 못하는 다양한 경로가 존재한다. 이러한 여러 가지 요소들이 영향을 미치며 정규분포가 아닌 뚱뚱한 꼬리를 만들어내는 것이다.

수익률 모델의 자기유사성

일부 학자들은 "시간 스케일에 따라 수익률 분포곡선은 자기유사성(self-similarity)을 가진다."라고 말한다. 한 달이나 1년간의 수익률 분포곡선은 비슷하다는 것이다. 이 논리는 프랙털 이론에서 유래한 것으로 금융시장의 지표 분석에 상당한 이론적 틀을 제공한다.

일주일간의 수익률 곡선과 1년간의 수익률 분포곡선이 유사하다면, 특정 기업의 주가의 미래 변동성을 예측하는 것이 가능하다는 뜻이며, 이는 곧 미래의 위험을 평가하는 고민에서 해방될 수 있다는 말이기도 하다.

특히 기술적 분석 영역에서 "자기복제, 즉 패턴의 유사성은 반복된다."라는 전제를 뒷받침하기도 하고 심지어는 엘리어트 파동이나 기타 파동 이론에서도 동일하게 이론적 합리화의 근거를 마련해주고 있다. 물론 유사성과 동일성은 다르다. 하지만 "시간척도를 달리할 때, 수익률 곡선은 유사하다."는 개념은 "변동성은 시간의 제곱근에 비례한다."는 T-rule(Transformation rule)의 연장선으로 이어진다. 다만 여기서 중요한 것은 시간이란 단지 시계 시간이 아니라 거래 시간이어야 한다는 것이다. 거래는 24시간 연속적으로 이루어지는 시계 시간과는 달리, 일정 기간 정해진 시간 내에서 매듭이 지워지는 것이므로, 거래가 이루어지지 않는 시간대의 변화는 거래 재개로 인해 집중화될 수 있다는 사실을 간과해서는 안 된다.

지금까지 우리는 현재의 자료로 미래의 변동성, 즉 위험을 분석하려는 시도들을 살펴보았다. 최대한 필요한 내용만 정리하여 투자자들이 반드시 알아야 할 부분만 담았다. 하지만 당신은 "대체 왜 이런 복잡한 내용을 굳이 이 책에 담았을까?" 하는 의문을 가져야 한다. 진짜 공부는 그러한 의문에서 시작되기 때문이다.

chapter 9

변동성 분석

이동평균선은 주가 예측 도구인가

다음 질문에 대한 답을 해보자.

- 이동평균선은 주가의 향방을 예측하는 데 도움이 되는가?
- 이동평균선은 추세를 예측할 수 있는 도구인가?
- 이동평균선은 매수·매도의 기준이 될 수 있는가?

물론 이에 대한 답은 모두 "아니요."다. 이동평균선을 분석해서 매매시점이나 주가의 향방을 예측하려는 모든 시도들은 사막에 뱀을 한 마리 던져두고 그 뱀이 기어간 흔적을 보고 뱀이 다음에는 어느 쪽으로 갈 것인지를 예측하는 것만큼이나 어리석다.

이동평균선은 현재 주가의 바로미터일 뿐

이동평균선은 강우량과 같다. 지금까지 비가 오지 않았다는 이유로 내일 비올 확률이 높아지는 것이 아니다. 동전 던지기를 해서 앞면이 11번 나왔다고 해서 12번째에는 뒷면이 나올 것이라 생각하고 배팅하는 것이 어리석은 일이듯 이동평균선은 주가 예측이나 주식 거래의 기준선이 될 수 없다.

이 부분을 명확하게 머리에 새겨두고 시작해야 한다. 하지만 "이동평균선은 주식투자의 기술적 분석에서 다른 무엇보다 중요한 도구다."라는 말은 맞다. 이동평균선은 현재까지의 시세를 보여주는 바로미터다. 하지만 그것이 이 순간 이후의 주가에 미치는 영향은 눈곱만큼도 없다.

이동평균선을 잘 이용하고 반죽하면 우리는 대응의 기준을 마련할 수 있다. 앞으로 이에 대한 이야기들이 기술적 분석에서 중요한 자리를 차지할 것이다. 하지만 이동평균선은 "대응의 기준이지 예측의 기준이 아니다."라는 사실을 먼저 명심하고 이야기를 시작하자.

시장이 하락할 때는 이동평균이나 전저점을 기준으로 지지선을 말하면서 왜 상승할 때는 실적이 근거인 것처럼 이야기할까? 오를 때 실적이 근거가 되면 내릴 때도 실적이 근거여야 하고, 지지선이 이동평균이면 상승시에도 이동평균이 목표가 되어야 한다. 그런데 막상 주가가 하락하기 시작하면 실적 악화라는 이야기만 나올 뿐이고 얼마까지 하락할 수 있다는 말은 쏙 들어가버린다. 무슨 이유로 그런 것인지 이에 대한 답을 얻기 위해 다음 기사를 한번 살펴보자. 다음은 2008년 1월 〈연합뉴스〉 기사의 일부다.

17일 KOSPI지수는 전일보다 41.98P(2.4%) 급락한 1,704.98포인트로 장을 마쳤다. 이날 아시아증시도 동반 급락했다. 씨티그룹 실적 악화와 미국 경기침체 우려 등 미국발 악재가 아시아증시를 온통 '패닉' 상태로 몰아가고 있다. (중략) 증시 전문가들은 주변 여건이 악화됐음에도 일단 기술적으로는 1,700선의 지지력에 기대를 걸고 있다. 이날 장중 1,700선에서 반등 시도가 나타났다는 점과 함께 '테크니컬' 한 측면에서도 의미를 가질 수 있다는 분석이다. 김성주 대우증권 투자전략팀장은 "KOSPI 1,700선은 주봉상 60주 이동평균선이 위치한 자리로서 상당히 의미가 있는 지지선이다."라고 말했다. 김성주 팀장은 "2003년 본격 상승 추세가 나타난 이후 경기선인 120일 이동평균선이 무너진 경우가 두 번 있는데 통상 120일선과의 괴리율은 12% 수준이었다."며 "현재 KOSPI 기준으로는 1,600대 중반 수준으로 상승 추세의 하단과 맞물린다는 점에서도 신뢰도는 아주 높은 편이다."라고 설명했다. 김 팀장은 "또한 이 지수대까지 하락하게 되면 주가수익배율은 10배 수준까지 떨어지게 되어 밸류에이션 매력도 높아지게 된다."고 분석했다.

　이 기사를 보면서 이동평균에 대해 살펴보자. 주식시장 참가자들이 가장 많이 듣는 말 중 하나가 아마 이동평균선일 것이다. 우리는 대강 5일선, 20일선, 60일선, 120일선, 200일선을 중요한 선이라고 여긴다. 그리고 그 선들에 '수급선'이니 '경기선'이니 하는 이름들을 붙이기도 한다. 많은 전문가들이 "60일선이 무너지면 중기 약세를 의미한다. 주식이 강세국면에 있을 때 60일선을 무너뜨리지는 않는다." 등의 이야기를 한다. 그리고 20일선의 회복이니 120일선의 지지니 하는 등의 말도 자주 한다.
　이는 대체 무슨 얘길까? 결론부터 말하면 쓸데없는 소리다. 세상에 중요한 이동평균선은 하나도 없다. 믿기 어렵다면 다음 차트를 보자.

차트 3   5주 이동평균선

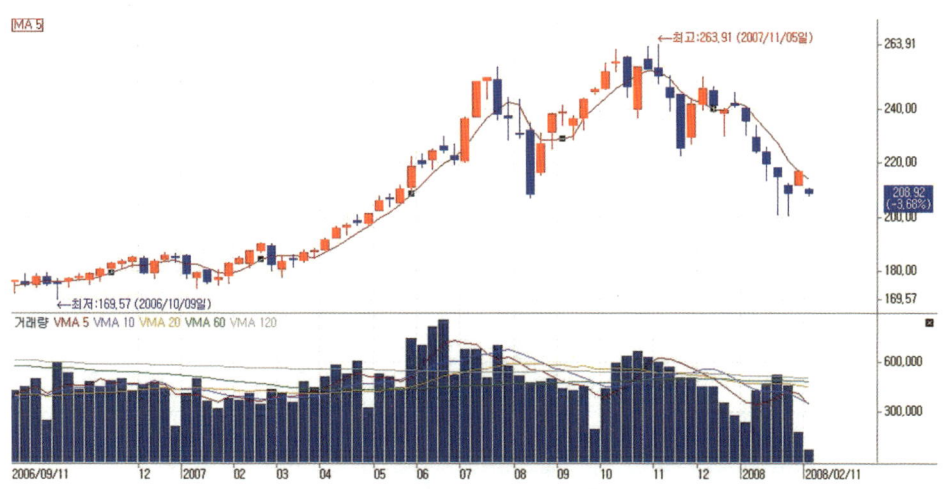

　〈차트 3〉은 5주 이동평균선을 나타낸 것이다. 볼수록 신기하다. 5주선을 기준으로 주가는 교묘하게 지지와 저항을 반복하고 있다. 그럼 〈차트 4〉는 어떤가? 〈차트 4〉는 그 유명한 20주선이다(20일선도 마찬가지다). 주가는 희한하게 20주선에서 지지력을 발휘하고 20주선이 무너진 날부터 하락하기 시작한다. 그럼 다음은 어떤가?

　〈차트 5〉는 11주 이동평균선이다. 잘 살펴보면 그 오묘함에 찬탄을 금할 수 없다. 오히려 20주선보다 더 정확하게 시세를 반영하고 있는 것 같다.

　〈차트 6〉은 33주 이동평균선인데 이보다 더 정확하게 중기 추세를 표현할 수 있을까 싶다. 이 차트는 2006년 10월부터 수차례 33주 이동평균선을 지지하고 계속해서 반등한 이후 2008년 1월 이동평균선이 무너지면서 주가가 하락으로 접어들었다. 20주선보다 더 정확해 보이지 않는

■■■ 차트 4   20주 이동평균선 ■■■

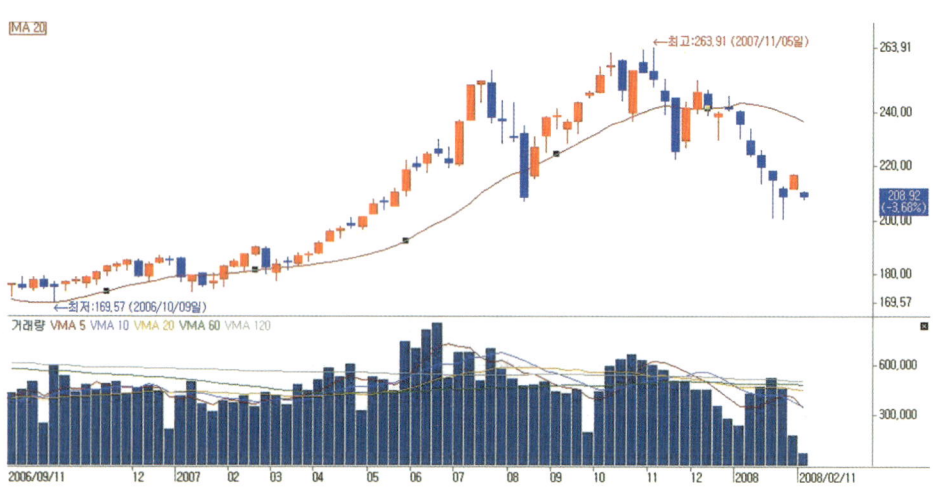

■■■ 차트 5   11주 이동평균선 ■■■

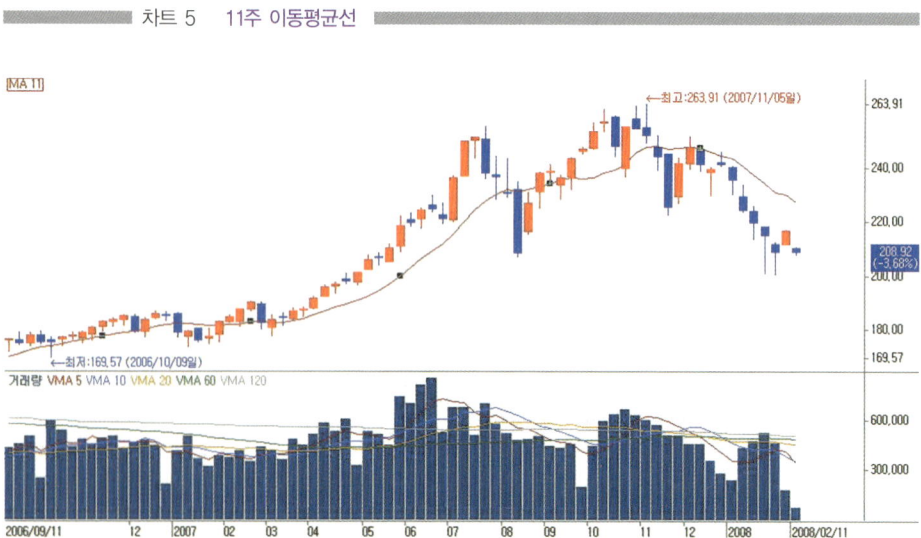

제9장 변동성 분석

■■■■■ 차트 6   33주 이동평균선 ■■■■■

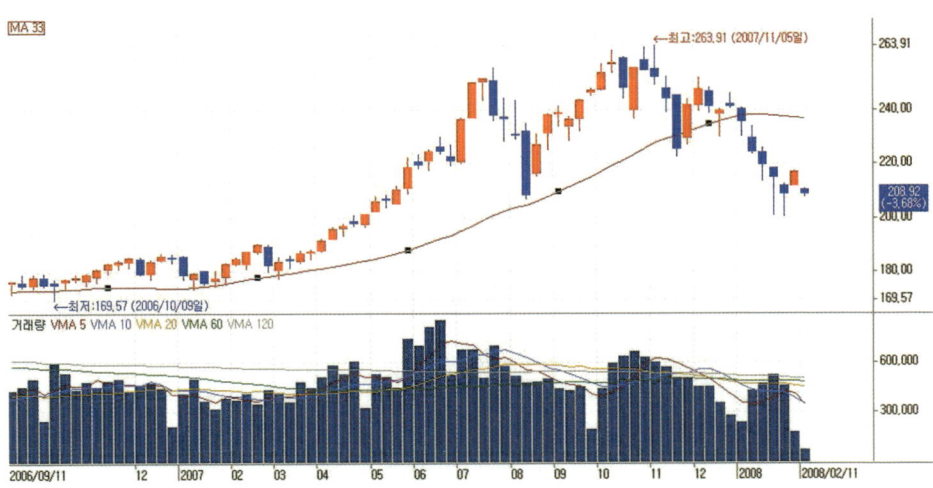

가? 나는 지금 5주 혹은 5일선, 20일 혹은 20주선보다 11일 이동평균선이 더 중요하다고 말하고 있는 것이 아니다. 이미 눈치챘겠지만 사실 이동평균선은 전혀 중요하지 않다.

이동평균선은 주가를 특정 기간으로 나누어서 그 평균값을 내고 그것을 다시 이은 선이다. 알고자 하는 기간의 주가를 모두 합한 다음 거래일 수로 나눈 값을 이은 선이다. 그래서 오늘을 포함한 최근 5일간의 주가가 100원, 100원, 100원, 110원, 110원이었으면 오늘의 5일 이동평균값은 '(100+100+100+110+110)÷5'를 한 104원이 되고, 다음날 주가가 100원이었으면 첫날 100원은 빼고, 다음날의 주가 100원을 넣어서 '(100+100+110+110+100)÷5', 즉 똑같은 104원이 된다. 이 경우 주가는 분명히 전일에 비해 10원이 내렸지만 이동평균값은 여전히 같다. 그리고 이 값들을 이은 선인 이동평균선은 방향이 바뀌지 않은 채 그대로 진행한다. 역시 다음날도 그 다음날도 주가가 100원일 경우 이동평균값은 여전히 같지만, 마침내 그 다음날에도 주가가 100원이 되면 '(110+100+100+100+100)÷5'가 되어 이동평균값은 갑자기 102원으로 줄어들고 이동평균선도 아래쪽으로 방향을 틀게 된다.

결국 이동평균선은 가격이 먼저 변하고 나서 후행적으로 움직인다는 사실을 알 수 있다. 그리고 이동평균선의 기간이 길면 길수록 가격은 주가의 실제 움직임보다 늦게 반영된다. 이것이 '이동평균선 무용론'이 생기는 이유다.

그래도 시장에서 이동평균선을 중시하는 이유는, 주가는 단기적인 흔들림이 크지만 평균값은 시장의 방향성과 추세를 잘 보여주기 때문이다.

예를 들어, 〈차트 7〉과 같이 주가가 움직이면 주식시장이 지금 어떤 방향성을 갖고 있는지 가늠하기가 어렵다. 이 차트를 보면 KOSPI 200이 커

■■■■ 차트 7   주가 추이 ■■■■

다란 진폭을 보이고 난 다음 최고점인 122.66을 기록하고는 다시 하락세에 빠져든 것 같은 인상을 받는다. 그럼 여기서 주식시장은 정말 하락세에 돌입한 것일까? 고민이 될 것이다. 이때 적절한 이동평균선을 하나 그려보면 양상이 달리 보인다. 내가 주간가격에서 선호하는 기간은 약 40주(혹은 40일)인데, 앞서 말한 대로 55주가 됐든 49주가 됐든 하등 상관이 없다. 각자가 보기에 편하다고 생각하는 기간을 정하면 그만이다.

보통 우리가 쓰는 증권사 HTS는 이동평균선의 기간값을 임의로 지정할 수 있다. 〈차트 8〉처럼 이동평균선을 그려놓고 보니 주가가 큰 상승곡선을 그리다가 중립지대에 들어서 있는 것을 알 수 있다. 즉, 다시 주가가 오를지 혹은 내릴지 아직 예단하기 어렵다는 뜻이다. 결국 주가는 나중에 장기 상승으로 복귀하게 되지만, 만약 이동평균의 도움을 받지 않고 판단하면 2002년과 2004년 4월에 고점을 찍고 재차 하락 국면에 들어

차트 8   주가 추이와 이동평균선

선 듯한 인상을 받기가 쉽다.

　이처럼 이동평균선의 가장 큰 기능은 등락하는 가격의 혼란스러운 움직임을 단순화해서 추세를 쉽게 보여주는 것이기도 하다.

이동평균선을 이용한 매매방법

　이제 그랜빌의 영향을 받은 기술적 분석가들이 말하는 이동평균선을 이용하는 매매방법에 대해 알아보자. 그 전에 먼저 인터넷 검색창에서 '골든크로스' 혹은 '데드크로스'라는 말을 한번 검색해보라. 엄청난 양의 정보가 쏟아질 것이다.

　그런데 그 글들에서 인상적인 것은 많은 투자자들이 소위 '세력', '기관' 혹은 '큰손'이라는 존재에 대해 대단히 큰 피해의식을 갖고 있다는 점이다. 과거 우리나라 주식시장이 지나치게 불합리하던 시절, 그야말로 작전세력이 횡행하던 때 일부 투자자들이 유동성이 떨어지는 소수의 종목으로 불건전한 거래를 하던 추억이 있어서일 것이다. 하지만 사실 그보다 더 큰 이유는 소위 '세력'의 존재를 과대평가하는 일부의 의도적 곡해에 있다. 지금까지 출판된 주식 책들은 실제 그러한 일들이 벌어지고 있는 것처럼 믿게 만들고, 그것을 미리 알거나 역이용하는 대박의 비법이 있는 것처럼 포장해서 전문가 행세를 하려는 사람들이 만든 작문이다.

　원래 주식은 매집을 하는 사람과 매집에 동의해서 편승하려는 사람, 그리고 그것을 도외시하는 사람들로 나뉘게 마련이다. 외국인도 매집을 하고 운용사도 매집을 한다. 기본적으로 좋아 보이는 주식을 차근차근

모으는 것은 당연한 일이기 때문이다. 다만 그들이 큰손으로 불리는 이유는 개인의 매집이란 기껏해야 수백 만원 혹은 수천 만원 정도의 돈이므로 시세에 영향을 미치지 못하지만 그들은 수십 억원이나 수백 억원씩 분할매수하여 시세에 영향을 미치기 때문이다. 더구나 그렇게 매집을 하는 입장에서 가능하면 주식을 싸게 사려는 것은 본성이다. 때문에 허수주문, 통정매매와 같은 불법적 행위가 아니라면 전혀 문제될 것이 없다.

하지만 이렇게 특정 기업이나 종목을 매집하는 측에서 정말 이동평균선의 데드크로스를 인위적으로 만들고, 차트 분석을 하는 개인들이 그것을 믿고 싸게 팔아버리게 하는 행위가 가능할까? 현재 우리시장의 규모와 유동성으로 봤을 때는 '절대불가'하다. '세력'이나 '작전'세력의 차트 만들기라는 말이 아직도 유용하게 들리는 이유는 과거 1920~1930년대 미국의 경험을 바탕으로 한 기술적 분석 서적의 영향이 크다. 그리고 KOSDAQ시장이나 거래소 일부 중소형 종목에서 발생하는 부도덕한 범법자들의 행태도 한몫한다.

그러면 이번에는 이동평균선의 용법에는 어떤 것들이 있는지 살펴보자. 이동평균선은 대개 아래와 같은 분석에 쓰인다.

- 방향성 분석
- 배열도 분석
- 지지선 분석
- 저항선 분석
- 밀집도 분석
- 크로스 분석
- 연관성 분석

내가 아는 한 이동평균선 이용의 선구자인 그랜빌조차도 이 이상의 분류를 제시하지는 못했다. 여기서는 대우증권 김정환 연구위원의 분류를 빌려 하나씩 알아보겠다(그의 설명이 아니라 분류를 빌렸다는 의미다).

방향성 분석

먼저 방향성 분석은 앞서 설명한 이동평균선의 방향을 보는 것이다. 이미 이 부분에 대해서는 설명했으므로 넘어가도 되겠지만 〈차트 9〉를 보며 정리해보자.

이 차트는 5일선(검정), 20일선(파랑), 120일선(빨강), 200일선(녹색)을 나타내고 있다. 자세히 보면 최근 5일간 주가는 반등을 모색중임을 알 수 있다. 하지만 20일간의 주가를 보면 급락중이다. 또 120일간의 기간을 평균해도 주가는 하락 방향이며, 다만 200일간의 주가평균을 보면 여전

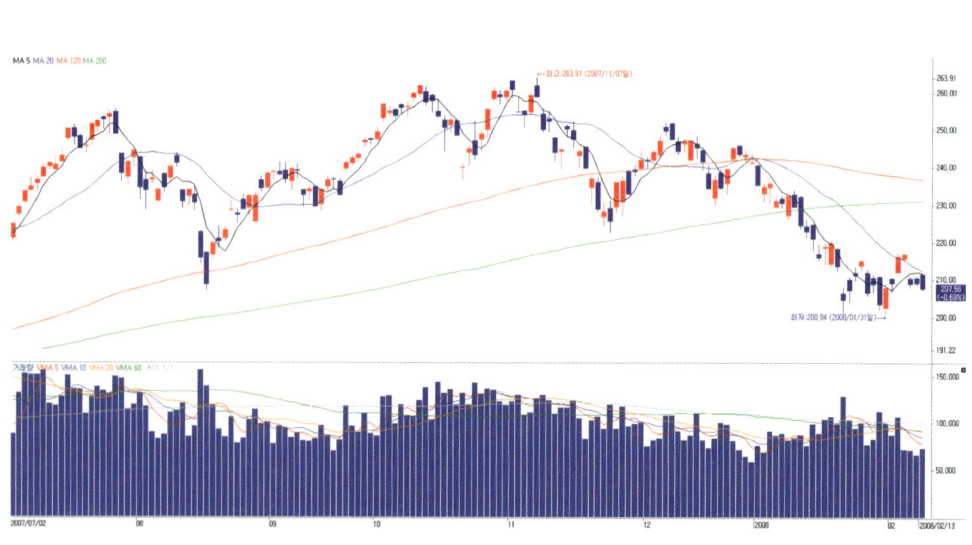

차트 9   이동평균선의 방향성 분석

히 상승중이다. 장기적으로는 아직 무너진 시세가 아니지만 중기적으로는 크게 무너지고 있고, 단기적으로는 반등을 모색중이라는 답이 나온다. 즉, 2008년 2월 초까지 단기적으로 주가가 많이 무너지기는 했지만 그래도 아직은 장기 상승중에 있다는 의미다. 이동평균 없이는 도저히 내리기 어려운 결론이다.

하지만 이 정도는 아니다. 사실 이동평균의 방향성에는 상당히 오묘한 정보들이 담겨 있는데 그 중 하나가 이동평균의 방향을 미리 예측하는 것이다. 이동평균선은 한번 방향을 바꾸면 톱니바퀴처럼 자주 움직이는 것이 아니라 뱀이 이동할 때처럼 곡선을 그리게 된다는 사실을 이용하면 재미있는 결과가 나온다. 〈차트 10〉처럼 하락하는 5일 이동평균선이 있다고 가정하자.

〈차트 10〉에서 최근 5일간 주가는 218.83, 219.87, 213.60, 205.10,

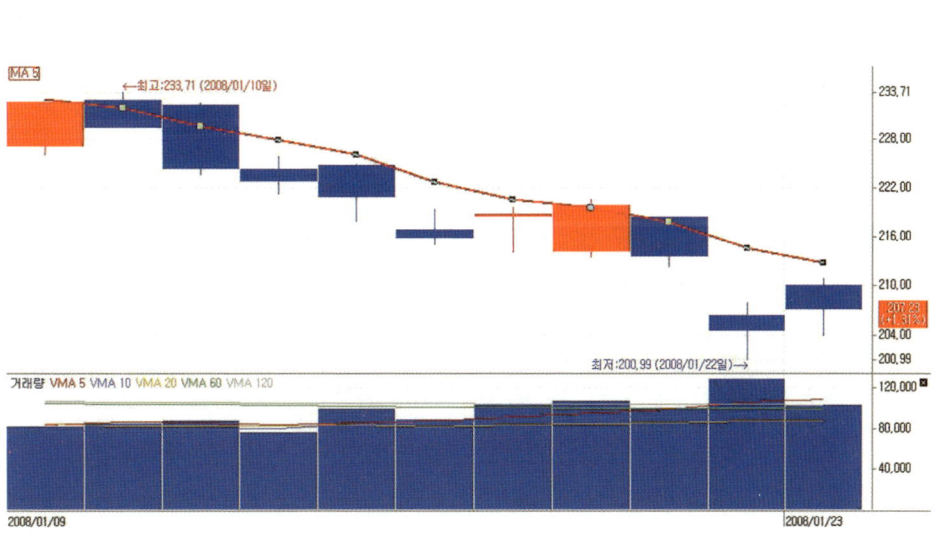

차트 10   하락하는 5일 이동평균선

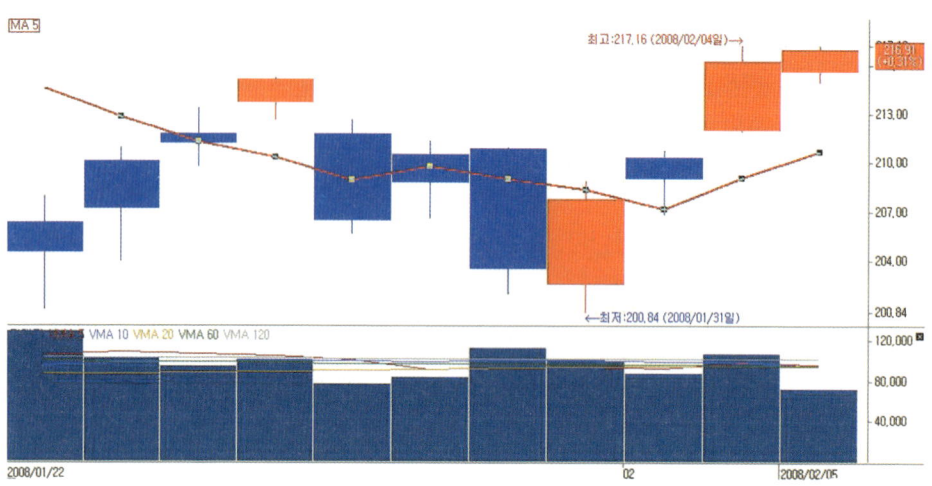

차트 11 5일 이동평균선의 변화

207.53이었고 5일 이동평균값은 212.986이었다. 이때 다음날 이동평균이 212.986을 넘으려면(방향이 전환되려면), 다음날 자동으로 빠지는 218.83의 값은 제외하고, 나머지 $\frac{219.87+213.60+205.10+207.53+x}{5} = 212.986$ 이상이면 된다. 즉, 마지막 날의 종가가 합해져서 전일의 종가를 넘는다면 이동평균은 상승 전환되는 것이다.

결국 주가는 〈차트 11〉처럼 2월 4일 시초가에 상승의 요건을 충족했고, 이후 단기매매의 관점에서는 작은 이익을 안겨주게 된다. 하지만 이 역시 투자자들이 따라할 만한 신묘한 비법은 전혀 아니다. 실제 중기적인 상승 국면에 있을 때, 능숙한 대응이 가능한 데이트레이더나 종목에 대한 충분한 정보를 가진 펀드매니저들이나 가능한 시나리오일 뿐 실제로 주가는 상승 전환 즉시 급락해버릴 수도 있다. 모 신문사에서 주최한 가상투자대회에서 늘 일등을 했던 모 투신사의 펀드매니저가 이 방식으로 수익을 냈다고 고백해 화제가 된 적이 있었다.

배열도 분석

배열도 분석은 이동평균선의 배열이 정배열인지 역배열인지를 살피는 데서 출발한다. 정배열은 하락이든 상승이든 간에 이동평균들이 5일선, 20일선, 60일선, 120일선, 240일선의 순으로 나란히 배열되는 것을 말한다.

이는 정배열의 경우 주가가 단기적으로도(5일, 20일), 중기적으로도(60일, 120일), 장기적으로도(200일, 240일) 상승을 하고 있는 대세 상승장이라는 의미이고, 역배열의 경우에는 단기, 중기, 장기 모두 하락하고 있는 대세 하락장이라는 의미다. 하지만 이 역시도 문제는 있다. 예를 들어, 현재 정배열 혹은 역배열을 하고 있는 상황이 이후의 강세를 보장하는 것은 아니라는 점이다. 오히려 중·장기 이동평균선들이 완전 정배열되면(각 이동평균들의 거리가 일정하게 벌어지면) 주가가 한계에 이른 경우가 많다. 달이 차면 기우는 것이다. 〈차트 12〉를 보자.

이 차트에서 2007년 7월 말 주가는 5일선, 10일선, 20일선, 60일선, 120일선, 240일선 간격이 일정하게 벌어진 완전 정배열 상태를 보여준다. 4월, 5월, 6월의 경우에는 아직 240일선과 120일선과의 사이, 120일선과 60일선과의 사이, 그 간격이 점점 벌어지며 확산되는 모습을 보여주고 있다. 추후 완전 정배열로 갈 것을 강력하게 암시하고 있는 것이다. 전형적인 대세 상승장의 모습이다.

그렇다면 이후 주가 역시 그럴까? 이 상황은 오히려 내가 2007년 8월부터 약세론을 펴기 시작한 이유 중의 하나이기도 하다. 그림 이후 차트를 보자.

■ 차트 12 이동평균선의 배열도 분석 ■

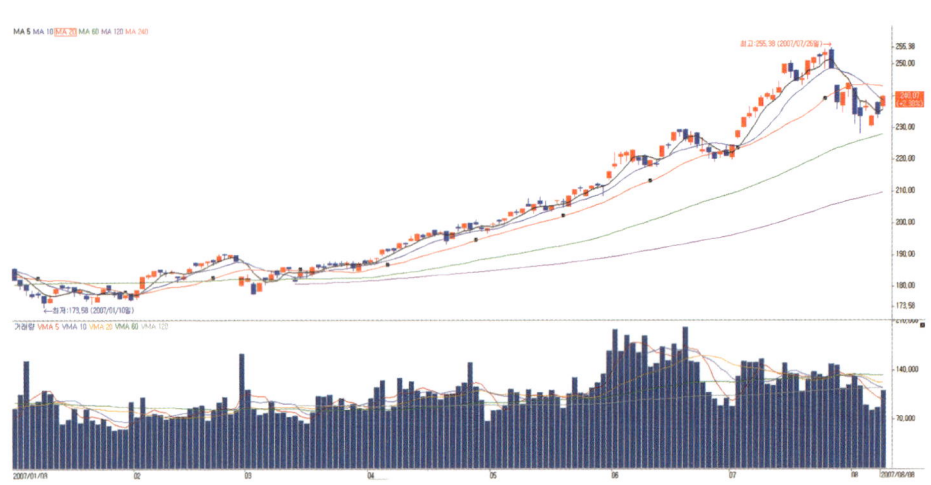

■ 차트 13 완전 정배열의 변화 ■

〈차트 13〉을 보면 2007년 7월 이후 단기선들이 먼저 하락하기 시작하면서 제일 먼저 20일선과 60일선 사이의 거리가 좁아지다가 8월 말에 위치가 역전되고(데드크로스), 다시 9월 중순에 반등하였으나 60일선과 20일선 사이의 거리가 그 전만큼의 거리를 회복하지 못한 채 11월 말 다시 역전되고 만다. 그리고 10월부터는 60일선과 120일선 사이의 거리도 좁아지기 시작하고 2008년 1월에는 이마저도 데드크로스를 내며, 2007년 12월에는 120일선과 240일선 간의 거리도 좁아지기 시작한다. 이는 완전 정배열이 하락의 전주곡이 될 수도 있음을 보여주는 것이다.

정리해보면 이렇다. 이동평균선의 배열은 장기선을 아래에 두고 단기선들이 위로 배열되는 것을 정배열, 그 반대를 역배열이라 한다. 단기선이 아래에서 위로 돌파하는 것은 골든크로스, 그 반대를 데드크로스라고 하며, 모두가 골든크로스되어 완전 정배열이 오면(대개는 240일선, 480일선까지) 주가는 한계에 봉착한다. 하지만 투자자가 가장 안심할 수 있는 단계는 장기선이 상향하는 가운데 중기선, 단기선들이 그 위에서 계속 상승하며 점차 그 거리를 넓히기 시작하는 국면이라고 할 수 있다. 물론 하락시에는 그 반대다.

하지만 배열도를 이용하는 결정적인 방법은 업종 간 비교를 하는 것이다. 특정 종목이나 업종이 먼저 상승하면서 완전 정배열 상태로 진입하면 그 업종이 주도주가 된다. 이때 다음에 다른 업종이 시차를 두고 같은 상황으로 진입하면 후발주가 된다. 이렇게 주도주가 앞서 나가면서 점차 하나씩 완전 정배열로 가면 후발주 중에서 아직 완전 정배열로 들어서지 못한 종목을 골라 미리 투자하는 것이 가능해진다.

보통 전면적인 대세 상승에서는 주도주와 후발주가 앞서거니 뒤서거니 하면서 시세를 분출하지만, 주도주가 완전 정배열로 들지 못한 상태에서 후발주를 미리 고르면 시장이 전체의 상승으로 가지 못하고 단기적인 반짝 장세에 머물 경우 치명상을 입게 된다. 하지만 이렇게 완전 정배열로 가는 업종들이 등장하는 장세는 대세 상승장이므로 후발주에게도 같은 기회가 온다. 다만 주도주에 비해 상승의 기울기가 가파르지 못하고 이익의 폭이 좁다는 한계는 있지만, 안정적인 순환매에 동참하기에는 적격인 투자 방법이다.

지지선 분석과 저항선 분석

세번째는 지지선 분석이다. 이것은 문자 그대로 이동평균선이 지지와 저항의 역할을 한다는 관점에서 시작된 것이지만 큰 의미가 없다. 그러나 이 방법 역시 시세에 유연하게 대응하는 투자자에게는 의외로 유용한 도구가 된다. 예를 들어, 20일선의 지지 여부를 살피는 것은 어리석은 일이다. "다른 사람들이 여기서 지지선을 탐색하고 있겠구나."라는 정도로 참고만 해야 한다. 모두가 공유하는 기준은 법률에서나 의미가 있을 뿐이다.

사실 이동평균선의 지지는 재미있는 데가 있다. 많은 사람들이 믿는 이동평균선은 진짜 그곳이 지지선이라면 주가는 그곳에 닿지도 않고 반등한다. 왜냐하면 모두가 좋게 생각하는 주식이 하락할 때 모두가 이쯤에서 사면 될 거라고 믿고 있다면 그에 앞서 사고 싶은 사람들이 먼저 사들이기 시작할 것이고 주가는 그곳에 닿지도 않는다. 때문에 정말 모두가 믿는 지지선에 주가가 걸린다면 그것은 이미 무너진 선이다. 오히려 모두가 믿는 지지선을 주가가 무너뜨리면 그때까지 버티던 투자자들이 아차하면서 일거에 팔려고 할 때(그 주식이 정말 좋은 주식이라면) 그때서야 확신을 가진 사람들이 대거 싼값에 매수를 할 것이기 때문이다.

그래서 주가이동평균선을 지지나 저항의 기준으로 삼을 필요는 전혀 없다. 하지만 종목에 따라 매수자들의 특성이 다르고, 주식의 시가총액이나 유동성에 따라 각 주식마다 사이클이 다르다는 사실을 아는 사람들에게는 의미가 좀 다르다. 모두가 20일선과 60일선이라고 생각할 때, 이 주식은 대개 단기매매자들이 많이 보유하고 주식의 회전이 빠르다는 특성을 고려해서 15일선 정도가 적정한 시세 판단의 기준이 되겠다고 생각할 수 있다. 혹은 40일선 정도가 시세를 무난하게 반영한다고 생각할 수도 있다. 이렇듯 이동평균선을 지지나 저항의 기준으로 사용하려면 자신의 투자 기간이나 주식의 특성에 따라 달리하는 것이 좋다.

〈차트 14〉와 〈차트 15〉를 보면 17일 이동평균을 사용한 차트가 보편적인 20일 이동평균을 사용한 경우보다 훨씬 의미 있는 지지 저항선으로 작용하고 있음을 알 수 있다. 여기서 보듯이 이동평균선은 개인의 판단

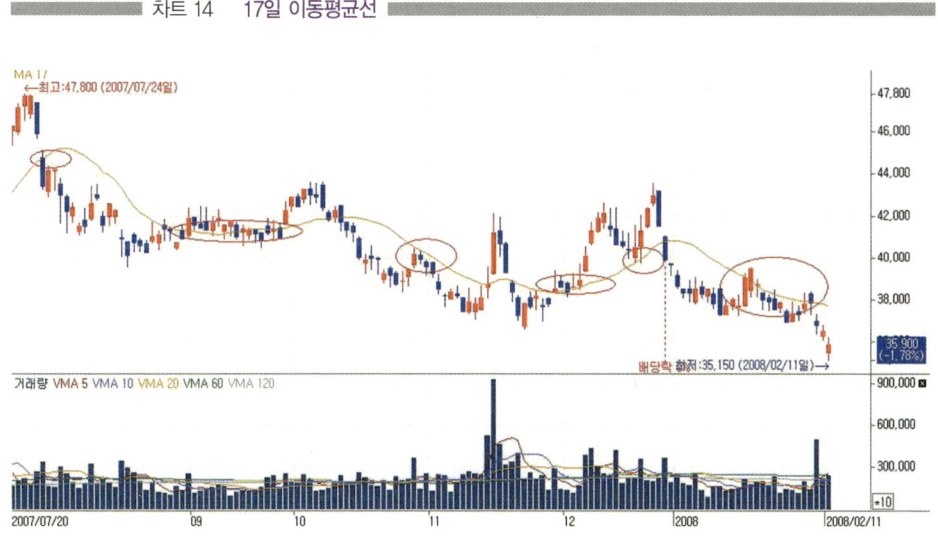

차트 14   17일 이동평균선

■ 차트 15   20일 이동평균선

과 직관에 따라 적용하는 것이지, 모두가 동일하게 말하는 기준이란 존재하지 않음을 다시 한 번 명심해야 한다.

변동성 집중화 현상은 어떻게 포착하는가

일단 이동평균선에 대한 개념을 이해했으면 이제 좀더 심각한 부분으로 넘어갈 차례다. 이동평균선을 중심으로 가격의 분포를 살피는 변동성 지표를 이용하는 것인데, 이 부분에서는 앞서 설명한 정규분포에서의 뚱뚱한 꼬리, 즉 변동성 집중화에 대한 이해를 활용할 것이다.

변동성 집중화 현상을 이용하기 위해서는 조지 소로스(George Soros)라는 한 특출한 투자자를 주목하지 않을 수 없다. 금융시장과 전체 시스템이 불안에 빠지는 원리를 설명하는 소로스의 재귀 이론은 변동성 집중화 현상에 주목한 것으로 보이지만 실제로 그 속을 알 길은 없다. 물론 내가 앞으로 설명하고자 하는 투자 방법의 예시 역시 어쩌면 소로스의 이론과 그 맥을 같이하고 있는지도 모른다.

먼저 소로스에 대해 잠시 알아보자. 짐 로저스(Jim Rogers)와 함께 조지 소로스가 만든 퀀텀펀드(Quantum Fund)는 돈이 되는 것이라면 무엇에든지 투자하고, 이익을 위해서는 돈을 빌려서 투자하는 차입 행위까지 불사하는 헤지펀드의 대명사다. 그는 헝가리 출신의 유태인으로 나치독일의 유태인 말살 정책 당시 열 살이었다. 후일 그의 고백에 따르면, 당시

Zoom In　　재귀 이론　상호의존적인 여러 가지 요소들이 같은 네트워크를 구성하면 개개의 행동의 합이 전체를 만들지만, 전체가 개별 행동에 영향을 미치게 되어 그 방향성이 점점 강화된다는 이론이다. 이를테면 부동산 가격, 금리, 유가, 무역수지, GDP 성장률 등은 개별적인 사안이지만, 이것들이 뭉치면 하나의 네트워크가 되어 주가 상승이나 하락이라는 결과를 낸다. 주가 하락이나 상승이라는 결과물은 다시 개별자인 금리나 성장률 등에 영향을 미치고, 그것은 다시 주가에 영향을 미치게 된다.

　가격을 살필 때 한 가지 요인, 이를테면 주가를 분석하면서 기업의 실적이나 자산가치 등만 보고 아무리 저평가나 고평가를 외쳐도 잘 맞지 않는 이유는, 그것들 외에 다양한 요소들이 서로 영향을 주고받으면서 최후의 순간까지 움직이기 때문이다. 그것을 이해하지 못하면 수익은 늘 한심한 수준에 이르게 된다. 이때 시계열이 아닌 비(非)시계열, 절대작용이 아닌 상호작용 등을 살피고, 2차원적인 사고가 아니라 3차원적으로 사고해야 본질에 접근할 수 있다.

　이 부분을 좀더 이론적으로 따져보면 재귀성은 각 요인들의 상호의존성과 연관성이 있고, 이런 연관성에 의해 창발성이 발생하며 각 요소들이 서로 힘을 미쳐 극대화되면 전체 네트워크가 마치 하나인 것처럼 작용한다는 뜻이다. 이때 창발성이란 요인들이 서로 결합하며 영향을 미치면 핵심적인 선도자가 발생하는데, 비슷한 요인들끼리 뭉치면 그 중에서 하나가 더 큰 규모의 요인이 되고, 각각 다른 규모의 요인이 겹치면 각 요인들의 군집이 강화된다는 의미이기도 하다.

　때문에 재귀 이론이란 실물경제와 금융시장 간에는 서로 보이지 않는 연결이 작용하고 있는데, 그 연결의 균형에서 만약 무엇인가가 불안정한 상황에 이르면, 그 불안정한 요인이 해결되는 것이 아니라 오히려 심화되는 경향이 발생한다는 것이다. 그리고 그것은 그 이상 요인을 지켜보는 다른 요인들의 불안감을 확산시켜 군집 현상을 불러오고 결국 금융시장을 파국에 이르게 한다.

　소로스의 이론은 금융시장의 변화 이전에 환율, 금리, 무역수지 혹은 기타 요인에서 불균형이 발생하면 시장은 그 불균형을 시정하기보다는 심화시키며, 그것이 영향을 미쳐 금융시장은 반응하고, 그 반응은 그 요인을 더욱 부각시키며 결국에는 전체 시스템이 불안에 빠진다는 내용이다.

의 생존 경험들이 그의 투자 방식과 철학에 일정 부분 영향을 미쳤다고 한다. 그가 다녔던 런던비즈니스스쿨은 《열린사회와 그 적들The Open Society and Its Enemies》로 유명한 칼 포퍼(Karl Popper)의 영향 아래 있었고, 소로스는 포퍼가 몰입해 있던 '불확정성의 원리'의 영향을 받아 재귀 이론을 정립한다.

이런 이야기들은 후일담이므로 정말 포퍼의 불확정성에 대한 사회과학적 사유가 소로스의 금융 이론의 모태가 되었는지는 확실하지 않다. 물론, 어떤 현상(트렌드)은 그것을 지켜보는 사람과 서로 영향을 주고받고 개별적 요소들이 집단화함으로써 점점 그 힘을 키워간다는 논지와 소로스의 재귀 이론은 흡사한 측면이 많다.

소로스는 자신의 이론을 대입하여 수익을 극대화할 수 있는 투자 시스템으로 헤지펀드를 생각했다. 헤지펀드는 일반 펀드와 달라서 차입까지 동원한다. 차익 거래의 기회가 생기면(이것도 일종의 불균형이다) 하이에나처럼 달려들고, 상승이든 하락이든 가리지 않고 투자하며(공매도, 파생거래 등), 성과의 20% 수준에 이르는 성과보수를 철저하게 받는다. 더구나 대부분 폐쇄형이어서 시장 불안으로 투자자들이 환매할 위험을 사전에 제거하기 때문에 운용에 있어서도 상당히 자유롭다.

물론 소로스가 모든 투자에서 성공한 것은 아니다. 그는 1969년 퀀텀펀드를 설립한 후 우량주 장세가 마무리되던 1970년대 초반에 이들 종목을 공매도하여 큰 수익을 내면서 성공가도를 달리기 시작했다. 사람들은 주식을 사서 이익을 낸 것이 아니라 펀드가 주식을 공매도해서 하락장에서도 수익을 냈다는 사실에 열광했고 그는 스타가 되었다. 하지만 그는 1970년대 말 기술주 거품시장에서 주식을 매수하여 큰 손실을 입는다(그의 재귀 이론상에서는 아직 절벽이 아니었던 모양이다). 더구나 1987년에는 일본 버블이 터진다고 주장하며 일본 주식을 공매도하고 대신 뉴욕 증시를 대거 사들였지만, 정작 블랙먼데이를 맞은 것은 뉴욕 증시였고 그는 다시 한 번 큰 손실을 입었다.

하지만 소로스는 1990년대 통화위기가 절정일 때 대규모 달러 차입을 일으켜 환투기를 시도했고, 여기서 그는 영국을 위기에 몰아넣을 정도로 큰 이익을 냈다. 심지어 아시아 금융위기도 그로 인해 비롯되었다는 설이 있을 정도로 소로스는 환투기에서 연속적인 성공을 거두었다.

그러다가 1990년대 말 기술주 거품에서 그는 또 한 번 실패의 경험을 한다. 사실 실패 정도가 아니라 거의 아둔한 개인 투자자의 방식을 답습했다. 그는 처음에는 기술주의 거품을 주장하고 공매도를 했지만 큰 손실을 입자 뒤늦게 실수를 인정하고, 1999년 말에는 오히려 기술주 거품에 뛰어들었다. 그러나 그때는 이미 부풀 대로 부푼 주가의 거품이 터지기 직전이었다. 결국 그는 기술주로 인해 큰 손해를 입었고, 이때부터 그의 명성은 심각한 손상을 입는다. 어쩌면 그는 헤지펀드 설립 초기에 차익 거래 기회에서 대대적인 레버리지를 일으켜 성공한 '운 좋은' 투자자였는지도 모른다(물론 요즘처럼 효율성이 좋아진 상황에서는 그런 기회가 쉽게 주어지지 않는다).

이런 상황을 돌아보면 그의 재귀 이론은 사실상 상품이나 환율 거래에서 수익을 냈을 뿐 주식투자에서는 그리 성공하지 못했으며, 그 역시 훌륭한 투자자가 아니었음을 알 수 있다. 재귀 이론은 주식시장에서는 그를 늘 거꾸로 서게 했으며, 환율처럼 조정은 어렵지만 무역수지나 국가 외환 사정 등 판단이 용이한 부분에서만 탁월한 성과를 거뒀다. 이 점은 그의 성공이 확실한 차익 거래에서 레버리지를 일으켜 큰 수익을 낸 데에 있지, 재귀 이론을 바탕으로 한 것은 아니라는 사실을 증명한다.

보통 투자자에게도 10루타는 가능한가

그런데 이 지점에서 왜 갑자기 조지 소로스가 등장했을까? 그것은 그의 이론이, 수십 개의 종목을 사서 그 중 90%는 적당한 이익과 손해를 보고 서너 개만 10루타를 때리면 된다는 피터 린치의 이론과 맞닿아 있고, 피터 린치의 그러한 생각이 우리가 이때까지 머리 아프게 고민했던 문제에 대한 시장논리이기 때문이다.

여기서 다시 한 번 정리해보자. 투자에는 네 가지 방식이 존재한다.

첫째, 이성적 분석과 직관적 통찰이 결합된 투자, 즉 냉철한 분석과 예술에 가까운 영감이 함께 동원되는 방식이 있다. 어제와 오늘의 모습은 냉정한 기업 분석과 가치평가를 통해 판단하고 내일 이후, 즉 미래의 가치에 대해서는 직관과 통찰이라는 고도의 정신 작용을 활용하는 투자를 가리킨다. 워렌 버핏이 이러한 투자 방식을 구사하고 있다.

둘째, 어차피 투자자가 주가를 예측하기란 불가능하므로 시장에서의 기대수익은 평균으로 가고, 기대리스크는 최대한 낮추는 방식의 투자를 할 수 있다. 이 방식은 기본적으로 자산시장은 GDP 성장을 따라 커진다는 전제에서 이루어진다. 또한 투자는 최소한 금리나 인플레이션을 상회하는 수익을 안정적으로 얻는 것이라고 보는 데서 기인한다. 현대금융공학 이론가들의 포트폴리오론이나 인덱스펀드의 기본 골격이다.

셋째, 투자란 미래를 겨냥한 예측은 아니며 주가는 투자자들의 불합리한 심리적 작용에 의해 내재가치를 중심으로 진자운동을 하므로, 최대한 싸게 사서 적당한 가격에 파는 것이 가장 합리적이라는 방식이다. 지난 100년간 주가가 상승했다고 해서 앞으로 10년간도 주가가 상승할 것이라는 낙관도 근거가 없으므로, 엄정한 분석과 가치 판단의 바탕 위에 현재가를 중심에 두고 최대한 싸게 주식을 매입하는 것이 가장 바람직하다고 본다.

넷째, 주가의 장기 상승은 신뢰하되 단기적인 미래를 예측하기는 어려우므로, 적절한 미래 성장성을 보유하고 적절한 가격에 거래되는 주식들을 골라 포트폴리오를 구성하고, 그 포트폴리오가 위험에 빠지지 않게 수정 보완하면서 그 중 일부 종목이 최대 수익을 내는 순간을 놓치지 않는 방식이다. 피터 린치의 투자 방식이기도 하다.

그렇다면 기술적 분석이 추구하는 방식은 과연 무엇일까? 아직도 많은 투자자들이 100년 전 다우 이론의 유령에서 벗어나지 못하고, 지지선과 저항선, 혹은 양봉과 음봉을 재며 주가의 상승과 하락을 예측하려는 시도를 하고 있다. 하지만 엄밀하게 말하면 이러한 것들은 기술적 분석이라고 말할 수도 없는 자기기만에 지나지 않는다. 이 부분은 이미 무수한 이론으로 검증되었으므로 재차 설명은 생략하고 넘어가기로 한다.

그렇다면 기술적 분석의 또 하나의 논점, "추세를 어떻게 볼 것인가?" 하는 점을 살펴보자. 혹자는 100일간 주가가 올랐는데, 하필 내가 산 시점에서 주가가 급락할 확률이 얼마나 되는지를 되묻는다. 동전의 앞면이 100번 연속 나왔는데 다음번에 갑자기 뒷면이 나올 확률이 얼마냐고 묻는 것과 같다.

하지만 이에 대해 물리학적인 관성 이론을 적용하면 반론을 제시할 수도 있다. 예를 들어, 시속 10킬로미터로 달리는 자동차는 급정거하면 제자리에 바로 멈추지만, 시속 200킬로미터로 달리는 자동차의 제동거리는 최소 100미터일 것이다. 주가 역시 폭발적으로 상승하거나 하락하는 추세에서 순간 급전직하(急轉直下)할 수는 없다는 논리다.

맞는 말이다. 급등한 주가가 순간 급락을 하더라도 일단 주가는 전고점을 향해 되돌아가는 시늉을 한다. 그것은 투자자들의 심리적 속성에 기인한다. 아무리 주가가 높은 지점에 있어도 갑자기 하락을 하면, 장기적으로 볼 때는 내재가치를 향해 제자리로 돌아오는 과정이라 하더라도, 고가 대비 조정폭이 큰 경우 단기적인 메리트가 생기기 때문이다. 그래서 급등한 주식에 손을 대는 투자자들은 하필 내가 사는 순간 주가가 급락할 확률은 낮을 뿐 아니라, 설령 그런 상황을 만난다 하더라도 주가가 다시 고점을 향해 되돌아올 때 빠져나올 시간을 벌 수 있다고 생각한다.

이때 간과해서는 안 되는 사실이 있다. 물리학에서 관성은 질량과 가속도에 비례하므로 주가의 추세가 강할수록 그 추세를 그대로 유지하려는 관성이 붙는 것은 사실이지만, 여기서 질량, 즉 주식의 성질이 우량 대형주인 경우와 중소형 개별주인 경우는 관성력이 다르다는 점이다.

예를 들어, 현대중공업이 40만 원을 돌파할 때 주식을 사면 설령 주가가 하락하더라도 급락으로 돌아서지는 않는다. 관성력 때문이다. 하지만 이화공영이나 특수건설처럼 대운하 관련주라면 이야기가 달라진다. 이런 주식들이 V자형 혹은 역V자형으로 추세가 바뀌는 것은 예사이기 때문이다.

어쨌거나 주가에 일정 부분 추세, 즉 관성이 작용하는 것은 사실이다. 아무리 기술적 분석을 부인하고 폄훼하려고 해도 이것을 아니라고 말할 수는 없다. 다만 달리는 말에 올라탈 때 하필이면 내가 올라탄 지점이 바로 결승점일 가능성이 늘 존재한다. 조정 후 반등을 기다리다가 결국 하락 추세로 진입해버릴 가능성도 크다. 따라서 성공 가능성만큼 큰 문제가 있다는 사실도 함께 인정해야 한다.

왜 변동성 분석인가

　본론으로 들어가보자. 나는 단순히 추세선을 긋고 보조지표를 보고 매매신호를 포착하는 식으로 기술적 분석에 접근하려는 것이 아니다. 금융시장에서 확인은 되었지만 이해가 되지 않던 부분, 즉 변동성 집중화 현상을 알아보려고 한다. 수많은 전문가들이 말하는, 2년 중에 불과 15일을 보유하지 않았다면 수익의 80%를 고스란히 날려버릴 수밖에 없는 이유에 역발상으로 접근하려는 것이다.

　혹자는 금융시장에서도 파레토 법칙(Pareto principle)이 적용된다고 말한다. 전체 기간의 80%는 비추세 국면이고, 불과 20%의 기간 동안 상승의 80%를 이루어낸다는 것이다. 이것은 피터 린치가 주식을 장기보유해야 한다고 주장하는 가장 큰 이유이기도 하고, 버핏이 결국은 승리할 수밖에 없는 결정적 이유이기도 하다. 그들은 항상 주식을 보유하고 있기 때문에 전체 상승의 혜택을 그대로 가져갈 수 있었다.

　하지만 주가가 오를 때 사고 내릴 때 파는, 혹은 그 반대로 투자하는 사람들은 주가가 상승할 때는 이익의 일부만 취하고 하락할 때는 고스란히 손실을 떠안는다. 그러면서도 긍정적 접근이 기술적 분석의 핵심이라 여긴다. 때문에 내가 말하고자 하는 기술적 분석에 대한 이야기는, 사실 기술적 분석이라기보다는 '변동성 분석'이라고 부르는 것이 타당할 것이다.

　그 점에서 우리는 늘 주식을 보유하고 있어야 한다. 하지만 실제로 개인 투자자들이 10년이나 20년 동안 주식을 유지한다는 것은 사실 불가능에 가깝다. 개인 투자자들의 돈은 언젠가는 집을 사는 데 쓰이거나 자녀가 결혼을 할 때, 혹은 사업을 시작할 때 인출되어야 할 돈이다. 특별한 여유자산, 정말 없어도 좋은 자산을 가진 사람은 많지 않다. 지금 당장은 없어도 좋은 돈이라도 불의의 상황이 닥치면 써야 할 보통사람들에게, 주식을 팔지 말고 오를 때까지 보유하라는 말은 아예 주식투자를 하지 말라는 말과 같을지도 모른다.

    이 문제를 어떻게 해결해야 할까? 결국 우리가 선택해야 할 길은 두 가지다. 워렌 버핏의 투자 방식을 따르든가, 포트폴리오를 구성해서 주가 상승의 평균치를 취하는 것이다. 주식투자로 일정액의 손실을 감내할 용의가 있고 자기절제력이 강하다면, 지금부터 내가 설명하는 말에 귀를 기울여도 좋다. 하지만 이런 방식을 모든 투자자가 취하는 것은 절대로 반대한다. 왜냐하면 모든 이론은 결국 그것을 사용하는 사람에게 달려 있기 때문이다.

모멘텀투자로 수익을 극대화하는 법

    준비가 되었다면 먼저 자금에 대한 생각을 이야기해보자. 여러분에게 1억 원의 자금이 있다고 가정하자. 하지만 그 중 5,000만 원은 없어서는 안 되는 돈이다. 이 말은 5,000만 원 정도의 손실은 감당할 용의가 있다는 말과 같다.

    이때 여러분이 기술적 입장에서 취할 포트폴리오는 두 가지다. 먼저 모멘텀투자를 한다면 5,000만 원은 현금으로 보유하고, 나머지 5,000만 원을 투자금으로 사용하기로 한다. 그리고 매번 매매에서 최대 손실(손절매) 범위는 5%로 정한다. 처음 어떤 종목에 투자를 해서 실패할 경우, 투자금은 4,750만 원으로 줄어드는데 전체 1억 원 중 따로 떼어두었던 5,000만 원 중에서 250만 원을 가져다 투자금을 채운다. 그리고 다시 특정 종목에 투자를 한다. 그러다 또 실패하면 다시 250만 원을 가져다 투자금을 채운다. 이 경우 투자금은 늘 5,000만 원으로 유지되지만, 현금 보유액은 계속 감소하게 된다.

이렇게 투자를 하면서 20번 연속 실패할 경우 투자금 5,000만 원은 남지만 현금 보유액은 0원이 된다. 이때 투자는 끝이 난다. 이 경우 여러분은 모멘텀투자를 정확히 이해하지 못했거나, 종목을 잘못 골랐거나, 주식시장에 부적합한 안목을 갖고 있는 사람이다. 때문에 깨끗하게 패배를 인정하고 주식시장을 떠나야 한다.

하지만 이익이 날 경우에는 반드시 5% 이상, 아니 어쩌면 500%의 큰 수익을 내야 한다. 이때 이익은 크게 증가할 것이다. 이 게임에서 승리하는 길은 수익을 낼 때는 만루홈런을 때리고 손실은 제한하는 것이다. 말은 그럴 듯하지만 현실적으로는 어려운 이야기다. 과거 미국에서도 이런 일들이 많았다. 이 부분은 앞으로 기술적 분석에서 주안점을 두고 생각해야 하는 투자 방식이다.

두번째 방식은 자금 1억 원을 지금 가장 적당하다고 생각되는 종목들로 포트폴리오를 구성하는 것이다. 종목은 5개 이상이 좋다. 이론상 20개 정도의 종목으로 구성하면 포트폴리오는 종합주가지수와 비슷한 수익을 내게 된다. 종목 수를 줄이는 만큼 기대이익과 기대손실은 같이 커진다. 이때 여러분이 고른 종목은 안전마진을 확보한 내재가치 대비 50% 이상 싸게 거래되는 종목으로 구성해도 좋고(지금도 그런 종목이 존재한다면), 해자가 깊게 파인 프랜차이즈 밸류를 인정할 수 있는 종목으로 구성해도 좋다(물론 그런 종목이 당신 눈에만 띈다면). 혹은 미래가치에 대한 가능성이 높은 종목으로 구성해도 좋겠다(당신의 안목이 동방삭東方朔의 수준이 될 때의 얘기다).

물론 이런 형태의 종목이 혼합된다 해도 뭐라고 할 사람은 아무도 없다. 하지만 포트폴리오를 구성하기 위해 종목을 고를 때는, 죽을 때까지 보유할 생각으로 고르지는 않았을 것이므로, 현재 수급이나 기술적 여건이 강한 상승을 보일 가능성 또는 정점에 임박했다는 증거가 있어야 한다. 아울러 "증권방송이나 신문에서 본 추천주여서." "그냥 좋아 보여서." "원래 우량기업이니까."와 같은 이유가 아니라 2,000개의 종목 중에서 '베스트 5'라고 여길 만한 충분한 근거를 갖고 편입해야 하는 것은 두말할 나위도 없다.

또한 주기적으로(두 달 정도가 적당하다) 포트폴리오를 점검하는 것이 좋다. 편입 당시와 조건이 달라진 종목은 쏟아내고 다시 그에 해당하는 종목으로 교체한다. 주가가 너무 많이 올랐다면 이익을 실현하거나, 반대로 손절매하는 식으로 규칙적인 관리를 하는 것이다. 이 경우에는 포트폴리오 전체의 위험을 미리 정하고, 포트폴리오의 가치가 일정 수준 이상 하락하거나(20%가 적당하다) 특정 종목이 기준 가격을 이탈하면(5%가 좋다), 일단 시장에서 발을 빼고 관망하거나 투자를 그만두는 것이 좋다. 물론 그 중에서 10루타 종목이 한둘은 나와야 한다.

물론 지금 얘기하는 것은 기술적 측면에서의 매매다. 내재가치나 이익성장성을 고려해서 딸에게 물려주는 버핏 식의 투자를 하자는 것이 아니므로 명백한 손절매의 기준이 존재해야 한다.

지금까지 설명한 두 가지 투자 방식은 달라 보이지만 사실은 같다. 하나는 소위 "한 놈만 팬다."는 기분으로 투자를 하는 것이다. 물론 포트폴리오를 구성하는 것이 아니므로 기대위험과 기대이익은 극단적이다. 다만 위험은 아래쪽에서 제한한다.

두번째는 같은 방식이기는 하지만 사실상 포트폴리오 관리에 가까운 투자다. 손실은 5%, 전체 손실은 20%, 기대이익은 무한으로 간다는 기본 개념은 같지만 이 경우 실제 10루타 종목이 나와도 기대이익이 희석된다는 단점이 있다. 이제 이 책에서 얘기하려는 기술적 분석에 따른 투자의 방향을 짐작했으리라 생각한다.

그럼 어떻게 할 것인가? 여기서 우리의 논점은 10루타다. 10루타는 변동성이 집중되는 순간, 전 거래 기간에 비해 짧은 한 순간에 이루어진다. 우리는 그 시점을 사전에 예측할 수 없다. 그래서 피터 린치는 사서 기다리라고 말했고, 그의 펀드에는 1,000개 이상의 종목이 포함되어 있었다. 그의 투자 패턴은 급격한 상승 가능성이 있다고 생각되는 종목을(물론 허황한 종목은 제외하고) 편입하고 있다가, 급등하는 종목에서 큰 이익을 내고 그렇지 않는 종목에서는 손실을 최소화하는 것이었다는 점을 돌이켜 보면 이해가 쉬울 것이다.

그러나 우리는 10년이나 운영하는 마젤란펀드의 운용자가 아니다. 아이가 아파서 주식에서 돈을 빼내야 할 때도 있고, 전셋값을 올려주기 위해 눈물을 머금고 주식을 팔아야 할 때도 있는 보통사람들이다. 내가 쓰고 남은 돈, 그리고 앞으로도 사용하지 않을 것 같은 돈을 묻어둔 부자들이 아니다. 그래서 "펀드수익률이 급락하는 와중에도 장기투자는 반드시 승리합니다."와 같은 말은 실효성이 없는 것이다.

장기투자가 옳은 것은 알지만 그렇게 할 수 없다면, 혹은 위험을 최대로 감수하더라도 기대이익을 최대로 하고 싶다면, 결국 주가가 급등하는 순간 내가 그 주식을 보유하고 있을 수밖에 없다.

그런데 문제는 그런 종목이 무엇인지, 실제 급등하는 주식 역시도 언제 그렇게 오를지 알지 못한다는 데 있다. 엉터리 분석가들은 이 모든 것은 차트에 녹아 있다고 주장한다. 부분적으로는 맞는 말일지 모른다. 하지만 설령 이 말이 맞다고 해도 우리는 그 신호를 제대로 해석할 능력이 없다. 만약 누군가가 그것을 해석할 능력이 있었다면 그는 이미 우리가 넘겨다보기 어려운 엄청난 부자가 되어 있을 테니, 굳이 그 사실을 입증할 필요는 없다.

그래서 이것 역시 결국은 특정 기준을 세우고 확률에 기댈 수밖에 없다. 화산이 언제 터질지 사전에 알 수 없는 한, 화산이 터지는 순간 용암이 녹아내릴 것이라고 여기자는 것이다. 다만 이 경우 화산이 가스만 분출하고 다시 잠잠해져버릴 가능성도 있다. 아니, 그럴 가능성이 더 많다. 하지만 모멘텀투자를 통해 극적인 수익을 기대한다면 그 외에는 방법이 존재하지 않는다.

변동성을 파악하는 밴드 오버레이

　시장에서 일정한 패턴을 찾아서 다른 사람이 눈치채기 전에 적용하여 이익을 내는 것은 이론상으로뿐 아니라 실제로도 가능하다. 다만 다른 사람들이 그것을 배울수록, 그것을 아는 사람들이 늘어날수록, 패턴의 마법은 연기처럼 사라진다. 기술적 분석이 생존할 수 있는 필요충분조건을 만족시키려면, 죽음의 문턱을 넘어설 정도로 고도의 집중력을 발휘하여 현재 시장에서 다른 사람이 발견하지 못한 규칙성을 찾아내야 한다. 그리고 그것을 혼자만 간직한 채 그 시기의 시장 패턴이 바뀔 때까지 매매에 이용하면 된다. 아울러 그 비밀은 계속 혼자서 지키되 조금씩 변화하는 시장의 새로운 패턴을 찾기 위한 노력을 계속해야 한다.

　이 경우 외에는 여러분들이 배우고자 하는 소위 대박의 방법은 없다. 그 때문에 과거 높은 수익률을 올렸던 고수들이 여러분에게 알려주는 비법들은 이미 수명이 다한 것이거나 더 이상 그 방식으로 이길 자신이 없는 것뿐이다. 그럼에도 불구하고 나는 기술적 분석이 무용하다고 생각하지는 않으며, 오히려 그렇기 때문에 더욱 이용가치가 존재한다고 믿는다. 냉정하게 말하면 기술적 분석을 패턴으로 접근하는 방식이 틀린 것일 뿐, 그것을 대응의 도구로 삼는 경우에는 여전히 유용하기 때문이다. 다시 말하지만 기술적 분석은 예측이나 분석의 도구가 아니라 대응의 도구다.

이제부터 설명할 밴드 이론은 주식시장의 변동성에 대응하기 위해 필요한 도구다. 밴드오버레이(Band overlay)는 밴드 이론의 하나로, 엔빌로프(Envelope)와 볼린저밴드(Bollinger band) 등이 대표적인 지표인데 이들은 공통적인 특징이 있다. 그 중 하나는 수치화된 가격 요인을 그림으로 명료하게 보여준다는 것이다. 일반 투자자들이 보통 증권회사의 주가 창(HTS)을 화면에 띄운 다음, 이것을 선택하면 이동평균선 아래위로 2개의 띠가 나타나는데 이것이 바로 밴드오버레이 지표들이다. 보통 가격을 살피는 데 쓰이는 이 지표는 '범주를 벗어나는 결정적인 국면'을 이해하는데 큰 도움이 된다.

그렇다면 '범주를 벗어나는 결정적 국면'이란 어떤 상황인가? 그것은 실적이나 재무제표로 이해할 수 있는 영역이 아니다. 예를 들어, PER이 60배를 넘는 조선주의 밸류에이션은 무엇으로 설명이 가능할까. 만약 조선 업종을 실적이나 재무제표를 기준으로 매매했다면 투자자들은 현대중공업이 10만 원을 넘어가는 순간 모두 매도했어야 정상이다. 하지만 실제 투자자들의 이익은 그 지점을 훨씬 벗어나는 시점에서 극대화된다.

조선주의 장점은 무엇이며 지금 조선주를 추가 매수해야 할까, 아닐까. 이에 대한 힌트를 바로 밴드 지표들에서 얻을 수 있다. 하지만 대표적인 밴드오버레이 지표인 엔빌로프와 볼린저밴드는 그 성격이 다르다.

결론부터 이야기하자면 전자는 '범주 내에서의 매도 및 매수 시점'을 알려주는 데 유용하고, 후자는 '범주를 벗어나는 시점'을 아는 데 쓸모 있다. 먼저 밴드오버레이 지표 중 엔빌로프부터 살펴보자.

엔빌로프

엔빌로프는 이동평균선이 지지선이나 저항선의 역할을 한다는 전제하에 만들어진 밴드다. 엔빌로프는 이동평균선이나 상단의 저항선, 하단의 지지선을 이용하여 주가의 전반적인 추세와 가격을 예측하는 데 유용한 지표로 주가의 항상성을 겨냥할 수 있는 방법이다.

인간은 정답이 존재하지 않는 주관적인 판단을 내릴 때, 가능하면 전체의 평균에 수렴하려는 속성이 있다. '출발 동서남북'과 같은 게임을 하면 괜히 사람이 많은 곳에 서고 싶은 것도 같은 이치고, 모르는 길을 갈 때도 사람이 많이 가는 길을 택하고 싶은 것이 인지상정이다.

주식을 매수하고 매도할 때도 그렇다. 어떤 주식을 매수하고 싶을 때 단순히 가격만 살피고 저평가인지 고평가인지 내재가치로만 판단한다면 당신은 가치투자를 하고 있다고 볼 수 있다. 하지만 그렇더라도 지금 당장 사야 하는 것인가, 아니면 기다렸다가 조금이라도 싸게 살 수 있는 기회를 잡을 것인가를 판단하기 위해서는 다른 사람들의 거래 형태를 지켜보게 된다.

이때 가장 먼저 눈에 띄는 것은 이동평균이다. 이동평균은 가격의 평균이고, 그 안에는 기간이 들어 있다. 더구나 이 기간은 시계 시간의 의미가 아니라 거래일의 개념이고, 이동평균이 정하는 기간의 이동평균값에는 그동안 거래된 모든 주가가 반영되어 있다. 즉, 120일 이동평균이라면 최근일로부터 120일 전까지의 거래값의 평균이다. 이것은 정규분포의 평균에 해당하는 것이니 결국 그 지점에서 가장 거래가 많고, 그것으로부터 거리가 멀어질수록 거래가 줄어든다.

이때 사람들이 이동평균으로부터 얼마나 멀어지면 팔거나 사고 싶어지는지를 관찰하는 것도 의미가 있다. 설령 주가가 계속 오르더라도 (혹은 내리더라도) 평균에 가격이 반영되도록 호흡을 늦춰주거나, 가격이 톱니바퀴처럼 조정을 해서 이동평균이 가격을 따라 움직인다는 것이다. 이를테면 주가가 내리 10일간 급등하면 이동평균으로부터 무척 멀어진다. 하지만 3일 오르고 하루 쉬면 그동안 이동평균선이 가격을 따라 움직일 수 있다. 주가가 이동평균으로부터 멀어지더라도 가격 조정으로 다시 조금 내려오면 거리가 좁혀진다. 즉, 가격은 이동평균으로부터 어느 수준 이상은 심리적으로 멀어질 수 없다는 가정에서 출발한 개념이 바로 엔빌로프다.

이 개념은 매닝 스톨러(Manning Stoller)라는 사람이 지표로 만들었다. 그는 주가는 이동평균으로부터 상하 k% 이내에서 움직이므로 상단 k%는 저항선, 하단 k%는 지지선이 된다고 여겼다.

〈차트 16〉을 보자. 이 차트는 삼성전자의 엔빌로프를 나타낸 것이다. 중심선은 20일 이동평균선이고, 상단과 하단은 5% 정도를 범위로 잡았다. 삼성전자는 비교적 변동성이 적은 종목인데 원으로 표시된 부분을 보면 ①, ②, ③까지는 그렇다 치더라도, ④에서 주가가 엔빌로프의 상단선에 닿았다고 판단해 매도한다면 어떤 결과가 왔을까? 수익은 조금 얻겠지만 진짜 상승을 시작할 때 큰 기회를 놓쳐버렸을 것이다.

그렇다고 〈차트 17〉과 같이 상하단을 10%로 놓으면 사고팔 기회가 한

■■■■ 차트 16   5% 범위의 엔빌로프 ■■■■

■■■■ 차트 17   10% 범위의 엔빌로프 ■■■■

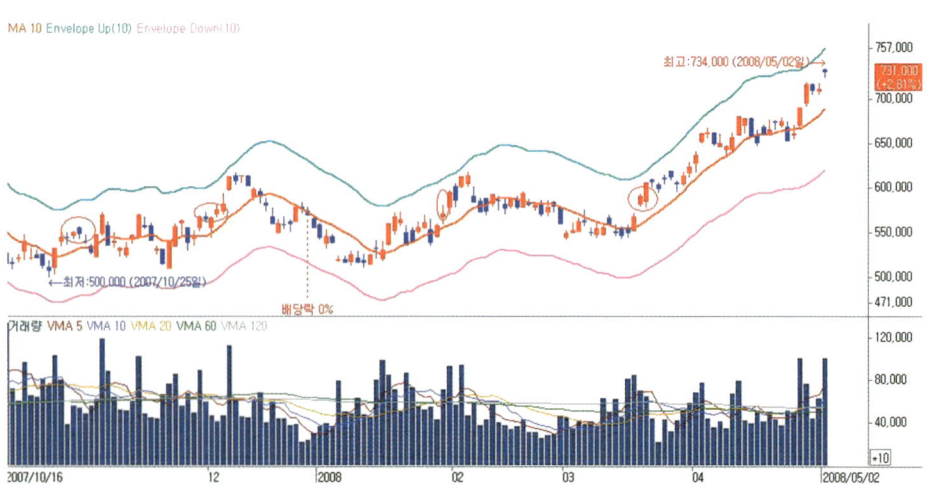

제9장 변동성 분석

번도 없다. 이것이 바로 보조지표의 맹점이다. 이런 보조지표도 등락을 거듭하는 박스권에서는 유용하지만 정작 추세가 바뀌는 지점에서는 도움이 안 되는 것이다. 보조지표에만 의존하면 작은 수익만 내다가 정작 큰 수익은 날려버릴 수 있다.

그러므로 이 밴드는 좁은 변동폭으로 이동평균선이나 하단선에서 매수하고 상단선에서 매도하는 고식적인 방법이 아닌, 다른 방식으로 이용해야 한다.

이동평균선이 상승으로 자리잡은 이후에 종목에 따라 5~10% 정도의 변동폭을 정하고, 이동평균선에서 매수 후 상단선에서 매도를 하거나 이동평균선이 하향으로 자리를 잡은 후 이동평균선 매도, 하단선 매수를 하는 방식을 이용하는 것이다. 그것이 아니라면 단기 거래자들이 이동평균선이 횡보할 때를 이용해서 5% 정도의 좁은 변동폭을 설정하고 이동평균선 매수, 상단선 매도 또는 이동평균선 매도, 하단선 매수를 하는 것이 적절하다.

하지만 어떤 경우에도 이것만으로 매매를 하거나 시세를 판단하는 것은 어리석은 일이다. 주가의 가격 변동성이 빠르게 증가하면(가격의 상하 진폭이 커지면) 이동평균선은 후행하므로, 실제 이동평균선의 움직임과 주가는 괴리될 수밖에 없다. 그럴 경우 주가 변동폭이 적절하지 않기 때문에, 이런 방식은 변동성을 제대로 반영하지 못하고 급등이나 급락의 상황에 빠뜨리게 된다는 것이다.

정리해보면, 엔빌로프는 특정 이동평균선에 상하의 변동폭을 정하고 그것을 벗어나면 매수·매도의 기준으로 삼는다고 했다. 하지만 시장은 드물게 벗어나는 그 특별한 예외 구간에서 최대의 이익을 낸다. 그렇다면 답은 나왔다. 기술적 분석은 저평가된 시장에서 저점 매수를 하기 위한 것이 아니라 시장이 미친 듯이 흥분해서 적정가치를 훨씬 상회할 때, 그 상회하는 주가를 따라잡기 위한 것이어야 하고, 우리가 고점을 예단할 수 없다면 최소한 매도의 기준으로 삼을 수 있어야 한다.

이제 엔빌로프를 다시 살펴보자. 뚱뚱한 꼬리의 관점으로 보면 엔빌로프는 기존의 이론과는 달리 밴드를 위로 벗어나는 순간이 매수 지점이고, 아래로 벗어나는 순간은 매도 지점이다. 반대로 위로 벗어난 주가가 밴드 내로 들어오는 순간이 매도 지점이고, 아래로 벗어난 주가가 되돌아 들어오는 순간은 매수 지점이다. 상식과는 반대인 셈이다.

예를 들어, 20일 이동평균선을 기준으로 상하 15~20% 밴드를 설정하면 주가가 이 밴드를 벗어나는 순간은 그렇게 자주 오지 않는다. 하지만 우리가 포착하는 순간은 바로 이 지점이다. 주가는 밴드를 크게 벗어나면 벗어날수록 좋고, 벗어나는 빈도가 높으면 높을수록 더 좋다.

주가가 밴드를 벗어나서 장기간 머무르는 경우는 한 종목당 5년에 한 번 있을까 말까 한다. 〈차트 18〉을 보자. 밴드를 벗어난 주가가 다시 돌아 들어오는 데만 1년 반의 시간이 걸렸다. 주가는 그야말로 미친 듯이 오르고 이후에도 무려 2년이 지나 겨우 자기 자리로 돌아 들어온다. 하지만 이런 방식의 가장 큰 단점은 속임수가 많다는 것이다. 벗어나는 순간 내처 달리는 주식도 있지만 벗어나자마자 돌아오는 주식이 부지기수다. 주가의 복원력이 작용하기 때문이다. 이론상 한 주식의 사이클에서 10년에 한 번 대상승이 온다고 하지만 대신 20번 중에 19번은 주가가 되돌아 오기 때문에 작은 이익이 나거나 대부분 잦은 거래로 손실이 날 뿐이다.

그것을 방지하기 위해서는 이론상 두 가지가 가능해야 한다. 하지만 앞서 말했듯이 주가는 절대 예측이 불가능하다. 만일 20개가 벗어나면 그중에 어느 것이 정말 대시세를 내어줄지 절대로 알 수가 없다. 그래서

■■■■ 차트 18   주가의 밴드 이탈과 복귀 ■■■■

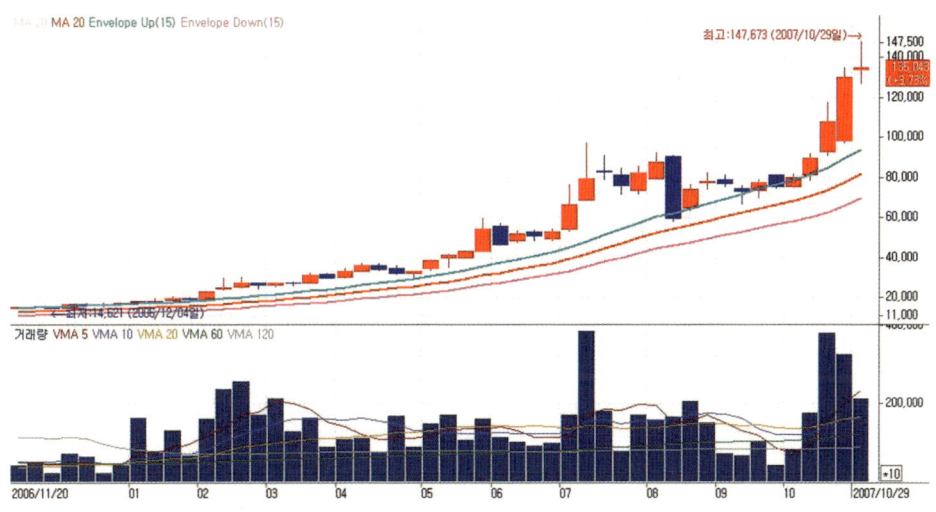

벗어나는 주식을 모두 검색하고 수없이 사고팔다가 겨우 한두 개를 건져야 하지만, 그럴 경우 기회비용의 손실이 너무 크다.

모든 기술적 분석은 소형주나 잡주에 적용된다는 일반의 예상과 달리 기술적 분석의 적용은 오히려 우량주에서 가능하다. 기관 투자가나 가치 투자자가 보유하고 있는 우량주 중에서 몸집이 상대적으로 가벼운 주식, 혹은 대형주 중에서는 상당 기간 기관 투자가에 의해 매집되고 그것의 회전율이 낮아져 있는 경우로 압축해야 한다.

몸집이 가벼운(기관 투자가의 매집에 의해 유통주식 수가 감소한 주식) 종목들을 추적하면서 이 종목들 중에 밴드를 벗어나는 종목이 나타나면 해당 주식을 매수하고, 그것이 밴드를 강하게 이탈하면 추가 매수를 해야 한다. 그러나 밴드를 기준으로는 살 수 있지만 막상 밴드를 지우고 보면 절대 살 수 없다. 한 개의 종목이 대시세를 분출하는 경우, 운이 좋아 초기에 주식을 샀거나 오래전부터 매집해온 투자자가 아니라면, 오르는 주식을 따라잡아 샀더라도 주가가 고공행진을 하면 고소공포증으로 금세 되팔게 된다. 그래서 실제 10배씩 오른 종목에서도 막상 이익을 낸 투자자의 수는 그리 많지 않다.

결국 살 수 있는 방식은 밴드를 그리는 것뿐이다. 더구나 이런 방식조차 일률적으로 적용할 수 없다. 삼성전자와 같이 시가총액이 크고 발행주식이 많은 회사의 주식이라면 수많은 투자자들이 개입되어 있고, 주주가 분산되어 있어서 절대로 밴드를 벗어나지 않는다.

그렇다면 방법이 전혀 없을까? 아니다. 방법은 있다. 밴드의 폭을 좁히면 된다. 예를 들어, 상하 10%나 상하 15% 정도로 좁히면 가능한 기준을 세울 수 있다. 반대로 규모가 상대적으로 작고 변동성이 큰 종목이라면 오히려 밴드폭을 더 넓혀서 착오신호를 방지해야 한다. 이동평균선을 늘리거나 좁힘으로써 같은 결과를 얻을 수도 있다. 이런 투자는 가능하면 일간 차트보다는 주간 차트를 이용하는 것이 낫고, 이 경우 투자자는 종목이나 업종의 성격에 따라 유연하게 밴드의 폭을 변화시켜 적당한 값을 적용해야 할 것이다.

기술적 분석에서 가장 필요한 것은 바로 이런 유연성이다. 대부분의 투자자들은 일관된 잣대 하나만으로 길이를 재려 하는데, 작은 침대에 키를 맞추려면 다리를 자르는 수밖에 없다. 하지만 정작 필요한 일은 다리를 자르는 게 아니라 침대를 넓히는 것이다.

그럼 매도는 언제 할까? 간단하다. 주가가 밴드 안으로 들어왔을 때 주식을 매도하면 된다. 주가가 밴드를 벗어나 있는 기간이 길면 길수록 기준이 되는 이동평균선은 빠르게 상승하기 때문이다. 일정 부분 상승하여 기준 수익을 달성하면 절반을 매도하고, 주가가 밴드 안으로 들어오면 나머지를 매도하는 방법도 있다. 결국 수익을 내주는 것은 시간인 셈이다. 주식을 사서 3~4일 만에 매도가 되는 경우라면 수익이 적고, 서너 달 만에 매도가 되는 경우라면 서너 배의 수익을 주는 셈이다. 이 경우 시간은 곧 수익이다.

이쯤에서 명민한 투자자라면, 엔빌로프가 가진 복화술적인 성격을 이해했어야 한다. 사실 여기서 나는 엔빌로프라는 도구를 말했지만, 이것은 곧 '엔빌로프는 이격도의 활용'이라는 말과 같은 의미다. 이격도는 숫자로 말하며 중심선을 기준으로 지표만 남긴 것이고, 엔빌로프는 가격 위에 그림을 그려준 것이라는 차이가 있을 뿐이다. 주가가 20% 밴드를 벗어났다는 말은 이격도 120을 넘었다는 말이고, 주가가 15%의 밴드를 넘었다는 것은 이격이 115를 넘었다는 말과 같다. 그럼 이 경우는 실제로 어떤 차이가 있을까?

차이는 전혀 없다. 〈차트 19〉를 통해 엔빌로프와 이격도를 비교해보자. 사실 아무런 차이가 없는 차트를 우리는 두 가지로 표현하고 있을 뿐이다. 결국 이동평균선에서 얼마나 떨어져 있느냐 하는 것으로 시장의 힘을 측정한다는 것이 핵심이다. 그런데 이격도가 한 가지 더 유리한 측면을 제공한다. 바로 엔빌로프에서는 찾기가 어려웠던 매도 시점을 제공한다는 점이다.

차트에서 이격이 정해진 범위를 넘는 순간 주가는 밴드를 벗어나고, 밴드 내로 주가가 돌아오는 순간 이격은 범위를 벗어나 반전된다. 즉, 엔빌로프 자체는 이격도와 다른 지표가 아니다. 그렇다면 우리는 여기서 이격도란 것을 어떻게 활용해야 하는지에 대한 힌트를 얻을 수 있다.

한발 더 나아가보자. 이격이 일정한 범위를 벗어나지 못하는 구간에서 주가가 반복적으로 움직이던 상황이 갑자기 무너진다면, 필드에서는 해

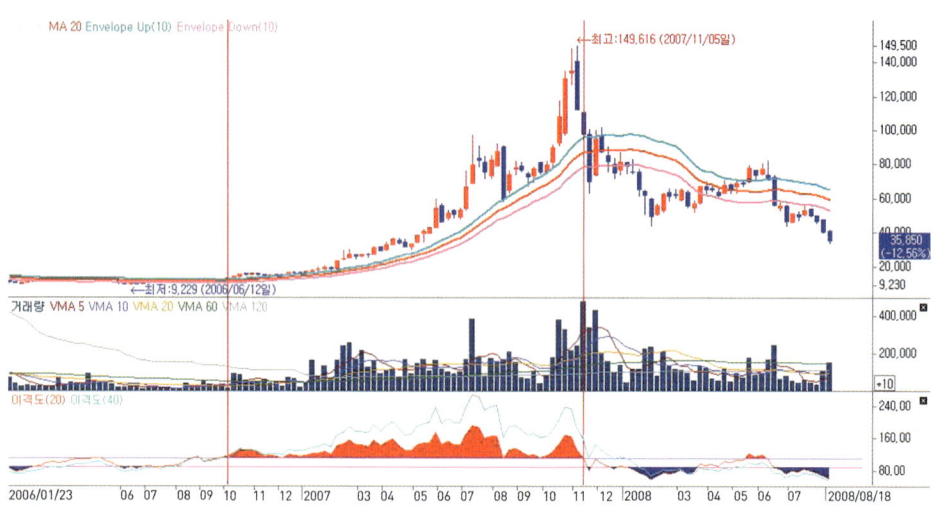

차트 19 엔빌로프와 이격도 비교

당 주식의 성장성을 공감하는 어젠다가 만들어졌을 것이다. 이때 이유는 중국의 성장일 수도 있고, 업종 대순환 사이클일 수도 있고, 신규 사업 진출일 수도 있고, 신기술 개발에 대한 기대감일 수도 있다. 만약 이 기업이 만들어낸 어젠다가 시장의 공감을 얻는 데 실패한다면 그 주식은 소위 작전주 혹은 테마주로 주저앉을 것이다. 이때 주가가 얼마가 오르든 간에 그것은 시장의 공감이 아니라, 특정 주식을 매집한 측의 장난이나 시장을 속이기 위한 부정이 개입했을 가능성이 크다.

하지만 일단 시장이 이 기업의 성장 스토리에 동의하면, 다음에는 본격적인 프로파간다(구호)가 만들어진다. 이미 이 기업을 주목하는 이들은 소수집단에서 시장 참여자 전반으로 확산되어 있고, 구호와 지침이 내려지는 신호만 보고 있을 것이다. 이즈음 주가는 최대 이격의 범주(밴드의 상단)에서 반복되는 공방전을 벌이고 있을 것이다. 그리고 신호탄이

터지는 순간 주가는 갑자기 분출하며 밴드를 뚫고 나아간다.

이때는 무엇인가 손에 잡히는 구호들이 시장을 장악하고, 그것은 투자자들을 초조하게 만들어서 이 기업에 어떤 가치를 부여하더라도 그것은 곧 현실화될 수 있는 가치라는 믿음을 갖게 만든다. 주가는 결국 일정 기간의 최대 이격을 돌파하고, 돌파한 이격에 놀라 섣부르게 매도하는 이들의 물량을 흡수하며 더욱 강하게 시세를 분출할 것이다. 이로써 가격은 이동평균선에서 점점 멀어진다. 이때 대중의 도취와 매집의 정도, 매집자의 의지 등이 이격을 결정하게 된다.

이 가정에서 이미 상당한 이익을 낸 투자자들의 매도와 당기 추격매수자들의 섣부른 만족들은 매물로 나올 것이다. 하지만 매집자가 설정한 어젠다가 살아있는 한 주주의 수는 바뀌지 않는다. 거래량은 늘어나지만 사실상 주주의 수는 늘어나지 않는다. 왜냐하면 매집자의 손에서 주식이 여전히 떠나지 않기 때문이다.

소액 주주들의 매수와 매도로 인해 유통주식의 일부만으로도 회전율은 증가하지만, 총회전율은 크게 증가하지 않고 단순히 거래량만 많은 것으로 집계된다. 따라서 상승하는 주가는 지속적으로 거래가 증가한다. 거래가 증가한다는 것의 의미가 매집자의 손에서 나온 이익 실현 매물인지, 아니면 회전율이 높아서 이루어진 거래량인지는 거래량의 물리적 수준으로 판가름난다. 지속적으로 늘어나는 거래량이 어느 순간 뚝 떨어지면 주가는 더욱 급등한다. 이제는 매집자뿐 아니라 추격 매수자들까지 이 주식의 추가 상승에 공감하는 것이다. 주식을 사려는 사람은 첩첩이 쌓이고 매도하는 이들은 사라져가며 주가는 연일 급등한다.

이쯤 되면 매집자들이 주식을 매도할 환경이 조성된다. 매집자들의 구조는 자신들의 매집으로 인해 주가가 폭발하지 않는 한 매도이익을 실체화할 수 없다. 기관 투자가들이 과다 보유한 주식은 이런 결정적 순간이 아니면 도저히 팔 도리가 없는 것이다.

바로 이런 구조가 2007년 중국 관련주에 과도하게 투자한 우리나라 운용사들에게서 나타났다. 당시에는 펀드의 평가이익이 큰 것으로 보였지만, 주가가 하락하자 자신들의 보유비중이 큰 탓에 매도를 하지 못하고 급격한 수익률 하락을 겪으며 손절매해야 했던 것이다. 결국 영민한 개인 투자자들은 이러한 기관 투자가들의 탐욕을 역으로 이용할 수 있다. 이와 관련해 내가 쓴 한 칼럼을 보자.

'연못 속의 고래(A big fish in a little pond)'라는 영미속담이 있다. 이 말을 투자시장에 맞게 해석한다면 "시장의 다양성이 떨어졌다." 혹은 "시장 불균형이 심화되었다." 정도가 될 것이다. 특정 기업에 대해 거대 자산 운용사가 지나치게 많은 지분을 보유하거나 특정 국가에 대해 외국인 비중이 지나치게 높은 상태를 가리키는 말이라고 할 수 있다.

외국인들이 저평가된 국내 주식을 매집하기 시작한 것은 이미 10년이나 되었다. 우리 스스로 국내 주식을 '코리아 디스카운트'라 부르며 폄하하고 있을 때, 외국인들은 "이렇게 싼 주식이 있을 수가?" 하며 국내 주식을 슬금슬금 거둬들였다. 국내 수급이 완전치 못한 상황에서 외국인 지분이 늘어난다는 것은 외국인 입장에서도 그렇게 좋은 것만은 아니었다. 왜냐하면 외국인에만 기댄 천수답 시장은 외국인 지분이 10%에서 20%로 증가하는 만큼 유통주식 수가 줄어들고 주가가 오르는 대신 그만큼 외국인들의 평균 매수단가 역시 상승하는 구조가 되기 때문이다.

물론 외국인이라고 해서 모두 같은 투자자는 아니다. 하지만 외국인 투자자를 하나의 범주로 본다면, 그들이 삼성전자를 2만 원대에서 사들이기 시작해서

50만 원이 되었다고 해서 25배의 이익이 났다고 할 수는 없다. 동조 혹은 추격 매수자가 없는 한 평균 매수단가는 30만 원을 넘을 것이기 때문이다. 물론 그 정도 이익도 적은 것은 아니지만, 진짜 문제는 그마저 평가이익일 뿐 실현이익이 아니라는 점에 있다. 외국인이 일방적으로 주식을 사들이고 국내 투자자들이 주식을 파는 상황이 이어지면서 삼성전자의 주가가 25배가 올랐다면, 외국인들이 이익을 실현하기 위해 막상 주식을 팔기 시작할 때 평균 매도단가는 20만 원도 채 안 될 것이기 때문이다.

바로 이 점이 주식시장에서 지분 불균형이 발생했을 때 일어날 수 있는 매집자의 딜레마다. 좀더 시야를 넓혀서 KOSPI를 기준으로 봐도, 300포인트에서 주식을 매집한 외국인이 1,000포인트에서 조금만 팔면 시장은 순식간에 500포인트대로 추락한다. 이 상황에서 외국인들은 스스로 큰 손해를 볼 각오를 하지 않는 이상 절대 시장을 완전히 떠날 수가 없는 것이다. 이것이 바로 연못 속에 들어간 고래의 고민이다.

그렇다면 연못 속의 고래가 탈출할 수 있는 타이밍은 언제일까? 폭우가 쏟아져 연못에 물이 넘쳐나는 순간이다. 고래는 그때가 언제가 되든 비가 쏟아져 연못에 물이 넘치는 순간까지 기다려야 한다.

우리나라 시장을 기준으로 한다면, 외국인이라는 고래가 탈출할 수 있는 순간은 너도나도 펀드투자에 뛰어들어 전국민이 적립식펀드 계좌를 가지게 되는 순간, 즉 2007년 이후가 바로 그때인 셈이다. 이때가 오면 고래는 미련 없이 연못을 떠나도 된다. 삼성전자가 30만 원이 되어도, 50만 원이 되어도 떠나지 못하다가 70만 원이 되었을 때, 즉 그동안 팔기만 하던 국내 투자자들이 100만 원을 넘길 것이라는 확신을 갖고 삼성전자 주식을 사려고 덤빌 때, 그때가 바로 외국인들이 주식을 팔고 떠날 수 있는 시점인 것이다. 이때 주식을 팔면 과거와 달리 평균 매도단가가 크게 하락하지 않고, 그동안의 평가이익이 고스란히 실현이익으로 전환된다.

KOSPI를 기준으로 할 때 1,000포인트나 1,200포인트에서 외국인이 팔면 시장이 금세 하락하지만 2,000포인트대에서는 아무리 매도해도 시장 하락은 제한적이다. 왜냐하면 국내 수급이 일어나고, 연못에는 새로운 물이 넘쳐나기 때문이다. 2007년 이후 국내 주식시장에서 외국인 투자자의 지분이 줄어드는 것은 그래서 자연스러운 일이다. 비가 내려 고래가 떠나려는 자리에 적립식펀드를 필두로 한 국내 자금이 새로운 물을 채우고 있었기 때문이다.

하지만 만약 고래가 떠난 자리를 메울 만큼 비가 충분히 내리지 못한다면(국내 수급이 일정 부분 한계를 갖고 있다면), 비가 그친 다음 연못 속의 물은 금세 말라버릴 것이고 물고기들도 죽어버릴 것이다. 정말로 그 비가 충분하다면 고래가 떠난 연못은 오히려 맑은 물로 가득한 정상적인 환경이 돼야 한다.

다시 말해, 특정 매수자가 대량 매집한 주식은 충분히 비가 내려 다른 매수자에게 넘길 수 있는 적절한 타이밍이 있는데, 그 타이밍이 오지 않으면 결국 고래는 죽는다는 뜻이다. 비의 양이 충분하지 않으면 연못 역시 마른다. 결국 고래도 살고 연못도 살리는 가장 적절한 타이밍은 바로 가장 시장친화적인 지점인 셈이다.

결국 주가가 최종적으로 급등 국면에 들어설 때는 매집자가 매물을 내놓지 않는 한 이격은 줄어들지 않고, 대중이 흥분할수록 오히려 이격은 추가로 확대된다. 매집자의 매도는 시장의 유통주식을 늘리고, 유통주식이 늘어나는 신호는 다시 거래량의 증가로 나타난다. 일정 부분 거래가 증가하던 주식이 거래가 줄어들었다가 다시 늘어나는 현상은 매집자의 물량 출회로 이루어진다. 이때도 주가는 오른다. 대중은 여전히 배가 고프기 때문이다. 하지만 유통주식의 증가로 늘어나는 거래량은 이제부터는 이격의 축소를 가져온다.

　주가는 오르지만 늘어나는 주식 수로 인해 주가는 더 이상 이격을 추가로 경신하지 못하고, 주가는 오르는 반면 이격은 줄어드는 현상이 발생한다. 이때가 바로 주식을 매도하는 1차 시점이다. 매집자의 매도가 상당 부분에 이르면 결국 거래량이 급증하며 개인의 탐욕과 매물의 출회가 맞서는 성향을 보인다. 과거 기관 투자가의 지분 증가에 현혹되었던 개인들은 기관 투자가들이 내세웠던 논리에 매몰되어 정작 기관 투자가들이 발을 빼고 있음에도 자신들이 매몰됐던 논리를 더 신뢰하며 시장에 남는다. 결국 주가는 정체되고 거래량은 폭증하며 주가 반락의 일정 시점에 이른다.

　이렇게 주가가 횡보하는 과정에서 이동평균선의 상승이 느슨해지고, 주가는 저절로 밴드 안으로 들어오게 된다. 이 지점은 전량을 매도하는 시점이다. 이제 남은 것은 대중이 자기들만 남았음을, 이미 어젠다는 사라지고 시대가 바뀌었음을 깨닫는 일뿐이다. 이후 주가는 반등을 하더라도 밴드를 넘어서지 못한다. 어리석은 대중들은 과거의 고점에 대한 향수를 안고 주가가 하락할 때마다 반등을 노린 매수에 나서고 엉터리 전문가들은 눌림목이라는 용어로 대중을 현혹한다.

　하지만 매집자가 사라진 주식이 되살아날 수 있는 가능성은 거의 0%에 가깝다. 이제 이 주식은 그동안 손해를 본 모든 개인 투자자들이 지쳐서 떨어져나가고, 주가가 적정가치보다 하락하고, 가치 투자자가 진입하고, 성장논리를 앞세운 새로운 기관 투자가가 나설 때까지 거의 5년, 대상승의 경우 10년에 가까운 어두운 터널에 접어들게 된다. 과거 끔찍한 추억을 간식한 투자자들이 어떤 명분으로든 접근하려 하지 않기 때문이다.

볼린저밴드

지금까지 살펴본 엔빌로프의 흐름에 비해 볼린저밴드는 획기적이다. 엔빌로프는 변동성이 커지는 순간에 그 변동성을 담지 못하지만, 볼린저밴드는 커지는 변동성을 그대로 담아낸다. 볼린저밴드는 표준편차를 사용하기 때문이다.

그 얘기를 하기 전에 먼저 유래부터 살펴보자. 볼린저밴드는 페리 코프먼(Perry Kaufman)이 개념을 고안했고, 존 볼린저(John Bollinger)가 완성시켰다. 존 볼린저는 그의 책 《볼린저밴드의 이해 Bollinger on Bollinger Band》를 통해서 이론을 전개했는데, 내가 보기에 이 이론의 최종 완성자는 에드워드 돕슨(Edward Dobson)이다. 어쨌거나 이 이론은 획기적이라는 찬사를 아무리 해도 모자라지 않는다. 개인적으로 윌리엄 갠(William Gann), 존 볼린저, 피셔 블랙, 마이런 숄츠 이 네 사람은 시대의 천재라고 생각한다. 이유는 여러 가지지만 무엇보다 그들이 주가의 본질을 통찰했기 때문이다.

이 중요한 이야기를 하기 전에 다시 한 번 앞서 공부한 기초통계 이야기를 반복해보자. 물론 지금부터 설명하는 구체적인 내용들에 대해서는 전혀 몰라도 좋다. 하지만 무슨 이야기를 하고자 하는지 맥락은 반드시 이해해야 한다. 그렇지 않으면 별로 읽기에 편하지도 않은 이 책을 지금까지 읽은 의미가 없다.

먼저 앞에서 다루었던 통계 이야기를 다시 한 번 떠올려보자. 어떤 집단의 키를 쟀을 때, 그 키는 대개 평균이 가장 많고 평균에서 멀어질수록 빈도가 낮다고 했다. 대한민국 성인남자의 키라면 평균인 173센티미터가 가장 많고 180센티미터 이상, 164센티미터 이하는 적을 것이다. 《미스터 초밥왕》에서 초밥을 만드는 요리사가 초밥 한 개당 몇 톨의 밥알이 들어가는지를 조사했더라도 같은 결과를 얻었을 것이다. 초밥 1개당 150톨이 평균이라면 140톨도 적고 160톨도 적을 것이다.

이때 밥알 수가 140톨인 초밥이 1개, 145톨인 초밥이 2개, 150톨인 초밥이 3개, 155톨인 초밥이 2개, 160톨인 초밥이 1개라면, 초밥의 총개수 9개를 '모집단의 수'라 부른다. 그리고 '140＋(145×2)＋(150×3)＋(155×2)＋(160×1)'을 총밥알 수로 나눈 값인 150을 가리켜 '평균'이라 부른다. 이때 이 초밥들의 분포는 〈그림 24〉와 같이 그려질 것이다.

이 그림에서 우리는 초밥 1개당 밥알 수가 평균을 중심으로 어떻게 분포되어 있는지 알 수 있고, 이렇게 평균을 중심으로 일정 범위 안에 놓이게 되는 모집단을 두고 "정규분포를 하고 있다."고 말한다. 대개 이런 정규분포는 무작위해 보이는 모집단에서 질서를 찾기 위해 사용하는데 이를테면 내가 만든 초밥이 초밥왕의 기준으로 볼 때 적당한 초밥인지, 내

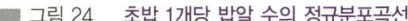
그림 24 초밥 1개당 밥알 수의 정규분포곡선

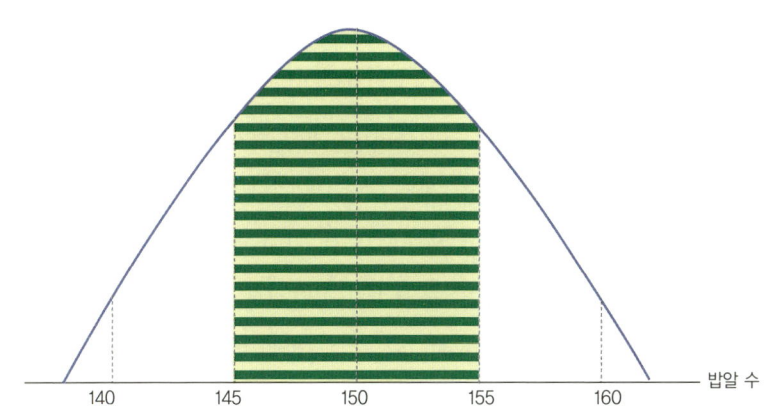

키가 평균 대비 어느 정도 범위에 속하는지 알 수 있게 해준다. 이때 초밥 집에서 허용할 수 있는 초밥의 밥알 수의 범위는 〈그림 24〉처럼 빗금 친 부분에 해당할 것이고, 그 외에는 불량으로 처리될 것이다. 이때 불량의 기준, 즉 범위는 정하기 나름이다. 그리고 빗금의 범위가 좁은, 즉 평균값에 가장 근접한 밥알을 쥐는 초밥 기술자가 초밥왕으로 불리게 된다.

이렇게 초밥의 밥알 수처럼 각각 무질서하게 배열된 수는 어느 것이 적당한 것인지를 구분하기 어렵기 때문에 사람들은 평균값을 찾게 되고, 이 평균값은 대푯값이라 불린다. 이런 방식으로 전체를 평균해서 나누는 방식을 앞에서 얘기했듯 산술평균이라고 한다.

산술평균은 $\frac{X_1+X_2+X_3+\cdots+X_n}{n}$ 으로 구할 수 있다. 대상 개수 전체인 Xn를 모두 더해서 n개로 나눈 값을 $\bar{X}$ 로 표시하고 그것을 대푯값이라 부르는 것이다. 수학적으로 간단하게 표현하면 이렇다. 이는 주식시장에서 단순 이동평균선을 그릴 때 사용하는 방식이다.

$$\bar{X} = \sum_{i=1}^{n} Xi$$

이미 설명했지만 여기서 한번 더 언급하자면, 기하평균은 수의 왜곡을 피하기 위해 사용한다. 이를테면 초밥의 밥알 수가 140, 145, 150, 155, 160처럼 일정 범주에 많을 때, 대푯값이 150이라면 대충 초밥의 밥알 수는 150개 남짓이라고 여기면 된다. 그런데 어떤 초보자가 초밥을 5개 만들었는데 각각의 초밥의 밥알 수가 100, 120, 130, 140, 500이라고 가정해보자. 이때 산술평균은 198이므로 "이 사람이 만든 초밥에 든 밥알 수는 198개 남짓이다."라고 생각하면 실제와 너무 큰 차이가 난다. 이때 이

수를 모두 곱해서 다시 펼치면 다음과 같은 결과가 나온다.

$$\sqrt[5]{100 \times 120 \times 130 \times 140 \times 500} ≒ 161$$

결과를 보면 분명 산술평균보다는 실제에 훨씬 가깝다. 이런 기하평균은 예를 들어, 주식시장의 이동평균값을 산정할 때 권리락이나 배당락 등의 특수 요인과 급작스러운 하한가나 상한가 등의 시세 왜곡에 의해 변할 수 있는 평균의 성질을 바로잡아주는 특성이 있다. 이렇게 복잡한 이야기를 늘어놓은 이유는 지금부터 설명할 '분산' 때문이다.

우리가 자연에서 만나는 많은 경우의 수들은 일정한 분포를 가지는데, 특히 대푯값을 정할 수 있는 수의 경우에는 더더욱 그렇다. 얼른 보기에는 제각각인 듯하지만, 수들을 모아놓고 정렬을 해보면 나름의 질서가 있는 것이다. 예를 들어, 100명의 사람을 모아놓고 키를 재보면 산술평균으로 대푯값을 구할 수 있고, 그 대푯값을 중심으로 일정한 배열을 이루는 것을 볼 수 있다. 그런 현상은 정밀한 공산품의 오차율에서도, 라면 스프의 정량에서도, 심지어 인구분포에서도 찾아볼 수 있다. 즉, 수는 논리상의 계수가 아닌 이상 실제 무엇을 측정하고 크기를 대신하는 경우에는 나름의 질서가 있다는 얘기다.

앞에서와 비슷한 예를 한번 더 들자면, 서울시 중구 합동에 사는 20세 남자의 키는 중간값인 173센티미터를 중심으로 모여 있고, 190센티미터 이상이나 150센티미터 이하는 극히 드물게 분포하게 된다. 이때 이런 분포를 그림으로 그리면 〈그림 25〉와 같고 이것을 우리는 정규분포곡선이라 부른다고 했다.

이 개념을 주가에 적용해보자. 주가는 그야말로 카오스적인 것 같지

■■■■ 그림 25   합동에 거주하는 20세 남자 키의 정규분포곡선 ■■■■

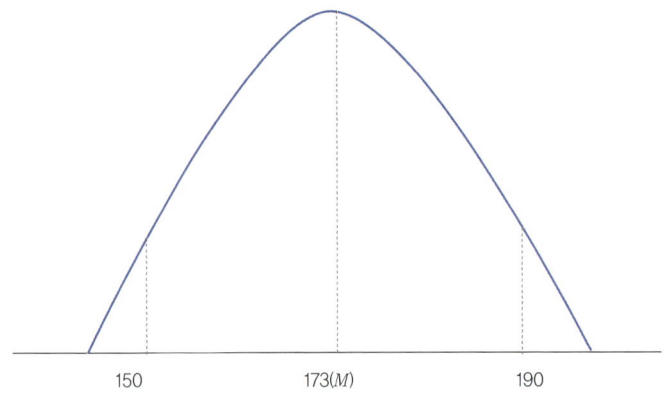

만, 사실 매도자와 매수자 간의 칼이 불꽃 튀게 부딪쳐 일정 평균을 중심으로 가격이 분포하게 된다. 이때 평균이 이동평균선이다. 즉, 주가는 이동평균선을 중심으로 가장 밀집되고 이동평균선에서 멀어질수록 밀도가 낮아지며, 이동평균선에서 아주 멀리 있을 확률은 희박하다는 의미다. 결국 주가 이동평균선을 중심으로 형성되는 가격은 정규분포가 되는 셈이다.

다시 말해 주가를 일정 기간의 값으로 묶을 경우 그것이 5일간이든 10년간이든 주식의 가격을 모두 더한 다음 거래일수만큼 나눌 때는 산술평균이 존재할 것이고, 이때 산술평균은 그 기간만큼의 이동평균값이 된다. 그리고 이 이동평균을 중심으로 주가는 정규분포를 이루게 된다.

예를 들어 살펴보자. 〈차트 20〉은 2008년 2월 11일 KOSPI200지수를 나타낸 것이다.

이 차트에서 KOSPI200지수는 지난 15주간 263.91포인트에서 200.84

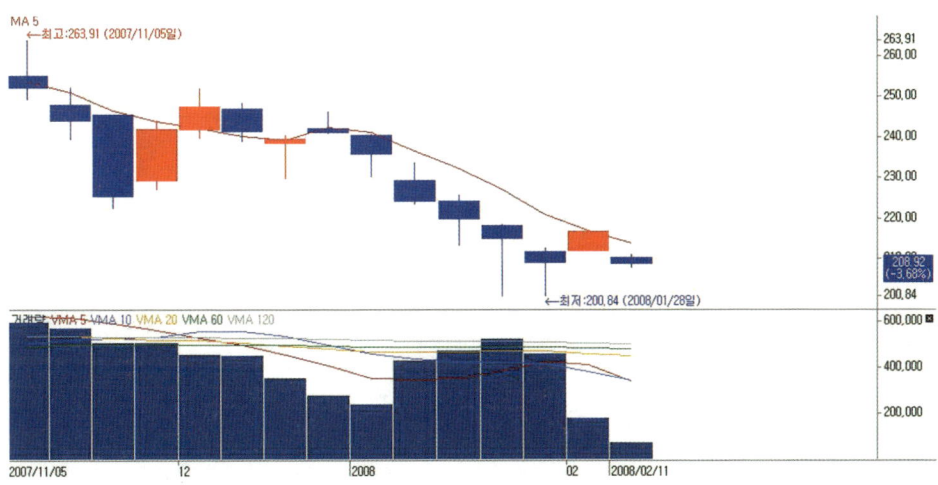

차트 20   KOSPI200지수의 5주 이동평균선

포인트 사이에서 움직였고, 투자자들은 현재의 상황이 한없이 아래로 떨어질 것 같은 두려운 상황이라 여겼을 것이다. 하지만 1월 28일 주가는 200.84포인트까지 밀렸다가 장 막판에 아래쪽으로 긴 꼬리를 달면서 반등하는 모습을 보여주고 있다. 전체로 보면 주가는 5주간의 평균값(차트에서는 순간순간 빨간 선의 5주 이동평균선으로 나타나 있다) 주변에 머무른다는 사실을 알 수 있다.

그리고 다음 〈차트 21〉에서 15주간의 평균값(빨간 선은 15주 이동평균선이다)을 기준으로 볼 때 역시 평균값에서 멀어지면 주가가 복원력을 보이고 있음을 알 수 있다.

〈차트 20〉과 〈차트 21〉에서 우리가 발견할 수 있는 것은 주가 역시 평균값을 중심으로 밀집하고, 그곳에서 과도하게 멀어지면 중심으로 복귀하려는 움직임을 보인다는 사실이다. 이것은 일반적으로 주가가 평균에

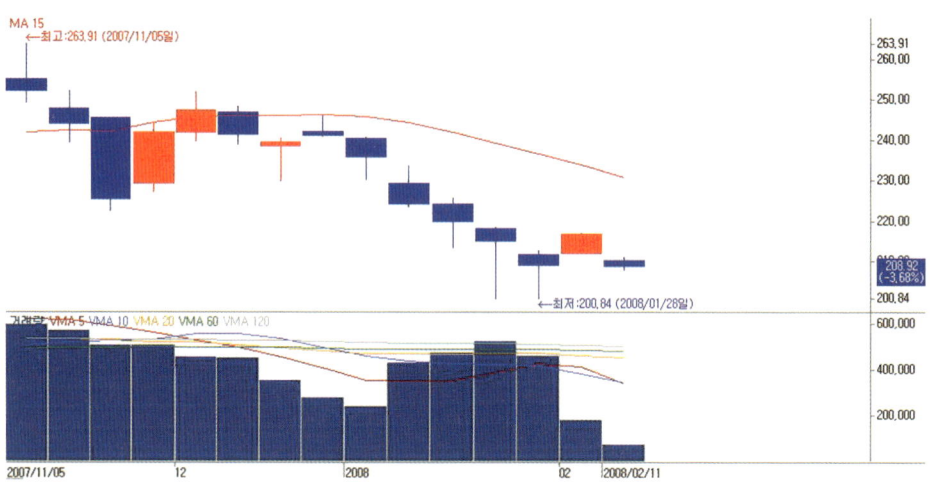

차트 21　KOSPI 200지수의 15주 이동평균선

서 멀어질 수 있는 한계, 즉 괴리도에 대한 설명이기도 하다.

　이런 현상들은 주식을 매수하는 사람들의 가치 판단이 전적으로 주식의 가치만을 살피고 있다기보다는 최근의 가격들, 특히 다른 사람들의 반응에 따라 움직인다는 사실을 증명한다. 만약 주가가 개별적 판단(적정가치)에 의해서만 움직인다면 주가는 평균 가격과는 별개로 움직이고, 모든 주가는 앞서 설명했던 기하평균을 이용해야만 추이를 알 수 있게 될 것이기 때문이다.

　좀더 깊이 들어가보자. 내용이 어렵고 머리가 지끈거린다고 책장을 덮거나 그냥 넘어가려는 분들이 있다면 인내심을 발휘하길 권한다. 세상에 공짜 점심은 없다. 투자라는 냉혹한 세계에서 애널리스트들의 리포트나 신문기사만으로 성공할 수 있다고 믿어서는 곤란하다. 모두가 다 할 수 있는 일은 곧 아무것도 안 한 것과 같다.

볼린저밴드의 이론은 간단하다. 표준편차의 개념을 주가에 대입해서 편차 내에 가격이 존재할 확률을 매매 판정에 이용한 것이다. 하지만 이 것은 엔빌로프처럼 "평균에서 주가가 얼마나 떨어져 있는가?"를 경직된 시각으로 보지 않고, 가격의 변동성이 커지거나 작아질 경우에 평균에서 부터 주가의 거리를 변동성을 감안하여 다르게 적용하게 한 것이다. 즉, 변동성이 클 때는 주가가 이동평균에서 10% 떨어져도 정상 가격일 수 있고, 변동성이 작을 때는 3%만 떨어져도 과열일 수 있다는 유연성을 반영한 것이다. 다시 말하면 주가에 변동성의 개념을 적용한 것이며, 변동성이 작으면 가격들이 평균선에 집중되고 변동성이 커지면 가격들이 평균에서부터 흩어지며 밀도가 낮아진다는 사실을 적용한 것이다. 정규분포를 통해 이런 사항을 재확인해보자.

〈그림 26〉을 보면 첨도가 높아질수록(분포도의 머리가 높아질수록) 날개는 좁아지고(표준편차는 중심으로 이동하고), 날개가 넓어질수록 첨도는 낮아진다는 사실을 알 수 있다. 다시 말하면 평균 주변에 주가가 몰리면 분

그림 26   정규분포의 첨도와 분산

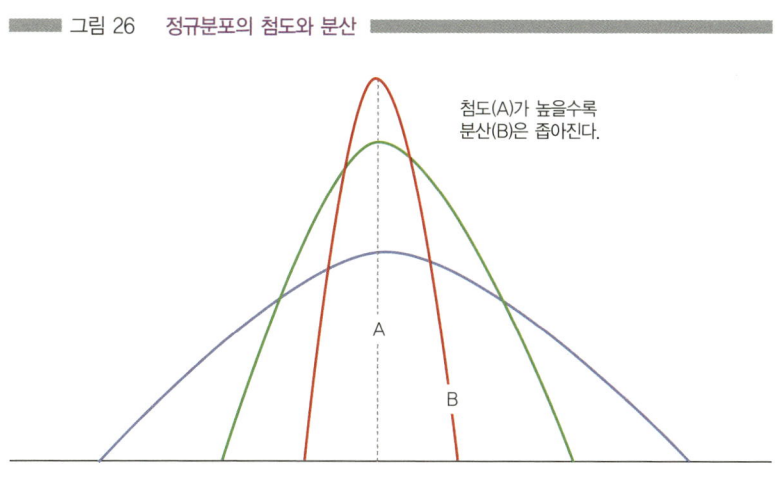

첨도(A)가 높을수록
분산(B)은 좁아진다.

산이 집중되고, 평균 주변에 주가가 적게 몰리면 분산은 좌우로 넓게 흩어진다는 뜻이다. 또 표준편차는 특정 기간의 주가를 모두 더해서 제곱근으로 나눈 값이므로 주가가 흩어지면, 즉 변동성이 커지면 표준편차가 커지고 주가의 변동성이 낮으면 표준편차 값이 작아진다.

따라서 "볼린저밴드에서 표준편차 값이 작다."는 말은 이동평균값을 정하는 기간의 주가가 이동평균선을 중심으로 밀집되어 가격 변동이 덜 했다는 뜻이고, "표준편차 값이 크다."는 말은 해당 기간의 주가 변동성이 커졌다는 의미다.

주가는 자기유사성이 있으므로 그동안의 주가를 통해 얻은 분산과 표준편차를 기준으로 다음의 주가를 살피면, 다음 주가는 대개 어느 정도의 변동성 범위에 속할 것이고 매수와 매도를 거기에 맞추면 된다. 이것이 볼린저밴드의 핵심 이론이다.

〈그림 27〉은 표준편차를 2로 설정했을 때의 모습을 보여주고 있으며 주가가 이 범주에 포함될 확률은 95% 이상이다. 엔빌로프는 주가 변동성이 커지면 다음 주가가 밴드 내에 위치할 가능성이 50%도 안 될 수 있지만, 볼린저밴드는 이런 식의 예측이 가능해진다. 따라서 주가를 예측하는 시스템은 추세나 패턴 분석 혹은 룰렛게임처럼 "다음엔 주가가 얼마가 될까?"라는 데 초점이 있는 것이 아니므로, 주식을 사고팔아야 할 시점을 좀더 명확하게 해준다는 것을 알 수 있다.

볼린저밴드는 두 가지 변수에 따라 움직이게 된다. 하나는 주가 자체다. 즉, 주가가 오르면 최소 이동평균값에 주가가 반영되어 이동평균선(분포에서는 평균)이 움직임으로써 밴드의 위치가 달라진다. 다른 하나는 변동성의 크기다. 볼린저밴드는 변동성의 크기에 따라 실시간으로 넓이가 달라진다. 때문에 볼린저밴드는 가격과 변동성, 이 두 조건을 모두 맞

그림 27   주가와 표준편차

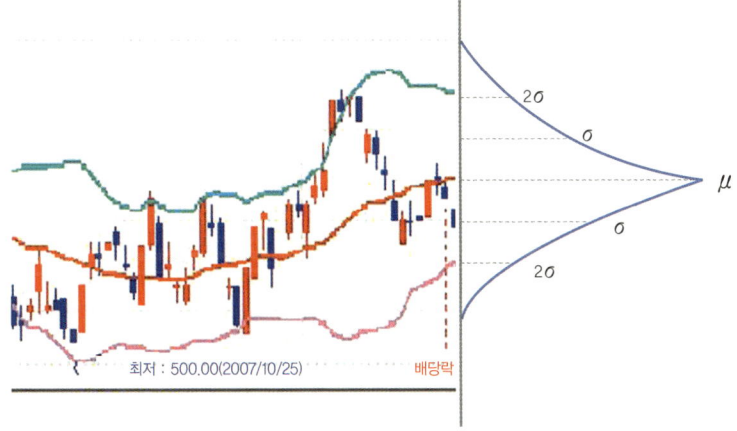

추게 된다.

 이 대목에서 반드시 기억해야 하는 것은 평균이 이동하는 것은 기간수익의 이동이지만, 변동성이 커지는 것은 수익이 커지는 것이 아니라 수익과 손실의 가능성이 동시에 커진다는 점이다. 이때 변동성을 키우는 데에는 첫째, 실적에 대한 기대나 실망, 둘째, 재무리스크의 증감, 셋째, 유동성리스크의 증감, 넷째, 심리적 요인 등이 복합적으로 작용한다. 그 중 첫째, 둘째, 셋째의 경우는 정도의 차이는 있어도 일단 공개된 정보라고 볼 수 있다.

 만약 모든 투자자들이 차익 거래의 기회만 살핀다면 매력이 사라지듯, 모든 사람들이 기업의 실적이나 재무에 관심을 기울인다면 주식의 가격 변동도 작아져야 정상이다. 변동성이란 추세와 달리 상승과 하락을 두고 투자자들이 치열한 게임을 벌이는 과정이기 때문이다. 그린데도 매도하는 자와 매수하는 자의 생각은 항상 충돌한다. 그렇다면 주가 변동성의 가장 큰 이유는 결국 보이는 정보에 대한 판단이 아니라 투자자들의 심리가 개입되기 때문이라 볼 수 있다.

즉, '가치'에 대한 재무원론의 정의처럼 미래가치를 현재가치로 할인한 것이 주가라면 검증 불가능한 미래가치에 대해 얼마나 큰 기대를 가지느냐 하는 것이 핵심이고, 그것이 심리다. 이때 가치에 대한 기대가 단순히 물로 가는 자동차처럼 '한여름 밤의 꿈'이건, 지난 10년간의 기업 실적 증가가 주는 현실이건 간에 의견이 갈리게 되는데, 그 생각의 차이가 바로 변동성이다.

변동성이 커지면 앞서 살핀 대로, 평균에 쏠리는 힘은 낮아지고 흩어지는 힘은 강해진다. 이때 흩어지는 힘은 좌우로 동시에 작용하고(주가라면 위와 아래), 실제 평균이 움직이는 방향에 선 투자자가 승리의 과실을 따먹는다. 다시 정리하면 변동성이 위아래로 커질 경우, 승자는 평균이 이동하는 쪽에 서 있는 이들이라는 뜻이다.

그러나 이렇게 변동성이 커져도 표준편차는 늘 존재한다. 다만 편차의 절대값이 커질 뿐이다. 변동성이 크든 작든 편차의 범위 안에서 거래하는 것은 늘 안전하다. 이를테면 볼린저밴드의 상단에서 매도하고, 하단에서 매수하는 방식이다.

그렇다면 전체의 4% 정도의 투자자가 볼린저밴드 바깥에서 매수와 매도를 하는 이유는 무엇일까? 앞서 언급했듯이 볼린저밴드(표준편차)는 통계적으로 증명된 인간심리의 한계선이다. 단순히 엔빌로프와 같은 지표는 변동성 증가에 따라 충분히 넘어설 수 있지만, 표준편차를 기준으로 한 볼린저밴드는 실시간 변동성이 반영되므로 그것을 넘어서 매매하고 싶은 마음은 들지 않는 것이 정상이다. 그래서 투자자들은 당연히(자기도 모르게) 볼린저밴드의 상하단에서는 매수·매도를 더 이상 진행하기 어려

■■■ 차트 22　볼린저밴드의 매수·매도 시기 ■■■

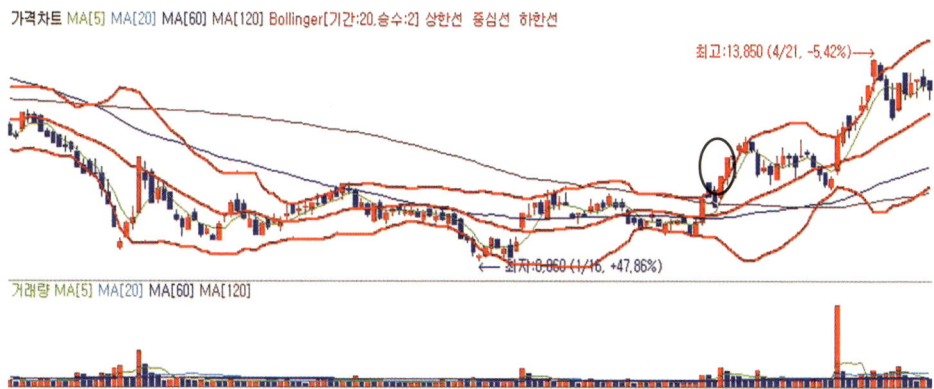

운 것이 정상인데 실제 그렇게 하면 대개는 이익이 난다.

그런데 왜 누군가는 그것을 벗어나서 주식을 사고파는가? 지금부터는 그 문제를 생각해보자.

〈차트 22〉를 보면 원으로 표시된 구간에서 볼린저밴드, 즉 표준편차의 2배 승수를 넘은 구간에서 매수가 일어나고 있음을 알 수 있다. 처음 이틀은 볼린저밴드를 넘어선 상황에서 종가는 다시 안으로 들어갔지만, 3일째부터 7일째까지는 주가가 지속적으로 볼린저밴드 상단을 벗어났다. 확률적으로 고작 5%의 승률도 없는 매수를 한 셈이다.

이는 무슨 의미이며 매수는 누가 한 것일까? 이후 주가는 상승 추세로 진입해버렸다. 일시적 현상인 줄 알았더니 주가가 하단선에 도달한 다음, 다시 급등하며 또 다시 밴드 밖으로 탈출을 감행했다. 앞서 설명에 의하면 엔빌로프에서는 이런 현상이 일어나지만 볼린저밴드의 구조에서는 쉽지 않은 일이다. 이론적으로는 팔았어야 했다.

그럼 잠시 볼린저밴드를 이용한 기존의 매매법과 그 오류를 알아보자.

(1) 볼린저밴드는 추세가 잡히면 밴드(변동성)가 커진다.

: 이것은 오류다. 비추세 국면에서 추세 국면으로 전환될 때 밴드가 넓어지는 것은 사실이지만, 가격이 추세 방향으로 계속 오르거나 내린다고 해서 더 넓어지는 것은 아니다. 추세가 강화될 경우에만 밴드가 계속 넓어진다. 다시 말해 가격 상승이나 하락폭이 이동평균에 반영되는 것보다 더 가파르게 진행될 경우에만 넓어진다(20일 이동평균선이라면 오늘 오른 주가가 이동평균에 미치는 영향은 고작 20분의 1이다).

(2) 볼린저밴드는 상단에서 팔고 하단에서 매수한다.

: 존 볼린저는 "주가 변동성이 과열되면 축소를 대비하고, 축소되면 확대를 대비하라."는 애매한 말을 했다. 이 말은 변동성이 과열된 상단에서 매도하고 하단에서 무조건 매수하라는 의미가 아니다. 분산이 지나치게 넓어지면 이익의 기회가 크고, 분산이 좁아지면 주가는 평균으로 수렴되는 빈도가 증가하면서 손실 가능성이 발생한다는 지극히 원론적인 말이다.

하지만 그 역시도 이 부분에 자신이 없었다. 대개의 경우 볼린저밴드가 확대된 구간에서는 매수·매도가 맞지만, 〈차트 22〉처럼 엉뚱한 결과가 나오는 경우를 설명할 수 없었기 때문에 그렇게 애매하게 표현한 것이다.

주가가 밴드를 벗어나는 100번 중의 5번이 그것으로 끝난다면 이상 가격으로 인정하면 그만이다. 하지만 이런 이상 반응이 급등의 출발점일 수 있다는 데에 고민이 있었다. 이상 가격이 급등의 출발점이라고 여기고 무조건 주가가 벗어나는 순간 매매를 하면 확률적으로 95%는 틀리게 되고, 그렇다고 무시하자니 급등의 순간을 잡을 수 없는 자가당착에 빠져버리는 것이다.

이 문제는 기술적 분석의 대가인 알렉산더 엘더(Alexander Elder)에게도 고민거리였다. 그래서 그는 중심선을 20일이 아닌 21일로 바꾸고, 단순평균 대신 지수평균을 이동평균선으로 사용하는 방법을 제안했지만, 결과는 오십보백보였다.

(3) 이동평균선을 지지선과 저항선으로 보고 이동평균선 위에 주가가 있을 때는 상승추세, 아래에 있을 때는 하락추세로 판단한다. 대신 환매는 밴드의 상하한선을 이용한다.

: 이 부분은 거의 말장난에 가깝다.

(4) 밴드의 폭이 좁아진 순간(변동성이 축소된 순간) 가격이 밴드를 벗어나면 매수하고, 반대의 경우 매도한다.

: 물론 이것이 주가의 추세 전환을 맞히는 가장 이상적인 방법이다. 하지만 이렇게 매매하면 거의 95%는 틀리게 되고 손실을 입는다. 밴드가 축소된 후 주가가 그 밴드를 바로 뚫기는 어렵기 때문이다. 밴드의 성질은 바람을 집어넣는 고무풍선과 같아서 넓어지면 벽이 얇아지고, 좁아지면 벽이 두꺼워진다(명심하자. 분산은 커지면 밀도가 낮아지고 작아지면 밀도가 높아진다). 따라서 좁은 밴드를 벗어나는 주가는 거의 백발백중 다시 밴드 내로 돌아온다. 하지만 넓어진 밴드에서는 주가가 자유자재로 들락거릴 수 있다.

(5) 밴드 위쪽으로 벗어난 주가가 다시 밴드 내로 돌아오면 매도하고, 아래로 벗어난 주가가 밴드 내로 들어오면 매수하라.

: 앞서 말한 대로 밴드는 넓어진 상태에서는 진출이 자유롭다. 때문에 이 역시 획일적인 잣대가 될 수 없다.

(6) 밴드 바깥에서 고점을 형성한 주가가 밴드 내에서 고점을 형성하면 매도하라(혹은 매수하라).
: 상당한 의미가 있다. 편차는 '절대가격'을 다루는 것이 아니라 변동성을 다루는 것이기 때문에 상승 추세든 하락 추세든 변동성을 더 확장시키지 못한다면 기회가 사라진다는 의미와 같다.

그 외에도 주가가 밴드 상하단을 톱니처럼 붙어서 진행하는 허그 패턴(Hug pattern)을 이용하는 방법이 있다. 밴드의 축소 국면에서 매도, 확대 국면에서 매수하는 시차매매 등 다양한 방법들이 소개되고 있으나, 이런 기법들은 문자 그대로 '기법'일 뿐이다. 다시 본질로 돌아가보자.

우리가 볼린저밴드를 살핀 이유는 변동성이 수익에 미치는 영향을 알기 위해서지 무슨 대단한 대박기법을 찾기 위해서가 아니다. 투자자의 심리상 표준편차의 승수를 벗어난 지점에서 매매를 할 수 없음에도 왜 매매가 일어나는지에 대해 알고자 하는 것이다. 좀더 좁혀서 말하면 "어떤 경우에 우리는 주가가 큰 상승을 했음에도 아직 충분히 추가 매수가 가능하다고 여길까? 또 어떤 경우에, 많이 오르지 않았음에도 주가가 많이 올랐다고 여기고 매수를 할 수 없다고 여기는가?"에 대해 근본적인 물음을 다시 던지는 것이다.

답을 찾아보면, 단순히 주가가 평균에서 얼마가 올랐다고 해서 매도 욕구를 느끼거나 매수 욕구가 사라지는 것은 주가의 변동성이 투자자들의 무의식에 잠재해 있기 때문이다. 변동성 범위를 벗어난 경우에도 지속적으로 매수가 일어나는 특별한 경우는 몇 가지 경우로 압축된다.

첫째, 주식 투자가 무엇인지도 모르고 무모하게 주식을 거래하는 초보자나 추세과열에 매몰된 탐욕스런 투자자.

둘째, 해당 기업의 내부 정보를 알고 있는 내부 거래자.

셋째, 주가의 장기 상승을 확신하고 조금이라도 저가에 주식을 매입하려는 매집자.

이 중에서 첫째는 큰 의미가 없다. 이들이 매수를 하는 경우는 일시적이고, 주가는 즉각 제자리로 돌아온다. 하지만 둘째와 셋째 경우는 문제가 다르다. 주식은 근본적으로 수급이고, 사려는 사람이 많으면 주가가 오르고 팔려는 사람이 많으면 주가가 떨어진다. 또 사려는 사람이 부자고 팔려는 사람이 빈자라면, 사려는 사람의 수가 적어도 주가는 오른다.

때문에 대규모 자금으로 주식을 매집하려는 기관 투자가들이 개입되면 가격은 상승한다. 잡주에서 일부 주가조작 세력이 개입되는 경우를 제외하면, 이것을 '기관매집'이라 할 수 있다. 만약 재무 이론대로 어떤 현명한 투자자(기관 투자가나 내부 거래자)가 해당 주식의 미래가치를 일반 투자자보다 높이 평가했다고 가정한다면, 이들은 반드시 주식을 매집하려 들 것이다. 그것도 가능하면 많은 양을 매수하려 들 것이다. 워렌 버핏의 말대로 '좋은 주식을 최대한 많이 사는 것'은 너무도 당연한 일이기 때문이다. 문제는 이렇게 많이 사려는 경우에 발생한다.

만약 어떤 기관 투자가가 20개의 종목으로 포트폴리오를 만든다고 가정하면 그는 해당 종목의 주가가 적정가격에 올 때마다 여유있게 사들일 것이다. 굳이 비싸게 살 이유가 없는 것이다. 포트폴리오는 근본적으로 위험을 분산하기 위한 것이고, 그가 포트폴리오 이론을 이해한다면 20개의 종목 중에 고작 한두 개의 종목에서 만루홈런을 기대할 것이다. 그 만

루홈런이 언제 어느 타석에서 나올지는 모른다. 가능성이 높다고 생각하는 종목을 편입해두고 그저 기다리는 것이다.

그런데 특정 종목의 미래가치가 높다는 판단이 설 경우에는 문제가 달라진다. 일상적인 범주 이상의 주식을 매수해야 하고, 포트폴리오가 허락하는 한 최대한의 주식을 가능하면 싼값에 대량으로 매수해야 한다. 이 경우 해당 주식은 주가 수급의 평형이 깨진다. 처음 항상성이 깨지면 주가는 단기 급등한다. 이때 우선은 2차원적 가격밴드, 평균 주가에 비해 오른 주식을 두고 이익을 실현하려는 매도자가 나타나지만, 이 정도 매도분은 매수세의 탐욕을 충족시키지 못한다. 거래량이 충분하지 않은 것이다. 다음으로는 변동성밴드 지점에서 가격 상승에 대한 매도 물량이 출회된다. 이때 매수세가 탐욕을 부리면 매도자는 급격히 증가하고, 밴드를 벗어나면 더 많은 거래량이 분출한다.

일정 기간에 주식을 보유한 사람들은 각자의 시간 개념이 다르다. 단기 보유자와 장기 보유자는 정보에 대한 판단도 다르고, 이익 실현에 대한 목표도 다르다. 따라서 우선적으로는 단기 보유자들의 물량이 출회되지만, 밴드를 벗어나면 중기 보유자들의 이익 실현이 시작되는 것이다.

하지만 이로써 타임스케줄은 바뀌고 수급은 엉클어진다. 안정된 궤도를 비행하던 우주비행선이 유성우를 만난 것과 같은 상황이 벌어지는 셈이다. 결국 매수자는 이렇게 유성우가 쏟아지는 우주를 비행할 수밖에 없다. 단기적으로는 고가에 주식을 사는 것이지만, 장기적으로 보면 저가에 많은 물량을 매수하는 것이다. 따라서 밴드 상단에서 지속적인 매수가 일어난다는 것은 집중 매집자들의 움직임이 아니고서는 설명할 도리가 없다.

이런 현상은 장기 보유자들의 물량까지 상당량 매수가 끝나야 마무리

차트 23   볼린저밴드의 허그 패턴

된다. 결국 거래량은 지속적으로 증가하고 주가는 가파르게 상승한다. 이후 매집자들이 주식을 사면 주가는 밴드를 벗어나고, 매수자가 쉬면 밴드 내로 들어온다. 추격 매수자들은 밴드 안에서 사들일 것이고, 장기 매집자들은 밴드 바깥에서 사들일 것이다. 그로 인해 패턴이 만들어진다.

〈차트 23〉을 보면 7개의 원이 그려져 있다. ①과 ②는 밴드 밖으로 나간 주가를 추격 매수자들이 매수했지만, 종가 기준으로 밴드에 붙거나 넘기지를 못했다. 이것은 의미가 없다. 하지만 이후의 4개의 원을 자세히 보면 추격 매수자들이 받고, 종가는 다시 밴드 상단에 붙거나 밴드를 넘는다. 이렇게 주가가 다시 밴드를 넘어가거나 밴드 상단을 따라 움직이면, 이 주식은 집중 매수자들이 계속 사들이고 있거나 최소한 보유중이라는 뜻이다.

하지만 마지막 ⑦을 보면 밴드를 넘지 못하고 주가는 다시 변동성이 확대되며 하락하고 있다. 이런 움직임을 돕슨은 허그(Hug)라고 불렀다. 그는 이런 현상을 관찰하고 하나의 패턴으로 매매기법을 제시했지만, 사실 이것은 돕슨의 것은 아니다. 아울러 기우에서 덧붙이지만 이런 식의 매매기법은 실전에서는 여전히 도움이 안 된다. 만약 적용을 하려고 해도 사례에 따라 결과가 달라진다. 굳이 이 책에서 이런 이야기를 하는 이유는 그냥 흐름을 가정하는 상상력을 키워보기 위해서다.

어쨌든 이후 특정 시점에서 집중 매수자들이 목표한 매입을 마무리하면 거래량 회전율은 급격히 낮아진다. 시장에서 거래되는 물량, 즉 회전 물량이 감소한 탓이다. 이즈음에는 시장에서 집중 매집자의 존재를 눈치채고 '따라하기'에 나선 기관 투자가도 생기고, 시장에서 이들의 미래가치에 눈을 돌리고 여기에 동의하는 장기 투자자들도 발생한다. 이제 전체 발행주식 수에 비해 거래 가능한 주식은 줄어든 상태고, 개인 투자자들의 추격 매수만으로도 주가는 금세 움직인다.

다만 이 경우 집중 매수자가 너무 많은 지분을 지니게 되면 곤란한 상황에 빠지게 된다. '연못 속의 고래'가 되는 것이다. 이것이 의미하는 바는 결국 집중 매집자들이 주식을 매수하면 (혹은 장기 투자자들의 지분이 높아지면) 주가는 작은 충격에도 밖으로 튀어나간다는 것이다. 이전에는 변동성의 범위 안에서 움직였지만 주주 구성의 변화가 발생하고 그 주주들이 펀드를 집중 매수한 사람들이든 장기 투자자들이든 바이앤홀드를 하게 되면 회전 물량이 적어진다. 이때는 주가가 극히 민감하다. 하지만 표면적으로는 거래량이 활발해 보인다. 회전율이 높기 때문이다. 이 경우는 거래량만으로는 해석이 불가능하다.

주가는 변동성밴드를 벗어나고 민감한 가격 변화를 보이는데, 거래량은 늘지 않으며 변화가 없다. 하지만 실제 회전주식 수는 감소한, 이해할 수 없는 양상을 띠게 된다. 이때 해답은 거래량 회전율에 있다. 예를 들면, 100주 중에서 50주가 집중 매수로 거래가 이루어지지 않고 물량이 잠겨버리면 나머지 50주를 두고 추격자들이 머니게임을 벌이면서 사고

판다. 때문에 겉으로 봤을 때 거래량은 늘어나 보이는 것이다.

그렇다면 이때 고래가 탈출할 수 있는 시기, 즉 주가가 상당 수준 오른 이후에 주가 변동성이 극도로 민감해지고, 줄곧 지나친 가격 상승에 회의하던 투자자들의 매수심리에 불이 붙는 시기는 한 군데다. 집중 매수자들이 내다 팔아도 주가는 더 이상 떨어지지 않고, 오히려 소폭 오르거나 완만한 조정 정도로 보이는 시기가 바로 그 지점인데, 이는 단기 변동성 차트에서는 알아채기가 어렵다.

이번에는 생각을 좀 확장해보자. 볼린저밴드는 기술적 분석이긴 하지만, 주가의 리스크와 기회의 범위를 동시에 보여주는 지표라고 했다. 그렇다면 볼린저밴드의 중심선이 되는 이동평균선이 단기선일 경우와 장기선일 경우의 차이는 무엇일까?

앞서 언급했듯이 주가 변동성에서 변동성의 패턴은 단기든 장기든 유사하고, 그것은 프랙탈 이론(Fractal theory)으로 설명할 수 있다. 또한 장기 변동성은 단기 변동성에 비해 시간의 제곱근에 비례한다. 어지간한 단기 주가 변동은 장기 변동성을 기준으로 보면 정상 범주에 든다는 얘기다.

〈차트 24〉는 20일선을 기준으로 한 볼린저밴드, 〈차트 25〉는 200일선을 기준으로 한 볼린저밴드다. 〈차트 24〉에서 주가는 볼린저밴드를 자주 넘나드는 것으로 보인다. 순간 급등하거나 급락하는 경우도 보인다. 그러나 〈차트 25〉에서 200일 정도의 주가 변동성을 장기적인 변동성 기간으로 보면, 웬만큼 급등하고 급락해도 장기적으로는 정상적인 분포 안에 들어 있는 지극히 정상적인 주가흐름일 수 있다. 제대로 벗어날 경우엔 어마어마한 상승을 이루어낸다.

장기 변동성은 단기에 비해 시간이 흐를수록 그 폭이 커지므로, 만약

차트 24   20일선을 기준으로 한 볼린저밴드

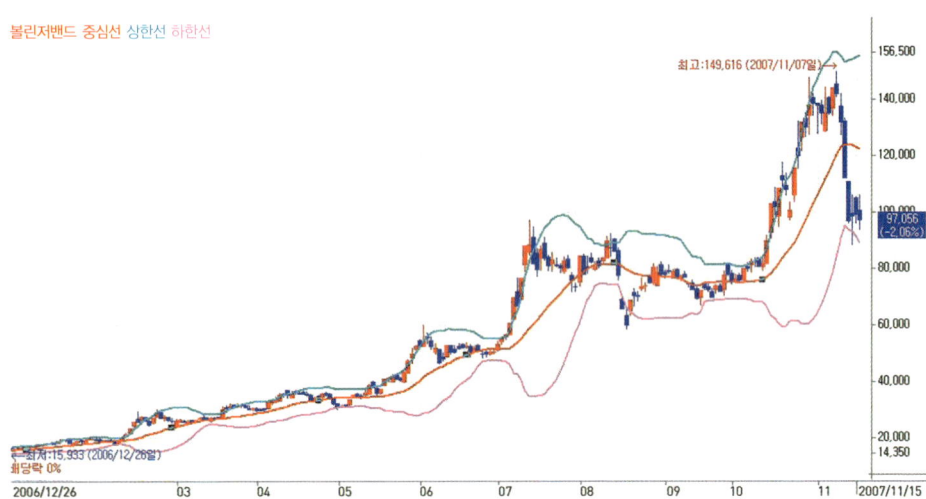

차트 25   200일선을 기준으로 한 볼린저밴드

현재의 볼린저밴드에서 20일 정도의 이동평균으로 변동성을 체크중이라면 200일로 늘려보자. 지금까지 누적된 변동성은 크게 확대된 것이고 의미 없는 수준, 즉 아직 고래가 도망갈 수 있는 지점이 아님을 알 수 있다. 더구나 집중된 꼬리, 즉 뚱뚱한 꼬리 특성까지 고려하면 단기 볼린저밴드에서는 주가가 2~3일 벗어날 수 있지만, 200일 혹은 400일 정도가 되면 주가는 거침없이 장기간 변동성밴드를 벗어날 수 있다. 고래 입장에서는 바로 그 순간만이 연못에서 벗어날 수 있는 시점이 된다.

정리해보면 뚱뚱한 꼬리의 특성은 변동성이 누적되어 폭발하는 곳이고, 종목의 시세를 장기로 보면 5~10년에 한 번 존재하는 대상승기다. 하지만 자기유사성의 관점에서 이런 현상은 단기적으로도 발생한다. 결국 투자자 입장에서는 이런 현상을 제대로 포착하는 것, 그것이 바로 기관 투자가들의 함정을 이용할 수 있는 유일한 방법이다.

이것은 내가 기술적 분석에서 강조하고자 하는 가장 핵심적인 부분이다. 엔빌로프나 볼린저밴드는 이런 변동성 꼬리를 지표로 설명하기 위한 사례에 지나지 않는다. 만약 이 책을 읽고 이 지표들을 맹신하고 적용하려 들면 그것은 달을 가리키는 손가락을 보는 것이다.

지금 여기서 말하고 있는 것은 금융시장의 특이한 분포이지, 볼린저밴드와 같은 지표의 활용법이 아님을 반드시 기억해야 한다. 각자의 기준에 따른다면 적용은 어떤 식이어도 좋다. 다시 말하지만 이 책에서 밴드지표는 변동성 개념을 설명하기 위한 도구에 지나지 않음을 꼭 기억하자.

다만 이 지점에서 한 가지 팁을 얘기하자면 엔빌로프는 추세의 출발 지점에서 초기 단계를 포착하기 어렵지만 볼린저밴드는 그것이 가능하다. 엔빌로프는 직전 가격의 움직임과는 무관하게 기계적인 기준을 넘어서는 순간을 분출로 보지만, 볼린저밴드는 그렇지 않다. 볼린저밴드는 직전에 주가가 낮은 변동성을 보이며 긴 기간을 횡보하면 그 폭이 좁아지고, 변동성이 큰 상태였으면 폭이 넓어져 있다. 따라서 볼린저밴드는 주가가 진짜 폭발적인 에너지를 분출하는 순간을 지난 시간 응축된 에너지를 감안하여 기준을 세워주고, 엔빌로프는 현재의 지점만 보여준다.

매도의 시점도 마찬가지다. 엔빌로프를 따르자면 급등한 주가에서 기계적인 매도 지점이 지나치게 낮게 형성되어 이익의 폭이 제한되지만, 볼린저밴드는 주가 상승이 가파르면 가파를수록 밴드가 확대되므로 밴드 내로 주가가 되돌아오는 순간은 엔빌로프보다 훨씬 빠르다. 볼린저밴드는 실시간 과거의 궤적을 누적적으로 반영하지만 엔빌로프는 순간의 힘만 반영한다.

볼린저밴드의 유용성은 이렇게 매매에서 중요한 차이를 보여주고 있다. 이 부분을 그림으로 설명하지 않고 굳이 말로 설명하는 이유는, 당신이 이 말을 이해하기 위해 몇 번 되씹어보다가 "아!" 하고 무릎을 치도록 하기 위해서다. 그러므로 이 말의 의미 차이를 반드시 알고 넘어가길 바란다.

이격도를 활용한 변동성 분석

주가가 대세 하락에 들어서면 많은 투자자들은 감정적 변화를 겪는다. 처음에는 하락을 부정하고 그동안 신주단지 모시듯 중시하던 기술적 신호들이 속속 하락신호를 보여도 무시한다. 기술적 신호란 냉정하고 차가운 눈으로 바라보지 않는 한 항상 변신의 가능성을 제공하기 때문이다. 이를테면 2중 천장을 만들고 하락하는 과정에서도 재반등에 성공한다면 금세 플랫형의 조정에 불과한 모습으로 상상된다.

투자자들은 매번 그렇게 신호를 해석한다. 구름에서 멋대로 그림을 상상하는 격이다. 결국 주가가 회복 불가능한 수준으로 하락(20% 이상)할 때에야 비로소 지표를 확인하고 조금 전까지만 해도 아프로디테였던 형상에서 악마의 얼굴을 발견하게 된다. 이처럼 주가 하락의 초기에 투자자들은 하락을 부정한다.

그 다음 주가가 20% 이상 하락하고 지표가 사실로 확인되면(미리 보낸

신호가 아니라는 것이 확인되면), 그제야 그것을 기정사실화한다. 그리고 분노에 빠진다. 대개 많은 투자자들이 자신을 속인(?) 증권사나 전문가들의 틀린 전망을 상기하고 그것에 분노를 쏟아낸다. 하지만 정작 자신의 소신보다 타인의 말을 따른 스스로를 탓하지는 않는다. 잘못은 늘 네 탓인 것이다.

그러다 주가가 추가 하락하거나 정체 기간이 길어지면 그때는 분노한다. 부정 단계까지만 해도 반등이나 반전을 기대하며 "어떤 종목이 반등시에 주도주가 될까" 궁금해하던 투자자들이 "이제 언제쯤 주식을 내다 팔까"를 고민하기 시작하는 것이다. 이제 살 만한 주식이라는 말은 귀에 들리지 않고, 더 나쁜 소식이 들려올 때마다 과민반응하며 주식시장 탈출을 감행한다.

하지만 이때까지만 해도 상당수의 투자자들, 특히 고점에 투자한 투자자들은 원금 손실의 크기 때문에 시장에 남아 있을 것이다. 그리고 이들은 스스로를 장기 투자자로 규정하고 장기투자의 논리에 의존해서 시장을 떠나지 않는다. 하지만 바닥으로 여겨진 주식시장이 저평가 상태에도 불구하고 반전의 기미를 보이지 않고, 계속 바닥 국면에서 장기횡보를 시작하면 체념하기 시작한다. 기간이 길어지면 돈이 필요해진 투자자들이 주식을 내다 팔고, 지친 투자자들이 주식 보유를 포기하기 시작한다. 이것이 체념의 단계, 즉 보유피로에 의한 매도가 나타나는 시기다.

경기는 이때가 돼서야 변동한다. 긴 기간 침체에 빠진 경기가 바닥에서 전환을 모색한다. 이유는 금리 때문이다. 주가가 하락하고 경기도 침체되고 물가도 완전히 꺾이면, 중앙은행은 금리를 인하하기 시작한다. 종국에 금리는 바닥에 이르며 실질금리는 마이너스 상태를 유지하게 된다. 이때 부동자금의 동요가 시작된다. 돈을 가진 부자는 주식시장의 침체기에 채권투자나 실물투자로 자산 방어에 주력했지만 금리가 바닥에 이르고 그로 인해 유동성이 바닥에서부터 늘어나기 시작하면 서민들이 체감하지 못하는 사이 부자들의 금고에는 현금이 늘어가기 시작한다.

결국 이들 부자들은 주식, 부동산 등 자산시장에 발을 들인다. 이들의 자금은 대개 사모펀드나 거치식펀드 혹은 고액 직접투자로 이어진다. 물론 글로벌 경기 불균형도 한몫을 한다. 한 나라의 경기가 바닥을 지날 때, 상대적으로 부국은 유동성에 여유가 생기고, 이들의 자금은 차익 거래를 위해 투자된다. 자국의 자산시장에 비해 상대적으로 저평가된 국가의 자산에 투자하는 자금으로 전환되는 것이다. 이 가운데는 신흥시장펀드도 있을 것이고 신흥시장에 투자하는 법인이나 개인도 있을 것이다.

이때 신흥시장의 주가는 대개 바닥을 찾는 작업을 계속하고 있다. 많은 투자자들이 초기에는 이동평균선의 아래쪽에서 매수를 엿본다. 평균보다 낮은 가격이 주는 매력에 취하는 것이다. 하지만 한 가지 분명한 것은 주식투자는 평균 위에서 사서 이익을 낼 때가 강세장이고, 평균 아래에서 산 주식이 추가 하락할 때가 약세장이다. 투자자들은 강세장에서 언제 팔까를 고민하지만, 전문가들은 약세장에서 언제 팔까를 고민한다. 이러한 근본적인 인식 차이는 투자의 중요한 맥을 형성한다.

그러다가 직전까지만 해도 하락한 주가에 관심을 갖던 투자자들이 극심한 주가 하락에 공포를 가질 때, 그제서야 비로소 전문가들이 하락한 주식을 매수하기 시작하는 것이다.

전문 투자자들이 주식을 사들이면, 주가는 바닥에서 상승한다. 하지만 개인 투자자들은 이때부터 자기부정의 단계에 들어간다. 주식시장의 상승 가능성을 부정하는 것이다. 오래된 패배감이 원인이기도 하고 약세장 반등에 속은 투자자들이 다시 속지 않으려는 경계심리가 작동하기 때문

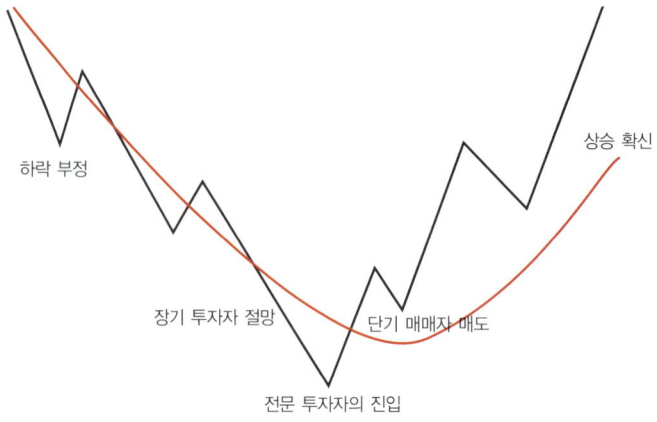

그림 28 주가의 하락과 상승에 따른 투자자들의 감정 변화

이기도 하다.

이어서 개인 투자자들의 보유 물량이 주식시장에 쏟아진다. 이때 개인 투자자들은 고점에서 투자해서 손실을 입은 투자자, 시세에 무관한 장기 보유자, 하락시 반등을 기대하고 사들인 단기 매수자로 구성되어 있다.

전문 투자자들이 주식 매수에 나서면서 개인 투자자들은 각각의 이유로 주식을 전문 투자자들에게 넘긴다. 단기 투자자들은 짧은 수익에 만족하고, 손실을 입은 투자자들은 그나마의 회복에 안도하며 주식을 매도한다. 시장에는 시세에 영향을 받지 않거나 자신의 주식 보유 사실을 잊어버린 일부 투자자만이 남아 있다. 이 일련의 과정은 〈그림 28〉에서 보는 바와 같다.

그 이후 주주의 수는 점점 줄어들고 거래량은 늘어난다. 결국 주가는 반등을 이루고 이동평균선을 향해 다가간다. 주가가 평균선을 향해 다가

간다는 뜻은 손해를 본 사람과 이익을 본 사람이(해당 평균선을 중심으로) 시장에서 반반이 되었다는 뜻이다. 이 순간 기술적 신호들은 과열신호를 보낸다. 개인 투자자들의 매도는 점점 강렬해지고 전문 투자자들은 보유 자금을 동원해서 매물을 받아낸다. 전문 투자자들은 여전히 주가가 저평가이거나 추가 상승이 남아 있다고 확신하지만, 개인 투자자들은 바닥에서 많이 올랐다는 인식에 사로잡혀 있기 때문이다.

이때 만약 전문 투자자들의 자금이 한계에 이르거나 상황이 변화되어 시장에서 후퇴하면, 주가는 순식간에 붕괴된다. 주주의 수가 줄어든 상황에서 투자자당 보유주식 수가 많은 매집자가 주식을 매도하면 강력한 하락 모멘텀으로 작용하는 것이다. 때문에 바닥에서 매수한 전문 투자자들은 큰 손실을 입게 된다. 왜냐하면 이들의 평균 매수단가는 바닥에서 주식을 사들이기 시작한 시점이 아니기 때문이다. 이런 경우 주가가 오를수록 주당 매수단가가 높아지는 구조를 갖고 있다.

그래서 주가가 전문 투자자들의 집중 매수에 의해 시세 전환이 이루어지지 않으면 전문 투자자들의 손실은 막대하다. 예를 들어, 어떤 신흥국의 주가가 바닥이라고 예견하고 투자했다가 시장의 호응을 얻지 못하고 한계에 부닥치면 겪을 수 있는 일이다. 하지만 전문 투자자가 시장 전체를 흔들 자금을 보유하고 있고, 또 그들이 시장의 전환을 확신하고 있다면 이야기가 달라진다.

주가는 평균선을 돌파하고 드디어 평균 주가가 평균선 위에서 결정되기 때문이다. 이때부터 개인 투자자들의 추격 매수가 일어난다. 물론 개인 투자자의 추격 매수도 이제 주가 상승의 가능성을 감지한 일부 선도적 개인 투자자와 단기 매수자가 주류이지만, 그동안 일방적이었던 매수·매도 관계가 매수자 우위시장으로 전환되는 것이다. 이때부터 주가의 탄력성이 높아지지만 그래도 주가 상승은 제한적이다. 평균선에서 일정 수준 주가가 오르면 추격 매수나 단기 매수를 위해 진입한 투자자들이 매물을 내놓고 매도를 하기 때문에 시장은 기술적 신호에 놀라울 만큼 잘 들어맞게 된다.

전문 투자자들도 이제부터는 시장의 에너지를 무시하고 계속 주식을 사들이기에는 가격 부담을 느낀다. 이미 상당히 올라버린 매수단가는 주식을 추가 매수할 때마다 부담으로 작용하는 것이다. 결국 두 집단은 휴전을 감행한다. 주가가 조정을 받으면(평균선에 접근하면) 개인 투자자들의 선제 매수가 일어나고, 전문 투자자들은 매수를 중지한다. 주가가 이동평균에서 멀어지면 개인 투자자들은 주식을 매도하고, 전문 투자자들은 주식을 매수한다. 하지만 그 수준을 넘어 주식을 사들이지는 않는다.

이 과정이 반복되면서 주식은 점점 전문 투자자들의 수중으로 들어간다. 기관의 비중이 커지는 것이다. 이때쯤 전문 투자자의 구성에도 변화가 생긴다. 바닥에서 매집한 초기 투자자와 이동평균에서 투자한 전문 투자자들로 나뉘고 이들의 손익 구조도 달라진다. 하지만 개인 투자자들의 거래량을 들여다보면 주가 상승에도 불구하고 반등시 매도하려는 장기 투자자의 물량과 단기 투자자의 물량뿐이므로, 개인 투자자들의 수익은 손실을 줄이거나 단기이익을 취하는 트레이더들의 수익으로 국한된다.

시장의 수급이 점점 나아지고 발행주식이 잠기기 시작하면 드디어 주가는 한계에 이른다. 이동평균에서 일정 부분 거리를 벌린 주가가 기대감이 증가하면서 쉽게 꺾이지 않고, 오히려 한계 이격을 벌리는 것이다. 전문 투자자들은 이제부터 이격을 고려하지 않고 마지막 매집의 고삐를 당긴다. 주식 보유량을 늘리기가 여의치 않기 때문이다. 과거에는 주가가 부담스러운 이격에 도달하면 매물이 쏟아졌지만, 이제는 그 이격의 수준을 넘어서야 매물이 나오기 때문이다.

만약 이 시점에서 전문 투자자들이 매도를 하면 어떤 일이 벌어질까? 당연히 주가는 다시 급락한다. 여전히 개인 투자자들의 시장 상승에 대한 확신이 부족하고 아직 시장은 그것을 모두 소화할 체력을 갖추지 못했기 때문이다. 전문 투자자들도 장부상의 이익은 분명하지만 그들의 보유주식이 시장에 나오면 손실을 입을 것이라는 점을 잘 알고 있다. 예를 들어, 2만 원일 때부터 삼성전자 주식을 사들인 외국인 투자자가 30만 원까지 사들였다고 가정한다면, 이 투자자의 수익은 28만 원이 아니라 10만 원 수준에 그친다. 주가가 오르면서 매수단가 역시 올랐기 때문이다.

그래서 이들은 자신들의 매도로 인해 주가가 하락하면 급속하게 손실 구조로 들어갈 수밖에 없다. 대중이 시장 상승을 확신하고 그동안 시장을 이탈했던 개인 투자자들이 열광하며 이제 주가가 더 이상 내릴 수 없는 절대고지에 등극했다는 확신을 가질 때까지 매집을 계속해야 한다. 대중의 속성은 절묘하다. 2만 원이던 주가가 30만 원이 되면 하락이 두려워 주식을 사지 못하지만, 20만 원이던 주가가 60만 원이 되면 100만 원이 될 것이라고 믿는다. 익숙함이란 대중을 무모하게 만드는 마약과 같다.

결국 주가가 이격을 계속 벌리며 상승하는 어느 순간 '립스틱 포인트'에 이른다. 대중이 추격 매수하고 추가 상승에 확신을 가지면, 그 주식을 사지 못해 안달하는 국면이 나타나는 것이다. 이때가 립스틱 포인트, 즉 전문 투자자가 웃으면서 자유롭게 주식을 팔 수 있는 지점이다. 이때는 전문 투자자들이 매집한 주식을 내다 팔아도 서로 그 주식을 매수하려는

■■■■ 그림 29　매집자 환매와 이격의 변화 ■■■■■■■■■■■■■■■■■■■■■■■■■■■■■■■■■■

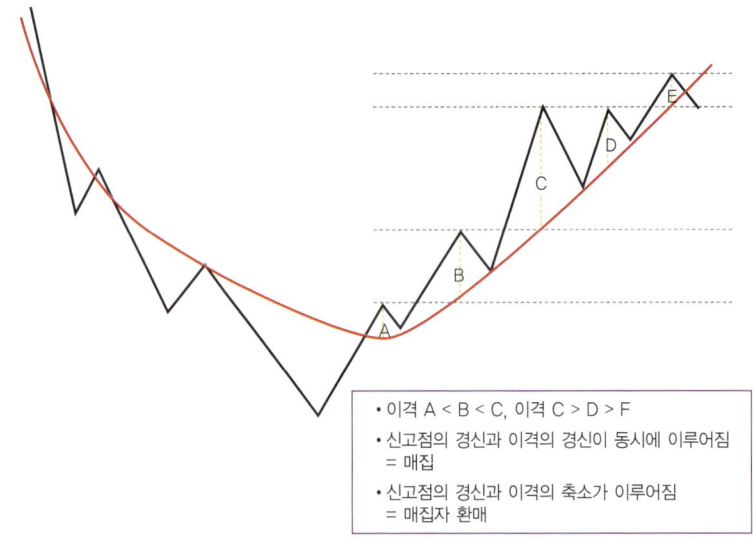

- 이격 A < B < C, 이격 C > D > F
- 신고점의 경신과 이격의 경신이 동시에 이루어짐
  = 매집
- 신고점의 경신과 이격의 축소가 이루어짐
  = 매집자 환매

탐욕에 빠진 개인 투자자들이 매수 주문을 서로 먼저 내려고 하기 때문에 주가가 하락하지 않는다. 이 지점이 바로 최선의 결과를 얻을 수 있는 립스틱 포인트다.

　이제 전문 투자자들의 매물이 출회되면서 시장에 유통주식 수가 다시 늘어난다. 직전까지만 해도 회전율로 늘어나던 거래량이 실거래량의 증가로 나타나는 것이다. 주가는 소폭 하락하거나 변동을 보이기 시작한다. 상승하는 주가에 거래량이 실리면 강세이고, 하락하는 주가에 거래량이 실리면 약세장이 되는 이유다.

　하지만 전문 투자자들의 매물 출회는 고도로 전략적이다. 이들이 모두 짜고 거래를 조절하는 것은 아니지만, 시장에는 집단지성이 작용하고 우리도 모르는 메커니즘에 의해 전문 투자자들의 매물 출회는 교활한 수준으로 이루어진다. 즉, 초기 매도는 개인 투자자들의 매수 열기의 범위 안에서 이루어지는 것이다.

이 경우 주가는 고점을 계속 경신하지만 이격은 축소된다. 이동평균에서 더 거리를 벌리지 않으면서 고점만 경신하는 상황이 온다. 이것은 엔빌로프로 치면 밴드 내로 주가가 들어오는 현상으로 설명할 수 있고, 패턴으로 보면 쐐기형 패턴이 만들어지는 것으로 볼 수 있으며, 기술적 분석으로는 다이버전스(divergence)가 발생하는 시점이다.

결국 그렇게 매물이 출회되고 시중에 풀려나간 주식 수가 증가하면서 주주 구성이 변화된다. 시장이 드디어 전문 투자자들의 매도 우위시장에 진입하는 것이다. 이때부터 대중의 힘은 밀리기 시작하지만 그래도 초기 하락에 확신하지 못하고 하락을 부정하는 개인 투자자들은 지속적인 매물 소화의 주체가 된다. 하지만 이미 이때는 전문 투자자들의 매도가 일정 수준에 이르고 그들은 고가에 매도한 주식만으로도 충분히 원금을 회수하는 데 성공했다.

이제부터 전문 매집자들의 매도는 극렬해진다. 이미 수익을 확보한 데다 기관 투자가들 사이에서도 경쟁이 일어나기 때문에 시장을 통제하기가 어려워진다. 그래서 전문 투자자들은 매도단가와 상관없이 지속적으로 매도를 감행한다. 주가가 본격적으로 하락하기 시작하는 것이다. 하지만 그 과정에서도 고점 대비 과다 하락한 주식을 단기매수하려는 기술적 매수자들이 시장에서 전문 투자자들의 매도를 수월하게 해준다.

전문 투자자들은 그들에게 기회를 주기 위해 일시적으로 단기매수를 반복하지만 그것은 트릭에 지나지 않는다. 그리고 다시 시장은 완연한 매도우위 시장으로 바뀐다. 전문 투자자들이 드디어 자신이 매수한 주식을 전부 시장에 털어낼 즈음이면 주가는 다시 원점으로 돌아가 있거나 상당 수준 하락해 있고, 이제 그들은 유유히 회심의 미소를 지으며 다음 기회를 노리게 된다.

시장은 이 과정을 반복한다. 이 경우가 한 나라의 시장이라면 그 나라 주식시장 전체에 대한 이야기일 수 있다. 또한 한 기업에 대한 기관 투자가나 외국인 투자자들의 매수 혹은 중소형 작전주에 대한 불건전한 작전세력의 장난일 수도 있다. 그렇게 본다면 주식시장에서 우리가 범죄로 취급하는 불공정 작전세력이나 기관 투자가나 행태가 같은 셈이다. 다만 그 과정에서 투자자를 속이기 위해 허수주문이나 통정매매를 하는가 하지 않는가, 큰 도둑인가 작은 도둑인가의 차이만 존재할 뿐이다.

사실 이것은 지난 1990년대 후반 매수를 시작한 외국인 투자자들이 2,000포인트를 넘은 한국시장에서 2006년 말부터 매도로 전환하여 고가 매도에 성공한 이야기일 수도 있다. 그래서 신흥시장은 늘 상승과 하락, 급등락을 반복한다.

하지만 신흥시장이 이런 악순환의 고리를 끊는 순간, 혹은 해당 회사가 글로벌기업이나 모두가 인정하는 진짜 가치있는 기업으로 전환하는 순간 이야기가 달라진다. 초기 신흥시장의 자본력이 충분치 않을 때 외국인을 중심으로 한 이러한 매매 패턴은 시장 변동성을 크게 키운다. 혹은 중산층이 적고 가계의 여유 자산이 적을 때는 부유한 자금들이 이렇게 기업을 움직인다.

하지만 중산층의 가계가 잉여자산을 보유하고 신흥국의 유동성이 잉여 상태에 들어가면 이런 현상이 현저히 줄어든다. 이유는 주가가 하락해도 이유 없이 장기적으로 저평가 상태에 놓이지 않으니 전문 투자자들이 저가에 주식을 매입하려는 메리트가 떨어지는 것이다. 주가는 과거보다 높은 수준에서 바닥을 형성하고, 조금만 주식을 매집하면 이것이 너무 빨리 주가에 반영되어 전문 투자자들이 설 땅은 사라지고 오히려 손실을 보는 일이 빈번해진다.

아마 우리나라가 지금 그 지점의 초입에 있을 것이다. 그래서 중국이나 인도는 2008년 초 60% 하락을 해도 KOSPI는 30~40% 하락 수준에서 머물고, 중국이나 인도는 다시 바닥에서 자금이 유입되어 언젠가는 다시 활황세를 보이다가 무너지는 행태를 반복할 것이다. 우리나라의 변동성은 점차 선진국의 변동성에 접근하는 양상을 보일 것이며, 그것이 2008년 이 글을 쓰는 현재 시장에 나타나고 있는 변화의 기운이다.

chapter 10

파동 분석

초기의
파동 이론들

　이 장에서는 일부 기술적 분석가들의 영역으로 치부돼왔던 파동론이 실제 필요한 것인지, 아니면 접신무당의 내림굿처럼 세상을 현혹하는 것인지를 살펴볼 생각이다. 결론 먼저 내리자면, 파동 이론은 미래를 예측하는 데는 '전혀' 쓸모가 없지만, 과거를 설명하는 데는 더 없이 좋은 도구다. 그런데도 굳이 이 책에서 파동 이론을 소개하는 것은, 그것을 주가 예측보다 시장의 속성을 이해하는 도구로 사용하면 아주 좋은 공부가 되기 때문이다.

　우리가 보통 주식시장을 설명할 때 사용하는 기술적 방법은 패턴, 추세 그리고 파동이다. 그 외에도 여러 가지가 있을 수 있지만 그 중 주가와 시간, 즉 가격가치와 시간가치를 동시에 설명하기 위해 주목해야 하는 것들과 사케다 기법의 선각자들에 대해 잠깐 짚어보자.

　먼저 가격가치 및 시간가치를 논하기 위해서는 파동을 말하지 않을 수 없다. 하지만 정작 시장에서 파동에 주목했던 초기 이론가들은 스스로 파동이라는 이름을 쓰지는 않았다.

초기 파동 이론가들은 주로 일본과 미국에 있었다. 일본에는 기자모리가 '9파동 이론'을, 혼마 무네히사(本間宗久)는 '사케다 5법'이라는 패턴 이론을 주장했다. 우리는 흔히 혼마 무네히사를 봉 패턴의 분석가로 알고 있지만 사실 그의 주장은 파동론과 일맥상통한다. 특히 기자모리 파동은 엘리어트 파동과 유사하여 서로 표절한 것이 아닐까 하는 생각이 들 정도지만, 실제 이 두 사람은 시대적 인과관계가 전혀 없다.

주가는 파동으로 나타난다. 그것은 분명한 사실이다. 문제는 파동의 높낮이나 각도를 알지 못할 때 생긴다. 파동의 각을 알지 못할 때 〈그림 30〉의 A처럼 파동이 진행되면 시간이 오래 걸리고, B처럼 진행되면 시간이 짧게 걸린다. 하지만 대개의 경우 사람들은 파동의 높낮이에만 주목할 뿐 파동의 진행 시간에는 주목하지 않는다. 시간은 곧 돈인데도 말이다.

그림 30 　파동의 각도

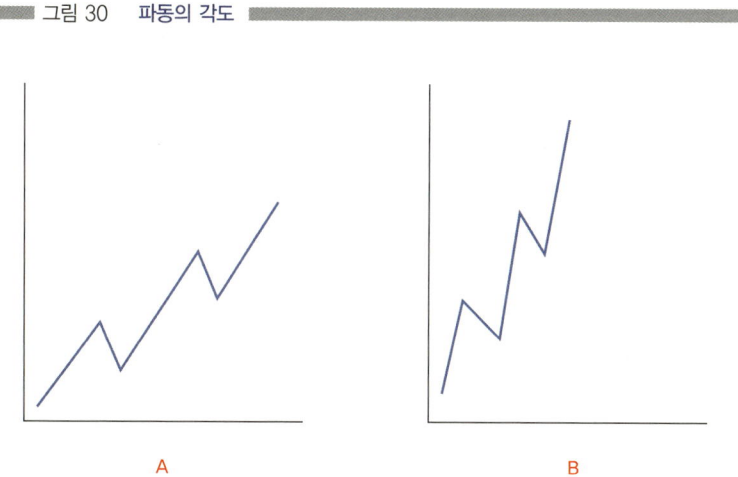

이에 대해 다른 시각으로 본 사람도 있었다. 바로 갠 앵글(Gann angle)이라 불리는 기하학적 각도(Geometric angle) 개념을 창안한 윌리엄 갠이다. 갠은 면화, 선물, 금, 은의 파생거래를 하면서 90%가 넘는 경이로운 수익률을 기록했다. 그는 기하학적 각도의 원리에 착안해 주가의 시간당 가격가치의 대비를 각도로 나눠 시장 차트를 분류했다. 그 다음 차트에 미리 각을 그어두고 그 각을 보며 주가를 맞추었다. 주가가 예각으로 움직이면 강세 국면이고, 둔각으로 따라가면 약해진 것이고, 45도선을 이탈하면 약세 국면에 진입한다고 하였는데, 이 부분에 대해서는 각도론에서 자세히 다룰 것이다.

일본의 구마자와 다케사부로(熊澤武三郎) 역시 각도에 주목했지만(그는 꺾은선차트로 유명했다), 굳이 이 책에서 그의 이론까지 다루는 것은 무의미하므로 생략하고 넘어가자. 여기서는 기자모리, 혼마 무네히사, 엘리어트 그리고 다우 이론의 찰스 다우(Charles Dow)는 파동에, 갠과 다케사부로는 시간가치(각도)에 주목했으며, 이들 모두는 주식시장에서 선구자적 위치에 있었다는 정도만 알아두면 되겠다.

다시 본론으로 돌아가보자. 〈그림 31〉에서 보듯이 우리가 보통 파동이라고 얘기하는 주가의 흐름을 두고, 찰스 다우는 주추세(major trend)를 만들어가는 중간에너지의 합이 파동(wave)이라고 설명한다. 주추세는 보통 15~30년 가까운 긴 주기들의 주가가 움직이는 것을 말하는데, 다우는 상승하는 주추세 안에서 만들어지는 작은 추세를 파동이라 하고, 다시 그 파동 안에서 만들어지는 작은 파동은 잔물결(ripple)이라고 정의했다. 상승과 하락이 크게 교대되는 경계흐름 속에는 파동이 존재하고, 그 파동을 구성하는 잔물결이 다시 들어 있다는 것이다.

이에 반해 기자모리와 엘리어트는 〈그림 32〉와 같이 9개의 파동이 주

■■■ 그림 31   찰스 다우의 파동 이론 ■■■

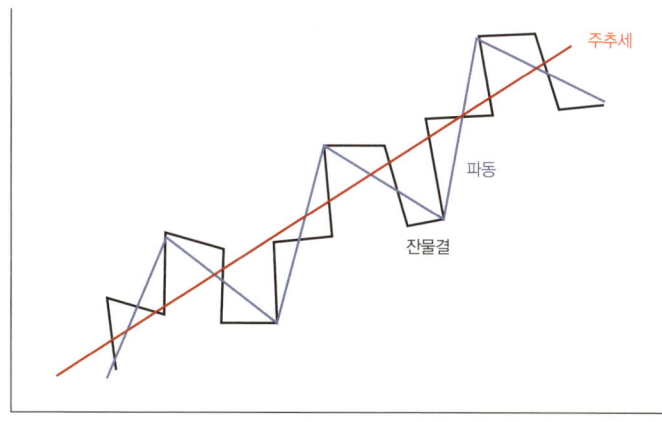

식시장에 존재한다고 주장했다. 〈그림 33〉 기자모리의 9파동을 잘 살펴보면, 실제로 상승하는 국면은 1, 3, 5, 9이고 중간에 미약한 반동 파동 7이 하나 있다. 첫번째 파동을 유년기, 두번째를 소년기, 세번째를 청년기, 네번째를 장년기, 제일 마지막 추세를 노년기에 비유해서 9개의 파동을 설명하고 있다. 기자모리는 하향 파동 역시 9개의 파동으로 설명한다. 크게 보면 뒤에 설명할 엘리어트 파동의 A, B, C 파동과 유사하다. 또한 경기수축과 쇠퇴의 사이클에서 실제로 경기가 추진기, 반동기, 왕성기, 다시 반동기, 퇴조기, 쇠퇴기, 반동기, 침체기에 이른다는 우라가미 구니오(捕上邦雄)의 경기수축 확장 이론의 파동과도 거의 일치한다.

이런 파동 이론에 대한 생각은 기술적 접근뿐 아니라 경제학에서도 마찬가지다. 키친 파동, 쿠즈네츠 파동, 콘드라티예프 파동, 우라가미 구니오의 경기수축 팽창 사이클 등 경제학 이론도 경기가 주기에 따라 순환

■■■ 그림 32   기자모리 파동과 엘리어트 파동 ■■■

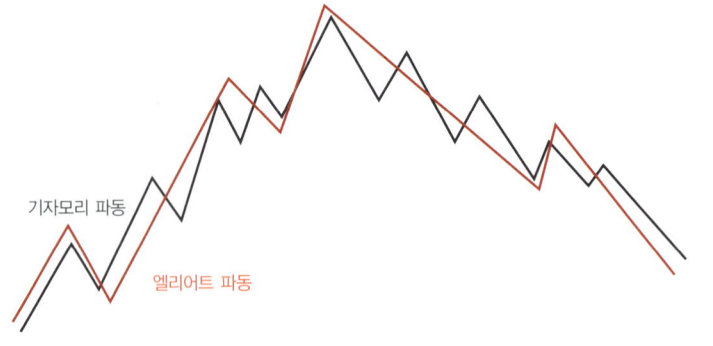

■■■ 그림 33   기자모리의 9파동 ■■■

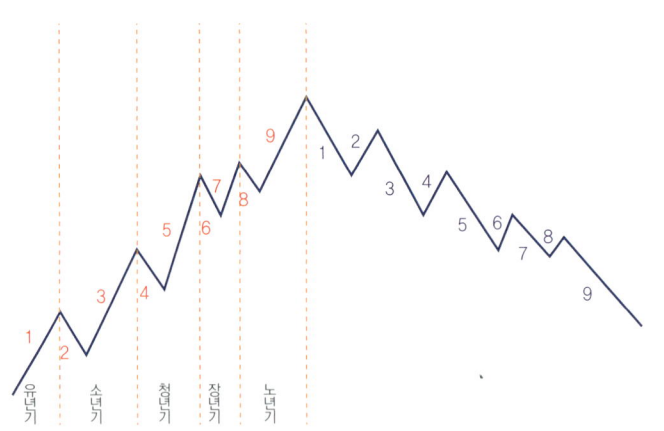

한다고 말한다. 이는 경제학자나 증권학자나 모두 동의하는 부분이다. 그러나 파동을 대입해 시장을 분석한 사람은 그리 많지 않았다.

엘리어트 파동의 탄생

많은 사람들이 알고 있는 엘리어트 파동의 탄생 배경에 대해 살펴보자. 1937년에서 1939년 사이에 랄프 엘리어트(Ralph Elliott)는 《파동 이론 *The Wave Principle*》이라는 책을 출간했는데, 그 계기는 다음과 같다.

1920년대에 엘리어트는 시카고 철도회사에서 철도에 침목을 깔고 기차가 올 때마다 레일을 바꿔주는 보선원으로 일했다. 그러던 중 쉰이 넘은 나이에 공부를 한번 해보고 싶어졌다. 생각해보니 고등학교 시절 수학을 매우 잘했는데 지금은 철도 침목만 깔고 있으니 수학에 대한 재능을 썩히는 게 안타깝기도 했다. 그는 곧 부기공부를 시작했고 이후 철도 보선원에서 기차역의 회계원(당일 입출금의 잔고를 맞추는 일을 함)으로 입신하게 되었다. 어떤 면에서는 이것만으로도 놀라운 일이다. 평생 해오던 일을 뿌리치고 다시 공부를 해서 회계원으로 변신했으니 말이다. 그런데 그는 공부를 하면서 수리, 기하학, 도형 등을 접하면서 점점 학문에 흥미를 느끼게 되었고, 이후 수학을 깊이 있게 공부하기 시작했다.

당시 미국시장은 1929년까지 대폭발을 한 다음 1931년까지 폭락 국면을 겪고 그 이후 2~3년간 급등락하고 있는 상황이었다. 신문에는 100달러로 1,000달러를 벌었다는 사람, 1,000달러로 1만 달러 벌었다는 사람, 1만 달러로 10만 달러 벌었다는 사람에 대한 기사가 넘쳐났다. 그러다가 또 어느 날인가부터는 갑자기 깡통을 찼다, 잘못됐다, 집을 날렸다는 소식이 쏟아졌다.

이런 상황을 보면서 궁금증이 생긴 엘리어트는 본격적으로 주식을 공부하기 시작했다. 특히 지난 100여 년간 미국 주식시장의 역사를 바탕으로 규칙성을 찾아보고자 노력했다. 그렇게 약 3년에서 5년에 걸쳐 주식시장의 역사를 되짚어본 후 일정한 패턴을 찾아냈고, 결국 "시장의 비밀은 여기에 있다. 앞으로의 주식시장도 완전히 이해할 수 있고 예측할 수 있다."라는 확신을 갖게 되었다.

그는 월 스트리트의 유명 잡지를 발간하는 찰스 콜린스(Charles Collins)에게 편지를 썼다. 콜린스는 당시 미국 월 스트리트에서 저명한 잡지 편집장이었고, 주식투자 자문회사를 운영하고 있었다. 편지에는 "수년을 연구한 끝에 새로운 기법을 하나 개발했는데 그것은 세상 어디에도 없는 나만의 기법입니다. 이것으로 과거의 모든 주식시장을 설명할 수 있고 미래도 예측할 수 있습니다. 관심이 있다면 내가 설명하러 갈 테니 호텔 숙박비와 체재비를 부담해주십시오."라는 내용이었다.

콜린스는 당연히 편지를 쓰레기통에 던져버렸다. 생각해보라. 철도업에 종사하던 사람이 갑자기 주식시장의 법칙을 발견했다고 하니, 누가 그 말을 곧이 듣겠는가.

하지만 엘리어트는 이에 굴하지 않고 6개월 후 콜린스에게 "그동안 하락하던 주가가 앞으로 1개월 내에 큰 폭으로 반등할 것"이라는 내용의 전보를 보냈다. 이번에도 콜린스는 전보를 쓰레기통에 처박아버렸다. 그런데 한 달 후, 엘리어트가 예상했던 날짜에서 정확히 반나절 오차가 나는 시각에 주식시장이 갑자기 급등하기 시작했다. 콜린스는 긴장했다. 곧 "주식시장의 본격적인 반등이 시작되었다."라는 기사가 만들어졌다.

그러고 나서 얼마 후 엘리어트의 세번째 전보가 도착했다. "이번 반등은 기술적 반등에 지나지 않기 때문에 다시 대폭락을 맞이할 것"이라는 내용이었다. 콜린스는 설마 하는 마음으로 그 날짜가 되기를 손꼽아 기다렸다. 그런데 정말로 주식시장이 대폭락했다. 콜린스는 허겁지겁 엘리어트에게 만나자는 전보를 보냈다.

엘리어트는 그 전보를 받고 잠시 뜸을 들이다 마지막 전보를 보냈다. "주식시장이 이제 길고도 긴 폭등에 들어섰다."는 내용이었다. 그러고는 콜린스를 찾아갔다. 당시는 교통수단이 발달하지 않아 콜린스가 있는 곳에 도착하는 데 무려 이틀이 소요되었다. 하지만 그가 도착하기도 전, 콜린스가 그 전보를 펴보는 순간 뉴욕 주식시장은 이미 폭등을 시작했고, 상당 기간 동안 긴 반등을 했다. 콜린스는 거의 기절하기 직전이었다.

이를 계기로 그는 엘리어트의 이론을 전수받기 시작했다. 엘리어트가 자신의 파동 이론을 설명하자 이를 들은 콜린스는 투자자문 계약을 맺고 함께 주식투자를 하자고 설득했다. 순진한 엘리어트는 거기에 넘어갔고, 재주는 곰이 부리고 돈은 되놈이 받는 상황이 벌어졌다. 콜린스는 엘리어트를 이용해 그 당시 시장을 거의 주도하다시피 했다.

시간이 흐른 뒤 예순이 넘은 엘리어트는 자신에게는 남는 것도 별로 없고 나이는 들어가고 있으며, 콜린스에게는 더 이상 기대할 것이 없다는 생각이 들었다. 그래서 자기가 개발한 이론을 세상에 알리기 위해 책을 집필하겠다고 선언했다. 당연히 콜린스는 반대하고 나섰다. 그 이론은 세상에 알려지는 순간 생명이 끝나기 때문에 그들만 알고 있어야 한다고 설득했다.

엘리어트는 그의 말을 무시했다. 그리고 〈파이낸셜 월드*Financial World*〉라는 잡지에 몰래 연락해 '파동 이론'이라는 제목으로 자신의 이론을 소개했다. 그런데 제목이 그러하니 누가 읽어보겠는가? 게다가 엘리어트라는 이름은 콜린스 밑에 감추어져 있어 그를 아는 이가 아무도 없었다. 칼럼은 총 11회에 걸쳐 연재됐지만 그저 재미있는 이야기 정도로 치부했다. 요즘으로 치면 주역이나 점쟁이가 주식시장을 예측한 정도로 받아들여졌던 것이다. 이런 우여곡절 끝에 엘리어트의 《파동 이론》은 결국 콜린스에 의해 책으로 출간되었으나 빛을 보지 못하고 곧 묻혀졌다.

이후 엘리어트는 64세의 나이에 쓸쓸히 은퇴하고 고향으로 돌아왔다. 그때 콜린스는 도형, 기하학, 수학에 관심이 많은 엘리어트에게 소일삼아 읽어보라며 책을 한 권 선물했다. 그것이 바로 그 유명한 피보나치 수열(Fibonacci sequence)을 소개한 레오나르도 피보나치(Leonardo Fibonacci)의 《산술의 서*Liber Abaci*》였다.

엘리어트는 책을 펴드는 순간 뇌리에 무언가가 스치고 지나감을 느꼈다. 그는 파동의 높낮이 패턴은 예측할 수 있었지만, 그 높낮이가 어디까지 갈지는 알지 못했다. 주식시장이 파동을 따른다는 것은 알았지만 그 파동의 길이가 어느 정도인지는 몰랐다. 파동은 알았으나 목표치를 계산하지는 못했던 것이다.

엘리어트는 피보나치의 수열을 접하고서야 무릎을 치며 세상의 질서를 깨우쳤다고 말했다. 그리고 드디어 한 권의 역작을 완성하게 된다. 그것이 바로 엘리어트의 두번째 저서 《자연의 법칙과 우주의 신비 *The Nature's Law – The Secret of the Universe*》다. 주식 책의 제목이라고 하기엔 참으로 고상하고 멋지지 않은가. 요즘 주식 책의 제목(얼마로 얼마 벌기, 대박주 찾기, 급등주 찾기, 이것만 알면 당신도 부자가 될 수 있다 등)과 비교해보면 참으로 대단한 자신감의 표현이다. 엘리어트는 우주가 질서를 따르고 인간이 질서를 따르듯 인간의 행위와 생각이 부딪치는 주식시장 안에도 엄격한 질서가 존재한다고 생각했고, 그 질서를 자신이 발견했다고 믿었던 것이다.

이 책을 출간한 지 6개월 만에 엘리어트는 사망했다. 여기에는 첫번째 책 《파동 이론》에 담지 못했던 높낮이에 대한 이야기가 모두 담겨 있지만, 아쉽게도 시간에 대한 고찰은 빠져 있다. 첫번째 책에서, 파동에서 가장 중요한 것은 추세와 패턴과 시간이라고 언급했음에도 끝내 시간에 대한 얘기를 담아내지 못한 것이다.

또한 두번째 책에는 이미 건강이 쇠약해져서 죽을 날이 얼마 남지 않은 엘리어트가 시간에 쫓겨 집필한 흔적이 역력하게 나타났다. 책의 중간쯤에는 자신만이 알아볼 수 있는 암호 같은 코드들이 적혀 있었는데 그래서인지 출간된 지 얼마 되지 않아 이 책 역시 곧 사장되고 말았다. 무명의 철도공무원이 철학적인 제목의 책을 한 권 쓴 정도로 치부되었고, 그 책은 그대로 골동품상에 들어가버렸다.

이후 1986년 어느 날, 로버트 프레히터(Robert Prechter)란 사람이 월 스트리트에 혜성처럼 등장해서 1987년도 주식 대폭락을 예측했다. 대부분의 사람들이 말도 안 된다며 비웃었지만 그의 예측은 정확히 적중했다. 이에 놀란 기자들이 그를 찾아가 어떻게 그렇게 자신 있게 대폭락을 예측했는지 물었다. 그러자 프레히터가 책 한 권을 내놓았다. 바로 《자연의 법칙과 우주의 신비》였다. 그는 우연히 월가의 고서점에서 그 책을 발견해 깊이 공부한 다음 그것을 자신의 것으로 만들어 주식시장의 하락을 예측했으며, 그 법칙과 이론을 매우 신봉한다고 덧붙였다. 그날 이후 갑자기 엘리어트의 파동 이론이 시장의 화두로 떠올랐다.

프레히터는 《엘리어트 파동 이론 Elliott Wave principle》이라는 책을 쓰기도 했다. 엘리어트의 첫번째 책과 제목은 유사하지만 분명히 다른 책이다. 말하자면 프레히터는 엘리어트의 파동 이론을 공부하여 자신의 것으로 만들어낸 것이다. 1980년대 이후 국내에도 이 책이 소개되었는데, 많은 사람들이 하나씩 오역하고 모방하는 와중에 마치 이것이 진짜 랄프 엘리어트의 파동 이론인 것처럼 알려졌었다.

엘리어트 파동에 관한 책은 미국 온라인서점인 아마존닷컴에서만 수십 종이다. 현재 엘리어트 파동은 불가의 화두처럼 남겨져 있다. 이 내용을 누가 해석하고 누가 다루느냐에 따라 이론이 다르고 적용이 다르기 때문이다. 그런데 우리는 프레히터 한 사람이 해석한 것을 마치 엘리어트 본인이 말한 것으로 오해하고 있다. 그러다보니 "어느 부분이 잘못되었다." "이런 부분은 가공되었다." "이 얘기는 원래 시장에 있던 것인데 무슨 엘리어트 이론이냐?" 하는 등의 이야기들이 나오는 것이다. 손가락으로 달을 가리키는데, 보라는 달은 보지 않고 달을 가리키는 손가락만 처다본 셈이다.

엘리어트 파동의 원리

엘리어트 파동은 크게 상승파와 하락파로 나눌 수 있다. 이에 대해서는 대부분의 사람들이 알고 있겠지만 모르는 독자들을 위해 기본적인 것부터 설명하겠다. 이미 알고 있는 사람은 이 장을 건너뛰고 다음 장을 읽어도 좋다.

상승파와 하락파

엘리어트 파동의 상승파는 5개의 파동으로 구성되어 있고, 하락파는 3개의 파동으로 구성되어 있다. 이것이 엘리어트 파동의 핵심이다.

엘리어트 파동은 첫번째 상승하는 파동을 제1파동, 반등하는 경우 조정 눌림목이 오는 것을 제2파동, 다음에 본격적인 상승이 오는 것을 제3

파동이라 하며, 여기서 다시 조정받는 것을 제4파동, 마지막 최후의 상승을 제5파동이라고 부른다. 1, 2, 3, 4, 5라는 숫자가 붙었다고 해서 상승파동을 '숫자 파동'이라고도 한다.

반면 주가가 떨어질 때는 3개의 파동으로 떨어지는데 첫번째 하락의 시작점을 A파동, 다음 반등을 B파동, 마지막 본격적인 하락을 C파동이라고 한다. 이를 다른 이름으로 '문자 파동'이라 부르기도 한다.

〈그림 34〉를 살펴보자. 파동 이론은 마치 전문가들의 영역인 양 잘못 알고 있는 경우가 많은데, 사실 조금만 생각하면 누구나 쉽게 접근할 수 있다. 그림을 자세히 살펴보면 올라갈 때는 1, 2, 3, 4, 5 식으로 고점이 높아지고, 떨어질 때는 A, B, C로 고점이 낮아지는 것을 알 수 있다.

그림에서 상승파를 자세히 살펴보자. 엘리어트 파동의 상승파는 1, 2, 3, 4, 5라는 5개의 상승 파동을 가지고 있지만 실제로는 3개의 상승 봉우리를 갖고 있다. 기술적 분석을 많이 공부한 사람들은 이쯤에서 생각나는 것이 있을 것이다. 바로 사케다 5법의 삼산(三山)과 삼천(三川)이다.

그림 34 엘리어트 파동의 상승파와 하락파

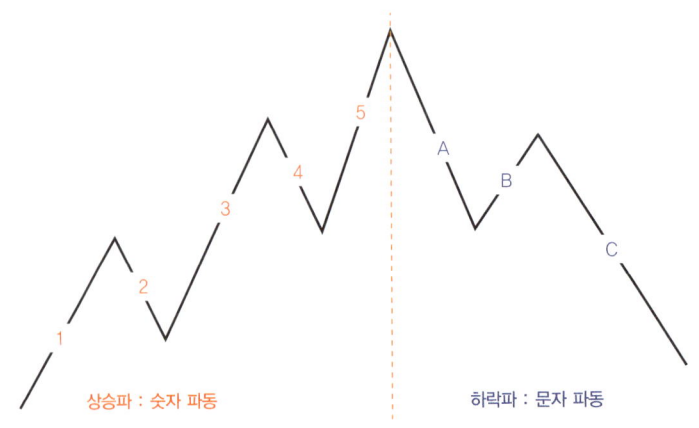

1800년대 일본에서 쌀장사를 하면서 쌀의 수급에 기술적 분석을 적용했던 혼마 무네히사는 3개의 봉우리 이론을 완성했다. 그는, 가격 결정은 항상 3개의 고점(三山)을 만든 다음에 반전이 일어나고, 다시 상승 반전을 위해서도 그런 식의 가격 골짜기(三川)가 생긴다는 부분에 주목했다. 말하자면 엘리어트와 혼마 무네히사의 이론은 용어만 다를 뿐이다. 결정적인 차이는 한 사람은 패턴에 주목했고, 다른 사람은 비율에 주목했다는 점이다. 엘리어트가 혼마 무네히사와 조금 달랐던 점은 누구나 발견

Zoom In

사케다 5법 사케다 5법은 주식투자에서 기술적 분석을 공부할 때 가장 먼저 배우는 부분이다. 사케다 5법 중 가장 흔하게 사용되는 게 삼산인데 파동에서는 특히 이것에 주목해야 한다. 3법이나 다른 기타 이론들은 패턴의 문제이므로 그다지 신경쓰지 않아도 되지만, 파동에서 삼산이 차지하는 의미는 대단히 크다. 우리는 혼마 무네히사가 말했던 "주식은 항상 3개의 봉우리를 만들고 시세가 마무리된다(주식은 항상 3개의 골짜기를 만들고 마무리된다)."라는 것을 머릿속에 아주 강하게 각인시켜놓아야 한다.

또한 과거 주식시장의 역사를 차트로 좁혀서 봤을 때, 그리고 앞으로 주식시장을 들여다볼 때 이러한 것들이 어떠한 절차와 과정 속에서 법칙을 이어 나가는지 새겨두어야 한다. 그러고 나서 이렇게 단순하고 쉬운 원리인 3개의 고점과 3개의 저점이 미국에서 태동한 엘리어트 파동에서는 어떻게 설명되고 있고, 좀더 깊이 들어가서 엘리어트 파동과 사케다 5법이 어떤 면에서 일맥상통하는지도 알아보아야 한다.

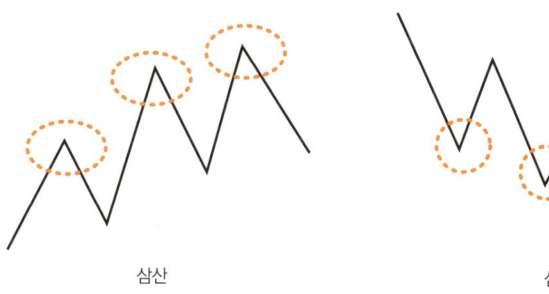

삼산   삼천

할 수 있는 패턴이나 모양 외에 높이와 거리에도 눈을 떴다는 것이다.

다시 본론으로 돌아가 엘리어트 파동에 주목해보자. 엘리어트가 피보나치 수열을 알게 된 후 파동론을 완성하였으므로, 먼저 피보나치의 수에 대해 알아보겠다.

피보나치의 수

주식시장에서 피보나치는 피보나치 조정비율(Fibonacci retracement)로 유명하다. 전문 투자자가 아니거나 아직 기술적 분석에 많은 경험이 없는 사람들은 전문가들이 가끔 "33%의 조정 완료, 50%선의 지지와 기대, 66% 또는 68%선의 지지와 기대"라고 말하는 것을 들어본 적이 있을 것이다. 이런 수치는 대충 무작위로 만들어진 것이 아니다.

경제의 역사는 철학의 역사이기도 하고, 이론을 전개하기에 앞서 이러한 이론들을 처음 주목했던 사람에게는 우주의 역사이기도 하다. 기원전을 지나 신약의 시대로 들어선 다음 아라비아 문명과 그리스 문명이 쇠퇴하고 로마 문명이 발달한 이후에는 신학이 철학을 지배하는 시대가 되었다. 신의 논리가 지배하는 시대된 것이다.

당시 사람들은 자연의 질서, 우주의 질서, 천문학, 수리학 등 신의 질서는 인간이 감히 개척하거나 측량할 수 없는 것이라고 생각했다. 그래서 문학에 비해 자연과학의 발전이 더디었다. 그런데 같은 시대에 이미 아라비아에서는 수리학이 엄청나게 발전하고 있었다. 로마시대 이후 인류가 5진법을 사용하기 시작했다고 하지만 당시 아라비아에서는 이미 0의 개념이 도입되었고 10진법이 사용되고 있었다.

당시 이탈리아의 수학자 피보나치는 피렌체에서 사용하는 숫자에 불만이 많았다. 한번 계산을 하려면 두루마리 종이에 한정 없이 적어나가야 했기 때문이다. 그는 좀더 획기적인 것을 찾던 차에 우연찮게 아라비아 문서에서 10진법에 대한 수리학을 발견했고, 크게 경탄하여 이집트로 여행을 떠났다. 그런데 공교롭게도 피보나치가 이집트에서 발견한 것은 '수'가 아니라 '질서'였다. 이집트에 간 피보나치는 무수히 많은 고대건축물, 도시건축물, 상하수도 시설, 화려한 조각들을 보면서 무릎을 쳤다. 그리고 그 속에서, 심지어는 인간 신체의 비율에서, 자연 속에서, 이집트인도 발견하지 못한 질서를 찾아냈다. 바로 수의 질서였다. 이때 피보나치가 찾아낸 수의 질서는 다음과 같다.

1, 1, 2, 3, 5, 8, 13, 21, 34, 55, 89, 144, 233, 377, 610……

얼핏 보기에는 무질서한 숫자 같지만 그렇지 않다. 나는 계산기 없이도 피보나치의 수를 무한대로 적어나갈 수 있다. 여기에 적용된 질서를 알기 때문이다. 바로 인접한 두 수를 더하면 그 다음 수가 되는 원리다. 이를테면 $1+2=3$, $2+3=5$, $3+5=8$ 이런 식이다.

이렇게 피보나치의 수를 열거한 후 한번 살펴보자. 맨앞의 몇 개 숫자를 제외하고는, 앞의 수를 뒤의 수로 나누었을 때 그 값이 모두 0.618이 되는 것을 알 수 있다($144 \div 233 = 0.61802……$, $377 \div 610 = 0.61803……$). 반대로 역수를 취하면, 즉 뒤의 수를 앞의 수로 나누면 그 값은 1.618이 된다($233 \div 144 = 1.61805……$, $610 \div 377 = 1.61803……$).

또 앞의 수를 두 칸 뒤의 수로 나누었을 때 그 값은 모두 0.382가 되고 ($144 \div 377 = 0.38196……$, $233 \div 610 = 0.38196……$), 역시 반대로 뒤의 수를

두 칸 앞의 수로 나누면 2.618이라는 동일한 값이 나온다(377÷144＝2.61805……, 610÷233＝2.61802……).

이렇게 엘리어트는 0.618, 1.618, 0.382, 2.618이라는 네 가지 수의 질서를 찾았다. 그에 따르면 자연계의 안정적인 구조물의 비율은 모두 이 비율을 따르거나 이 숫자를 차용한다. 이 세상에서 가장 완전한 구조물이라고 알려져 있는 피라미드의 비율은 밑변 대비 높이가 1.618이다. 인간의 몸은 신수비례 혹은 완전비례를 이룬다고 하는데, 레오나르도 다빈치의 '인체비례도' 속에 나타난 인간의 신체 역시 0.618, 1.618, 0.382, 2.618의 완벽한 비율을 갖추고 있다. 그래서 이들을 가리켜 완전비율이라 한다. 주식시장에서도 이것을 조정비율과 상승비율로 사용한다.

엘리어트는 여기에서 질서를 발견했다. 그는 심지어 대상을 우주로 넓혀서 천문학이나 점성술로 주가를 예측하는 시도까지 하면서 수성, 금성, 지구, 화성, 목성, 토성, 천왕성, 해왕성, 명왕성의 거리가 피보나치 비율에 의해 조정되는 시기에는 주식시장에서 큰 변동이 일어난다는 주장까지 했다. 엘리어트가 두번째 책의 제목을 《자연의 법칙과 우주의 신비》라고 정한 이유도 그 때문이다.

결국 엘리어트는 피보나치의 책을 보고 인간의 몸이든 건축물이든 자연이든 일정한 수의 질서가 있음을 깨닫고, 자신이 발견한 파동에도 질서가 존재할 것이라 예상했다. 그 비율을 자신의 파동에 대입해보니 세번째 상승 파동(제3파동)이 첫번째 상승 파동(제1파동)의 1.618배에서 최대 2.618배의 상승폭을 보였다. 하락 파동에서도 마찬가지였다. 세번째 하락 파동(C파동) 하락폭이 첫번째 하락 파동(A파동) 하락폭의 1.618배에서 2.618배를 보였는데, 거의 대부분이 1.618배였다. 즉, 상승 파동이든 하락 파동이든 세번째 파동의 높이는 첫번째 파동 높이의 1.618배라고 예측할

그림 35　엘리어트 파동과 피보나치의 비율

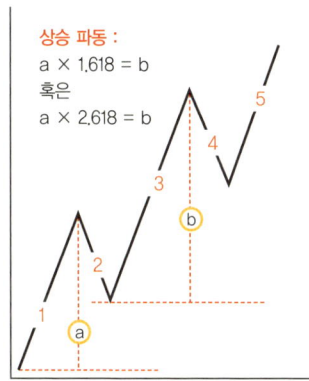
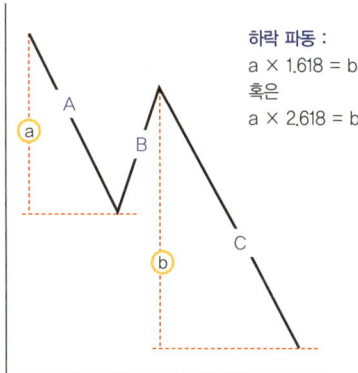

수 있고, 만약 그 이상 상승 또는 하락한다면 다음 목표치는 2.618배가 될 것이라 예측할 수 있는 것이다. 이는 〈그림 35〉에서 보는 바와 같다.

이후 엘리어트는 자신이 만든 파동이 자연의 법칙과 우주의 신비를 따르고 있다는 데 스스로 도취되는데, 그의 책을 보면 그러한 흥분 상태가 그대로 드러난다. 프레히터는 엘리어트 파동을 소개한 그의 책에서 엘리어트의 자아도취 부분을 빼고 자신의 해석을 집어넣었는데, 앞서 언급했듯 그 버전이 국내에 알려져 있는 엘리어트 파동이다. 그럼에도 불구하고 이 책에서 엘리어트 파동을 굳이 거론하는 이유는 파동의 모양을 외워 둘 필요가 있기 때문이다.

아무튼 엘리어트가 세상의 모든 법칙은 예외 없이 우주의 법칙을 따른다고 설명한 뒤 정작 시장에 적용해보니, 황당하게도 도대체 맞는 게 없었다. 그래서 엘리어트는 변명처럼 그것이 사용하는 사람의 마음에 달렸다는 말을 했다. 결국 엘리어트의 법칙은 스스로를 합리화하기 위한 무수한 예외로 이루어졌던 것이다.

엘리어트 파동의 법칙과 오류

　이제 본격적으로 엘리어트 파동을 공부해보자. 초고에는 엘리어트 파동에 관한 내용이 무려 원고지 700매 분량에 달했으나 대부분을 덜어내고 여기서는 일부만 소개하기로 한다. 나중에 다시 책으로 쓰거나 감춰두려는 것이 아니라, 투자자들에게 아무짝에도 쓸모가 없다고 판단했기 때문이다. 여러분은 여기 소개된 것 이상의 이론은 알 필요가 없다. 만일 여기에 정리한 이야기를 이해하기 어렵다면 인터넷을 활용하는 것이 더 낫다. 그 정도로도 충분할 것이다.

　엘리어트 파동의 기본 모형은 〈그림 36〉과 같다. 엘리어트 파동은 큰 파동 안에 작은 파동이 있고, 그 작은 파동 안에 다시 작은 파동이 들어 있다. 먼저 왼쪽의 상승 파동(숫자 파동)을 자세히 살펴보면 상승할 때는 5개의 작은 파동이, 하락할 때는 3개의 작은 파동이 생성되어 있음을 발견할 수 있다. 이어서 오른쪽의 큰 하락 파동(문자 파동)에서는 하락할 때

■■■ 그림 36   엘리어트 파동의 기본 모형 ■■■

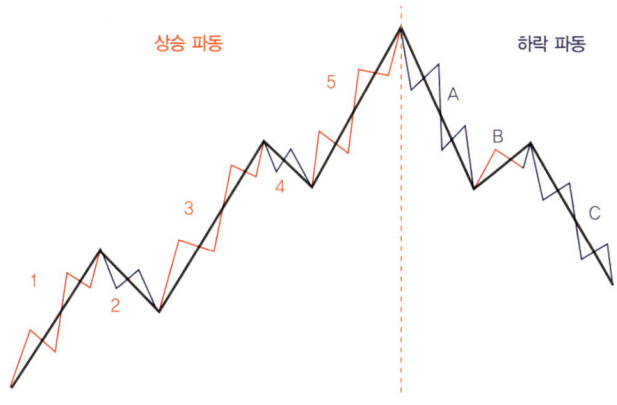

5개의 작은 파동이, 반등할 때 3개의 작은 파동이 형성됨을 알 수 있다.

이런 파동 형태가 가능한 이유는, 엘리어트가 말하는 상승파란 주추세를 형성하는 힘이 상승인 파동을 말하기 때문이다. 즉, 상승할 때는 상승 추세가 주추세이고 하락할 때는 하락 추세가 주추세라는 뜻이다. 상승 추세일 때는 큰 파동 안의 작은 파동이 5파동, 3파동의 형식으로 진행되고, 하락 추세일 때 역시 작은 파동은 5파동, 3파동의 순서로 진행된다.

여러분은 대개 이 정도만 알고 있으면 된다. 파동에 대해 책을 쓸 것이 아니라면 더 상세한 내용은 들을 필요도 없고 알 필요도 없다. 이제 엘리어트 파동에서 중요한 몇 가지 핵심적인 부분을 살펴보자.

엘리어트 상승 파동

〈그림 36〉과 같이 주가가 상승 흐름을 타고 있을 때의 5개 파동을 하나

씩 살펴보자.

제1파동

제1파동은 주가가 하락하는 가운데 반등을 시작하는 최초의 움직임이다. 그래서 제1파동을 주가 상승의 시작이라고 믿는 투자자들은 거의 없다. 때문에 제1파동이 시작하는 것을 주시하며 언제가 바닥일까를 관찰하는 것은 아무 의미가 없다.

다만 제1파동은 직전의 하락 파동이 마무리되고 거래량의 바닥이 형성된 후 새롭게 거래량이 증가하기 시작한 후에 나타나므로 하락 중의 반등과는 구별되는 점이 있다. 또 제1파동은 시작과 동시에 단기매도가 쏟아지고 반등을 이용해서 장기악성 매물들이 매도에 나서므로, 제1파동의 상승은 대개 절반 이상이 조정으로 상승폭을 반납하게 된다. 때문에 제1파동을 찾으려는 시도는 실제적으로나 기술적으로나 불가능하다.

 그림 37   제2파동의 저점

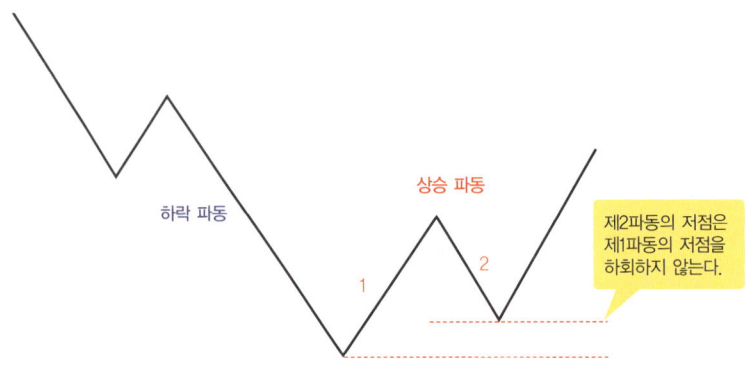

제2파동

제2파동은 제1파동의 상승 후 조정이다. 앞서 말한 대로 제1파동에 대한 조정 압력은 상당히 크다. 때문에 제2파동, 즉 제1파동에 대한 조정폭은 그 깊이가 문제가 아니라 실제 앞서 나타난 파동이 반등 제1파동이 맞는지, 아니면 하락 파동중에 나타난 반등인지만을 확인하는 데 의미가 있다. 〈그림 37〉에서 보는 것처럼 엘리어트는 제2파동의 저점이 제1파동의 저점을 하회하면 반등 파동으로 볼 수 없다고 했다. 다시 말해 정말 제1파동이라면 제2파동, 즉 제1파동에 대한 조정은 '절대로' 제1파동의 저점을 하회하지 않아야 한다는 것이다.

우리가 제2파동의 움직임을 주시하는 이유는 대개 제1파동의 반등 이후 제2파동이 〈그림 38〉과 같이 플랫 조정을 보일 경우, 그 조정 기간이 길면 제3파동에서 대시세가 날 수 있다는 점 때문이다. 다시 말해 제3파동이 대시세가 나는 경우는 제2파동이 플랫 파동으로 길게 이어질 때인

그림 38   제2파동의 플랫 파동

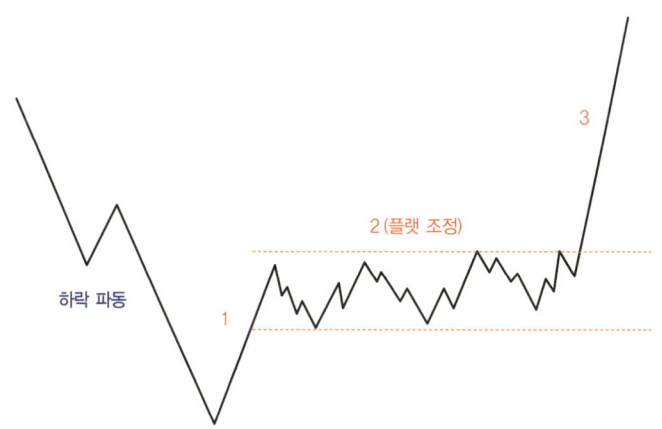

■■■ 그림 39   V자 형태의 반등 제1파동

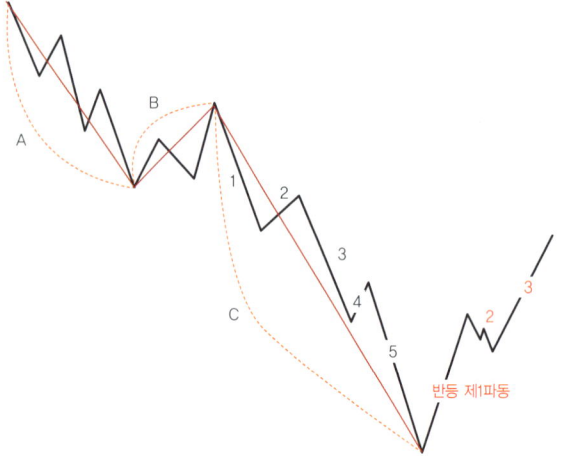

데, 시장에서는 이것을 두고 원형 바닥이 만들어졌다고 해석한다.

〈그림 38〉은 최대한 단순화하여 제2파동이 플랫으로 길게 연장되며 조정하는 경우를 나타낸 것이다. 이때 제3파동은 대단히 강력한 연장파의 형태로 나타날 수 있다.

제2파동이 지그재그 형태를 보일 때도 있다. 대개 직전 하락 파동이 완성될 때 마지막 제5파동이 강하게 이어지는 경우 반등 제1파동이 강력하게 나타나는데, 이때 제2파동은 지그재그 파동을 보인다. 〈그림 39〉는 하락 C파동이 5개의 파동으로 완성되었고 그 중 5파동이 강력해서 반등 제1파동이 V자로 나타난 경우로, 이때 제2파동은 지그재그 형태를 이룬다.

제3파동

우리가 주목해야 하는 파동은 제3파동이다. 실제 제3파동은 제1파동 크기의 1.618배, 크게는 2.618배까지 나타나고, 전체 파동 중에서 가장

■■■■ 그림 40 제3파동에서의 투자 지점

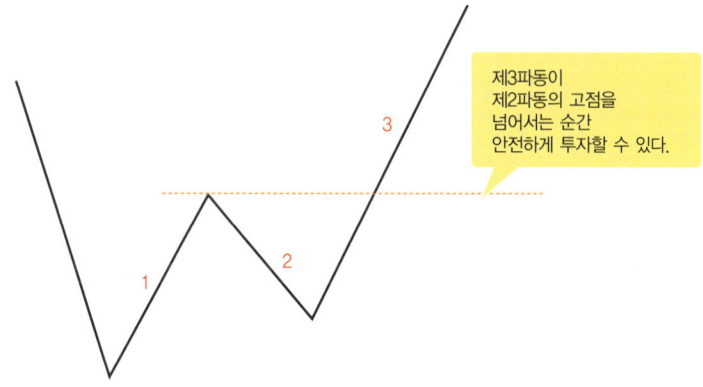

큰 상승을 이룬다. 우리는 이 파동에서 투자에 참여해야 하며, 제3파동은 직전 제1파동과 제2파동의 모습을 보고 알 수 있다. 다만 제2파동의 저점에서 매수하는 것이 아니라, 〈그림 40〉에서와 같이 제3파동의 출발 파동이 제2파동의 고점을 넘어가는 순간을 포착하는 것이 중요하다. 우리가 보통 고점 매수, 돌파 매수, 신고가 매수라고 부르는 상황이 바로 이 지점이다.

보통 제3파동은 강력한 추세와 많은 거래량을 동반하고 제3파동의 마무리 지점에 가면 대부분의 투자자들이 상승 추세임을 인식하게 된다. 제3파동에서 우리는 보통 저항선이라고 생각되는 지점을 강하게 돌파하는 시세를 관찰할 수 있다. 급진갭이나 돌파갭과 같은 갭 상승도 자주 목격하게 된다.

이때 중요한 것은, 영민한 투자자들은 이러한 바닥 파동의 형태를 미리 짐작한다는 점이다. 우리가 패턴에서 알고 있는 1점 바닥, 2중 바닥,

▰▰▰ 그림 41   바닥 파동의 형태 ▰▰▰

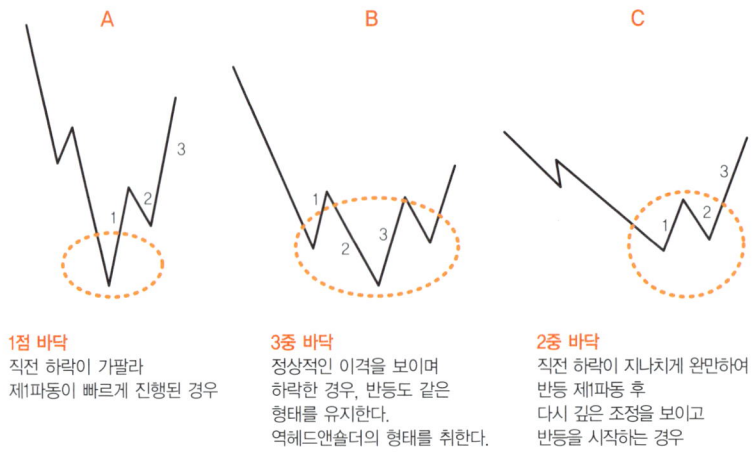

1점 바닥
직전 하락이 가팔라
제1파동이 빠르게 진행된 경우

3중 바닥
정상적인 이격을 보이며
하락한 경우, 반등도 같은
형태를 유지한다.
역헤드앤숄더의 형태를 취한다.

2중 바닥
직전 하락이 지나치게 완만하여
반등 제파동 후
다시 깊은 조정을 보이고
반등을 시작하는 경우

3중 바닥과 같은 용어들은 파동을 이해하면 당연하게 받아들일 수 있다.

예를 들어, 직전 하락 파동이 강하고 가팔랐다면 반등하는 파동은 저절로 1점 바닥이 되고, 정상적이었다면 3중 바닥이, 약하고 완만했다면 2중 바닥이 형성되기 때문이다. 그래서 파동을 포착하기 어려울 경우 바닥의 양상을 보고 진짜 바닥이 완성되었는지를 확인할 수 있으며, 사실 주가의 움직임을 보면서 이번 바닥은 어떤 모습으로 어떻게 형성될 것이라는 예측도 할 수 있다.

〈그림 41〉의 A파동에서 볼 수 있듯이, 제2파동의 조정폭은 직전 하락 파동을 따르는 경우가 많다. 직전 하락 파동이 이동평균선과의 이격을 크게 벌리며 급락으로 마무리된 경우에는, 이격을 보정하기 위해 제1파동의 반등도 빠른 모습으로 나타나고 제2파동의 조정도 깊지 않다. 기본적으로 주가는 기존 추세와 반대로 움직일 때, 즉 추세가 전환되는 순간

에 이동평균선과 만나고, 다시 이동평균선을 넘어서는 과정이 필요하다. 따라서 직전 파동이 급락할 경우 이격을 조정하는 과정으로 1점 바닥의 양상을 보인다.

B파동처럼 이동평균선과의 이격을 벌렸다 늘렸다 하는 과정에서 기간과 가격 조정이 적당히 이루어지며 하락이 마무리된 경우에는, 가장 많이 발견되는 역헤드앤숄더 형태의 3중 바닥 형상을 보인다. 사후에 패턴을 보고 "헤드앤숄더가 완성되었다." "역헤드앤숄더의 바닥이 만들어졌다."라고 말하는 것은 사후약방문이므로 미리 바닥 패턴을 짐작하고 있어야 한다. 그래야 제3파동에 진입할 준비를 하고 여유를 가질 수 있다.

C파동의 경우, 직전 하락 파동이 기간 조정을 보이며 상당히 완만하게 바닥을 만들었는데, 이런 경우는 원형 바닥의 형태를 띠면서 기간 조정을 더 이어간다. 하지만 중간에 호재가 생기거나 상승신호가 발생해서 반등을 시작할 경우에는 제2파동의 조정이 깊어지며 2중 바닥의 양상을 보인다. 이제 아래 그림과 같은 천장 파동을 보자.

그림 42 천장 파동의 형태

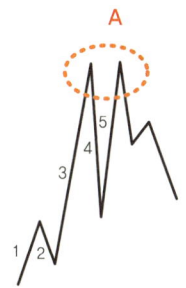

2중 천장
강력한 제3파동이 단기간 급등하는 경우

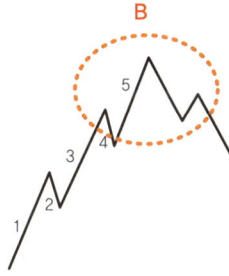

3중 천장
정상적인 시간과 상승폭을 보인 경우로 헤드앤숄더 형태를 취한다.

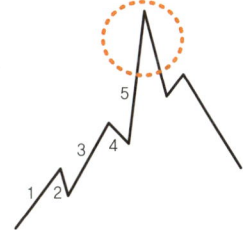

1점 천장
완만한 상승 후, 제5파동이 급격하게 전개된 경우

〈그림 42〉를 보면 2중 천장이니, 3중 천장이니, 1점 천장이니 하는 패턴 분석이 얼마나 허무한 것인지를 알 수 있다. 그냥 패턴으로만 보면 2개의 고점이 형성된 경우, 우리는 헤드앤숄더가 형성되기를 기다렸다가 다시 조정이 나타날 때 매수해야 한다. 하지만 2중 천장으로 끝나는 패턴이라면 상당한 타격을 입을 수 있고, 1점 천장으로 끝나는 상승에서 굳이 고점을 다시 확인하는 2중 천장의 완성을 기대한다면 그것 또한 어리석은 일이다.

그런데 제3파동이 끝나고 제4파동의 조정에서 단순히 천장 형태가 고점을 재확인하는 것으로 생각하고, 2중 천장을 맞을 것이란 기대로 저점 매수를 했다가 실제로 반등하는 경우를 만나기도 할 것이다.

이처럼 투자자가 패턴을 예상하고 투자하면 어떨 때는 맞고 어떨 때는 틀리게 된다. 이는 가격의 상승흐름과 시간가치를 무시한 결과이며, 동전을 던져 점을 치는 것이나 마찬가지다. 이것이 기술적 분석이 해석에 따라 맞기도 하고 황당한 결과를 낳기도 하는 이유다.

제4파동

제4파동의 성질은 대단히 모호하다. 사실 투자자 입장에서 볼 때 주식시장의 가장 난해한 국면이 바로 제4파동의 움직임이다. 제4파동은 직전 주식시장의 상승이 실적에 근거하여(실적장세의 중간) 합리적인 움직임을 보이다가 실적이 충분히 반영되고 주가가 많이 올랐다는 인식이 생겨날 때 발생하는 파동이다. 이때 제4파동은 종종 대세 하락으로 여겨지기도 하고, 여전히 제3파동의 연장으로 보이기도 한다. 더구나 제4파동의 발생을 실제로 인식하기란 대단히 어렵다. 시간이 지나서 과거 주가를 되돌아보면 그제서야 제4파동을 알아보고 그 다음 상황이 이해되는 경우가 많다.

엘리어트는, 제4파동은 제2파동과는 서로 다른 모양을 보인다고 말한다. 예를 들어, 제2파동이 플랫 조정을 보이면 제4파동은 지그재그 형태를 보이고, 제2파동이 지그재그 조정을 보이면 제4파동이 플랫 형태를 보인다는 것이다. 일명 파동교대의 법칙이다.

하지만 현실에서는 그다지 의미가 없다. 중간중간 발생하는 작은 조정파를 제4파동으로 오해하는 경우가 많기 때문에 이런 부분들은 그냥 흘려넘겨도 좋다. 다만 제4파동의 모양은 우리가 예측할 수 있으며 제5파동에 큰 영향을 미친다는 사실은 기억해두도록 하자.

〈그림 43〉을 보면 제4파동의 속성을 예측할 수 있다. A처럼 제3파동이 1.618배 내외, 즉 일반적인 규모로 상승하거나 시간을 적당히 소모하는 순환형 상승이라면 제4파동의 조정 역시 크게 우려할 필요가 없는 수준이라고 판단할 수 있다. 또한 조정의 폭이나 규모도 시장에 충격을 던지는 형태로 진행되지 않는다.

B파동처럼 제3파동의 상승이 강력해서(실적 기대감이 상당히 컸던 경우)

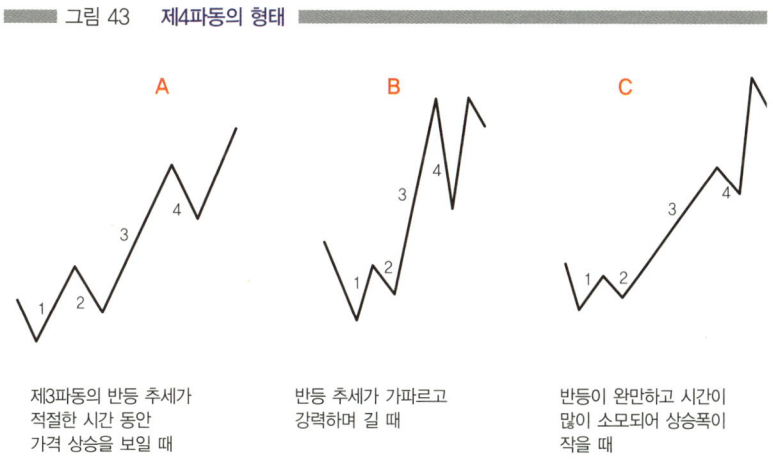

그림 43 제4파동의 형태

A 제3파동의 반등 추세가 적절한 시간 동안 가격 상승을 보일 때

B 반등 추세가 가파르고 강력하며 길 때

C 반등이 완만하고 시간이 많이 소모되어 상승폭이 작을 때

Zoom In

파동교대의 법칙 파동이 교대된다는 것의 의미를 한번 살펴보자. 아래 그림 ①을 보면 제3파동이 가파르게 상승하다가 제4파동이 플랫 조정을 보이면서 시간을 끌고 있는 것을 확인할 수 있다. 주가는 이렇게 시간을 소모하며 다시 이동평균선과의 이격을 좁히고, 기간조정이 마무리되면 다시 제5파동의 상승으로 이어진다. 이때 제2파동의 조정을 돌아보면 대개 지그재그 패턴의 조정을 보이는데, 이것을 파동교대의 법칙이라고 한다.

엘리어트가 주장한 파동교대의 법칙은 사실 큰 의미는 없다. 파동이 진행되는 중에 현재의 파동이 몇 번 파동에 해당하는지를 알기란 대단히 어렵고, 설령 그것을 맞힌다 하더라도 운에 가깝기 때문이다. 하지만 엘리어트 파동은 과거를 분석하는 도구이므로 현재 지점이 고민스러울 때 뒤를 돌아보면 확신을 갖게 해준다는 장점은 있다.

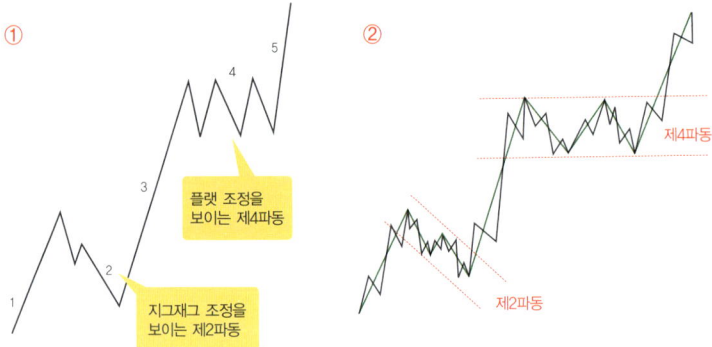

그림 ②를 한번 보자. 설명을 쉽게 하기 위해 상승파인 제1파동, 제3파동, 제5파동은 단순화했고, 조정 파동인 제2파동과 제4파동은 세부적으로 묘사했다. 이 그림을 보면 플랫 파동의 의미를 알 수 있을 것이다. 지그재그 파동 역시 마찬가지다. 파동이 횡보를 하느냐 가격조정을 하느냐의 단순논리로 보면 된다. 다시 말하지만 엘리어트 파동을 논문 읽듯이 깊게 공부할 필요는 없다.

제4파동에 플랫 파동이 온다면 파동교대의 법칙에 따라 제2파동은 지그재그 파동이었을 것이고, 제2파동이 플랫이었다면 제4파동은 지그재그 형태로 나타난다고 생각하면 된다. 지나간 파동을 그려보면 이 법칙이 대체로 맞는데, 그것은 파동의 크기와 성격에 따라 나타나는 현상이다.

앞서 언급한 고점의 패턴에 관한 부분 역시 마찬가지다. 제3파동의 상승이 얼마나 가파른지 혹은 얼마나 단기간에 진행되었는지에 따라 천정의 형태가 달라질 수 있고, 우리는 그것을 예측하거나 준비할 수 있다.

연장 파동이 나타나고 제3파동의 상승이 제1파동보다 2.618배 이상 강력한 상승으로 나타난 경우, 그리고 기간을 충분히 갖지 않고 단기간에 급등해버린 경우에는 제4파동의 조정이 아주 강하게 나타난다. 이때 조정은 추세선을 붕괴시키고 급락하는 양상으로 나타나 상당수의 투자자들이 제3파동 상승에서 얻은 이익을 모두 잃거나, 상당 부분 상실하고 시장을 떠나는 경우가 발생한다.

C파동의 경우처럼 제3파동의 반등이 완만하고 느슨하여 시간이 많이 소모될 경우 제4파동의 조정폭은 얕고 대신 제5파동이 그것을 반영해 강한 연장 파동으로 나타날 수 있다.

엘리어트 파동의 또 다른 절대법칙에 따르면 제4파동은 절대 제1파동의 고점을 훼손하지 않는다. 그래서 제3파동의 강력한 상승으로 인해 급락이 일어나더라도 제1파동의 고점(차트로 보면 제3파동이 돌파한 저항선) 이하로 급락하지는 않는다. 영민한 투자자들은 이때를 기회로 잡는데 상승 목표치는 대개 제3파동의 고점을 크게 벗어나지 않는다. 그래서 고점이 2중 천장의 모습을 하는 경우가 많다. 이것을 두고 패턴 분석가들은 '쌍봉'이라고 표현한다. 하지만 투자자들이 쌍봉이 출현한 것을 두고 고민할 때 그것 역시 결과가 말해주기 때문에, 미리 예상하고 있는 경우가 아니라면 패턴은 의미가 없다.

다만 드물게 강력하게 상승한 제3파동 이후에 주가가 급락하지 않고 상당 기간 횡보를 하는 경우가 있다. 이런 경우 제3파동에서 수혜를 입은 투자자들이 인내심을 발휘한다면 제5파동의 상승에서 다시 이익을 취할 수도 있다. 수급상 하락해야 할 시점에서 시장에 호재가 연속되어 주가에 대한 기대감으로 시간을 보내며 호흡 조절을 하는 경우다.

이렇게 주가의 파동은 실제 파동이 소모하는 시간에 따라 상당히 달라진다. 엘리어트는 자신의 유고를 완성하지 못하고 세상을 떠났지만, 그가 말하고자 했던 파동에 영향을 미치는 '시간'이라는 요소는 아마도 이 부분을 가리키는 것일 가능성이 크다.

제5파동

제5파동은 대단히 매력적이다. 제5파동은 대개 제3파동보다 짧지만, 경우에 따라서는 제3파동과 비슷하거나 더 큰 경우도 있다. 연장 파동이 발생하면 주가는 아슬아슬하게 고점을 연장하며 투자자들의 애간장을 태운다.

투자 결과도 이론적으로 알려진 것보다 훨씬 더 다이내믹하다. 제5파동이 강할 경우는 대개 강력한 분출 형태를 띤다. 투자자들은 대개 제5파동의 진행 과정에서 극단적으로 낙관적이 되기 쉽고, 매집자들은 자신들이 집중 매집한 주식을 털어낼 시기를 가늠한다. 특히 제3파동이 약하다가 제5파동이 분출하면 전문 투자자들도 이것을 제3파동의 연장파로 보고 아직 한 개의 상승 파동이 더 남았다고 방심하기 쉽다.

이 파동은 대중적인 전염이 강하게 이어지기도 하고, 의외로 급작스레 사그라지기도 한다. 엘리어트에 의하면 제3파동은 제1파동, 제3파동, 제5파동 중에서 가장 크거나 최소한 두번째로 강하다. 즉, 대개 정상적인 수급에서는 제3파동이 가장 길고 제5파동은 제3파동의 고점 부근에서 고점을 형성하거나 조금 넘어서서 끝나지만, 호재를 만나거나 강력한 낙관이 지배할 때는 그야말로 분출하는 시세를 만들어낸다.

그 점에서 지금까지 강조해온 뚱뚱한 꼬리는 제3파동의 말미라기보다는 제5파동의 연장을 가리키는 것으로 해석해도 무방하다. 또 이 시기에는 대개 주도주의 강력한 분출이나 그동안 상승하지 못했던 후발주자들이 대거 상승에 동참하는 양상이 나타나며, 전자보다는 후자의 경우에 파동의 길이가 길어진다.

제5파동에서는 패턴을 숙지할 필요가 있다. 여기에서는 속임수나 기형적인 형태의 파동이 곧잘 나타나므로 투자자들이 곤혹스러운 처지에 놓이기 쉽다. 특히 제5파동에서 나타나는 쐐기형 패턴은 매우 중요하다. 쐐기형 패턴은 자주 나타나지는 않으나 우리가 감지할 수 있는 몇 안 되는 패턴이다. 그 형태가 상승기조를 유지하기도 하고, 때로는 횡보 양상의 플랫 형태로 보이는 수가 있어 대부분의 투자자들은 이것을 조정 후 재상승의 과정으로 혼동하기 쉽다.

특히 쐐기형 패턴은 마지막에 극적인 반전을 이루는 경우가 많아 이동평균선을 보고 투자하는 사람들은 대혼란에 빠지게 된다. 이때는 대개 이동평균선이 정배열하고 있고, MACD가 낮아지는 모습을 보여 투자자들이 매수 기회로 착각하는 경우가 허다하다.

〈그림 44〉에서 보듯이 원 안의 파동은 여전히 제5파동에 속한다. 쐐기

그림 44   트랩

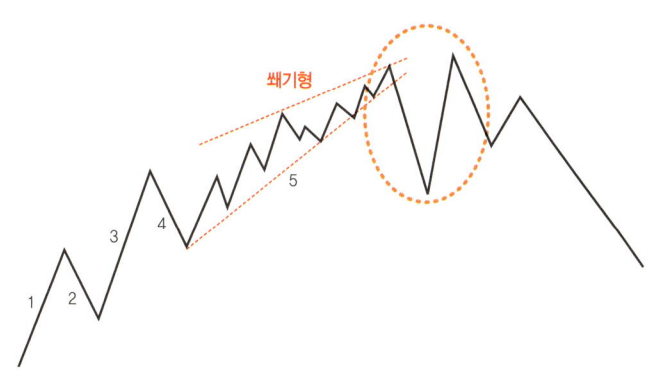

■■■ 그림 45   페일 ■■■

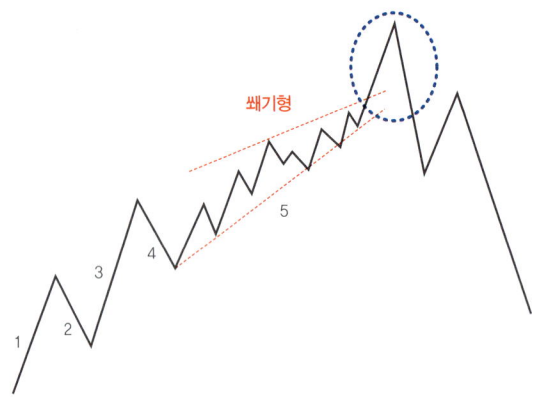

형으로 상승한 후 주가가 급락하는 듯하지만 다시 고점을 회복한다. 이 때 투자자들은 제4파동의 조정 후 제5파동이 시작된 것이라고 믿지만 사실은 시세의 마지막을 의미하는 불꽃일 뿐이다. 이때 이격이 급락 후 반등하는 속임수를 '트랩(Trap)'이라고 부른다.

반대로 〈그림 45〉처럼 쐐기형이 만들어진 후, 주가가 급등하면서 시세가 분출하는 듯 보이지만, 그것이 사실은 시세의 종료 선언인 경우도 있다. 이렇게 시세가 투자자를 속이는 현상을 '페일(Fail)'이라고 한다.

트랩과 페일은 쐐기형의 진전이 그동안 상승에 비해 특별한 방향성을 보이지 않을 때 나타나는데 쐐기가 낮은 각도로 진행되면 트랩, 약간 가파르게 진행하면 페일이 발생한다. 이때 차트에서 주가가 아일랜드갭(Island gap, 섬꼴형으로 상승 기간 중 갭 상승과 갭 하락이 동시에 출현하는 것), 긴 꼬리를 단 비석형이나 행잉맨(hanging man) 형태의 봉 패턴, 긴 장악형의 음선, 이브닝 스타(Evening star, 주가가 갭 상승 후 혼자서 고공에 존재하는 것) 등을 만들 경우 그 신뢰도는 증가하게 된다.

엘리어트 하락 파동

지금부터는 엘리어트 파동 중에서 하락 파동에 대해 알아보겠다.

조정 A파동

〈그림 46〉에서 제5파동 이후 처음으로 조정 국면이 닥치는 A파동에서 대개의 투자자들은 그것이 조정 파동임을 인식하지 못한다. 이 시기에 주식시장에서는 주도주들이 급등락을 하지만, 하락하더라도 곧 주가가 회복되고 그동안 오르지 못했던 후발군들이 시세를 보인다. 특히 중소형 주들이 강세를 보이므로 하락장이라는 인식을 못하는 경우가 많다. 그동안의 상승 과정에서 하락은 곧 반등이라는 등식이 성립되어온 탓이다.

또한 투자자들의 주의력은 현저히 낮아지고 하락 가능성을 부정하기

그림 46 **불규칙 조정의 꼭지점**

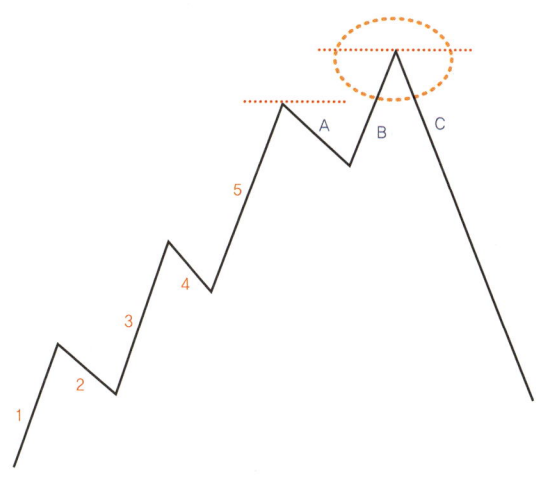

도 한다. 그동안 상승 과정에서 비관론자들이 몇 번의 조정 과정을 하락 파동으로 오인하여 실패를 거듭한 탓에, 실제 하락의 전조가 나타나도 더 이상 하락으로 판단하기를 두려워하는 심리가 만연하게 된다. 조정이 지그재그 형태로, 즉 가격이 급하게 하락하는 형태로 조정을 하면 시장에 불안이 생기지만, 플랫 형태로 나타나는 경우에는 아직 제5파동이 상승중인 것으로 오인하기도 한다.

조정 B파동

A파동의 조정 후 기술적 반등을 이루는 파동이다. 따라서 투자자들은 A파동을 제4파동으로 오인하여 B파동을 보고 이제 제5파동이 시작된 것이라고 착각하기도 한다. 이때는 직전 상승 국면에 비해서 거래량이 현저하게 줄어들고, 시장은 가격 조정이 가팔랐던 종목을 중심으로 상승한다는 점에 주의해야 한다.

제1파동, 제3파동, 제5파동의 주도주는 대개 다르고, 설령 같다고 하더라도 2차 주도주가 나타나게 마련이다. 그런데 조정 후 반등하는 과정에서 반등의 주도주가 직전 상승의 주도주와 같다면 이는 하락에 대한 기술적 반등일 뿐 새로운 상승 파동이 아님에 주의해야 한다.

대부분의 전문 투자자들은 이 시기에 시장의 질이 달라졌음을 느끼고 경계심을 가진다. 특히 조정 B파동이 상승 제5파동의 고점을 넘기는 반등을 이룰 경우, 이후의 하락 C파동은 무시무시한 모습으로 나타날 수 있으므로 세심한 주의를 기울여야 한다.

〈그림 46〉처럼 B파동이 제5파동보다 위에서 고점을 형성하는 경우를 '불규칙 조정의 꼭지점(Irregular top)'이라고 부른다. 엘리어트는 이것을 두고 심각한 조정의 전조라고 해석했다. 이미 시세는 마무리되고 시중

의 유동성까지 축소되고 있음에도 시장에 호재가 발생하여 하락 추세가 제5파동을 돌파하는 이상 상황이라는 것이다. 이 경우 주가는 혹독한 대가를 치르게 되는데, 매집자는 전부 떠나버리고 개인 투자자들만이 남은 상황에서 호재가 고갈되는 순간 대거이탈이 발생한다.

문제는 실제로 시장에서 이런 상황을 만나면 제아무리 엘리어트 파동 이론을 숙지한 투자자라고 해도 이것을 하락 파동의 이상 꼭지점이라고 해석하지 않고, 새로운 상승 추세에 진입했다고 판단하게 된다는 것이다. 그러므로 우리는 이런 가능성도 있다는 것만 이해해야지, 깊게 공부해서 이것을 실전에 대입하겠다는 생각은 아예 접어야 한다.

조정 C파동

우리가 시장에서 만나는 파동 중 가장 강력한 파동이다. A파동이나 B파동의 반등에서 물량을 매도하지 못한 투자자들은 이 시기가 닥치면 손 쓸 겨를도 없이 손실을 입는다. 개장과 동시에 갭이 하락하는 사태가 빈번하게 발생하고, 반등시에 물량을 축소하려고 해도 기회를 주지 않는다. 파동의 양상은 다이내믹하고 연장 파동을 자주 형성하며 연장에 재연장을 거듭하면서 하락한다. 특히 기대감으로 조정 A파동이 충분하지 않았을 경우 C파동의 하락은 더욱 강력하고, B파동의 반등이 플랫으로 진행되었을 경우 투자자들이 겪는 심리적 공포 또한 더욱 크다.

조정의 폭은 A파동의 1.618배, 크게는 2.618배라고 하지만 사실 그 부분은 별 의미가 없다. 기술적으로 보면 그동안 제1파동에서 제5파동까지 상승한 폭의 거의 65~70%까지 조정하는 경우도 있지만 보통은 50% 정도다. 장기강세 국면에서 중기 조정으로는 약 3분의 1 수준의 조정을 보이게 된다. 대부분의 투자자들은 공포에 질려 투매에 나서지만, 개인 투자자들이 조정 C파동을 인식하게 되면 그때는 이미 시장이 회복 불능 상태에 접어들었다고 할 수 있다.

이 시기에 투자자들이 할 수 있는 일은 현금을 보유하는 것뿐이다. 투자자들은 하락장에서도 각각 무엇인가 이익을 낼 수 있는 종목을 찾으려 들지만, 이때는 하락한 종목은 더욱 하락하고 하락하지 않고 버티던 종목도 그런 종목대로 가격논리에 의해 급락한다. 시장의 추세가 완전히 망가지는 것이다.

엘리어트 파동의 절대법칙

엘리어트가 말한, 반드시 지켜져야 하는 법칙은 다음과 같다. 그는 자신의 책에서 이것을 '절대법칙'이라 불렀지만 실제로는 그렇지 않은 경우를 자주 발견하게 된다.

(1) 제2파동의 저점은 제1파동의 저점을 하회할 수 없다.

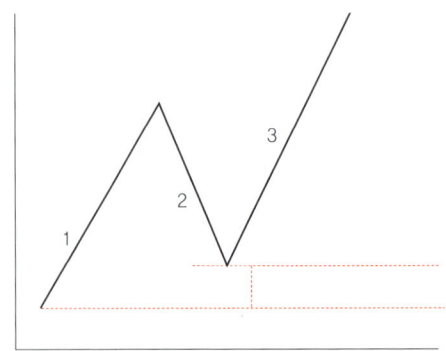

(2) 제3파동은 제일 긴 파동인 경우가 많다. 최소한 가장 짧은 파동일 수는 없다.

(3) 제4파동은 제1파동과 겹칠 수 없다.

: 이 부분은 약간의 오류가 있다. 엘리어트는 제4파동의 저점이 제1파동의 고점을 침범하면 그것은 제4파동이 아니라 하락 파동이라고 말했다. 만약 제4파동이 제1파동의 고점을 침범했다면, 그것은 투자자들이 그것을 제4파동이라고 오해하여 생긴 결과라는 것이다.

하지만 실제 시장에서는 이런 경우가 자주 발생한다. 특히 제3파동이 아주 강력할 경우 깊은 조정에 들어가 제4파동이 제1파동을 침범할 수 있다. 그래서 이것은 절대법칙에서 제외하는 것이 옳다.

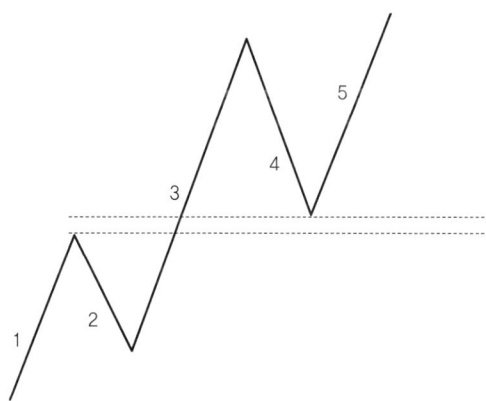

(4) 파동 변화의 법칙

: 제2파동과 제4파동은 형태가 다르다. 제2파동이 플랫 파동이었다면 제4파동은 지그재그 파동을 그린다. 그 반대의 경우도 마찬가지다.

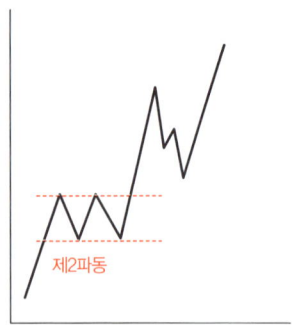

(5) 파동 연장의 법칙

: 3개의 상승 파동 중 한 개 파동이 연장되는 경우는 많지만, 2개의 연장 파동이 나오는 경우는 거의 없다. 즉, 제3파동이 연장 파동이면 제5파동은 짧고, 제1파동이 연장 파동이면 제3파동과 제5파동은 길지 않다.

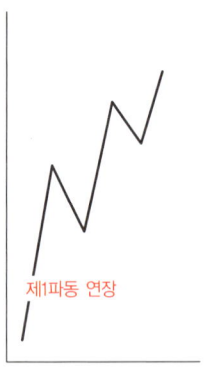

엘리어트 파동의 문제점

첫번째, 엘리어트는 파동의 형성 기간을 아홉 가지로 분류했지만 실제로 각 파동의 형성 기간은 특별한 규칙을 지니지 않는다. 이 책에서는 장기적 관점의 판단을 위해 10년 시세를 한 개의 사이클로 보고 실제 파동 카운트에는 1~2년에 형성되는 중간 파동을 적용하고 있다.

두번째, 엘리어트가 제시한 기본 모형으로는 진행 과정에서 파동 형태를 확신하기가 매우 어렵다. 특히 2개의 조정파를 지그재그, 플랫, 러닝 코렉션(Running correction, 일명 '달리는 조정'. 투자자들에게는 필요하지 않으므로 따로 설명하지 않는다) 등의 다양한 형태로 살을 붙이며, 자신의 이론이 가진 약점에 대해 자꾸 합리화를 시도하는 바람에 조정파의 진행 과정을 예측할 수가 없다. 또한 파동이 완료된 후에도 추가적인 상승이 이루어지거나 한 개의 파동이 다시 5개의 파동으로 장기화되어 나타나는 현상에 대해 '파동의 연장'이라는 예외조항을 붙였기 때문에 완전히 시세가 끝나야만 정확한 파동 구분이 가능하다. 단언컨대 엘리어트 파동으로는 다음 시세를 예측할 수 없다.

세번째, 하락 조정파도 마찬가지로 접속X파에 의한 더블 쓰리(double three), 트리플 쓰리(triple three) 등의 추가적인 연장 파동(이 부분도 학문적 목표가 아니라면 투자자들에게는 불필요한 정보이므로 따로 설명하지 않았다)으로 이론을 거슬러 나타나는 예외적 변수들에 대한 보완 작업을 해두었다. 사실상 엘리어트 파동의 정확한 바닥 시점을 예측하는 것은 대단히 어렵다.

네번째, 엘리어트 파동은 혈액형 이론처럼 얼핏 생각하면 누구나 공감할 수 있지만, 적용법이 명확하지 않고 해결책도 마땅치 않은 궤변일지도 모른다. 하지만 헤아릴 수 없는 다양한 변수와 수백만에 달하는 투자자들의 견해가 엇갈리는 시세라는 실체 없는 존재, 그 움직임을 눈으로 확인하고 추적할 수 있는 근거를 만들었다는 점은 높이 평가할 만하다.

 엘리어트 파동을 완벽하게 이해하면, 시장에 끌려다니지 않고 들어갈 곳과 나갈 곳을 판단하는 안목이 생긴다. 다만 이것은 엘리어트 파동을 공부하는 과정에서 시세의 속성을 이해한 사람에게만 해당되는 것으로, 엘리어트 파동 자체가 도구라는 뜻은 아니다.

엘리어트 파동의 활용

기술적 분석에서 이용하는 평행 추세대는 "아래쪽의 추세선(Channel line)과 평행한 위쪽의 추세선 사이를 계속해서 반복하면 파동이 움직인다."라는 설정에서 출발한다.

엘리어트 파동과 채널기법

평행 추세선, 상승 추세선과 하락 추세선 그리는 법을 〈그림 47〉을 참조해 알아보자.

(1) 먼저 시세의 출발점(①)과 한 번의 상승과 조정에 의해 만들어진 첫번째 저점(③)을 이어 상승 추세선을 만든다.

■■■■■ 그림 47   상승 추세선과 하락 추세선

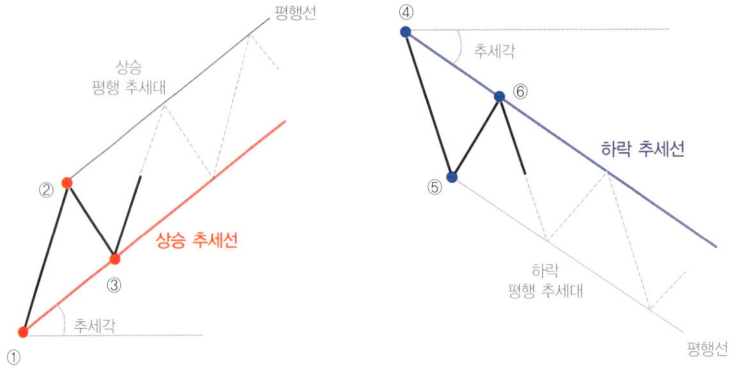

(2) 처음 만들어진 고점(②)을 기점으로 아래 추세선과 평행한 추세대를 그린다.
(3) 하락 추세선은 첫번째 고점(④)과 두번째 고점(⑥)을 연결하여 만들며,
(4) 첫번째 저점(⑤)을 기점으로 하락 추세선과 평행한 추세대를 그린다.

이때 채널의 각도, 즉 추세각의 크기는 상승 추세선에서는 ③번 저점, 하락 추세선에서는 두번째 고점인 ⑥의 높이에 따라 결정된다. 그리고 이 추세각의 크기에 따라 채널의 고가 돌파, 추세선에 미달하는 '추세 전환의 실패' 그리고 채널의 연속성 등이 결정된다. 조정 파동의 저점 ③이 1차 상승폭의 30% 정도에 위치하면 추세각이 60도 이상의 가파른 채널을 형성하게 되어 파동이 채널 내부에서 안정적으로 진행하지 못하고 붕괴될 가능성이 크다. 반대로 저점 ③이 1차 상승폭의 50% 정도를 되돌리

면 추세각이 45도 정도에 위치하여 향후 파동은 안정적이고 지속적으로 움직일 것이다. 엘리어트 파동도 채널의 크기와 각도를 감안하여 적용하면, 충격파의 크기와 뒤따를 조정파에 대한 움직임을 예측해볼 수 있다.

원래 채널기법은 환율, 채권, 선물 등 다양한 곳에서 투자기법으로 활용되고 있는데, 주로 안정적인 가격 움직임을 보이는 종목을 단기투자할 때 활용된다. 사실 등락이 매우 불규칙한 개별 종목에 대한 투자기법으로 사용하게 되면, 채널선 상향 돌파와 고가선 미달 등의 추세 전환의 실패 현상에 의해 매매 타이밍을 놓치는 심각한 오류를 범하기 쉽다.

그런데 여기서 이러한 채널기법을 설명하는 이유는 다른 데 있다. 엘리어트 파동을 채널기법에 대입해보면 재미있는 사실을 발견하게 되는데, 그것은 강력한 상승파인 제3파동은 대부분 채널선을 돌파하거나 접선하게 된다는 사실이다.

〈그림 48〉을 보면서 생각해보자. 저점 매수를 한 후 장기 보유자는 채널선의 상향 돌파를 추가 매수를 자제하고 수익을 확보하는 구간으로, 과매수 구간을 역이용하는 단기 또는 초단기 투자자들은 돌파 확인시 공격적인 매수 포인트로 활용할 수 있다. 채널 상단에 접속하거나 돌파하지 못한 파동은 상승 제3파동으로 볼 수 없으며, 이후에 따라오는 제5파동의 존재 여부도 불투명하다.

반대로 조정파의 경우 채널 하단선에 접선하거나 돌파했을 경우가 최대의 저점 매수 기회가 되기도 하는데, 이 정도의 과매도가 확인되지 않는 한 절대로 조정파의 마무리를 예단해서는 안 된다.

〈그림 48〉을 실제 차트에 연결해보면 〈차트 26〉과 같다.

■■■ 그림 48　과매수 · 과매도 구간 ■■■

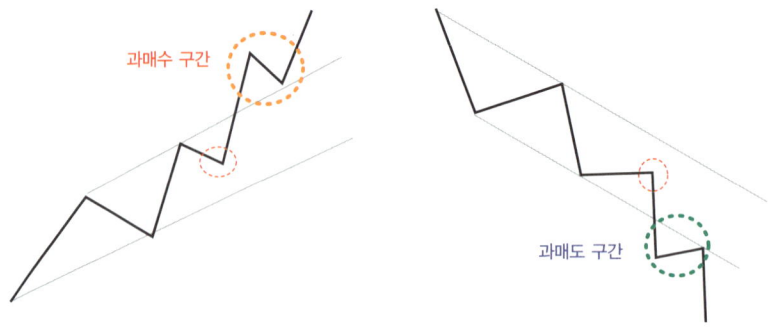

■■■ 차트 26　평행 추세선의 차트 적용 ■■■

엘리어트 파동과 연장파

〈차트 27〉은 삼성전자의 차트로, 이를 살펴보면 주추세대 내부에서 전형적인 터널형 계단식 상승을 이루며 연장파의 형태로 제3파동을 완성하고 있음을 확인할 수 있다. 대부분의 상승 3파동은 주추세대를 한차례 강력하게 돌파하는 모양을 형성하는데, 이는 삼성전자라는 무거운 종목이 가지는 가격 부담이 작용한 것으로 보인다.

2008년 현재는 연장파 형태의 제3파동을 마무리하고 제4파동 조정이 이루어지고 있다. 차트에서 삼등분선으로 제1파동을 나누어보면, 2000년 말에 있었던 큰 폭의 조정으로 추세각이 완만해진 것을 볼 수 있는데, 이는 삼성전자의 주가흐름이 지지부진한 이유 중 하나다.

차트 27 삼성전자의 엘리어트 파동

■■■ 차트 28   대우증권의 엘리어트 파동 ■■■

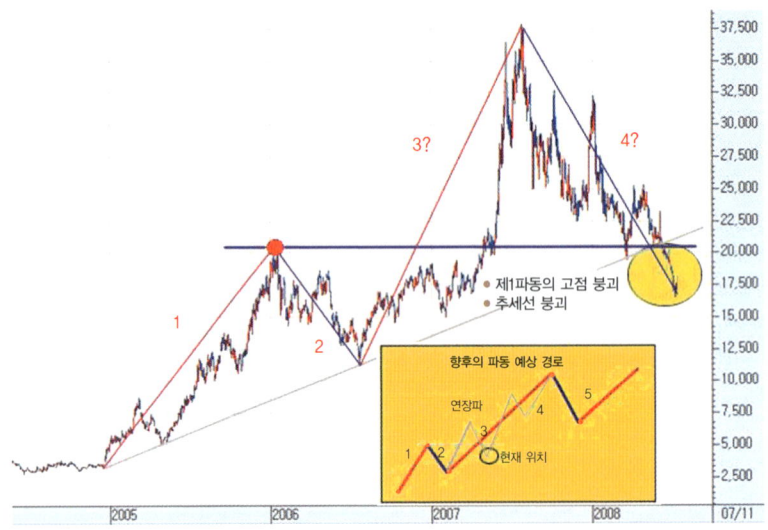

　〈차트 28〉은 대우증권의 차트인데, 삼성전자와는 반대로 2007년 중반부터 추세대 분석이 무의미할 정도로 급등세를 이루었다. 보통 시장의 상승세를 이끄는 주도주나 세력주에서 볼 수 있는 모양인데 단순한 파동에 대한 기본적인 사고만으로는 오히려 매매에 혼란을 가져오기 쉽다.

　여기서는 분석 기간이 4년 정도밖에 되지 않으므로 아직 완전한 사이클을 예측하기는 어렵다. 누구나 차트에서처럼 파동 카운트를 할 수는 있지만 이때 주의할 점이 있다. 앞서 설명했던 "제4파동의 저점은 반드시 상승 제1파동의 고점을 침범해서는 안 된다."는 엘리어트 파동의 법칙이다. 하지만 〈차트 28〉에서 볼 수 있듯이 제4파동의 저점이 제1파동의 고점을 크게 붕괴시킴으로써 그동안 당연시했던 상승 제3파동의 가치를 무너뜨리는 결과를 낳았다.

　이럴 경우 대부분의 투자자들은 상당한 혼란을 겪게 된다. 하지만 노란 박스에 그려둔 예상 경로를 살피면 답을 알 수 있다. 현재 위치에서는 아직 충격파로서의 조건을 충족시키고 있지 못하지만, 향후 대우증권의 주가가 상승할 것을 전제로 판단한다면 일단 제1파동의 고점을 무너뜨린 상황이므로 좀더 추가적인 가격 조정이 깊어진 후연장파의 형태로 상승 3파동과 조정 4파동의 조건이 완성될 것으로 예상된다. 대우증권이 언젠가 조정을 마치고 다시 상승세로 돌아선다면 제3파동은 연장파의 형태로 나타날 것이며, 급등보다는 앞서 설명한 삼성전자의 경우처럼 내부 채널을 중심으로 점진적인 계단식 상승세가 이어질 것으로 예상된다.

이처럼 연장파에 대한 개념이 확실히 서 있고 유연한 적용을 할 수 있다면 주식시장에서 엘리어트 파동은 매우 유용한 도구다. 반대로 파동 이론에 대한 확고한 개념과 철학이 없다면 오히려 아는 게 독이 될 것이다.

엘리어트 파동과 종합주가지수

이제 엘리어트 파동을 종합주가지수에 대입해서 한번 살펴보자. 사실 이렇게 책으로 지수의 현재 모습과 미래를 그린다는 것은 무모한 일일 수 있다. 이 책이 투자자들에게 단기적으로 읽히고 잊혀진다면 몰라도, 만약 이 책의 그림을 당신이 무조건 신뢰하거나 주가가 예상 경로와 어긋나버리면 나는 난감한 상황에 빠질 수 있다. 그래서 이런 책에서는 과거만 설명해야지 미래를 다루어서는 곤란하다.

현재 파동논리에서는 시장을 이렇게 보고 있지만, 추후 시장이 지금의 예상과 다르게 전개될 경우 "기술적 분석이란 이렇게 덧없는 것이구나."라는 증거가 될 수도 있다. 어쨌거나 지금 이 책을 쓰는 시점의 종합주가

차트 29 종합주가지수의 파동 분석

지수를 엘리어트 파동에 대입해서 살펴보겠다.

10년 정도의 종합주가지수 사이클을 분석해 시장에 대한 장기적인 견해를 갖는 것도 중요하다. 1~2년 정도의 짧은 구간만 보면 자칫 숲은 보지 못하고 나무만 살피는 실수를 범하게 된다.

〈차트 29〉에서 제1파동과 제2파동은 일반적인 주파동이 형성되는 데 1~2년 정도가 소요되었다. 문제는 현재 7년이 지났음에도 불구하고 제3파동이 아직 완성되지 못하고 있다는 점이다. 이는 한 개의 파동이 다시 5개로 나뉘어 만들어지는 연장 파동의 형태로 더디게 진행되고 있는데, 그 이유는 유동성이 2,000포인트라는 시장의 무게를 감당하지 못했기 때문이다.

현재 3-4파가 진행중이므로 2009년 중반에 조정이 마무리되면 마지막

3-5파가 나타날 것으로 예상된다. 3-5파는 3-3파와는 달리 연장파의 형태가 아니라 짧고 강력한 단순파로 진행될 가능성이 크다. 몇년 후에 나타날 상황이지만 이렇게 긴 상승 3파동이 완료되어 다시 한 번 길고 긴 조정 4파동이 찾아올 것을 생각하면 걱정이 앞선다.

어쨌거나 파동의 출발점을 살펴보면 IMF 금융위기, 911테러, 이라크 전쟁 등이 발생했음을 알 수 있다. 역시 시장은 가장 어두울 때가 기회라는 말을 실감하게 된다.

엘리어트 파동에 대한 이야기를 마무리지으면서 결론을 말하자면 다음과 같다. 앞서 여러 번 언급한 대로 엘리어트 파동의 법칙이나 이론을 절대로 공부하거나 따를 필요가 없다. 이것은 이미 상당한 경험을 한 투자자들이 스스로의 매매 방향이나 입장을 정하기 위한 자기위안에 지나지 않는다. 그럼에도 불구하고 엘리어트 파동을 버리지 못하는 이유는, 그것이 모든 투자 이론과 그물처럼 짜여진 근본적인 개념일 수 있기 때문이다. 이를테면 우리가 고점 매수, 저점 매도라고 말하는 주장의 근간도 그렇다. 많은 사람들이 기술적으로 전고점을 돌파하는 순간 고점 매수를 해야 한다고 알고 있다. 그러나 실제로 투자를 해보면 고점 돌파는 상승 추세에 올라타는 멋진 선택일 수도 있지만, 그 순간부터 주가가 급락하고 순간적으로 시세의 포로가 되는 비극이 될 수도 있다. 고점 돌파가 제3파동, 제5파동, 심지어는 연장 파동일 수도 있기 때문에 이후의 경로가 달라지는 것이다.

단순원리로 박스를 벗어나는 박스권 이탈의 개념도 마찬가지다. 〈그림 49〉를 보자. 이 그림에서 전고점을 벗어나는 순간인 A지점을 돌파할 때 매수를 했다고 가정해보자. 이 경우 시세는 B처럼 곧장 상승할 수도 있고, 혹은 C처럼 이른바 지지선을 확인하고 상승할 수도 있으며, 운이 나

▰▰▰ 그림 49　박스권 이탈 ▰▰▰

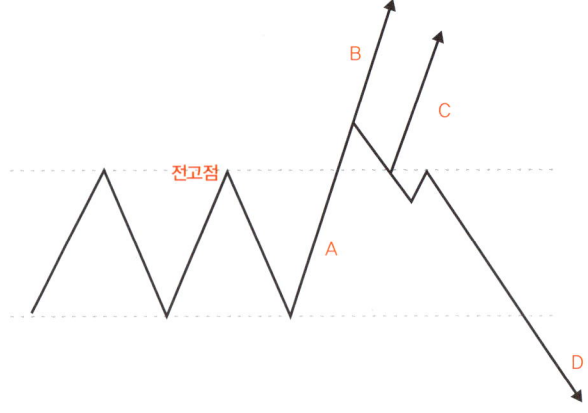

쁘면 D처럼 급락으로 이어지기도 한다. '고점 돌파시 추격 매수'라는 기술적 분석의 격언을 무조건 따른다면, 어차피 우리는 복불복의 관점에서 투자하는 것이나 다름이 없다. 이런 경우 엘리어트 파동의 관점에서 생각한다면 더 다양한 이야기를 들려줄 수 있다. 돌파하는 그 순간이 제3파동의 진행일 수도 있고, 어쩌면 마지막 제5파동의 과정일 수도 있다고 생각을 확장하는 것이다. 만약 B나 C의 경로라면 제3파동이 맞을 것이고, D의 경로라면 명백하게 제5파동이었을 것이다.

그런데 문제는 지금의 파동이 제3파동이냐, 제5파동이냐를 우리가 알 수 있느냐 하는 것이다. 물론 그렇지 않다. 앞서 말한 대로 엘리어트 파동을, 진행중에 정확히 파악한다는 것은 자기도취에 불과하다. 만약 당신이 그것을 안다면 지금 이 책을 사볼 리가 없고, 나 역시 그것을 안다면 모두와 공유하는 위험을 감수하면서 이 책을 쓸 이유가 없다. 그렇다면 지금 이 그림은 무엇을 말하는 것일까?

종과 횡으로 유연하게 생각하며 그동안 우리가 배운 지식을 총동원해보자. 돌파 순간이 표준편차를 위협하는 강한 변동성의 구간은 아닌지, 또 그 순간이 볼린저밴드가 크게 확장되어가는 변동성 강화 구간이라면 그것이 밴드 내에서 이루어지는 것인지, 밖에서 이루어지는지, 또 전자의 경우 보조지표가 과열권인지, 아니면 밴드를 강하게 이탈하면서 전고점보다 이격을 크게 벌려나가고 그 순간 보조지표가 초과열을 기록하는지, 또 고점을 돌파하는 시세의 각도가 느슨한지 예리한지를 교집합으로 연결지어 생각하는 것이다. 만약 이런 생각들이 교집합으로 만나면 고점일 경우 심지어 천장의 모양이 1점 천장일지, 2중 천장일지, 아니면 헤드앤숄더가 될지도 이야기할 수 있을 것이다.

지금 잘 이해가 되지 않는다면, 분명히 당신은 이 책을 글자로만 이해했거나 기법으로만 이해한 사람이다. 만약 그렇다면 다시 찬찬히 원리를 생각해보고 머릿속으로 한 권의 책을 스스로 쓴 다음, 이 부분을 한번 더 생각해보기 바란다. 물론 그렇게 한다고 해서 그 결론이 늘 현명하진 않을 것이다. 투자자들은 여전히 오류를 반복하게 되겠지만 대신 한 가지, '결정적인 순간을 놓치거나 치명적인 손실을 입는 일'은 피할 수 있을지도 모른다. 내가 엘리어트 파동을 굳이 이 책에서 설명하는 이유가 바로 그 때문이다.

결론적으로 엘리어트 파동은 투자자들에게 많은 이야기를 들려준다. 물론 그 이야기는 자신이 스스로에게 이야기할 의사가 있는 사람에게만 들린다는 점이 아쉽긴 하지만 말이다.

chapter 11
각도 분석

차트 속 각도로 시세를 판단한다

1900년 초, 월 스트리트에는 또 하나의 새로운 이론이 등장했다. 당시는 그야말로 투자 이론의 제자백가시대였다 해도 과언이 아니다. 이 새로운 이론을 들고 나온 사람의 이름은 윌리엄 갠이었다.

당시는 주가에 대한 데이터베이스가 구축되어 있지 않고 컴퓨터를 사용하던 시기가 아니었으므로 사람들은 수학이나 통계학적인 분석보다 무질서 속에서 질서를 찾으려는 패턴 분석에 주력하고 있었다. 그 대표적인 인물이 엘리어트인데 그는 무질서한 주가흐름에서 자연의 질서를 찾는 데 피보나치 수열을 적용해 파동 이론을 완성했다.

피보나치의 수에 관심을 가진 사람은 엘리어트 외에도 많았다. 피보나치 수열은 당시 고고학 열풍으로 인해 식자층에서는 상당히 인기있는 담론 중 하나였기 때문이다. 갠 역시 그랬다. 그 또한 주가에서 자연의 질서를 찾기 위해 좀더 수학적이고 과학적인 결과를 도출했고, 자신의 이론에 피보나치 수열을 접목했다.

현대에 들어서도 1980년대 이후 재조명된 피보나치의 수열을 이용한 투자 이론들이 등장했다. 특히 로버트 피셔(Robert Fischer)의 《신 피보나치 트레이더 The New Fibonacci Trader》는 수학적으로나 통계학적으로 상당한 성취를 보여주었는데, 실제로 그가 정립한 트레이딩 툴은 컴퓨터로 계량화되어 2000년 초 미국 선물시장에서 투기거래에 상당한 영향력을 미치기도 했다.

어쨌든 갠과 엘리어트의 공통점은 자연의 무질서 속에서 질서를 찾으려는 시도를 했고, 가격의 한계를 파악하기 위해 피보나치 수열을 이용했다는 점이다. 그러나 이들의 생각에서 가장 큰 접점은 바로 '시간'이다. 엘리어트는 그 생각을 완성하지 못하고 언급하는 것에서 끝나고 말았지만 갠은 시간의 개념을 실제 이론으로 정립했고, 그의 각도 이론은 이 시간에 대한 생각이 전부라고 해도 과언이 아니다.

나는 그 점에서, 갠은 미국 주식시장의 역사에서뿐 아니라 기술적 분석의 틀에서 가장 중요한 통찰을 남긴 천재라고 생각한다. 갠의 생각은 실로 놀라운 것이었고, 지금이라도 누군가가 이를 계승 발전한다면 우리가 예상할 수 없는 영역으로 진화할 가능성이 크다.

갠의 각도론

갠의 이론은 '각도론'이라고 불린다. 차트에 직선을 그어 그 직선의 각도를 시세 판단에 이용하는 것이다. 하지만 갠의 이론에는 초창기의 이론이 모두 그렇듯 그의 천재성만큼이나 대단한 맹점이 있다. 그래서 내가 생각하는 각도론은 갠의 그것과 다르다. 일단 여기서는 각도론이 무엇인지부터 살펴보도록 하겠다.

갠은 자신의 이론을 면화상품 선물거래에 이용하기 위해 만들었다. 당시 면화는 미국 남부의 주요 생산품이었고 현재의 옥수수 이상으로 중요하게 취급되던 상품이었기 때문에 면화 선물시장은 상당히 발달되어 있었다. 그는 선물거래에서 발군의 실력을 뽐내던 트레이더였으며, 그가 근무했던 거래소는 면화 선물의 주도권을 갖고 있었다.

그는 면화거래에서 1906년부터 두각을 나타내기 시작했다. 하지만 그가 정말 시장의 스타가 된 것은 자신의 이론에 따라 실제 매매를 실행한 결과가 공개된 후였다. 거래 내역 286회 중 263회에서 수익을 냈던 것이다. 수익률 자체가 높았던 것은 아니지만 공개적인 거래 내역에서 그 정도 수익을 보여줬다는 것은 당시뿐 아니라 지금으로서도 상상할 수 없는 일이다.

사실 그 이면에는 약간 어두운 배경이 있었다. 당시 갠이 거래한 시장은 면화 값이 천정부지로 올라 실제 매수 포지션을 갖고 있으면 무조건 수익을 낼 수밖에 없는 구조였다. 둘째로, 그가 시장의 주요 트레이더였기 때문에 브로커를 통해 거래가 체결되면 수많은 전문 투자자들이 추종 매매를 한 결과임을 부인할 수 없다.

하지만 그는 퍼포먼스에 가까운 실제 거래를 통해 수익을 냈고, 그것이 오늘날 갠이라는 이름을 남긴 주요 요인이다. 그가 시장에서 활동하는 동안 약 5,000만 달러의 수익을 냈다는 점은, 그것이 아무리 본인의 자산거래가 아닌 위탁거래의 결과라 하더라도 놀라운 일이다.

그는 시장에 대해 이런 견해를 가졌다.

"시장에는 추세가 존재하고, 투자자는 그 추세를 중심으로 움직인다."

쉽게 설명하면 가치 투자자들이 "주식은 내재가치를 중심으로 고평가와 저평가를 반복하지만 결국은 내재가치에 수렴한다."고 믿는 것과 유사하다. 다만 갠은 그 내재가치라는 개념을 자연의 질서에서 찾았을 뿐이다. 그에 따르면 사람들은 흥분과 비관에 일정 부분 몰입하는 경향이 있고 그 방향은 한번 형성되면 일정한 추세를 만드는데, 사람들의 확신이 줄어들면 추세의 강도 또한 변한다는 것이다. 그래서 그는 가격과 시간이 일정한 비율로 1대 1 대응하는 것을 정상적인 내재적 흐름이라고 보았다. 이를테면 〈그림 50〉과 같다.

그림을 보면 큰 축인 A를 바탕으로 등락하는 B, 그리고 다시 B를 바탕으로 등락하는 C라는 가격흐름이 있다. 여기서 A를 보면 우리가 주식시장에 남아 있는 한 주가는 계속 오를 수밖에 없다. 인류의 진화가 계속되는 한 자산 가격은 증가하고, 그 결과 중간에 아무리 우여곡절이 있어도

그림 50 갠의 추세론

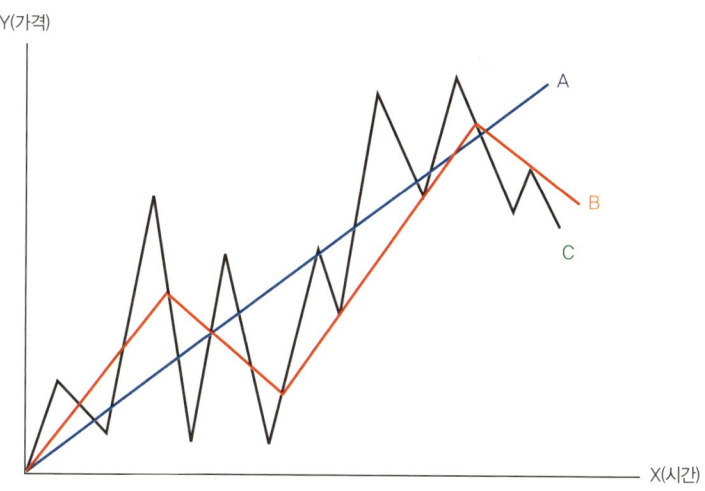

주가는 상승한다는 생각으로 확장할 수 있다. 이때 이 추세는 결국 시간과 가격의 일정한 비율을 따르는데 급격한 가격 상승 후에는 조정이, 그 반대의 경우에는 급등이 반복하지만 그래도 추세는 우상향한다는 것을 보여준다. B의 경우에는 그것을 증명하는 작은 추세이며, C는 우리가 현실적으로 만나는 시세다. 이렇게 A, B, C는 각각 따로 움직이고 산만해 보이지만 결국 이 모든 추세는 A의 방향으로 수렴하는 것이다.

이때 갠은 이런 추세의 중심을 '45도선', 또는 '중심추세'라고 불렀다. 이 추세는 일주일간의 파동에서도, 한 달간의 시세에서도, 1년 혹은 10년의 추세에서도 변치 않는 중심이지만 갠은 대개 이 기간을 1년 정도로 보는 것이 가장 적합하다고 생각했다. 그리고 이 중심선, 즉 시간과 가격이 1대 1로 대응하는 선(주식이라면 주가, 선물이라면 선물 가격이 날짜만큼 오르내리는 선)을 중심으로 '기하학적 각도'를 만들어 사용했다. 여기서 말하는 기하학적 각도란 중심선을 두고, 그 시작점에서 수평과 수직선을 그어 항상 시간과 가격이 1대 1로 대응하도록 만든 각을 말한다.

〈그림 51〉에서 A는 X와 Y의 중심선이다. X(시간)가 진행됨에 따라 Y(가격)도 비례하여 높아진다는 사실을 A(45도선)로 표시한 것이다. D는 45도선을 넘어 과열에 들어갔던 주가가 조정을 받는 과정의 중심 추세를 말한다. 마찬가지로 E라는 시간이 흐를 때마다 F만큼의 가격 하락이 나타난다는 비율을 보여주고 있다. 즉, 갠의 45도선은 시세의 매 국면마다 한 추세가 마무리되어 방향이 바뀌면 매번 새로운 방향으로 생성되며, 그것은 항상 시간과 가격의 중심축을 제시하는 기준이 된다.

그렇다면 이것이 왜 중요할까? 갠은 45도선을 자연스러운 축으로 보고, 가격축이 시간에 비해 가팔라질 때마다 시세가 강하고, 완만해지면 시세가 약하다고 보았다. 그래서 우리가 가격 차트에서 갠의 축선을 그

■■■ 그림 51   기하학적 각도 ■■■

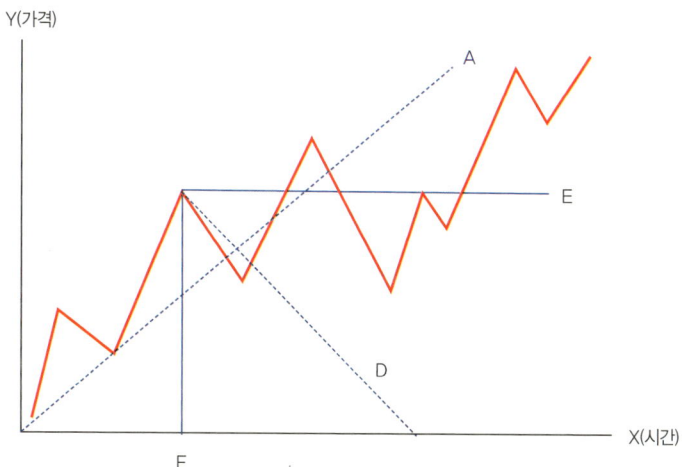

리면 지금 가격이 강한 시세인지 약한 시세인지, 강하다가 약해지는지, 아니면 약하다가 강해지는지를 알 수 있다. 이것은 대단한 통찰이다.

하지만 갠은 계량화의 유혹에서 자유롭지 못했다. 갠은 그것을 굳이 각도를 지정해서 그에 따라 자로 재려고 들었다. 〈그림 52〉를 보면 시간과 간격이 정확히 1대 1 대응을 하고 있다. 예를 들어, 분당 차트라면 1분, 일간 차트라면 1일, 월간 차트라면 1개월을 기준으로 시간 단위 하나당 시세 변화가 정확히 대응하고 있다. 이처럼 시간에 따라 정해진 가격 단위가 일정하게 1대 1로 대응하는 것을 그린 중심선이 45도 각도를 지닌 1:1선이다.

1:8선의 경우는 시간 한 단위에 8배의 가격이 표시되므로 일간 차트라면 하루에 정상적인 가격 변화보다 무려 8배가 더 오른 셈이니, 이것을 각도로 재면 82.9도로 거의 수직에 가깝게 가팔라질 것이다. 8:1선은 가

■■■ 그림 52   갠의 각도 ■■■

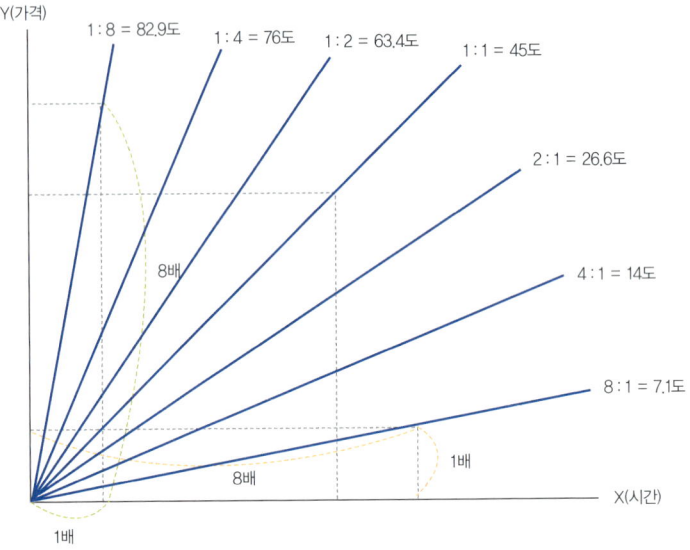

격 한 단위가 변하는 데 무려 8단위의 시간이 흘러야 하므로 주가는 횡보 중이고 이 각을 재면 7.1도가 된다.

이렇게 기하학적 각도를 아예 정하고 보면 시세의 강약이 명확하게 드러난다. 이때 각도는 수학적으로는 가격을 시간으로 나눈 탄젠트값이 되지만, 실제 가격 단위를 잘 산정하면 각도계로 재었을 때 같은 각도가 나오게 된다.

여기서 중요한 것은 가격 단위다. 갠은 당시에 가격의 각도를 알기 위해서 모눈종이를 붙여놓고, 시간에 따른 선물 가격을 정확히 기입하며 각도를 쟀다. 하지만 실제 주식시장에서 선물이 아닌 개별 종목에 이를 적용할 때는 문제가 복잡해진다. 삼성전자의 체결 가격 단위는 1만 원이고, 개별 종목은 100원이다. 그래서 실제 차트에서는 개별 종목마다 가격의 단위가 다르고, 가격 단위가 아닌 가격 증감률이 일정 가격 단위가 된다. 하지만 여기서 진짜 결정적인 문제는 각도에 있다. 이 부분은 나중에 설명할 것이다. 이제 갠의 각도가 실제 차트에서는 어떻게 보이는지 살펴보자.

각도를 이용한 차트의 해석

〈차트 30〉을 보면 최초 시세가 1:4선에서 시작해서 1:2선 아래로, 다시 3월에는 1:1선을 하향 돌파했다. 이후 1:1선, 즉 45도선을 넘어서지 못하고 76만 4,000원에서 고점을 기록하고 만다. 시세가 약해진 것이다. 하지만 이때 기준점을 달리 하면 결과는 달라진다.

차트 30 갠의 각도 적용(1)

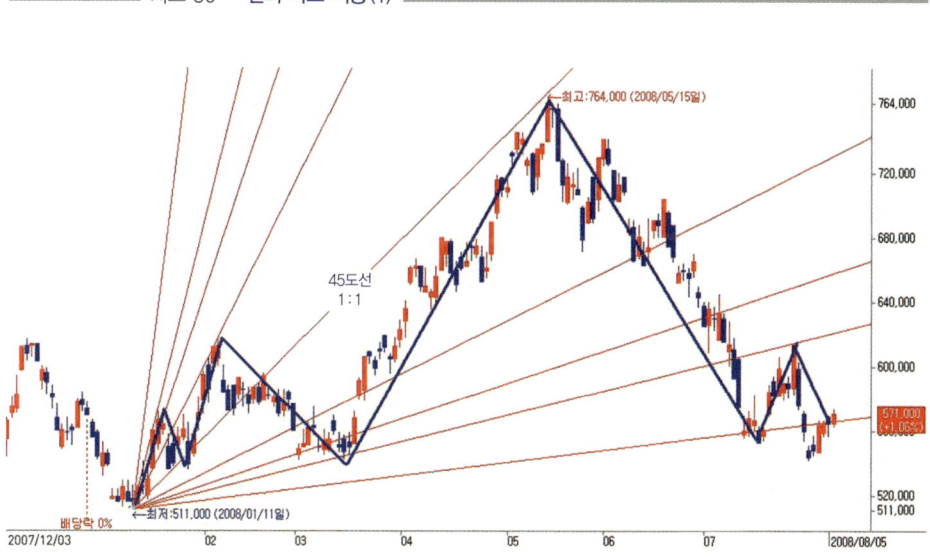

■■■■ 차트 31   갠의 각도 적용(2)

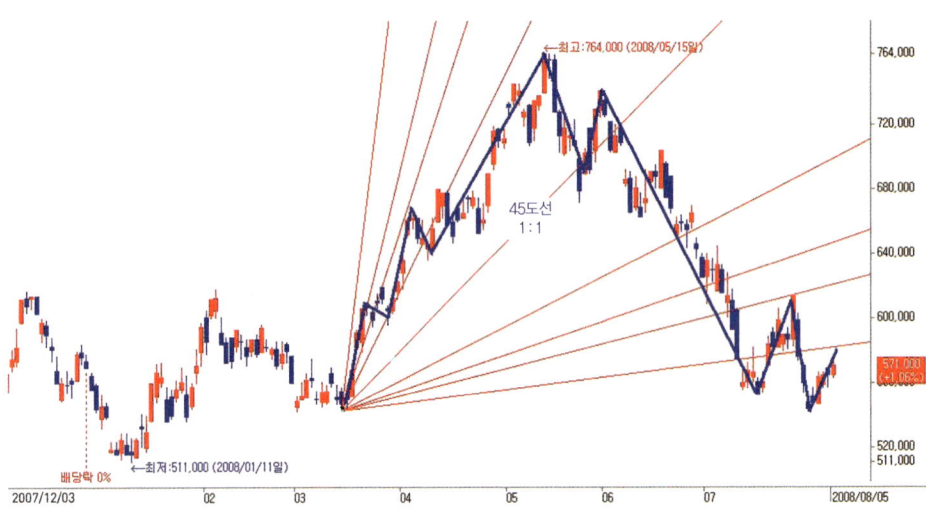

〈차트 31〉을 보자. 추세 시작점을 3월 중순으로 본다면 이 추세는 6월 초순까지는 안정적으로 1:1선 위에서 강한 움직임을 보이다가 6월 초순 1:1선을 벗어난 지점에서부터 약세를 보이며 하락한다.

이렇듯 갠의 기하학적 각도를 기계적으로 적용하면, 어떤 지점을 추세 시작점으로 보느냐에 따라 강한 시세가 되기도 하고 약한 시세가 되기도 한다. 물론 견강부회하자면 〈차트 31〉에서 출발한 긴 추세 자체는 강한 추세가 아니며 중간 추세는 강했다고 볼 수 있다. 그래서 갠의 기하학적 각도는 내가 보고자 하는 파동의 지점에 시작점을 두고 각도를 그린 다음 약세와 강세를 판별하는 도구로 이용한다. 물론 모든 HTS에는 이 지표가 자동으로 그려지게 되어 있다. 즉, 갠의 각도론은 근본적으로 가격이 보이는 기울기를 중시하고 있으며, 그 기울기에 의해 시세의 강약을 구분하고 있다. 이론상 추세 기울기가 가팔라지면 매수하거나 보유하고, 시세 기울기가 느슨해지면 특히 1:1선을 벗어나면 약세 진입으로 판단한다.

그렇다면 〈그림 53〉과 같은 경우는 어떻게 해석할 수 있을까?

〈그림 53〉은 우리가 실제 시장에서 무수하게 만나게 되는 패턴이다. 시장이 처음 강세를 보이다가 횡보조정을 하고 2차로 다시 본격적인 강세에 들어서는 경우인데, 갠의 이론대로라면 이미 시장이 약세로 들어섰다고 판단해야 한다. 하지만 결과는 그렇지 않다. 바로 이런 점이 기술적 분석의 한계다.

더욱이 갠의 기하학적 각도는 모눈종이에 그리지 않는 이상 HTS에서 구현하기가 상당히 어렵다. 주가 차트에서 가로축에 해당하는 시간은 일정하게 계속 이동한다. 시간은 늘 규칙적이지만 가격은 비율로 움직인다. 다시 말해 시간은 등차로, 가격은 등비로 움직이기 때문에 시간이 흘

그림 53 시장 패턴

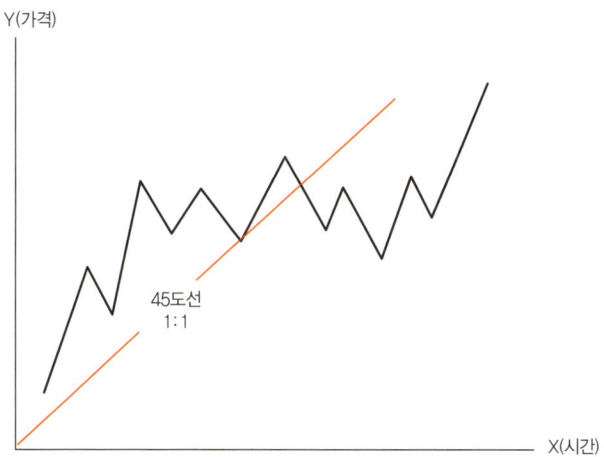

차트 32   갠의 각도 적용(3)

러 가격이 높아지면 차트는 상하로 찌그러진 모습으로 나타난다. 이를테면 〈차트 32〉와 같다.

〈차트 32〉를 보면 A 간격과 B 간격 중에서 A 간격이 훨씬 큰 것처럼 보인다. 하지만 실제로는 A와 B, 모두 5배 정도의 가격 상승폭을 보인다. 가격이 오르면 오를수록 차트의 상하폭이 눌려서 과거의 시세는 미미하게 보이고 최근 시세만 크게 보이는 것이다.

물론 HTS는 그것을 반영해서 보여주므로 HTS에서 갠의 45도선을 그려보면, 〈차트 32〉처럼 시간이 흐르면서 각도가 길게 누워버리게 된다. 갠의 기하학적 각도는 어느새 실제 각도가 아닌 가상 각도로 변하는 것이다. 그렇다고 우리가 과거 갠처럼 각도기와 분도기를 들고 모눈종이에 그림을 그리려 들 수도 없으며, 그럴 필요도 없다.

갠의 이론에서 우리가 취할 것은 단지 시간의 변화에 따라 주식시장에는 상승과 하락을 보여주는 적절한 시간비율이 존재한다는 사실이다. 갠은 그 비율을 45도로 정했을 뿐이다. 각이 몇 도인가는 중요하지 않다. 종목마다 시장마다 주가가 오르내리는 가속도나 평균적인 가속도(각도)가 따로 존재한다고 가정한 것이다.

사실 갠의 이론은 훨씬 복잡하고 재미있다. 갠의 책을 읽어보면 "어떻게 이런 천재적인 발상을 할 수 있나?" 하고 탄복하게 된다. 하지만 투자자에겐 그 외의 이야기들은 별로 의미가 없다.

갠은 사각형 가격(Squaring price)이라는 개념과 기본 사각형(Cardinal square)이라는 흥미로운 이론도 고안했다. 심지어는 상승시와 하락시의 기하학적 각도를 교차하여 가격이 변하는 '가격 변화일'까지 추론했다. 하지만 이런 부분들은 그냥 흥밋거리 이상의 의미에 지나지 않는다. 사실 갠 이론을 국내에 소개한 것은 내가 처음이었던 것으로 알고 있다. 그런데 나중에는 한 증권사에서 내가 했던 강연, 모 인터넷 사이트에 올린 원고, 방송 원고, 칼럼 원고들이 기반이 되어 '각도'를 주제로 한 이상한 책까지 나왔는데, 그 내용을 보면 참으로 난감할 지경이다.

어쨌거나 이 책에서는 더 이상 갠의 이론을 소개하는 것이 의미가 없다. 단지 "시세에는 가상의 시간과 가격 대응선이 있다."라는 사실만 이해하면 된다. 다만 시세의 기울기가 종목마다 혹은 시장마다 다르고 그 가속도가 다르다 하더라도 〈그림 54〉의 A처럼 가파르게 오르고 가파르게 내리지만 대신 기간 조정이 길어지는 대상도 있고, B처럼 일정한 추세로 등락을 반복하는 안정적인 대상도 있다. 아무리 단기적으로 빠르게 움직이는 종목이라 하더라도 결국 장기적인 변동은 느리게 움직이는 종목과 다르지 않고, 그 기간이 길면 길수록 모든 종목들의 기울기는 같아진다.

그림 54 시간과 가격 대응선

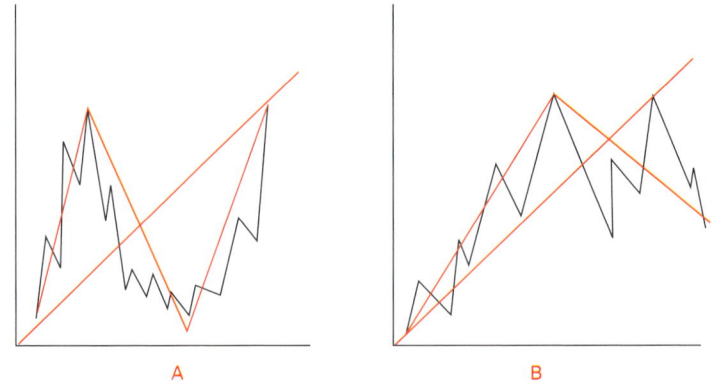

갠의 이론이 우리에게 주는 교훈은 "시장의 추세 강도는 각도, 즉 가격이 얼마나 집중적인 기간에 오르냐를 나타낸다."는 것이다. 하락 역시 마찬가지다. 그리고 집중적으로 가파르게 상승한 주가가 조정 후 하락하거나 재상승할 때는 또 어떤 집중력을 갖는가 하는 것도 핵심이다.

엘리어트 파동에 적용한 갠 이론

갠의 이론을 엘리어트 파동에 적용해보자. 엘리어트 파동의 제1파동, 제3파동, 제5파동 각각의 시간 대비 가격의 상승폭, 즉 각도를 재보면 각 파동의 강도를 비교할 수 있다. 세 가지 파동이 모두 같은 각도로 움직이지는 않지만 제1파동에서 제5파동으로 갈수록 각도가 느슨해짐을 알 수 있다. 이때 각 파동의 각도를 재어보아 그 중 각도가 달라지는 파동이 나타난다면, 그것은 기존 파동과는 다른 파동이 시작되고 있음을 의미한다. 〈그림 55〉를 보면 이해하기 편할 것이다.

〈그림 55〉에서 파동 사이의 각을 각각 A, B, C, D, E, F로 표시했다. 각도 B는 다음 파동이 조정으로 들어갈 것임을 암시하고 있고 C, D, E 이후의 파동 성질이 동일한 것임을 보여준다. F는 반등을 하기는 했지만 이전 반등 각도인 E보다 느슨하므로, F 이후 반등은 곧 다시 하락으로 이어질 것임을 암시한다.

■■■ 그림 55   갠의 각도와 엘리어트 파동 ■■■

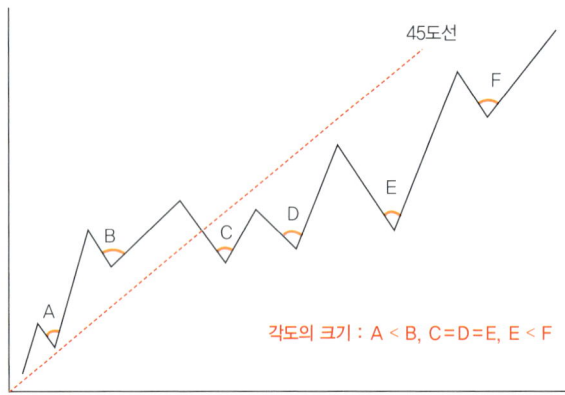

이제 이것을 실제 차트에 적용해보자. 이 책에서는 대개 삼성전자를 사례로 들고 있는데, 그 이유는 기술적 분석을 할 때 입맛에 맞는 자료만 찾아서 제시하면 기술적 분석은 늘 오류가 없고 항상 황금알을 낳는 것인 양 오인하기 쉽기 때문이다.

〈차트 33〉에서 삼성전자의 상승 파동과 그 각도를 한번 보자. 1999년부터 삼성전자의 각 파동의 기울기가 가팔라지고, 최근 2008년까지 상승 파동이 비슷한 가속도를 갖고 움직이고 있음을 알 수 있다. 아직까지는 삼성전자의 장기 에너지가 소진된 양상은 보이지 않는 것을 말한다. 이 차트에서 삼성전자가 얼마나 더 조정을 받을지는 알 수 없으나 다음 반등 파동이 나올 때 지금과 같은 추세각을 유지하면 여전히 장기 상승 과정이라고 볼 수 있다.

이번에는 〈차트 34〉에서 하락하는 추세각을 보면, 1999년 이후 확연히 다른 모습을 보이고 있다. 즉, 과거의 추세각은 느슨해서 강력한 새로운

■■■ 차트 33　삼성전자 주가의 상승 파동과 각도 ■■■

■■■ 차트 34　삼성전자 주가의 하락 파동과 각도 ■■■

추세의 탄생을 예고하고 있었지만, 최근에 하락하는 추세각들은 일정하기 때문에 아직은 강한 하락으로 접어들 징조가 없다. 반등한 경우에도 새로운 파동이 아닌 1999년 이후의 파동이 연속되고 있음을 알 수 있다.

이때 추세각을 정하는 기본 지점을 확정하기는 어렵다. 대개 자신이 기준점으로 생각하는 지점(새로운 파동이라 여기는 지점)에서 각을 측정하면 되지만, 객관적인 추세각을 정하기 위해서는 개인 편차가 발생하는 부분은 반복적인 경험으로 해결할 수밖에 없다.

〈그림 56〉을 보면, 주가는 가상의 1대 1 대응선을 중심으로 등락하면서 결국은 중심선으로 수렴하는 성질이 있음을 알 수 있다. 이때 각각의 소파동들이 자신이 가는 길로 계속 가는 것인지, 아니면 다른 길로 가는 것인지는 각도의 변화로 일정 부분 예측이 가능하다. 물론 이때 이런 방식으로 목표가를 추정하는 것은 황당한 일이다. 여기에 피보나치 수열을 대입해서 되돌림 수준을 예측할 수는 있겠으나 사실 그것은 전혀 의미가 없다.

■■■ 그림 56　**추세선의 방향과 수렴** ■■■

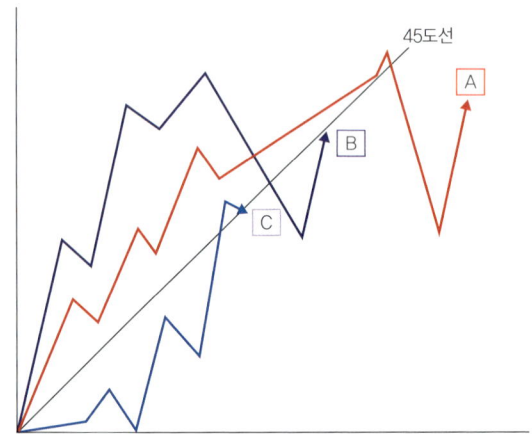

되돌림과 목표치 계산 방법

참고로 되돌림과 목표치를 계산하는 방법을 소개하겠다. 우리는 일반적으로 다우 이론에서 가져온 50%(1/2), 33.3%(1/3), 66.7%(2/3)와 피보나치 수열에서 가져온 37.5%, 62.5%를 적절히 조합하여 대개는 33%, 50%, 66% 수준에서 지지 여부를 확인한다. 그 때문에 가끔 증권사 시황에서 50% 되돌림, 50% 지지, 33% 되돌림, 33% 지지라는 말을 듣게 되는 것이다.

〈그림 57〉은 주가가 상승한 후 조정을 받을 때 지지선을 예측하는 방법이다. 피보나치 수열과 갠의 기본 사각형의 원리를 이용하여 지지선을 측정한 것이다. 이렇게 추세와 무관하게 아예 물리적으로 하락 지지선을 정해두면 기계적 매매가 수월하다는 장점은 있지만, 이 선들이 실제 시장에서 지지선으로 작용한다는 생각은 당치 않은 일이다. 〈그림 57〉은

━━━ 그림 57 하락 파동에서의 지지선 예측 ━━━

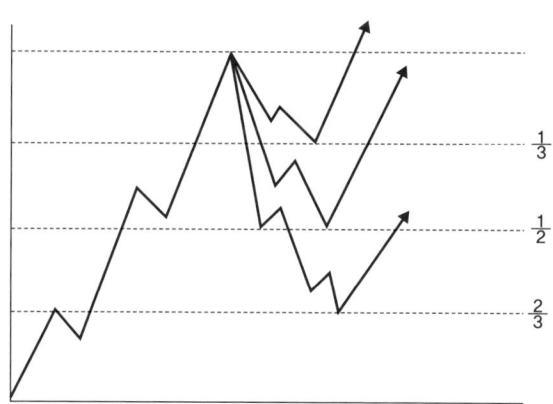

▰▰▰ 그림 58 상승 파동에서의 지지선 예측 ▰▰▰

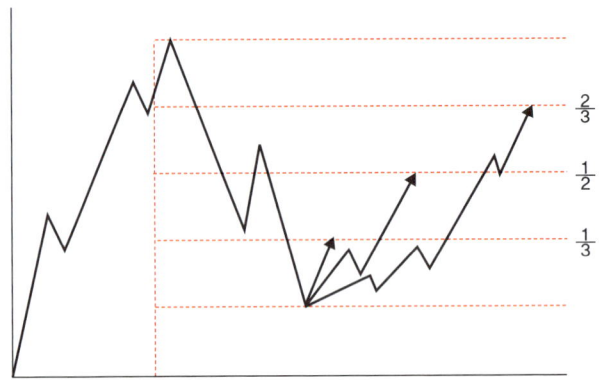

약 33.3%, 50%, 66.7% 수준에서 지지되는 선을 보여주고 있다.

같은 논리라면 반등에서도 마찬가지다. 〈그림 58〉을 보자. 하락한 주가가 기술적으로 반등 가능한 영역을 설정할 때, 이동평균선이나 추세를 활용하는 경우도 있고, 이렇게 기계적으로 총하락폭 대비 33%, 50%, 66%의 되돌림을 가정하기도 한다. 많은 투자자들은 실제 이런 지지와 저항이 존재하는 것으로 여기기 쉽지만, 시장에서 이런 물리적인 지지와 저항, 되돌림이 정해진 수치만큼 움직인다는 것은 허황된 생각이다.

하지만 증권사 HTS에는 이런 되돌림을 활용할 수 있는 지표가 있다. 투자자들이 이것을 이용할 때는 심리적인 문제점을 기계적으로 관리하고, 역시나 기계적인 손절매나 매수 기준으로만 삼아야 한다.

〈차트 35〉는 피보나치 비율에 의한 되돌림 비율을 증권사 HTS 창에 나타낸 것이다. 직전 고점에서 최근 저점까지의 거리 대비 되돌림 가능 비율을 표시한 것으로, 주가가 반등할 때 목표선을 보여주고 있다. 이 경우는 아직 1차 목표에도 도달하지 못한 상태다.

■■■■■■ 차트 35   피보나치 비율에 의한 되돌림 비율 ■■■■■■

■■■■■■ 차트 36   하락 조정시 조정폭 예측 ■■■■■■

〈차트 36〉은 주가가 고점을 찍고 하락조정을 할 때 조정폭이 얼마나 될지를 예상한 것이다. 다시 말해 직전 저점에서 최근 고점까지의 상승폭 대비 조정이 얼마나 이루어질지를 나타내는 것이다. 차트를 보면 2차 지지선에서 주가가 다투고 있는 모습을 볼 수 있다. 이론적으로는 이 선이 무너지면 다음 지지선인 47만 2,000원까지 하락이 가능하다고 보는 셈이다. 물론 이론상 그렇다는 뜻이다.

이렇게 갠과 엘리어트, 다우 이론에서 공히 다루고 있는 지지선과 저항선의 문제는 모든 기술적 분석에서 가장 핵심적인 주제로 여겨진다. 뿐만 아니라 일반적인 기술적 분석의 도구들이 모두 그러하다. 하지만 금융공학이나 컴퓨터공학을 이용한 기술적 분석의 보조지표들은 지지선이나 저항선은 예단하지 않고 주가가 과열인가 침체인가에 주목하고, 지금 주식을 팔아야 하는지 사야 하는지에 집착한다.

우리는 이 두 가지 차이에 대해 이해할 필요가 있다. 이를테면 지지선과 저항선에서 사고판다는 인식(그것이 파동 이론이든 각도론이든 살 자리와 팔 자리는 가격으로 정해져 있다는 인식)과 그것의 가격이 어디쯤이든 관계없이 사야 할 상황과 팔아야 할 상황이 있다는 인식은 전혀 다르다. 이를테면 보조지표에서는 같은 가격이 때로는 매수신호가 되기도 하고 매도신호가 되기도 한다. 하지만 지지선과 저항선, 피보나치 수열과 되돌림 가격 등을 살피는 방식에서는 '가격'이 얼마인가가 사고팔아야 하는 지점으로 결정된다. 〈차트 37〉을 보면 이 말이 무슨 뜻인지 알 수 있다. 이 차트는 박스 추세를 기준으로 할 때 5만 4,000원과 4만 4,000원 정도가 박스권이고, 이론대로라면 5만 4,000원은 일단 매도, 돌파시 매수, 4만 4,000원은 일단 매수, 하향 돌파시 매도가 될 것이다. 그런데 이것을 보조지표로 살펴보면(보조지표는 뒤에서 설명하기로 하고 우선 매수신호라고 여기

차트 37 매수·매도 시점의 결정

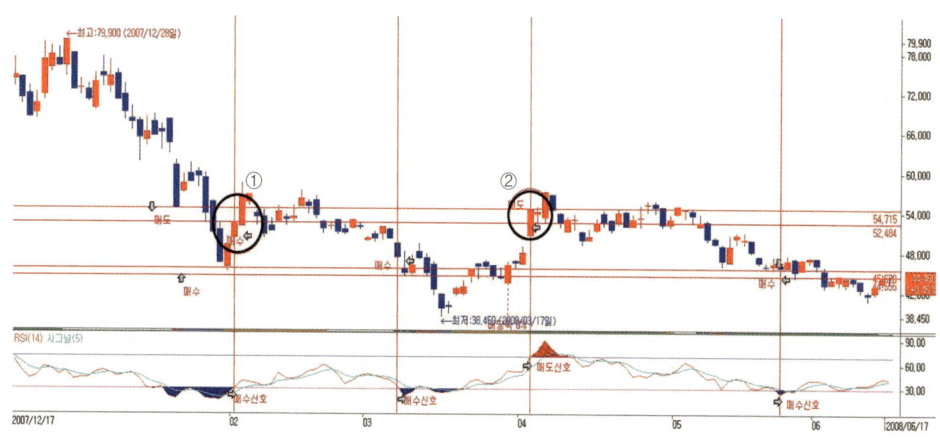

자) 다음과 같다.

첫번째 동그라미 ①, 즉 5만 4,000원대는 보조지표상의 매수 지점이 된다. ②는 같은 가격대인데도 매도신호가 된다. 보조지표는 분명히 같은 가격을 두고 한 번은 매수신호를 내고, 한 번은 매도신호를 냈다. 하지만 피보나치 되돌림이나 다우 이론과 같이 가격을 목표가로 생각하면 이것은 말이 안 된다. 같은 가격에서는 매수와 매도가 일어날 수 없기 때문이다. 이처럼 기술적 분석은 무엇을 선택하느냐에 따라 혹은 어떻게 해석하느냐에 따라 상황이 달라진다.

갠 이론의 순환 현상

갠의 이론을 공부하다보면 약간 특이한 점을 발견할 수 있다. 많은 책이나 이론가들이 갠을 이야기했지만, 단순하면서도 간단치 않은 이 문제는 간과해왔다. 즉, 갠의 이론에서는 같은 가격에서도 시간을 끌면 점점 '매수 → 매도 → 매수'로 순환 현상이 나타난다는 점을 말하고 있는데 이를 간과한 것이다.

〈그림 59〉는 어떤 주가가 급등하다가 횡보 조정을 하고 있음을 보여주고 있다. 주가가 A영역에 있을 때는, 이 주가는 여전히 살아있고 횡보 조정 후 반등할 것이라고 생각해야 한다. 살아있는 추세라는 말이다. 하지만 횡보가 길어지면서 B영역으로 들어서면 주가는 순식간에 불안한 약세 조정권으로 진입하게 된다. 이때 주가는 약세권에 있는 것이다. 가상의 1:1선은 갠이 말한, 기계적인 45도선이 아니다. 앞서 말했듯이 종목마다 시장마다 시간과 가격이 적당하게 장기 추세를 이루는 가상의 1:1선이 있고, 투자자들은 그 가상의 1:1선을 경험으로 가정할 수 있어야 한다. 그것은 아무도 가르쳐줄 수 없다.

▰▰▰ 그림 59   횡보중 1:1선과 조정선

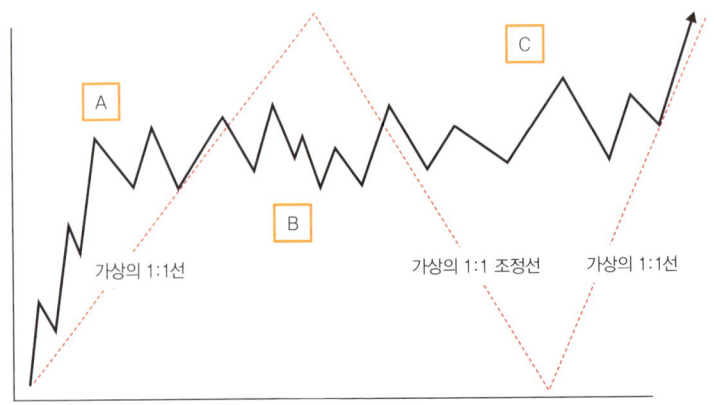

어쨌든 주가가 B영역에 있을 때는 대단히 위험하다. 아래쪽에 이 주가를 받쳐줄 만한 어떤 근거도 없어서 급락할 가능성이 있기 때문이다. 하지만 거기서 횡보를 계속하여 C영역으로 들어서면 주가는 다시 강세 국면에 진입했다고 볼 수 있다. 이때는 하락한다 해도 안정적인 흐름을 보이고, 상승할 경우에는 강한 상승을 이끈다. 물론 C영역마저 횡보를 벗어나면 다시 하락 압력이 가중된다. 이때 A는 주가가 위로 급등할 수 있게 열려 있고 아래로는 닫혀 있지만, B는 아래로 열리고 위로 닫혀 있다. 우리는 주가의 움직임이 비이성적이라고 생각하지만 사실 그 움직임에는 늘 이유가 있게 마련이다.

〈그림 60〉을 보면 위로 열리고 아래로 열린다는 말의 의미를 알 수 있다. 가상의 1:1 상승선과 가상의 1:1 하락선을 넘어설 경우 B영역에서는 주가의 흐름이 그림과 같은 가상의 경로를 보이게 된다. 위로는 제한되고 아래로는 무한으로 열리는 것이다. 반대로 C영역에 들어선 주가는 아

■ 그림 60   1:1선과 조정선 안에서의 가상경로

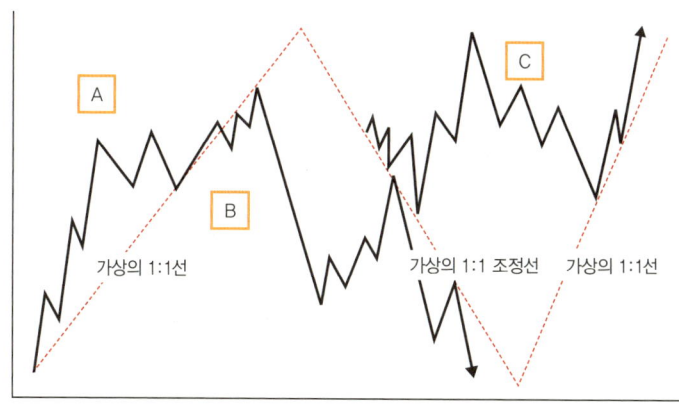

래로는 자꾸 힘에 밀리고 위로는 용수철처럼 열리게 된다. 이것이 갠이 말한 각도의 진짜 의미다. 만약 갠의 이론을 그대로 해석하면 주가는 횡보를 하면 할수록 무조건 약해지게 되고, 그것을 극복하기 위해서는 자꾸 새로운 갠의 각도를 그려야 하는 수밖에 없다. 바로 이것이 갠의 이론을 무의미하게 보는 이유가 된다. 이를 그림으로 비교하면 〈차트 38〉과 같다.

갠의 기하학적 각도(갠 라인)는 〈차트 38〉처럼 방사상으로 펼쳐지므로, 시간이 흐를수록 주가가 계속 강세를 보이지 않는 한 저절로 약세로 접어들게 된다. 하지만 1:1선의 시간과 가격의 대응선을 의식하고 주가의 흐름을 보면 겉으로는 주가가 횡보하는 것처럼 보이지만, 사실은 그 과정에서도 강한 약세 압력을 받는 구간과 강한 상승 압력을 받는 구간이 달라진다.

같은 맥락에서 한 가지 더 강조하자면 같은 구간 내에서도, 즉 강세 A

차트 38   가상의 조정선과 갠 라인

와 C영역, 약세 B영역 내에서도 에너지는 각각 다르다. 예를 들어, B영역에서도 처음 주가가 B영역에 접어들면 위로는 상당히 제한적이지만, 조금 시간이 지나면 반등을 크게 할 수 있도록 윗부분이 제한적으로 열린다. 이 개념을 숙지하고 실제로 적용해보면 B영역에서 반등이 크게 나왔을 때 새로운 상승으로 인식하는 경우도 종종 있을 것이다.

각도론의 응용

각도론을 이용해 시세 주가 패턴을 분석하려면 다음의 6가지 법칙에 따라야 한다. 이를 하나씩 살펴보자.

첫째, 추세는 둔각으로 진행되지 않는다

지금까지 관찰한 바에 의하면 가격의 추세가 변할 때는 반드시 예각으로 출발해야 한다. 둔각으로 진행되는 추세 반전은 반전이 아니다. 긴 횡보 속의 급등이 실제 추세 전환으로 이어지지 않고 반전으로 뒤집어지는 경우가 흔하게 발생한다.

예를 들어, 주가를 극도로 단순화시켜 추세를 볼 때 횡보를 하고 있다가 〈그림 61〉과 같이 갑자기 급등하는 경우는 없다. 이 경우 주식을 사면

■■■ 그림 61　횡보 후 급등

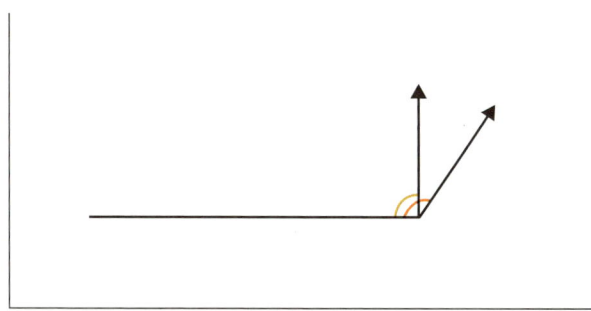

주가는 반드시 다시 조정을 받고 새로운 각도를 만들어야 한다. 그래서 초보 투자자들이 이동평균선이 모여 있다(소위 꽈배기)는 이유로 길게 횡보하는 주식을 미리 사들여서 보유할 경우, 기껏 보유하고 있던 주식을 실제 주가가 상승 전환하기 전에 매도하는 일이 자주 벌어진다. 이 말을 이해하기 위해 〈그림 62〉를 살펴보자.

〈그림 62〉의 그래프들을 긴 횡보 후에 나타난 추세라고 가정하자. 그

■■■ 그림 62　횡보 후 반등 추세

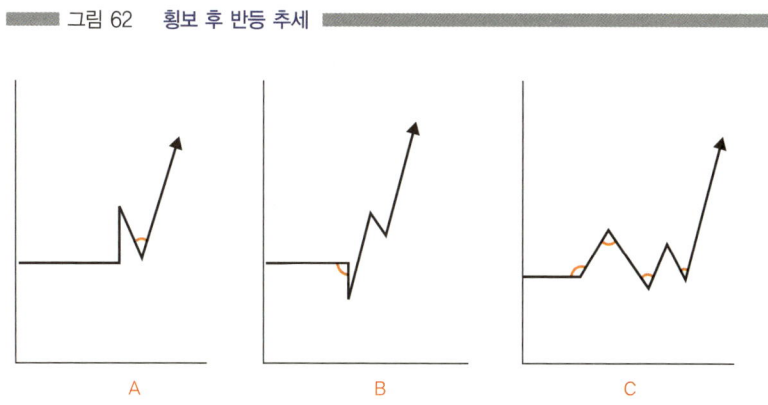

림 A를 보면 주가가 횡보를 한 다음 처음에 급등하는 것처럼 보이다가 하락한 후 다시 상승했다. 자연스러운 현상인 것 같지만 실제 투자에서는 이 경우 상승하는 것을 보고 추격 매수하거나, 보유하고 있던 주식을 던져버리며 실망하기 쉽다. 하지만 다시 주가가 상승하면 앞서 만든 둔각 이후 조정을 거쳐 예각을 만들어 실제 상승을 하게 된다.

그림 B를 보면 더욱 분명해진다. 횡보 기간이 길어지면 주식을 보유하고 있던 투자자는 갑작스런 주가 급락에 당황하게 된다. 애써 장기보유하던 주식을 공포에 질려 내던지게 되는 것이다. 하지만 그것은 결국 상승 추세를 만들기 위한 조건에 불과했다. 이런 현상은 매우 흔하다. 그림처럼 급락 후 날카로운 예각으로 반전하며 기존의 횡보 주가를 돌파하면 그것은 실제로 주가의 추세 전환으로 이어진다. 반대로 반등각이 둔하면 그것은 강력한 하락으로 이어질 전주곡일 수 있다는 점도 예상할 수 있어야 한다.

그림 C는 예각을 만들기 위해 주가가 계속 하락과 상승을 반복하는 경우다. 이 경우 조정보다는 반등하는 각이 커야 한다.

이 책에서는 실제 차트를 그려서 보여주지 않을 생각이다. 그렇게 차트 위에 그림을 그려 "여봐라."는 식으로 사례를 들면, 투자자들 이를 무슨 기법처럼 여기고 그대로 받아들이고 맹신하는 실수를 반복할 것이기 때문이다. 지금 설명하는 부분은 대단히 깊게 생각해야만 이해할 수 있다.

여기서 말하는 각도란 각도기를 차트에 갖다대고 재면서 보는 기하학적인 각도가 아니라 '가속도'를 말하는 것이다. 가속도는 처음에는 크지 않지만 일정 시간이 지나면 점점 더 커지고, 더 시간이 흐르면 낮아지는 물리학적 원리와 같다.

▰▰▰ 그림 63   횡보 후 하락 추세

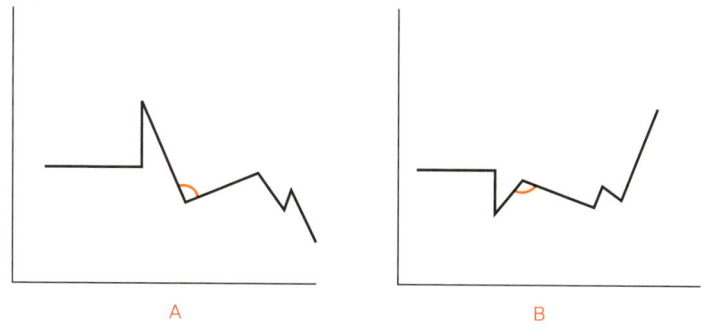

　가속도를 내기 위해서 육상선수는 스타트 순간에 힘을 집중하고, 그런 후 중간에는 가속도에 의지해서 달린다. 이렇듯 길게 횡보하고 있는 느리고 게으른 주가를 갑자기 들어올리는 것은 불가능하다. 주가에 가속도를 붙이려면 도움닫기가 필요하다. 때문에 그러한 움직임을 포착하여 주가를 살피면 대응의 폭을 넓힐 수 있지만, 그런 준비 없이 현상만을 보면 늘 우왕좌왕하게 된다.

　다시 말하지만 주식투자에서 절대적인 원리는 없다. 내가 하는 이야기도 절대적인 예측이 아니라 대응을 위한 마음의 준비를 그렇게 하라는 의미임을 다시 한 번 새기기를 바란다.

　〈그림 63〉의 A, B는 주가가 급등하는 듯하다가 하락하고, 급락하는 듯하다가 상승 추세로 이어지는 상황이다. 그냥 주가 자체만을 보면 혼란스럽고 이해가 가지 않지만, 주가의 각도를 잘 보면 실제 추세가 뒤집히고 자리잡는 데는 신호가 보인다는 사실을 알게 될 것이다.

둘째, 같은 파동을 형성하는 추세는 상승 각도가 같다

주가는 늘 등락을 거듭하기 때문에, 얼핏 무질서해 보이지만 일단 가속도가 붙으면 일정한 추세를 보인다. 한 개의 파동은 시장 참여자들이 만들어낸 일종의 합의이기 때문에 같은 파동을 이루는(큰 추세) 작은 파동들(작은 추세)은 거의 같은 상승 각도를 갖고 있다.

특히 중간에 아무리 다른 형태의 조정이 있다 하더라도, 내가 인지한 한 개의 파동이 유지될 것인지를 알아보려면 파동 내의 충격 파동(상승시에는 상승 추세, 하락시에는 하락 추세)의 각도를 살피면 된다.

〈그림 64〉를 보면 우리가 한 개의 파동으로 인식하는 추세들은 그 상승 각도가 같음을 알 수 있다. A와 B는 분명히 조정 양상이 다르다. 엘리어트 파동으로 표현하면 좌측은 지그재그 파동이고, 우측은 플랫 파동이다. 문제는 이것이 어떤 파동인지 혹은 몇 번 파동인지를 파악하기 힘들다는 데 있다. 시간이 지난 후에야 그 파동이 무엇인지 알 수 있는데, 한 가지 분명한 것은 내가 인식한 파동이 한 개의 파동이 맞다면 그 상승 각

■■■ 그림 64   파동과 동일한 상승 각도

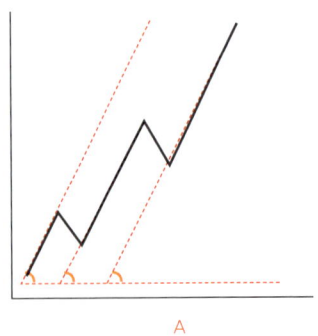
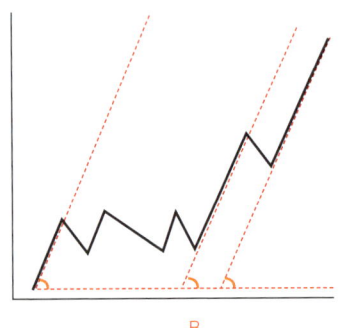

A   B

도는 〈그림 64〉와 같아야 한다는 것이다.

이것은 "추세가 전환하기 위해 작은 추세들이 어떤 각도를 보이고 있는가?"라는 논지와는 다른 것이다. 여기서 보이는 것, 즉 한 개의 추세를 인식하는 데 각도론을 응용하고 싶다면 180도를 기준으로 어떤 추세를 보이는지 살펴야 한다. 이때 파동의 각도가 달라진다면 어떻게 될까? 그것에 대한 답은 다음 단락에 나와 있다.

셋째, 하나의 추세 파동에서 각도가 달라지면 파동이 끝난다

우리가 한 개의 파동으로 보고 있는 추세에서 각도가 현저하게 달라지면 그 추세 파동은 끝이 난다. 엘리어트 식으로 보면 제5파동의 끝이거나 하락 A파동이 시작된 것이라고 할 수 있다. 물론 영민한 투자자들은 파동의 추세 각도가 달라질 때 발생할 강력한 수익 가능성을 염두에 뒀다가 각도가 가팔라지는 순간 더 큰 수익을 얻을 수 있다. 안정적인 투자자

▬▬▬ 그림 65　파동과 상이한 상승 각도 ▬▬▬

  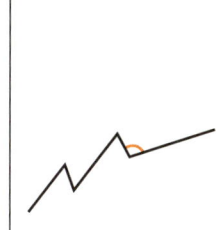

들은 각도가 달라지는 것을 보고 추세 전환을 대비할 수도 있다.

주가란 늘 같은 모습으로 나타나는 것이 아니라 항상 다른 패턴으로 나타나지만, 〈그림 65〉처럼 각도가 달라진다는 것은 중대한 변화를 내포하고 있다는 뜻이다. 다만 그것을 길게 보았을 때는(상위 추세 혹은 상위 파동) 그래도 상승이나 하락의 연장선일 수 있다. 하지만 그것이 일단 상위 파동의 제1파동이든 제3파동이든 제5파동이든 간에 상관없이 내가 보고 있는 파동에서는 한 개 추세의 마지막이라는 사실은 분명하다. 이는 반드시 기억해두도록 하자.

넷째, 예각 조정과 둔각 조정의 에너지는 같다

〈그림 66〉을 보면 각각의 파동이 1대 1 추세에 수렴하는 방식은 다르지만 결과는 같다. 우리는 가끔 급한 조정은 추세 전환의 가능성을 크게 보고, 얕은 횡보 조정에도 기대를 걸곤 한다. 결과적으로 1대 1 대응선을

■■■ 그림 66 파동의 1:1선 수렴 ■■■

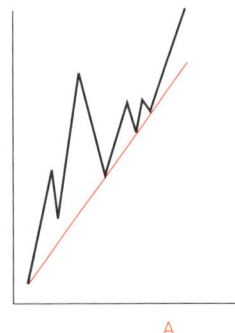
A

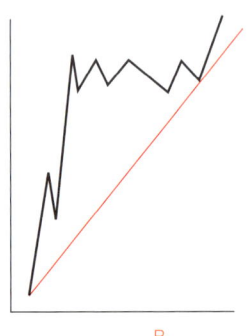
B

중심으로 급하게 벗어난 경우, 시간을 단축하는 조정으로는 급격한 가격 조정이, 시간을 많이 소모하는 조정의 경우에는 기간조정이 나타난다.

따라서 장기적인 관점에서 보면 기간 조정과 가격 조정, 두 경우를 두고 기간 조정에는 안도하고 가격조정에는 불안해할 이유가 없다. 오히려 가격 조정의 경우 적절한 조정이 이루어지면 다시 새로운 길을 갈 수도 있다. 기간 조정, 즉 횡보하면서 1대 1 대응선에 수렴하려는 움직임을 보이는 경우에도 재상승을 시도할 때는 문제가 없다. 하지만 만약 기간조정이 적정시간을 넘어 너무 길게 횡보를 하면 바닥을 확인하는 것이 아니라 오히려 추가 하락을 가져올 공산이 크다는 점을 알아야 한다.

결과적으로 우리가 보는 시세의 움직임은 제각각이지만, 시세는 냉정하게 가격으로 조정하든(시간을 줄이며) 시간으로 조정하든(가격 조정을 줄이며) 항상 1:1 대응선을 중심으로 움직이게 된다. 이 점은 반대의 경우에도 마찬가지다.

〈그림 67〉에서 A는 기간 조정 이후에 1:1선이 저항으로 작용하고, B는 가격조정으로 가파르게 조정하고 다시 1:1선이 저항으로 작용했다.

▬▬ 그림 67   조정 후 1:1선 저항 ▬▬

A

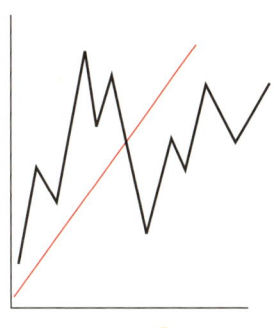

B

이 그림을 보면서 무슨 생각을 해야 할까? 주가가 급격하게 상승하거나 하락하는 것은 가격 논리가 아닌 시간 논리에 의해 지배받고 있다는 사실을 파악해야 한다. A처럼 1:1선을 벗어나자마자 반등을 시도하면 계속 저항을 받고 주가가 힘들어한다. 하지만 아예 벗어나면 위로 움직일 수 있는 진폭이 커져서 큰 폭의 상승이 가능하므로 조정 국면을 상승 국면으로 볼 수도 있다.

다섯째, 1대 1 대응선은 매수·매도 기준이 될 수 없다

주식을 매매할 때 우리가 가격을 보는 눈은 수평적이다. '전고점'이나 '전저점'과 같은 말들이 그것을 증명한다. 우리는 일반적으로 직전 가격의 높이나 과거 가격의 높이를 의식하고 그것을 매매의 기준으로 삼는다. 하지만 실제로 우리가 의식해야 할, 가장 확실한 매매 지점들은 1대 1 대응선과 그로부터 파생된 지점들이다. 그러나 그것을 매수·매도의 기준선으로 삼아서는 안 된다.

1대 1 대응선이 추세선이든 갠의 45도선이든 각자가 머릿속에 그리는 가상의 1대 1 대응선이든 간에 그것은 우리의 판단일 뿐이다. 이를 기준으로 주식을 사고판다는 것은 대단히 위험한 일이다. 우리가 판단한 것은 단지 경우의 수이고 그 자리는 어디까지나 적정한 지점일 뿐이기 때문이다. 주식투자란 과잉반응을 통해 적정선으로부터 시세가 벌어질 때 그 편차를 갖고 이익을 내는 것이다. 때문에 시간과 가격이 대응하는 선을 매매의 기준이 아니라 대응의 기준으로 삼아야 한다.

〈그림 68〉의 A와 같은 상황에서 횡보를 시작하면 시간이 흐를수록 위

▬▬▬▬ 그림 68   제5법칙 ▬▬▬▬▬▬▬▬▬▬▬▬▬▬▬▬▬▬▬▬▬▬

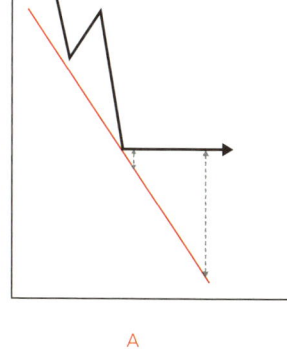
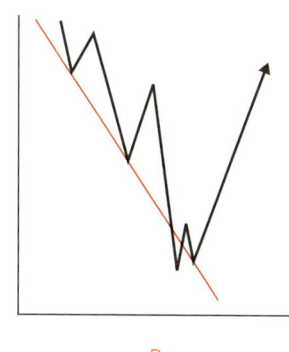

A   B

험해진다. 주가가 1대 1 대응선에서 위로 반등하지 않으므로 횡보를 시작하면 즉각 주식을 팔아야 한다. 그림처럼 시간이 갈수록 아래쪽으로 지지선이 깊어지기 때문이다.

B는 보통 한 개의 파동이 마무리되는 상황에서 제5파동이 급락으로, 즉 투매로 이어지면서 나타나는 모양이다. 제5파동이 투매일 경우(가파르고 깊을 경우) 1대 1 대응선을 넘어 들어가고, 이 경우 반탄력으로 인해 주가가 다시 넘어오면서 지지되는 과정에서 2중 바닥이 형성된다.

보통 한 개의 파동이 완성될 때 나타나는 바닥 패턴의 전형인데, 제5파동이 지나치게 깊어지면 2중 바닥이 외바닥, 즉 1점 바닥으로 보이고, 보통의 경우에는 B처럼 2중 바닥의 형태로 보이는 차이가 있다. 그래서 B처럼 처음 1대 1 대응선에서 매수를 했다면 곧 추가 하락의 충격을 받았을 것이고, 다시 주가가 진동하면서 상당한 혼란에 빠질 것이다. 따라서 1대 1 대응선은 주식을 매수·매도하는 기준점이 아니므로 지지선과 저항선도 아니다.

여섯째, 제5파동은 약세 구간에서 반등으로 마무리된다

〈그림 69〉처럼 제3파동이 강력하면 1대 1 대응선과 멀어진다. 이 경우 주가는 가격 조정으로 이어지면서 그 깊이가 상당히 깊어지고, 반등인 제5파동은 1대 1 대응선을 넘지 못하고 중심 추세 아래에서 시세를 마무리한다. 즉, 제5파동은 약세 구간에서 반등으로 마무리되는 것이다.

만약 주가의 가격 조정이 강력한 제3파동 이후 제4파동이 플랫, 즉 기간조정으로 나타난다고 해도 그 조정의 끝은 1대 1 대응선, 즉 중심 추세를 넘어서며 약세 구간으로 들어가서 마무리된다. 그래서 다음에 이어지는 파동들은 약세권에서 출발하므로 대개 조정이 크게 나타난다.

정리하자면 갠의 이론은 하나의 동기다. 갠의 이론을 그대로 사용하는 것은 1900년대 초로 돌아가서 모눈종이에 줄을 긋자는 것과 다를 바가 없다. 하지만 주가는 파동을 이루며 움직인다는 전제를 각도에 대입하면 여러 가지 재미있는 사실들을 발견할 수 있다.

그림 69   제6법칙

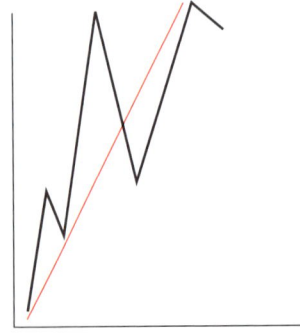

각 파동은 가격과 시간이라는 단위를 축으로 움직인다. 사실 우리가 보는 주가 차트도 희한한 그림이다. 시간이라는 X축, 가격이라는 Y축, 이 두 단위 사이에서 이루어지는 접점을 우리는 차트라고 부른다. 때문에 차트를 본다는 말은 곧 시간과 가격의 함수를 생각한다는 뜻이고, 시간과 가격의 반영도를 살핀다는 것은 그 기울기를 본다는 말과 같다.

하지만 기울기는 방정식의 해답처럼 똑 떨어지지는 않는다. 시간과 가격의 반영도, 즉 기울기는 투자자나 종목, 시장마다 다르기 때문이다. 그래서 이 책에서는 각도를 얘기하면서 실제 차트를 예시하지 않고 추세를 그려서 설명했다. 나의 시각을 다른 투자자들이 그대로 답습하는 것은 아무 의미가 없을 뿐더러 오히려 문제가 될 수 있기 때문이다.

결국 여기서 말하고자 하는 것은, 각도론은 시세를 보는 또 하나의 창일 뿐이라는 점이다. 앞서 말한 대로 각도론은 시간과 가격의 요소 중 어느 것이 과다 반영, 과소 반영되어 있는가를 살피는 것이다. 각도가 가파른 예각이어야 강한 추세가 나타날 수 있다는 얘기는, 강한 가속도로 예비주로를 달리는 선수가 멀리 뛸 확률이 높은 것과 같은 이치다.

예를 들어, 어떤 추세가 가파르게 상승하고 있다면 그 시세는 필연적으로 두 가지 과정을 거쳐야 한다. 상승할 때와 거의 같은 각도로 가파른 가격 조정을 하거나, 혹은 아주 느슨한 횡보로 시간을 벌면서 가격의 과반영 상태를 해소하는 것이다. 만약 이때 조정의 양상이 가파른 각도로 이루어지는 가격 조정의 형태라면 이 추세의 존속 여부는 장담할 수 없다. 하지만 상승을 가파르게 한 추세가 완만한 각도로 느슨하게 횡보하고 있다면 그것은 숨 고르기 이후 새로운 상승을 모색할 가능성이 있다.

그런데 문제는 숨 고르기 기간이다. 이 기간이 적절한 시간을 넘어 지나치게 긴 휴식이 되면 선수는 땀이 식어버리고 페이스를 잃어 다음에 좋은 성과를 낼 수 없다. 하지만 적당한 시간을 들여 적절히 쉰 다음 다시 상승한다면, 그 추세는 여전히 강하다고 볼 수 있다. 이때 핵심은 다시 출발할 때의 각도다. 가격이 시간을 압도하면서 먼저와 같은 각도를 유지한다면 그것은 아까와 같은 강력한 선수가 2차 시기를 위해 달리는 셈이다. 하지만 다시 출발하는 각도가 처음보다 느슨하다면 그것은 선수가 바뀐 것이나 다름없다. 다시 말해 추세의 성격이 변한 것이다. 이때 추세가 변하는 것은 강한 상징성이 있다.

첫째, 처음보다 더 강력하게 가격이 과반영되는 날카로운 예각 상승을 시작한다면 그것은 정말 강한 상승을 예고하는 것이다. 하지만 대신, 큰 그림에서의 상승은 이것이 마지막 파동이라고 보면 된다. 그럼에도 이때의 고점은 쉽게 예단해서는 안 된다. 또 이 경우 중간중간 반락이 있더라도 추세는 금세 회복되곤 한다.

둘째, 두번째 상승이 첫번째 파동보다 느슨하다면 그것은 이미 하락 반전하는 파동이다. 이 추세는 길게 이어지지 못하고 급락으로 돌아서는 경우가 많다. 그러므로 이런 경우 매수자의 입장에서는 즉각 매도하고 관찰해야 한다.

이런 현상이 나타나는 이유는 단순하다. 각도가 가파르면 초조한 쪽은 매수 대기자들이다. 가파른 각도로 상승하는 주가는 따라잡거나 추격 매수를 할 엄두가 나지 않는다. 그야말로 조정만을 기다리며 강렬하게 매수 기회를 노리지만, 이 경우 쉽게 매수 기회가 온다면 그것은 시세가 아니다. 시세는 얕은 조정으로 계속 진행되고 매수자의 초조감은 극에 달한다. 그리고 일정 수준에서 보유자들이 이익 실현을 위해 매도를 시작하면 초조감이 극에 달한 매수 대기자들이 적극적으로 매입에 나서게 되어 주가는 완만한 횡보를 시작한다. 주가가 다시 예각 조정을 하느냐 하지 않느냐는, 매수 대기자의 심리적 긴장도와 같다는 의미다.

물론 그 시세 안에 여전히 집중 매수자가 남아 있다면 대기 매수자와 조기에 이익을 실현하고자 하는 측 간에 손바뀜이 일어나고, 그동안 시세는 시간을 반영하여 재상승할 것이다. 이때는 학습효과에 의해 추격 매수가 일어나기 쉽고, 매수자들의 흥분이 극에 달하게 된다.

각도론은 이렇게 투자자가 스스로에게 설명을 하는 것이다. 시세를 보면서 자기 자신에게 이런 식의 스토리텔링을 할 수 있는 투자자는 이미 일반의 범주를 넘어섰다고 할 수 있지만, 가격 변동에 따라 심장 박동 수가 달라지는 투자자들은 시세를 이길 수 없다. 그러니 독자 여러분들은 각도론이 말하는 근간, 즉 시간과 가격의 논리(가격이 가파르면 매수자가 초조하고, 시간이 과반영되면 매도자가 초조하다)를 생각하면서 개별 상황마다 자신에게 설명하고 이야기를 들려줄 수 있어야 한다. 그런 점에서 어쩌면 각도론은 하나의 신화이거나, 혹은 동화에 불과할지도 모른다. 다만 그것이 신화인가 동화인가는 작가의 상상력에 달려 있다.

사실 각도론 역시 상당한 분량의 원고를 준비했었지만, 탈고 과정에서 대부분을 생략했다. 내가 고지식한 탓도 있지만, 실제로 그것을 차트에 그럴듯하게 적용해서 마치 대단한 비법이라도 되는 양 쓴다는 것은 매우 비양심적이고 위험한 일이기 때문이다. 누차 강조했지만, 나 역시 가격을 측정하고 예측하는 비법이나 도구를 알지 못하고, 실제 그것을 알고 있는 사람은 지구상에 존재하지 않는다고 확신한다. 그럼에도 우리는 늘 그것을 헐값에 가르쳐주겠다는 구애에 시달리고 있으니 참으로 알다가도 모를 세상이다. 그런 측면에서 과거 나 역시 강좌 등에서 '각도론'이라는 제목의 요사스러운 이론을 설명한 것은 그 자체가 아이러니라고 할 수 있다.

지금까지 독자들이 이 장을 읽고 뭔가 대단한 비밀이 숨어 있다고 생각했다면 사기를 당한 셈이다. 내가 이 장을 쓴 것은, 이런 대응의 시각을 갖고 시장을 바라보면 지금까지 우리가 공부했던 것과는 또 다른 기준을 만나게 될 것이란 기대가 있어서다. 당신이 이런 글쓴이의 뜻을 이해했다면 이 장은 의미가 있을 것이고, 그렇지 않다면 이 부분은 아예 생략하는 것이 좋다.

추세선

이제는 추세선의 개념을 살펴보자. 기존의 방식을 따르자면 추세선을 앞서 다뤄야 하겠지만, 이 책에서는 순위가 뒤로 밀려 있다. 이유는 추세란 단순히 작대기를 그어 지지선과 저항선을 따지는 도구가 아니기 때문이다.

어쨌든 독자들이 이 책을 읽으면서 가장 많이 접한 용어는 아마 '추세'일 것이다. 사람들에게 "추세가 무엇이냐?"라고 물으면 개념적으로는 이해하고 있는데도 딱 꼬집어 대답하지 못한다. 그 점은 나 역시 마찬가지다.

그럼 추세란 정말 무엇일까? 시장을 기술적으로 분석하지 않는 투자자라면 추세에 대해 알 필요가 없다. 이론적으로는 그렇다. 하지만 실제로는 가치 투자자든 기술적 분석가든 간에 추세라는 말을 투자에서 사용하지 않을 도리가 없다. 또 실제 기업의 가치 분석만이 시장을 나는 방법일 뿐 주가에서 기술적 분석은 무용하다고 말하는 사람들의 허점도 바로 여기에 숨어 있다. 주가지수와 밀접한 파생시장이 기술적 분석으로 움직이기 때문이다.

여러분이 선물시장 거래자라고 하고 그 투자 기간이 하루나 일주일(차익 거래가 아니면 쉽지 않지만) 혹은 1개월이나 3개월인 투기 거래자(차익 거래 목적이 아닌 파생상품 거래 자체만으로 이익을 취하는 투자자)라고 가정하자. 이때 선물시장에서 매수와 매도를 결정하는 기준은 무엇인가? 결정을 내리기 위해 고려해야 하는 정보를 열거해보자.

유가 전망, 환율 전망, 국제수지, 금리, 수출 동향, KOSPI200에 해당하는 기업의 실적전망, 은행의 연체율, 기업 부도율, 외국인 투자자의 매매, 다우지수, NASDAQ, 중국 증시 등 찾아보면 수백 가지 정보가 있을 것이다. 만약 효율적인 시장가설에 따라 이 많은 정보가 실시간으로 주가에 모두 반영된다면 이 정보를 하나라도 놓쳐서는 안 되고, 또 각각의 정보에 대한 가중치도 적절히 배분해야 한다. 사실 효율적 시장가설이 맞기도 하고 틀리기도 하는 이유가 여기에 있다. 이런 모든 정보들이 담겨 있다는 측면에서는 맞지만 모든 투자자가 같은 정보를 이용하는 것이 아니기 때문이다.

투자자 중 어떤 사람은 많은 정보 중에서 몇 개를 중시하고, 다른 투자자는 또 다른 정보들을 중시한다. 두 사람이 갖고 있는 것은 분명히 시장에 영향을 미치는 중요한 정보들이지만 한 사람은 화투장을, 다른 한 사람은 카드를 든 채 게임을 하고 있는 것이나 다름없다. 그래서 시장에는 의견 차이가 생긴다. 둘 중 누가 옳고 그른지 판별할 방법이 없는 것이다.

그래서 투자자들은 자신이 옳은지, 그리고 자신이 다수의 편에 서 있는지를 고민하고 돌아보며 불안해한다. 다중지성적인 특성을 가진 시장에서 절대적 지성이란 존재하지 않는다. 제아무리 슈퍼컴퓨터라도 가장 중요한 정보만을 골라서 시장을 판단할 능력을 갖는 것은 불가능하기 때문이다. 그 점에서 보면 개인 투자자나 전문 투자자나 다를 바가 없다.

어쨌든 투자자는 매도의 입장, 매수의 입장, 방관자, 이렇게 세 부류로 나뉜다. 흔히 매수자가 많으면 주가가 오르고 매도자가 많으면 주가가 내린다고 알고 있지만 그것은 틀린 말이다. 가격이란 매수·매도가 일치해야만 성립한다. 시장에 100명이 있다면, 더 오른다고 생각하는 투자자 30명, 내린다고 생각하는 투자자 30명, 그리고 일단 지켜보자는 방관자 40명이 존재하는 것이다. 다만 매수자 우위시장이나 매도자 우위시장은 존재한다. 그리고 이것은 어느 쪽이 심리적으로 더 급박한가를 보여준다.

다시 선물시장으로 돌아가보자. 일단 매도와 매수를 결정할 근거에서 거시경제 전망은 제외된다. 고작해야 일주일도 보유하지 않을 선물 포지션을 두고, 일주일 후의 가격에 거시전망이 개입할 여지는 없다. 그렇다면 기업의 실적이 근거가 될까? 그것도 아니다. 불과 며칠 동안 실적이 변하는 기업이 있다 치더라도 선물은 KOSPI200에 속하는 200개 기업 실적의 평균 전망이다. 그럼 무엇일까? 단기 선물투자는 심리적인 게임일 뿐이다. 그렇다면 심리적 게임의 구성요소는 무엇일지 생각을 확장해 보자.

첫번째, 기초자산인 KOSPI시장의 전망에 따라 중장기적인 시장의 수급이 영향을 받을 것이다. 시장이 강하게 하락중이라면 선물시장은 반등 시점을 타진하거나 하락 에너지가 강화되는 쪽으로 움직일 것이다.

두번째로는 선물시장 자체의 요인이다. 단순히 투기 거래자들 간의 힘의 균형이 어느 쪽으로 작용하는가 하는 문제가 있고, 혹은 KOSPI200 시장에서 매도한 투자자들의 헤지 수요로 매수가 들어올 가능성도 있다.

반대로 현물 주식을 많이 산 투자자들이 주가 하락 위험에 대비하여 선물을 매도하는 요인도 있을 것이다. 혹은 선물과 현물 간의 가격 차이를 이용하려는 차익 거래자들도 존재할 것이다. 결국 선물시장은 이런 수급의 영향으로 움직인다.

그렇다면 그 중에서 가장 결정적인 요인은 무엇일까? 일단 헤지 수요와 차익 거래는 구조적 부분이지 전망과는 상관없다. 선물시장에서는 투기 거래자들의 단기적인 거래가 연속적으로 이어지며 방향이 결정된다. 이때 투자자들의 심리적 안전판은 시장의 방향성에 대한 기대감이다. 무빙워크를 걸을 때 같은 방향으로 걸으면 힘이 들지 않지만 반대 방향으로 걸어 나가려면 더 속도를 내고 힘을 써야 한다. 마찬가지로 선물 투자자들은 시장 방향성이 같을 것이라는 기대를 안고 움직인다. 그러나 그들의 거래 자체는 전망을 담지 않는다.

해괴한 이야기처럼 들리겠지만, 선물 투자자들은 시장이 상승 방향으로 가고 있으면 편안한 마음으로 매수를 하고 매도를 할 때는 기술적인 결정에 의존한다. 이들이 시장 전체 방향과 반대되는 매매를 하는 것은 보유 기간을 짧게 하겠다는 뜻이다. 즉, 선물 거래자들은 장기전망에 의존하지 않고 짧은 매매를 하면서 기술적으로만 움직이지만, 그들이 만들어낸 방향은 시장이 움직이는 방향의 힘을 강화한다는 뜻이다. 그래서 선물시장은 철저하게 기술적이지만 또 분석적이기도 하다.

결국 시장은 무리를 짓게 되고 투자자들에게는 무엇보다 그 무리의 방향이 중요하다. 이것이 추세다. 하락하던 추세가 상승 쪽으로 방향을 잡으면 시장에 상당한 갈등이 일어난다. 추세를 부정하려는 투자자들은 격렬하게 매도하고, 상승 쪽으로 가담하려는 투자자들도 마찬가지로 응수한다. 그래서 추세가 방향을 틀기 위해서는 매우 극적인 요소가 발생해야 하는데 그 전까지는 상당한 진통이 계속된다.

이때 방향성은 결국 매수자의 탐욕과 매도자의 공포에 의해 결정된다. 매수자들은 주식을 사서 이익을 낼 가능성을 높게 본다. 하지만 매도자들은 하락 가능성에 배팅한다. 시장 에너지의 불균형으로 상승 추세가 일단 굳혀지면 매도자들의 공포는 극에 달하고 매수자들의 탐욕은 더욱 증가한다. 추세가 강화되면서 매도자들이 속속 돌아서고, 마지막에 남은 매도자들은 극도의 공포에 사로잡힌다. 이때 상승 기울기는 급격히 날카로워진다. 이것은 매도자들이 공포에 질려 매수로 돌아섰다는 의미다. 하지만 결국 시장이 극도로 불균형해졌다는 뜻이다. 이때 역발상 투자자들은 시장의 반대 방향에 배팅한다. 더 이상 매수 에너지가 추가적으로 유입될 수 없음을 간파한 투자자들이 매도에 나서고, 매도자들의 탐욕이 서서히 힘을 얻고 시장은 반대로 움직인다.

그렇다면 기술적으로 추세는 어떻게 표현할 수 있을까? 시장의 평균 추세를 중시할 수도 있고 매수자의 의지를 시험할 수도 있다. 〈차트 39〉에서 A와 C는 매수자와 매도자의 심리 상태를 보여준다.

〈차트 39〉에서 A는 소위 박스권을 이룬 상태의 주가를 나타내고 있다. 이 구간에서는 강세를 예상하는 투자자들과 약세를 전망하는 투자자들이 팽팽하게 힘 겨루기를 하고, 방관자들은 시장을 관망하는 전형적인 정중동의 흐름을 보이고 있다. 이때 각기 다른 세 가지 전망을 하고 있는 투자자들이 보는 세상은 각각 다를 것이다. 설령 같다고 해도 누구는 코끼리 다리를 잡고 누구는 하마 다리를 잡은 채, 각자 기둥이라고 여기고 있는 상황이다. 이때 흐름은 아무도 전망할 수 없다. 자신의 전망이 맞았다면 그것은 운일 뿐이다.

시간이 흘러 주가는 거래량 급증을 동반하면서 박스의 상단을 뚫고 올

■■■■■ 차트 39   추세선(1)

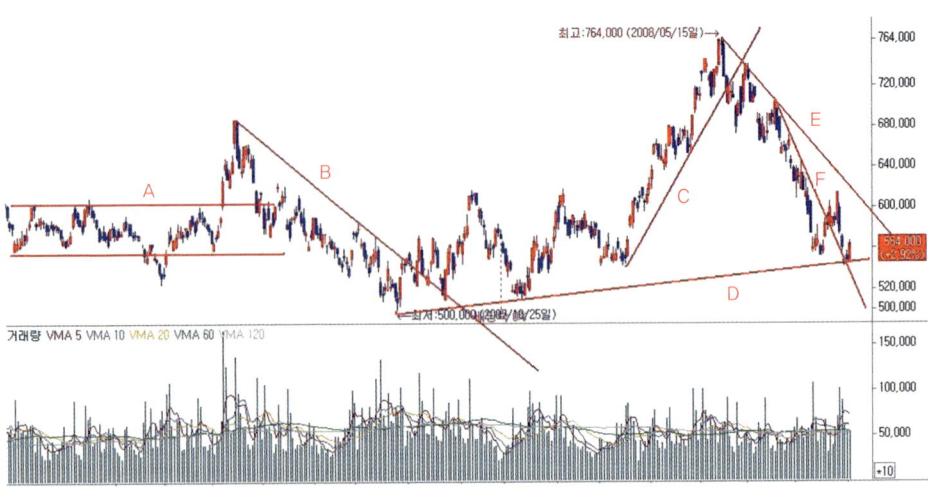

라간다. 강세론자들 쪽으로 힘의 균형이 이동한 것이다. 인간은 각자 개별이성을 지닌 존재이지만 희한하게도 주식시장에서는 타인의 판단에 영향을 받는다. 이때 수급상 강세 쪽으로 힘이 쏠리며 중립지대에 있던 투자자들을 끌어들였다면 주가는 상승세를 탔을 것이고, 약세 예상자들의 공포가 증가하면서 공매도가 회수되고 시장은 강한 추세를 형성했을 것이다.

하지만 주가는 곧 하락한다. 박스를 뚫었다고 해서 무조건 시장이 상승하는 것도 아니고, 그 반대 상황이라고 해서 하락하는 것도 아니다. 주가는 불과 한 달 만에 다시 박스 내로 돌아오고 오히려 50만 원대까지 하락한다. 그리고 하락에는 정연한 추세가 잡혀 있다. 투자자들은 B의 추세가 형성된 것을 느낀다. 강세 예상자들이 위축되고 약세 예상자들은 B의 그늘 내에서는 일단 우위를 점한다. 만약 중립지대에 속하는 투자자들이 약세 예상에 동참했다면(그에 합당한 뉴스가 있었거나 수급이 깨졌다면), B의 기울기가 가팔라지며 강세론자들이 항복하는 모습이 나와야 한다. 하지만 주가는 D의 추세를 바탕으로 일단 바닥을 선언하고, 약세 예상자들도 D지점을 이탈하지 않는 한 섣불리 강한 압력을 넣지 못한다.

주가는 다시 C 형태로 반전하고 제법 강하게 치솟으며 2차 추세를 만들 가능성을 보였으나, 결국 다시 하락하고 만다. 더구나 하락은 상승보다 더 가팔라서 하락하는 주가가 마지막에는 E라는 더 가파른 추세를 형성한다. 이 국면에서는 매수자의 공포가 극대화되고, 중립 구간에 있던 투자자들의 의견이 매도 쪽으로 기울었다고 볼 수 있다. 하지만 이후 주가는 다시 균형을 이룬다.

만약 지금까지의 내 설명이 그럴듯하게 들렸다면 당신은 속은 것이다. 추세란 해석하기 나름이고, 만들기 나름이 절대적인 정답은 없기 때문이다. 〈차트 40〉을 보자.

〈차트 40〉의 추세선 A, B, C는 내가 눈을 감고 마우스로 점을 찍어 임의로 그은 선이다. 그런데 놀랍게도 추세선 A는 중요한 지점을 가리키고 있고, 주가의 최후 지지선을 정확히 알려주고 있다. 추세선 B 역시 주가를 고점 매도해야 할 순간, 즉 매수자들의 탐욕이 넘치며 중립지대에 있던 투자자들이 단기적으로 가담하여 주가가 오버슈팅하는 지점을 알려주고 있다. 추세를 믿는다면 당연히 중기 고점에서 매도해야 할 지점을 정확히 보여준다. 추세선 C의 경우에도 주가가 이 지점을 넘으면 매수하고, 하회하면 매도한다는 기준을 보여주고 있다. 이것은 눈을 감고 차트 아무데나 줄을 그어도 그 선을 중심으로 의미 있는 지지선과 저항선이 나타나게 된다는 말이다.

기술적 분석이란 어떤 '도구'를 사용하느냐가 아니라 그것을 어떤 '기

차트 40   추세선(2)

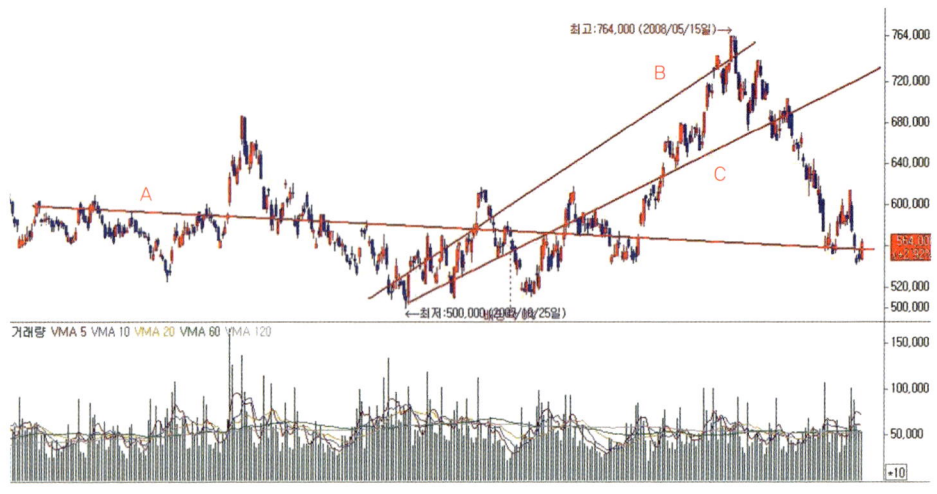

준'으로 바라보느냐에 달려 있다. 모든 기술적 분석 도구들은 그것의 정확성이 문제가 아니라 무엇을 기준으로 삼아 적용하느냐가 문제인 것이다. 만약 그 적용의 기준이 일정하지 않고 어떤 필요나 자신의 심리적 요인에 따라 흔들리거나 불안하면 아무 소용이 없다.

그러니 우리가 추세선을 두고 의미 있는 저점과 고점을 연결한 선이라 하고 추세선과 평행한 선을 하나 더 그어 추세대라 부르고, 그것을 중심으로 지지선과 저항선으로 삼았다 하더라도, 실제 시장에서 추세를 벗어나는 순간 이것은 주가를 예측하는 도구로 이용되지 못한다.

저항선을 벗어나면 그냥 주식을 사고 지지선을 이탈하면 주식을 파는 방식으로 매매가 이루어진다. 그리고 예상과는 달리('예상과는 달리'라는 표현 자체가 무의미하지만 지지선이나 저항선을 벗어나도 주가가 오르고 내릴 확률은 반반이다), 주가가 다시 하락하거나 상승하면 되팔거나 사들이면 된다.

차트 41 가상 추세선

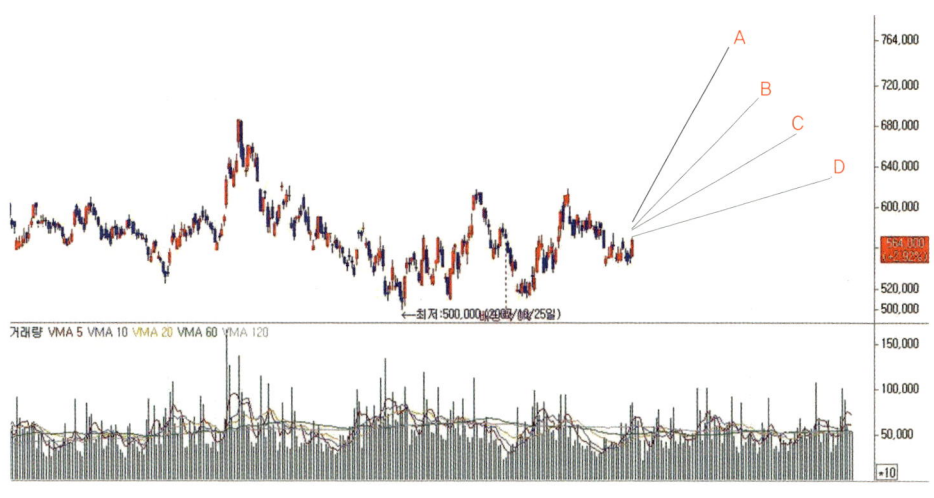

투자자는 기술적 분석이라는 도구를 냉정한 기준으로 삼아야 한다. 그것을 기준으로 예측을 시도하면 늘 허방다리를 짚게 된다는 뜻이다. 그럼 나는 추세선을 어떻게 활용할까? 〈차트 41〉을 살펴보자.

아무 때나 내가 대응하고 싶은 지점에서 과거의 주가를 무시하고(의미 있는 저점 간이든 고점 간이든) 미래의 빈 공간에 〈차트 41〉의 A, B, C, D와 같은 추세선을 그린다. 느끼는 시장의 강도나 욕심내는 이익의 수준에 따라 각도는 달라진다.

만약 내가 A와 같은 추세를 그렸다면 주가가 A지점을 돌파하는 순간 주식을 사고, 하향 돌파하는 순간 주식을 팔았을 것이다. 그러나 주가가 A에 도달하지 못하고 그냥 하락하거나 횡보하면 사고팔 기회도 없을 것이다. 만약 주가가 급등해서 A선을 치고 나간다면 그리고 계속 가파르게 상승해서 한동안 A 추세 위에서 주가가 움직인다면 나는 어느 순간 대단한 수익을 낼 것이다. 또한 그 이익도 매우 클 것이다.

그럼 B의 경우는 어떨까? 주가가 아무리 올라도 내가 매도하는 지점은 A보다 기울기가 낮다. 여기서 이익이 크게 나려면 주가 상승 기간이 꽤 길어져서, B의 지점이 상당히 연장돼야 한다. 그렇지 않으면 주가가 아무리 급등해도 나의 이익은 추세선 B보다 낮아진다.

C의 경우는 어떨까? 주가 급등에 상관없이 이익의 폭은 더 낮고, 여기서 큰 이익을 내기 위해서는 주가가 C 위에서 상당히 오랜 기간을 움직여야 한다. 그리고 결국 시간이 수익을 결정할 것이다. 물론 B와 C 모두 주가가 아예 추세선에 올라서지 못하면 매매 자체가 이루어지지 않는다.

마지막으로 추세선 D를 보자. 주가가 올라가기만 하면 꽤 오랜 기간 매도할 가능성이 낮아진다. 긴 시간이 흐를수록 수익은 클 것이고 투자는 장기수익을 목표로 하게 된다. 단기적으로는 이익이 거의 없다.

정리하면 추세선 A의 경우 단기적으로도 큰 이익을 낼 수 있지만, 대신 추세선을 넘자마자 주가가 약간의 조정만으로도 매도 범위에 들어오기 때문에 빈번한 거래가 일어나고 거래 비용이 증가한다. 100번 중에 한 번은 큰 수익이 나겠지만, 대신 그동안은 빈번한 매매를 하면서 기회를 잡기가 어렵다. B의 경우 A보다는 거래 빈도가 낮을 것이고, 기대이익도 낮다. C 역시 마찬가지고 상승을 해도 기간이 길어지지 않으면 이익이 낮아진다. D는 장기 상승이 아니고서는 큰 이익이 없을 테지만 거래 빈도는 현저히 낮아진다. 결과를 정리하면 다음과 같다.

"이 경우는 추세선 A가 운이 좋았다. 꽤 큰 수익이 났다. B 역시 마찬가지다. C와 D도 예상 경로를 따랐지만 이익은 적다. 이 경우는 A라고 예측했다면 수익률이 최고였을 것이다. 반면 주가가 급하게 조정받지 않고 C 정도의 위치에서 반등해서 장기 상승했다면 D에 큰 기회가 있었을

■ 차트 42   가상 추세선 적용 (1) ■

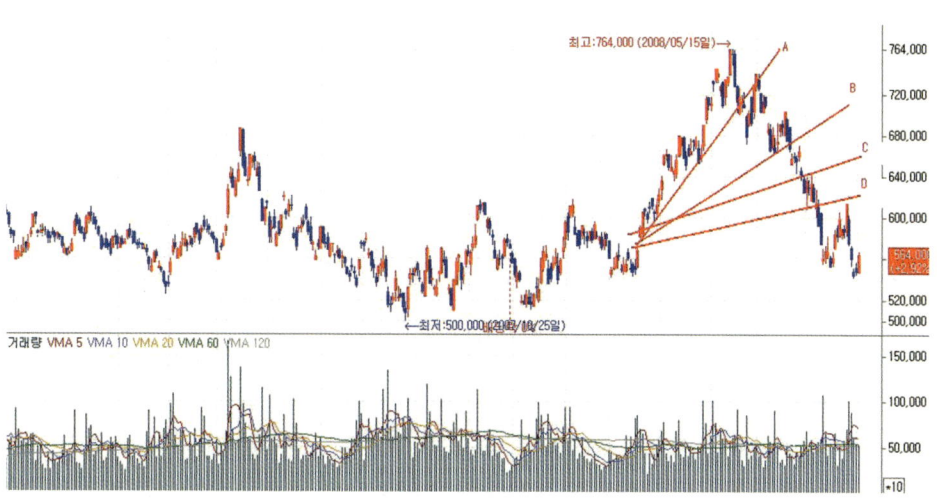

■ 차트 43   가상 추세선 적용 (2) ■

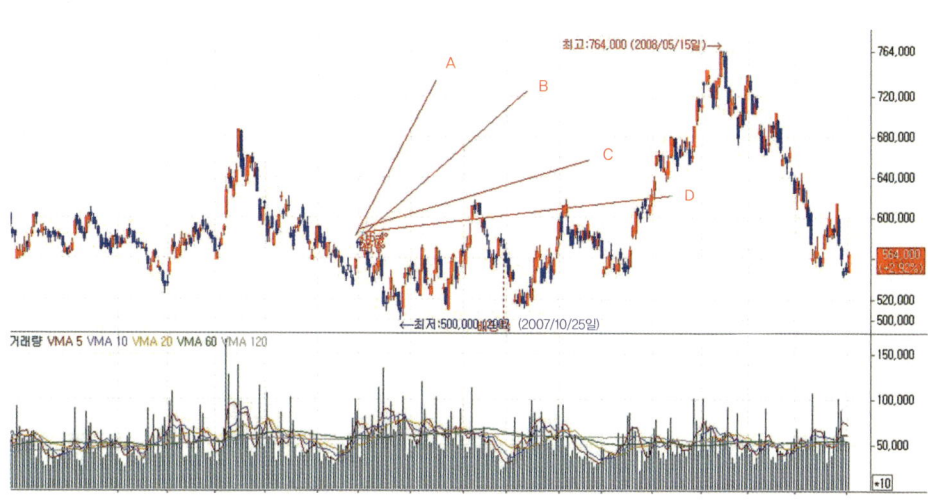

것이다."

하지만 〈차트 42〉처럼 2007년 10월에 임의의 추세를 정했다면 A, B, C는 아예 거래 기회가 없었고, D에서만 한차례 짧은 매수·매도를 하게 되지만 역시 이익은 없었을 것이다.

추세란 나와의 약속이다. 모든 사람이 공히 적용하고 약속처럼 움직이는 것이 아니다. 다만 어리석은 사람들이 의미 있는 저점과 고점을 찾아 선을 긋고 지지와 저항이라 인식하고 있는 동안, 일부 투자자들은 사람들이 그렇게 여길 것이라고 생각하고 움직일 것이다. 어떤 게임에서든 내가 가진 패를 보여주면 손해다.

그렇다면 패를 보여주지 않는 방법은 무엇인가? 나 자신과 임의의 약속을 하는 것이다. 그냥 허공에 원하는 수익과 원하는 가능성을 감안한 작대기를 하나 긋고 그 작대기가 주는 신호를 따라가는 것이다. 하지만 이것도 기법 차원에서 하는 말은 아니다. 지금 이 설명을 따라 차트에 가상의 작대기를 그어 내일부터 매매에 적용한다면, 여러분은 내가 말하려는 바를 완전히 오해하고 있는 것이다.

chapter 12
보조지표 분석

추세의 힘을 측정하는 RSI

주식투자에서 사용되는 각종 보조지표는 컴퓨터의 발달로 그 개념이 완성되어가고 있다. 하지만 보조지표는 문자 그대로 보조지표일 뿐, 시장을 해석하는 도구로 삼아서는 안 된다. 때문에 이 책에서는 수많은 보조지표 중 내가 유용하다고 생각하는 단 몇 개만을 골라 설명하고, 나머지는 버리기로 한다.

지금부터 다룰 보조지표 외에 굳이 다른 지표들을 알거나 사용하고 싶은 분은 서점에서 관련 책을 사서 보면 되겠지만, 나는 별로 소용없는 일이라고 생각한다.

우리가 투자에서 가장 많이 사용하는 용어를 하나 꼽으라면 당연히 모멘텀일 것이다. 그렇다면 모멘텀이란 무엇일까? 굳이 정의하자면 '추세의 힘'이다. 주가가 일정한 방향성을 갖는 것을 추세라고 부른다면, 그 추세를 유지하려는 힘을 가리켜 모멘텀이라고 한다.

예를 들어, 마라토너는 전구간을 일정한 속도로 달리지만 그 속을 들여다보면, 처음에는 힘이 넘치다가 후반으로 갈수록 체력이 떨어져 겨우 달린다. 겉으로는 일정 속도로 달리는 것처럼 보이지만 실제로는, 머지 않아 주저앉을 정도로 힘이 빠지는 단계가 있고, 힘이 펄펄 남아 있어서 앞으로도 상당 기간 속도를 유지하며 달릴 수 있는 단계가 있다.

주식시장도 이와 비슷한 상황이 많다. 그러한 이유 때문에 주식시장에서는 보조지표를 이용할 때 모멘텀 지표를 가장 많이 사용한다. 추세는 굳이 보조지표가 없더라도 다양한 상황을 통해 파악할 수 있지만, 겉으로는 멀쩡한 방향성을 읽어내고 속으로는 진짜 내용을 파악하기 위해 보조지표의 힘을 빌려야 한다. 나 역시도 모멘텀 지표는 보조지표로 가끔 활용하고 있으며 그 유용성도 인정하고 있다.

주가 상승폭과 하락폭을 비교하는 RSI

RSI는 Relative Strength Index의 약어로 상대강도지수를 말한다. RSI는 가장 많이 사용되는 보조지표다. 사람들이 많이 사용한다는 것은 그만큼 중요하다는 뜻이기도 하다. '상대' 강도라면 절대 강도가 아닌, 무엇인가 비교 대상이 있다는 것인데, 그것은 상승폭과 하락폭의 상대적인 크기를 비교하는 것을 말한다. 어떤 기간 동안에 주가의 상승폭과 하락폭을 비교해서 다음에 어떻게 진행됐는지를 비교하고 주가의 에너지를 예측하는 것이다. RSI을 공식으로 나타내면 다음과 같다.

- $RSI = 100 - \dfrac{100}{1+RS}$

- RS = $\dfrac{\text{n일간의 상승폭 평균}}{\text{n일간의 하락폭 평균}}$

특정 기간(n일) 동안 상승폭의 합보다 하락폭의 합이 컸다면, 즉 오를 때는 적게 오르고 내릴 때는 많이 내렸다면 RSI 값은 50% 이하다. 반대로 특정 기간 동안 상승폭이 크고 하락폭이 작았다면 RSI는 50% 이상이다. 오르고 내린 폭이 같으면 RSI 값은 50%이므로 일정 기간 동안 상승폭과 하락폭을 비교하여 지나치게 한쪽으로 치우쳤다면 그 다음에는 반대로 조정해야 적정비율을 유지할 수 있다는 원리를 적용한다.

주가가 움직일 때 RSI가 40~60% 정도의 정상 범주를 넘어선다면 그것은 강세나 약세를 판단하는 에너지, 즉 실체적인 힘의 크기를 나타낸다. 반대로 70%가 넘거나 30% 이하가 되면 주가가 지나치게 편재되어 있으므로 과열이나 침체의 지표로 볼 수 있다.

이해를 위해 〈차트 44〉를 보면 ①, ②, ③국면에서 RSI가 침체신호를 보이고 있음을 알 수 있다. 이는 곧 매수신호로 받아들여진다. 이 신호에 따라 주식을 매수하면 그리 큰 이익은 낼 수 없지만, 그래도 최소한 매수지점은 잘 알려주고 있다.

문제는 ④, ⑤, ⑥국면이다. 비록 ①, ②, ③국면에서 매수신호를 따른 것은 잘한 일이지만 이익 실현 면에서는 전혀 잘했다고 볼 수 없다. 이미 매도신호는 주가가 본격적으로 나타나기 전에 과열신호를 보내고 있는데, 그것을 한번 무시했다고 해도 ⑤, ⑥국면까지 계속 매도할 것을 권하고 있는 형상이다.

여러 번 같은 그림을 예시해서 지면을 낭비하지 않기 위해 일부러 까다로운 차트를 고른 탓도 있지만, 보조지표는 사실 이처럼 만족스러운 결과를 주지 않을 때가 많다. 하지만 RSI가 어떤 신호 양상을 보이는지는

■━━━ 차트 44   RSI와 매매신호(1)   ━━━■

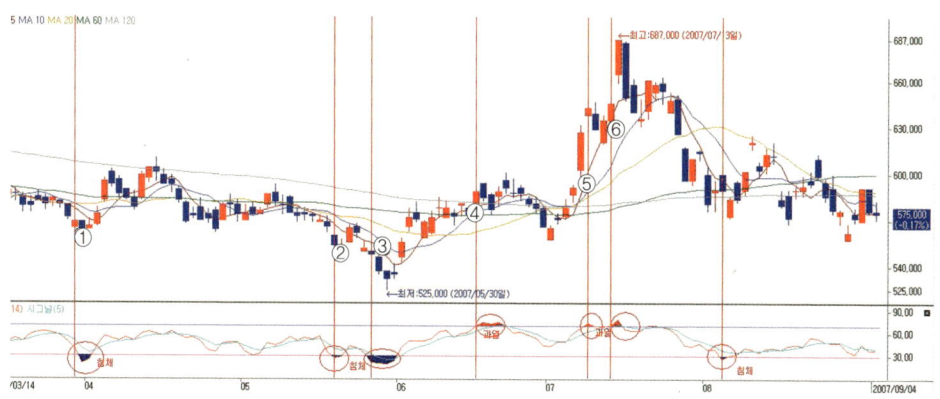

이해했을 것이다. 사실 이 차트를 보면 주가가 본격적으로 상승하기 전에는 매수에 적절한 시점이 어디인지는 알 수 없지만, 신호를 따라서 보면 어느 정도의 양상은 파악할 수 있다.

이처럼 RSI는 보조지표로써 유용성이 현저히 떨어지므로 추세와 함께 살펴봐야 한다. 다음의 사례를 보면 RSI만으로는 유용성이 떨어진다는 사실을 이해하게 될 것이다.

〈차트 45〉는 약간 황당하기까지 하다. ①국면에서 매도는 적절하다. ②국면에서 매수는 부적절하지만 장기적인 관점에서는 크게 틀렸다고 할 수 없다. 하지만 ③국면에서는 진짜 상승을 막 시작하려는 순간 매도신호가 발생해버렸다. ①국면과 ③국면의 높이가 같기 때문에 이제까지의 모양만 봤을 때는 투자자들이 매도하기가 쉽다. 당연해 보이기 때문이다. 하지만 주가는 거기서 본격적으로 급등하기 시작하고, 나중에 ④국면과 ⑤국면에서 발생한 매도신호가 진짜 매도신호가 된다. 그리고 이후 ⑥국면에서는 단지 길게 하락했기 때문에 매수신호가 났지만 그 결과

■ 차트 45   RSI와 매매신호 (2)

는 아직 부정적이라고 볼 수 있다.

여기서 명료한 사실 하나가 보인다. RSI는 'n일간의 특정 기간' 동안 주가가 오른 폭과 내린 폭이다. 그러므로 〈차트 45〉에 표시된 2007년 11월 14일을 기준으로 주가가 14일 동안 하루 1,000원씩 내렸다고 가정하면 하락폭은 1만 4,000원이다. 주가 60만 원에 비하면 미미한 하락폭이다. 이 기간의 RSI를 구해보면 RS는 $0(\frac{0}{1,000})$이므로 RSI $= 100 - \frac{1}{100}$ $= 0$이 된다. 즉, 지표상 RSI는 바닥에 있게 되고 이것은 더 이상 침체라 할 수 없을 정도로 침체 상태라는 뜻이다.

하지만 다음날 주가가 1만 5,000원 오른다면 어떻게 될까? 지표는 갑자기 급변할 것이다. 오늘을 기준으로 14일간의 주가 평균을 내야 하므로 RSI에는 15일 전의 1,000원 하락은 빠지고, 오늘의 1만 5,000원 상승이 반영될 것이다. 상승폭 평균은 약 1,071($\frac{15,000}{14}$)원이고, 하락폭 평균은 약 928($\frac{13,000}{14}$)원이 된다. 즉 RS는 약 1.2($\frac{1,071}{928}$)이다. 따라서 RSI $= 100 - \frac{100}{1+1.2} ≒ 100 - 45.45 = 54.55$가 된다. 50% 이상의 강세시장이 되어버리는 것이다. 만약 주가가 5% 반등하여 3만 원 정도 상승했다면 여지없이 과열이 되는 것이므로, 이후 주가가 연이어 상승하는 국면에 이르면 즉각 매도신호들이 속속 나타나게 된다.

이처럼 보조지표를 무작정 적용해서는 의미있는 정보를 도출할 수 없다. 이번에는 보조지표에 추세 개념을 도입할 때 어떤 정보를 얻을 수 있는지 알아보자.

RSI와 추세

보조지표에 추세 개념을 도입하는 이유는 보조지표가 안고 있는 한계를 극복하기 위함이다. 앞의 예시에서 13일간 미미하게 하락하다가 하루 상승을 보였을 때 금세 신호가 바뀌는 현상이 나타났다. 이때 추세 개념을 적용하면 바뀐 신호가 연속성을 유지할 것인지, 아니면 반짝 이벤트로 끝날 것인지 판단할 수 있으므로 어느 정도는 RSI의 허점을 완충할 수 있다. 즉, RSI가 주가의 상승이나 하락에 지나치게 민감하다는 단점을 보완해주는 것이다.

〈차트 46〉은 〈차트 45〉에서 저점을 연결한 추세선을 그은 것이다. 그런데 상황이 달라졌다. 매수신호가 나타난 이후 저점이 추세를 하향 돌파하지 않으면 지속형으로 본다고 할 경우, 적절한 위치에서 매도신호를 보여주고 있다. 즉, RSI 30% 이하는 침체, 70% 이상은 과열과 같은 기계적 해석이 아니라 응용 가능한 유용한 신호를 보여주는 것이다.

물론 추세선은 고점을 연결하여 적용할 수도 있고 저점을 연결하여 적용할 수도 있다. 하지만 문제는 이런 보조지표의 추세선을 연결하여 지

차트 46   RSI와 추세선(1)

차트 47   RSI와 추세선(2)

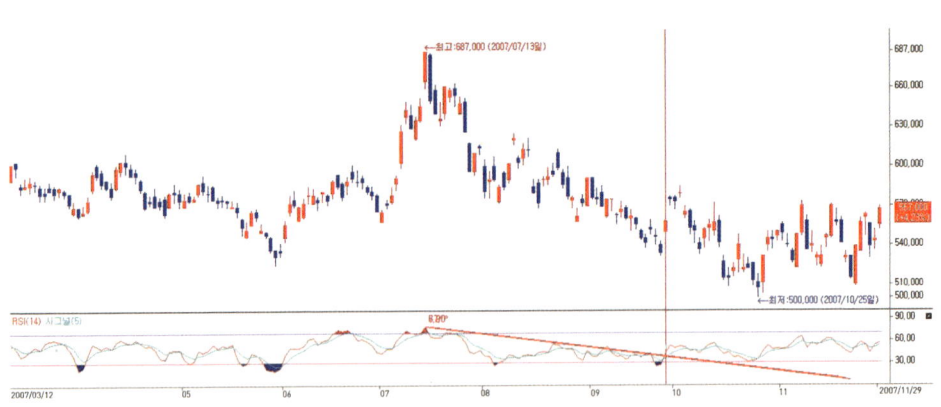

표를 해석하는 방식은 어떤 추세를 이용하느냐에 따라 대단히 작위적이고 임의적이다. 우리가 차트에서 보편적으로 사용하는 가격 추세에서도 느끼듯 추세란 하나의 기준일 뿐 신호라 하기에는 변수가 너무 많기 때문이다. 〈차트 47〉 역시 그렇다.

■■■ 차트 48   RSI와 추세선(3) ■■■

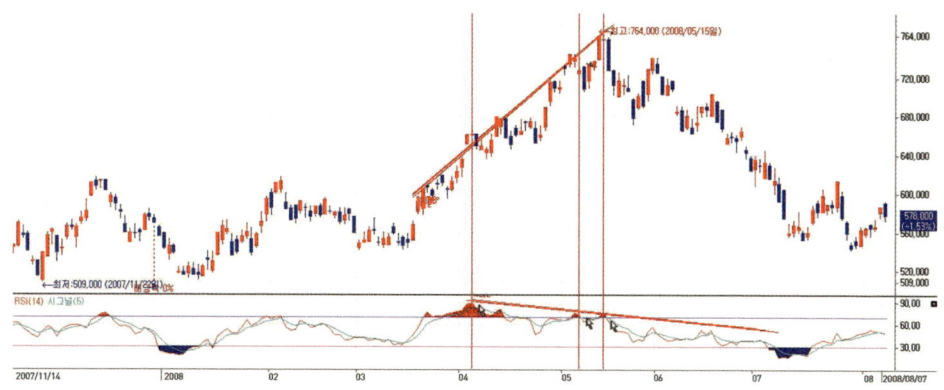

분명히 추세는 하향하고 있고, 하향 추세를 돌파할 경우 매수를 하는 것이 정상이겠지만, 이 경우 매수는 결과가 무의미하거나 오히려 잦은 신호를 발생시켜 손실만 초래한다. 그렇다면 이런 경우는 어떨까? 〈차트 48〉을 보자.

〈차트 48〉에서 RSI의 고점은 낮아지고 있는데, 실제 주가는 고점을 갱신하고 있다. 즉, 주가는 지속적으로 높아지고 있음에도 불구하고 실제 기간 내에서 위로 밀어올리려는 에너지는 급격히 소진되고 있다. 다이버전스를 보여주고 있는 것이다.

밑에서 던져 올려진 공이 낙하로 전환하기 전에 급격히 상승 속도가 떨어지듯, 앞서 예시한 가격이 오르긴 하지만 기존 추세를 유지할 만큼 기간 내에서 강한 상승을 보이지 못하고 있다. 이렇게 가격은 상승하지만 보조지표의 추세는 반대로 움직이는 것, 혹은 가격은 계속 낮아지지만 보조지표의 추세는 상승하는 것을 가리켜 다이버전스라고 한다.

다이버전스는 문자 그대로 컨버전스(Convergence)의 반대 개념이다.

서로 갈라지는 원리를 가리키는 것이다. 이렇게 가격과 지표가 각각 다른 방향을 가리키면 그것은 모멘텀이 소진되었다는 증거가 되고 시장에서는 이를 대단히 유용하게 활용할 수 있다. 실제 다이버전스가 가지는 의미는 여러 가지가 있지만 진짜 중요한 의미는 더 복잡하다.

앞서 변동성을 설명하면서 주가가 변동성밴드를 벗어나는 순간을 포착하는 것이 주식투자에서 뚱뚱한 꼬리를 잡아낼 수 있는, 주가의 일생에서 단 한 번 있는 결정적 순간이라고 누차 강조했다. 하지만 지표들은 이 순간 모두 매도신호를 낸다. 초과열이 되는 것이다. 이는 상식적으로 당연한 일이다. 주가가 밴드를 벗어나는 초과열 국면은 지표로는 더 이상 과열되기 어려운 국면이므로, 지표는 매도를 외쳐댈 것이다. 〈차트 49〉를 보자.

엔빌로프에서 진짜 주가가 급등하는 순간, 지표들은 과열에 접어들어 아예 반응을 보이지 않고 있다. 이 국면에서 보조지표는 무용지물이다. 따라서 우리가 주식을 뚱뚱한 꼬리의 관점에서 매수할 때는 아예 보조지

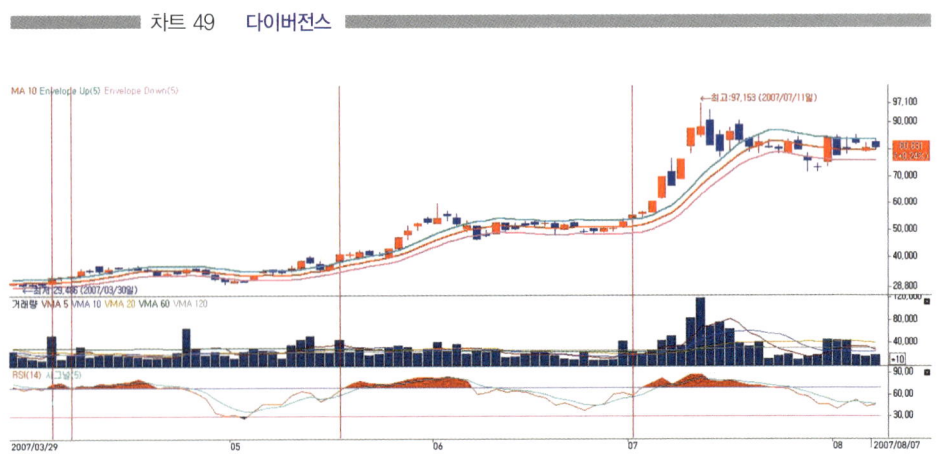

차트 49   다이버전스

표를 무시해야 한다.

하지만 다이버전스는 이러한 상황을 냉정하게 보여준다. 우리가 뚱뚱한 꼬리 구간에 진입하더라도 막상 빠져나오기란 상당히 어렵다. 최고점에서 주식을 팔고 나오기란 상당히 팍팍한 것이다. 더욱이 다이버전스는 주가가 고점을 경신하면서 보조지표는 하락하는 경우를 말하는데, 실제로 주가가 상당 기간 급등하는 중에 다이버전스를 나타내는 경우는 많지 않다.

주가가 일상적인 파동을 만들며 한 개의 추세를 마무리하고 주가가 조정에 들어가는 명료한 파동에서는 다이버전스가 나타난다. 그러나 고점 과열, 즉 뚱뚱한 꼬리 국면에서는 보조지표도 계속 고공행진을 하기 때문에 보조지표가 꺾여서 다이버전스를 만드는 지점은 바로 주가가 하락해버린 지점이다. 그만큼 이 국면에서는 가격의 움직임이 빠르다.

이때 우리가 활용 가능한 지표는 바로 〈차트 50〉에서 보는 것과 같은 '고공권 이탈'이다. 다이버전스도 추세도 아닌, 지표 그 자체의 신호를

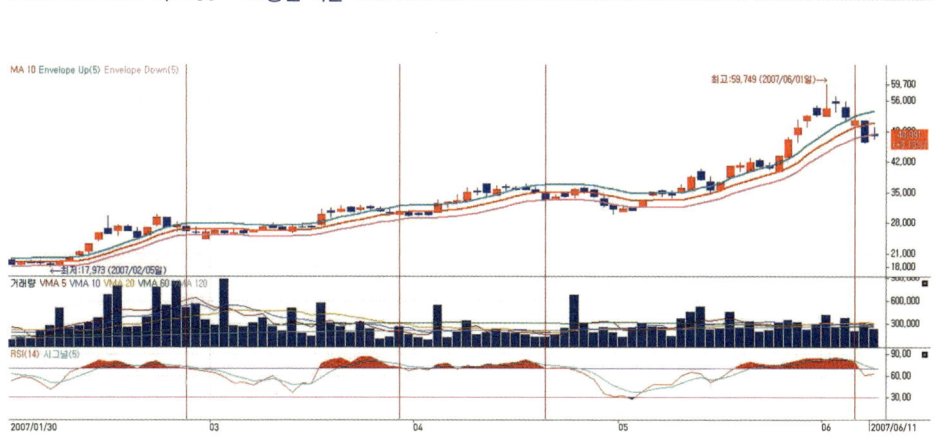

차트 50   고공권 이탈

이용하면 된다. 우리가 노리는 뚱뚱한 꼬리는 초과열을 전제로 하고 있어 보조지표 역시 초과열이 아니면 의미가 없다. 보조지표가 초과열에서 벗어나는 순간이 바로 매도 지점인 것이다.

이렇게 보조지표를 이용하는 방법은 다양하다. 따라서 보조지표 역시 모든 시세에 동일하게 적용하려 들지 말고, 국면이나 시세의 성질에 따라 때로는 다이버전스를, 때로는 추세를, 때로는 과열을 이용하는 것이 대단히 중요하다. 투자 이론에서 RSI를 활용하는 보편적인 방법은 다음과 같다.

(1) 다이버전스 활용

: 하락 다이버전스는 주가는 상승 횡보하는데 보조지표 고점이 하락하는 경우이며, 상승 다이버전스는 주가는 하락하는데 보조지표는 저점이 높아지는 경우다.

(2) 추세 활용

〈그림 70〉을 보자. 보조지표에서 추세를 활용할 때 가격은 상관없이 보조지표의 추세선을 이탈하는 경우 추세 방향이 바뀐다고 판단할 수 있다. 대개는 박스권이나 변동성이 낮은 시장에서 적용하기에 좋다.

(3) 다이버전스의 실패

〈그림 71〉처럼 다이버전스가 발생한 이후 지표가 갑자기 추세선을 역으로 이탈하는 경우에는 추세가 오히려 급격히 강화되기도 한다. 즉, 주가가 고점을 높여가는데 보조지표는 고점이 낮아지다가 다시 고점이 높아진다면, 그것은 한 개의 급등 파동이 다시 나타난다는 신호일 수 있다.

▬▬ 그림 70　추세 활용 ▬▬▬▬▬▬▬▬▬▬▬▬▬▬▬▬▬▬▬

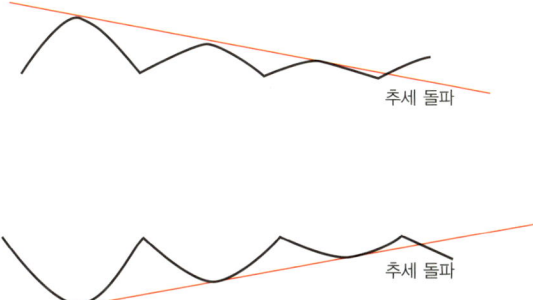

▬▬ 그림 71　다이버전스의 실패 ▬▬▬▬▬▬▬▬▬▬▬▬▬▬▬▬

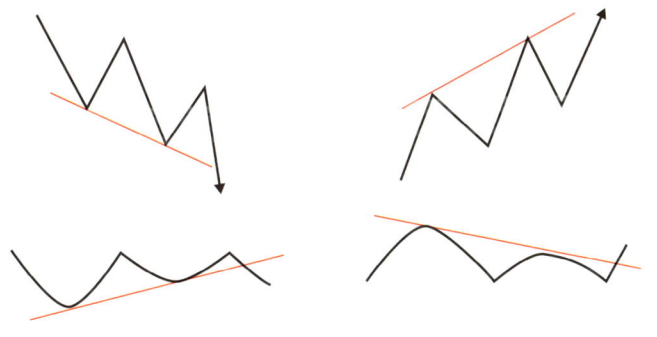

이것을 '다이버전스의 실패'라고 한다. 물론 투자자들은 이런 국면을 역이용하는 것이 가장 바람직하다.

(4) 페일러 스윙

앞에서 잠깐 나왔던 페일러 스윙(Failure swing)을 좀더 살펴보자. 이것

■■■ 차트 51 페일러 스윙 ■■■

은 직역하면 '휘두르기에 실패했다'는 뜻이다. 보조지표에서는 RSI가 고점 돌파에 실패했다는 의미로 쓰인다. RSI 70% 이상의 지점에서 고점을 경신하지 못하고 지표가 하강하면 주가가 하락한다는 신호이며, RSI 30% 이하에서 저점 경신에 실패하면 주가가 반등한다는 신호로 받아들인다. RSI 70%와 30%는 과열과 침체의 기준이므로 이 권역에서 고점을 넘어서면 연장파, 즉 밴드지표로는 밴드 범위에서의 탈출을 의미한다. 때문에 이것이 실패한다는 것은 기존의 변동성 범위를 벗어나지 못하는 일상적 추세가 마무리되었다는 의미로 해석할 수 있다.

추세의 빠르기를 측정하는 스토캐스틱

　스토캐스틱(Stochastic)이란 추론적 확률, 즉 확률적인 통계를 두고 결과를 추론한다는 뜻이다. 보조지표에서의 스토캐스틱 지표는 주가의 변동 범위를 보고 현재의 위치를 가늠하는 데 사용된다.

　스토캐스틱 지표는 일정 기간(보통 10~14일) 동안의 주가 변동폭, 즉 최저점과 최고점의 진폭을 범위로 해서 오늘의 주가가 종가상 어디쯤에 위치하고 있는지 보고 강세인지 약세인지를 판별하는 기준으로 사용할 수 있다.

　스토캐스틱과 RSI는 특정 기간의 모멘텀을 확인한다는 점에서는 비슷하다. 하지만 RSI는 추세의 힘, 즉 에너지를 판별하고 스토캐스틱은 추세의 빠르기, 즉 민감도를 측정한다는 점에서 다르다. 권투로 치면 RSI는 훅에 가깝고, 스토캐스틱은 스트레이트라고 볼 수 있다. 기본적으로 현재 주가가 가진 위치를 본다는 점에서는 동일하나 그 내용이 다르기 때

■ 그림 72   스토캐스틱의 원리

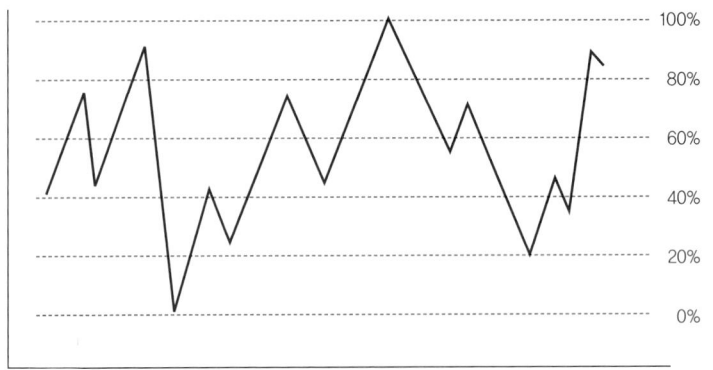

문에 투자자들은 항상 이 두 지표를 묶어서 판단한다.

이해를 위해 극도로 단순화한 스토캐스틱의 원리를 살펴보면 〈그림 72〉와 같다.

〈그림 72〉는 특정 기간 동안의 주가의 고점과 저점을 박스로 나눈 것으로 현재 주가는 약 85% 수준에 있음을 보여준다. 주가가 강세 국면에 있다는 뜻이다. 강세를 보이는 주가는 최근 가격이 특정 기간의 진폭에서 높은 위치에 자리잡는 게 당연하다. 하지만 RSI와 마찬가지로 이 지표 역시 왜곡의 여지가 있으므로 의심하며 봐야 한다.

〈그림 73〉을 보면 주가는 사실 박스권에 있다가 단 하루만 비정상적인 움직임을 보였다. 장중에 돌발적인 뉴스나 거래 실수가 발생했을 가능성이 크다. 하지만 이날 거래의 영향으로 현재 지표는 불과 30% 영역에 머물러 있다. 만약 이상 급변한 날의 주가가 미친 영향을 인정하지 않았다면, 이 지표는 박스를 탈출하는 순간 고가권에 진입해 있어야 정상이다. 그러나 지표는 중요한 지점에서 약세 신호를 보내고 있다. 더구나 이 상

▰▰▰ 그림 73 스토캐스틱의 한계(1) ▰▰▰

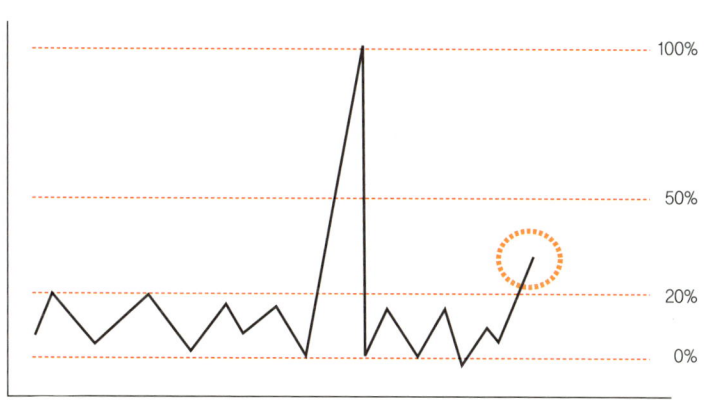

▰▰▰ 그림 74 스토캐스틱의 한계(2) ▰▰▰

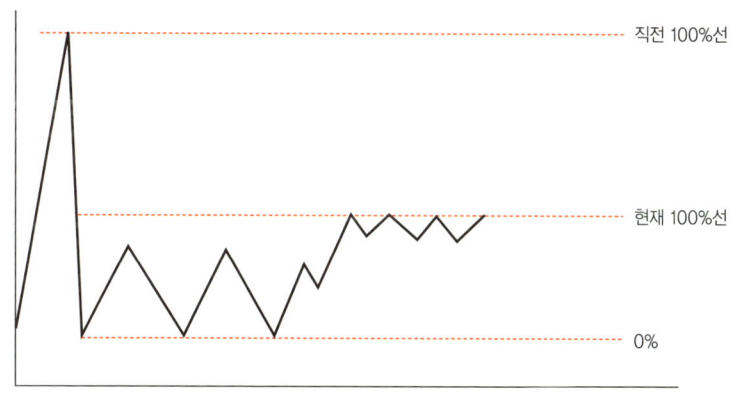

황에서 주가가 횡보하면서 시간을 보냄으로써 이상신호를 보였던 날이 기간값에서 빠지게 되면, 지표는 〈그림 74〉처럼 순식간에 과열로 변하게 된다.

제일 좌측의 주가가 다음날 기간값에서 빠지는 순간 갑자기 100% 과열로 변하게 되는 것이다. 이렇게 스토캐스틱은 신호가 빠르고 가벼운 만큼 신속하다는 장점이 있다. 하지만 흔히 사용하는 지표임에도 신뢰성을 부여하기에는 무리가 있다.

스토캐스틱의 추출 방법은 이론상 다음과 같다.

- 기본적 K(raw K) = $\dfrac{\text{당일종가} - \text{n일간의 최저가}}{\text{n일간의 최고가} - \text{n일간의 최저가}} \times 100$
- %K = 기본적 K의 지수 이동평균값
- %D = %K의 지수 이동평균값

이 세 가지 기본 수치를 바탕으로 다음을 지표로 사용한다.

- 패스트 스토캐스틱 = %K와 기본적 K를 비교한 값
- 슬로 스토캐스틱 = %K와 %D를 비교한 값

스토캐스틱 자체가 빠른 지표이므로 패스트(Fast) 스토캐스틱은 실제 이용에 무리가 있으며, 이에 반해 슬로(Slow) 스토캐스틱은 비교적 안정된 값을 제공한다. 스토캐스틱 지표를 실전에서 활용하는 방법은 여러 가지가 있지만, 스토캐스틱 지표의 민감성을 극복하도록 보완해줄 수 있는 수단이 없어 참고 정도만 하는 것이 좋다.

이론상으로 과열 침체의 지표인 %D를 활용하여 20%선과 80%선을 기준점으로 활용하기도 한다. 하지만 이 지표도 모멘텀 지표이므로 추세선, 두 가지 선의 교차, 페일러 스윙 등을 활용할 수 있으나 굳이 그렇게까지 할 필요가 없다. 괜히 투자자들의 머리만 아프게 할 뿐이다.

스토캐스틱 역시 오히려 과열에 접어드는 순간, 우리가 밴드를 벗어나

■■■■■ 차트 52   슬로 스토캐스틱의 추세 ■■■■■

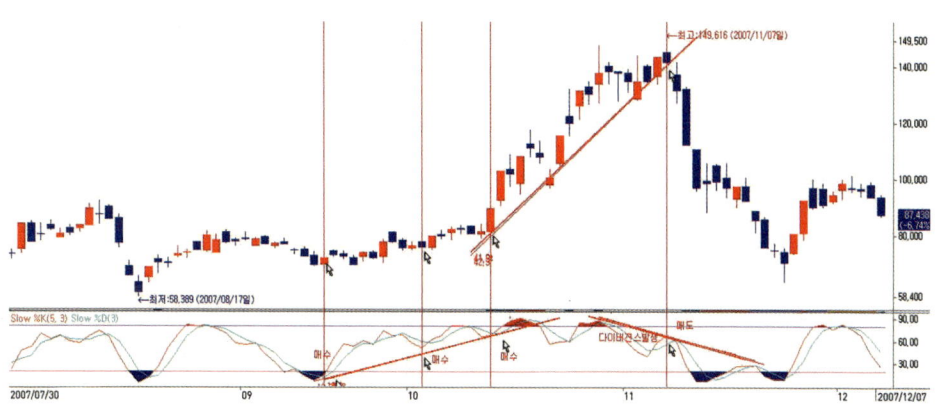

는 지점들이 정말 뚱뚱한 꼬리인지 아니면 일시적 이탈인지를 파악하는 데 활용하면 그만이다. 다이버전스와 과열권에서의 스토캐스틱 지표의 과열이 계속 유지되는지만 살펴보면 충분하다. 실제 활용은 〈차트 52〉와 같다.

〈차트 52〉를 보면 알겠지만, 실제 내용은 달라도 신호를 해석하는 방법은 RSI를 활용하는 것과 같다. 다만 신호의 지점이 RSI와는 다르다. 그 때문에 우리는 RSI와 스토캐스틱을 비교하는 것이므로 보조지표에 그 이상의 의미를 담거나 매매의 도구로 사용하는 것은 극히 소모적이다.

투자자들이 투자상담사 시험을 칠 것이 아니라면, 이 지표들의 공식이나 원리를 알 필요가 없다. HTS에 나타나는 지표를 활용하는 방식만 알면 그것으로 충분하다.

이동평균선의 한계를 보완하는 MACD

　　MACD(Moving Average Convergence Divergence)는 약간 독특한 성격을 가진 지표다. 이 지표는 이동평균선의 단점을 보완하기 위해 개발되었다. 이동평균선은 변동하는 주가의 방향을 파악하기 위해 활용하는데, 이동평균선은 이미 주가가 움직이고 난 후 움직이기 때문에 후행성을 띤다는 한계가 있다. 바로 이 한계를 극복하는 방법이 이동평균선 간의 차이를 이용하는 것이다. 주가 변동은 이동평균에는 늦게 반영되지만, 짧은 이동평균선과 긴 이동평균선의 만남과 헤어짐, 즉 MACD의 컨버전스와 다이버전스를 활용하면 주가의 향방을 이해하는 데 도움이 된다. 이동평균선은 실제 주가를 보고 판단하는 것이지만, MACD는 이동평균선 간의 거리를 보면서 "이제 두 이동평균선의 거리가 좁혀지겠다, 혹은 넓어지겠다." 하는 파악하는 것이다. 그러면 주가가 하락 전환할 것인지 상승 전환할 것인지도 판단할 수 있다.

MACD를 활용하면 뚱뚱한 꼬리를 이해할 때도 도움을 받을 수 있다. 즉, 단선적으로 이동평균선 하나만 보면 대단한 이격을 보이며, 초급등으로 보이던 가격도 상위 이동평균선을 기준으로 보면 적절한 지점일 수 있다. 특히 주가가 모여서 흩어지는 국면, 많은 투자자들이 꽈배기가 풀린다고 이야기하는 지점에서는 이런 경향이 극대화되기도 한다.

MACD의 본질은 문자 그대로 단기지수 이동평균선에서 장기지수 이동평균선의 값을 뺀 값이다. 그리고 이 차이를 다시 이동평균한 값을 기준선으로 삼아 매매의 지표로 활용하는 방식을 적용할 수도 있다. 때문에 MACD가 0이라는 의미는 2개의 이동평균선이 하나로 엉켜 있다는 의미고, 두 이동평균선의 차이가 크면 클수록 MACD 값은 커진다. 이동평균선의 기준선은 이 차이 값을 다시 이동평균한 값이므로 MACD의 추세를 나타낸다. 이런 맥락이라면 실전에서는 대개 0을 중심으로 판단하는 것이 정상이다. 이 값이 커지는 순간 점점 더 커지는지 혹은 줄어드는지가 핵심이 될 것이다.

 차트 53   MACD와 추세

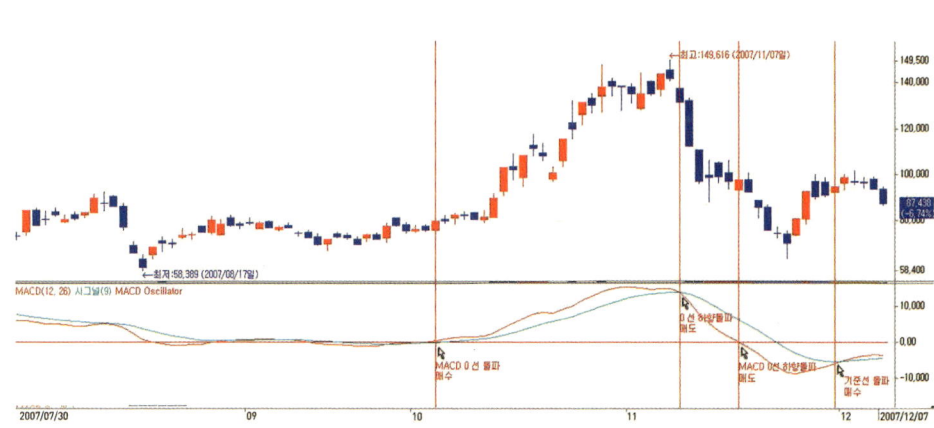

다만 한 가지, MACD는 그 자체 값을 이동평균하여 기준선을 설정하므로 MACD 기준선을 돌파하는 것은 매매 시점으로 활용 가능하다. 하지만 이 역시 아무리 단순 이동평균선의 약점을 보완한 것이라 해도 이후의 추세는 예측에 지나지 않고, 현재 나타나는 신호 역시 현재의 모습을 보여줄 뿐이므로 매매에서 직접 사용할 수 있는 지표는 아니다. 오직 가격의 추세일 뿐이다. 따라서 이 지표에서도 다이버전스나 추세 등을 활용하면 결국 이용 방법은 다른 지표와 같다.

〈차트 53〉은 MACD 값이 커질수록 추세가 강화되는 모습을 보이고 있으며 기준선을 돌파하는 것의 의미를 나타낸다. 또 0선이 가지는 의미도 극명하게 보여주고 있는 사례다.

거래량은 시장에서의 의견 충돌을 지켜보는 지표

거래량에 대해서는 아직도 많은 투자자들의 의견이 분분하다. 모든 지표는 주가에 후행하므로 달리는 말이 어디에서 멈출까를 예측하는 것과 같지만, 거래량의 경우에는 주가에 선행하거나 동행하기 때문에 그에 대한 관심이 클 수밖에 없다. 이런 논란에도 불구하고 거래량은 항상 이동평균선만큼이나 차트에 기본적으로 표시되는 지표다. 따라서 거래량을 지표로 삼기에는 무리가 있다는 사실을 알지만, 그렇다고 무시할 수도 없다는 딜레마에 빠진다.

실제로 주가가 장기 바닥을 깨고 상승할 때는 일반적으로 거래량이 증가하고 주가가 고점을 형성할 때는 거래량도 고점을 형성한다. 이런 측면에서 보면 주가의 고점을 살필 때 거래량 고점이 나타나지 않고, 주가가 하락한다면 실제 그 주가는 장기적으로는 아직 고점을 형성한 것이 아니라 일시적인 조정에 불과하다. 거래량이 바닥을 치고 다시 증가하지 않은 상황에서 주가만 움직이면 그것은 전체의 동향이 아닌, 우연한 거래의 결과로 볼 수 있다.

또 우리가 일반적으로 생각하는 믿음도 맞다. 예를 들어, "주가가 상승 반전할 때 거래량이 급증한다." "주가가 본격 상승할 때는 거래량이 오히려 줄어들며 고점에서는 급증한다." "주가가 하락할 때는 고점 거래량을 회복하지 못하고 거래량이 지속적으로 낮아진다."는 생각들은 비교적 맞는 말이다.

따라서 이러한 일반적인 상식을 지표로 표시해서 그것을 예측의 결과물로 삼고자 하는 노력들이 없을 리 만무하다. 그래서 거래량을 기반으로 한 지표들이 개발된 것이다. 먼저 거래량의 상식적인 흐름을 살펴보자.

〈차트 54〉는 거래량이 결과에 미치는 영향을 보여주고 있다. 거래량 증가와 함께 주가가 상승하고, 중간에 거래가 줄었다가 주가 고점과 거래 고점이 동시에 찾아오며, 이후 거래량의 피크는 고점 거래량을 넘지 못하고 계속 낮아진다. 이런 결과를 두고 거래량에서 추세선을 찾으려고

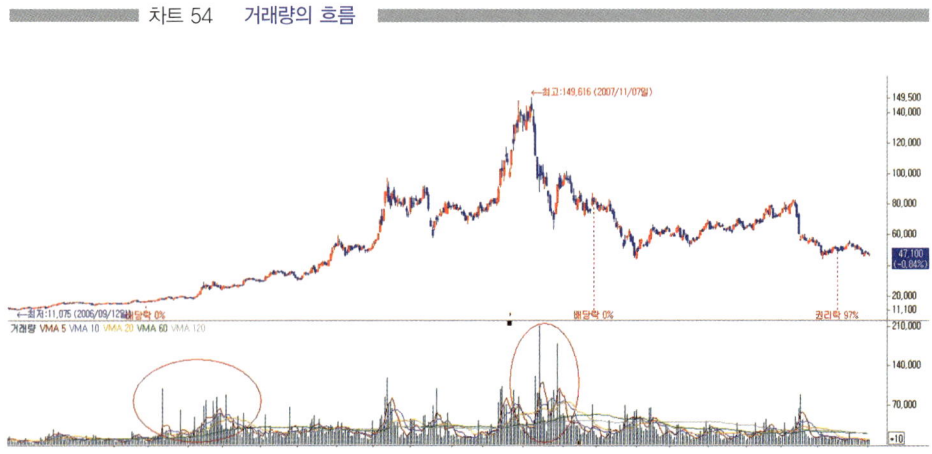

차트 54   거래량의 흐름

하고 거래량을 이동평균해서 거래량 이동평균선을 만들려는 시도가 없다면 그것이 도리어 이상한 일이다.

하지만 거래량에서 이런 시도들은 부질없고, 보조지표 역시 소용없다. 거래량을 분석할 때 투자자들은 마음과 대화를 해야 한다. 거래량은 누군가는 팔려고 하고 누군가는 사려고 하는 스파크, 즉 충돌의 결과다. 이런 의견 충돌이 급격히 증가하는 경우와 한쪽이 숨을 죽이고 추세를 지켜보는 경우를 거래량을 보면서 읽어내야 하는 것이다. 시장의 시세는 살아 움직이는 생명이다. 따라서 우리는 지금 거래하고 있는 사람들의 치열한 고민을 마치 철학자가 세상을 규정하듯 그렇게 판단해야 한다.

그럼에도 불구하고 거래량을 지표화한 것이 바로 조셉 그랜빌(Joseph Granville)이 만든 유명한 OBV(On Balanced Value)다. OBV는 주가가 오를 때의 거래량과 하락할 때의 거래량을 따로 계수화한 지표다. 또 다른 지표로는 거래량 이동평균선을 MACD처럼 살피는 VO(Volume Oscillator)와 OBV가 가진 약점을 개선한 CO(Chaikin A/D Oscillator)가 있다. 하지만 실제로 우리가 투자에서 이런 지표들을 활용한다는 것은 심리적 위안 외에는 거의 의미가 없다. 그래서 거래량에 대한 우리의 기본적인 입장은 단순한 원리로 귀결되어야 한다.

첫째, 주가가 고점에 이르고 2~4주 이상 추가 상승하지 못하는데, 거래량이 폭증하는 경우는 주가가 고점일 가능성이 높다.

둘째, 주가가 상당 기간 하락하고 바닥을 다지고 있을 때, 거래량이 최저 수준에서 변화가 없으면 주가 바닥의 가능성이 있다.

셋째, 상당 기간 횡보하던 주가가 평소 거래량을 몇 배나 넘어서는 거래량 급증 현상을 반복해서 나타내면 주가의 새로운 추세가 시작되려는 조짐일 수 있다. 다만 이런 거래량 급증 현상은 수개월에서 1년에 걸쳐 반복되어야 하며, 반복될 때마다 거래량 피크가 증가하는 것이 보통이다.

위 세 가지의 경우, 우리가 거래량을 기계적으로 분석하는 것이 가능하다. 특히 변동성이 극도로 낮아진 상태에서 주가가 변동성 밴드를 돌파하며 강한 거래량을 동반할 경우에도 위의 기계적 적용을 인정할 수 있다. 하지만 거래량 지표는 흔히 '주가의 그림자'라는 말처럼 역시 후행성 지표다. 거래량이 늘어났다고 해서 주식의 손바꿈이 일어나고 있다는 생각은 착오를 유발하기 쉽다. 거래량이란 매집자의 동태와는 별개로 산발적 매매자들이 회전율을 높일 경우에도 높게 나타나고, 반대로 매집자들이 단순히 사고파는 행위에도 큰 영향을 받는다. 따라서 우리가 가지고 있는 거래량에 대한 환상은 일정 부분 버리는 것이 좋다.

이것으로 기술적 분석 중에서 보조지표 및 거래량과 같은 보편적인 기술적 지표들에 대한 설명을 마무리짓겠다. 많은 투자자들이 기술적 분석이란 여러 가지 보조지표들을 동원하고, 추세선이나 일목균형표, 혹은 파동 이론들을 현란하게 구사하는 것이라 생각한다. 때문에 이 책에서 그것들을 이토록 간략하게 다루고 있다는 사실에, 심지어는 대부분의 보조지표들을 생략하고 넘어가는 것에 대해 허전함을 느낄 수도 있을 것이다.

하지만 내가 이 부분들을 거칠게 다루고 때론 과감하게 생략해버리는 것은, 그 자체로 나의 견해를 강하게 전달하기 위해서다. 책의 분량을 늘리거나, 혹은 3권을 만들어서 기술적 분석에 대한 장대한 이야기들을 그것도 아주 그럴듯하게 늘어놓을 수도 있다. 하지만 여기서 언급한 이상의 기술적 접근에 대해서는 더 이상 관심을 기울이지 않기를 요청한다.

나는 지금까지 적지 않은 시간을 들여 시장을 공부해왔다. 그럼에도 불구하고 아직까지 길을 찾지 못하고 있다. 하지만 내가 명백하게 깨달은 한 가지가 있다면, 계량의 잣대로는 주식시장을 판단하고 분석하는 것이 절대로 불가능하다는 것이다.

지금 이 책에서 다루고 있는 기술적 분석에 관한 이야기들조차 책장을 덮는 순간 잊어버려야 한다. 그리고 시장을 판단하는 자신만의 관점을 만들어야 한다. 아울러 그렇게 정립한 관점을 나처럼 주저리주저리 남에게 말하지 말고, 혼자서 묵묵하게 가다듬은 후 고독하게 시장과 맞서나가길 권고한다. 그것만이 당신이 평생 동안 미스터 마켓이라는 괴물을 안전하게 상대할 수 있는 유일한 길이다.

에필로그 건강한 시장, 건강한 투자를 꿈꾸며

　이미 오래전에 본문 원고를 탈고한 후 에필로그를 쓰는 즈음에, 공교롭게도 자본시장에 극단적인 공포가 드리워지고 있습니다. 2008년 하반기 미국발 신용위기는 개선될 기미를 보이지 않고, 시장은 미국 정부의 구제금융 조치에 대해 회의적인 시각을 드러내고 있습니다. 이 와중에 사업가인 워렌 버핏이 골드만삭스와 GE에 130억 달러를 투자했다는 소식까지 들려옵니다. 주식시장의 하락에 몸과 마음이 지친 국내 투자자들은 버핏의 행보를 보고 그가 지금 이 순간을 '신용위기의 끝'으로 여기고 있다는 신호로 해석하기도 합니다. 현자의 선택을 믿는 것이지요.
　하지만 버핏은 펀드매니저가 아니라 사업가입니다. 이 책을 읽는 분들은 이 순간, 워렌 버핏의 태도를 이해할 것이라 믿습니다. 워렌 버핏의 입장에서 GE와 골드만삭스는 탐욕스러운 먹잇감입니다. 제아무리 신자유주의적 질서에 회의가 들고 자유방임적인 미국 금융시장이 관치금융의 시대로 돌아간다고 해도, 미국식 투자은행이 유럽식 유니버셜뱅크로 완전 전환할 것이라 생각하는 사람은 아무도 없습니다. 미국의 카우보이 전통은 기회만

닿으면 또 다시 욕망을 드러낼 것이고, 투자은행 시스템은 변할 수는 있어도 사라지지는 않을 것이기 때문입니다.

그렇게 볼 때, 버핏이 5대 투자은행 중에서 그나마 피해가 적고 생존이 가능한 골드만삭스에 프랜차이즈 밸류 차원에서 투자하려는 것은 너무나도 당연하다고 할 수 있습니다. 더구나 그에게는 굳이 자신의 사업성과를 특정지수와 비교하는 벤치마킹도 필요치 않으니까요. 그래서 2008년 10월 버핏의 투자는 언젠가는 큰 성공을 가져올 겁니다. 하지만 그 시점이 언제인지는 역시 아무도 모릅니다.

그럼 이 시점에서 만일 독자 여러분이 골드만삭스 주식을 매입하면 어떤 결과가 생길까요? 필연적으로 중간에 손절매를 하거나, 운이 좋으면 중간에 큰 손실 없이 빠져나오게 될 것입니다(실제로 며칠 만에 그럴 만한 상황이 도래했습니다). 왜냐하면 개인 투자자 입장에서 볼 때 아직 새벽은 오지 않았기 때문입니다.

그럼 이 책을 읽는 여러분들이 이 상황을 이해한다는 가정 하에, 2008년 10월 주목해야 할 투자 기준은 무엇이겠습니까? 그것은 손익계산서일까요, 아니면 대차대조표일까요?

답은 대차대조표입니다. 이렇게 리스크가 커진 상황에서는 변동성이 심한 기업의 이익에 주목하기보다는 기업의 부채와 자산에 주목하는 것이 옳습니다. 이제 이런 문제에 대해서는 여러분 스스로가 충분히 대답할 수 있을 겁니다. 그런 점에서 2008년 9월 말 한국 KOSPI200 내에 드는 기업의 상당수가 PER 10배 이하, PBR 1 이하라는 기사는 상당히 큰 시사점을 던져줍니다. PER은 다음 실적이 발표되면 변동될 수 있지만, 상당수 기업의 자산가치가 1 이하가 되는 경우는 911테러 당시 말고는, 그 후로 10년간 좀처럼 구경할 수 없었습니다.

그렇다면 같은 시점에 우리는 "금융위기가 끝나려면 아직 멀었다."라는 조지 소로스의 말을 어떻게 평가해야 할까요? 그는 버핏과는 대척점에 서 있는 듯이 보입니다. 이에 대한 논의를 하기 위해서 소로스라는 투자자의 입지부터 먼저 살펴보아야 할 것 같습니다. 그는 헤지펀드 매니저입니다. 헤지펀드는 워낙 레버리지를 많이 사용하고, 고위험 투자를 하기 때문에 투자자들이 돈을 맡기기가 쉽지 않습니다. 그래서 헤지펀드 경우 운용자가 항상 자신의 자산을 같이 투자하는 경우가 많습니다. 문자 그대로 망하면 같이 망하고 흥하면 같이 흥하는 동귀어진(同歸於盡)의 입장에 섰을 때만 투자자들을 설득할 수 있기 때문입니다.

소로스와 같은 헤지펀드 매니저는 주식, 외환, 석유, 귀금속 등 돈이 되는 것이면 무엇에든지 투자합니다. 더구나 어떤 자산에 대해 롱포지션(매수)과 쇼트포지션(매도)을 자유롭게 구사하지요. 그러니 그의 입장에서는 주가가 오르든 내리든 관심이 없습니다. 금융 시스템이 최대한 흔들리고 그 안에서 투자자들의 노이즈가 커지면 커질수록 그리고 국가별 신용도가 벌어지면 벌어질수록 그의 활동 반경은 커지게 되니까요. 소로스의 입장에서는 공매도를 제한하거나 공적자금을 투입해서 신용리스크를 줄이려는 인위적인 개입은 환영할 일이 아닙니다. 그러니 그의 입에서 공적자금 투입을 반대하는 목소리가 나오는 것은 당연하며, 새벽을 알리는 닭의 모가지를 비틀고 싶은 마음이 들 수밖에 없는 것이지요.

소로스 얘기가 나와서 드리는 말씀이지만, 이 책에서 잠시 언급한 그의 재귀 이론은 파탄 이론에 맞닿아 있습니다. 나는 소로스의 재귀 이론을 보면서 사용하는 언어도 다르고 용어도 다르지만, 내가 천착하고 있는 '변동성 집중 구간'을 노리는 전략과 기본적으로 같은 말을 하고 있다고 느꼈습니다. 소로스 입장에서는 2008년처럼 심리가 극단으로 오가는 상황이 너무나 흥분되고 떨릴 것입니다. 사실 사람의 생각은 말과 몸짓이 다를 뿐, 한 가지를 생각하면 이치는 비슷할 수 있습니다. 아니, 사실은 같을지도 모릅니다.

이쯤에서 정리해드리면, 이 책의 핵심은 이렇습니다. 정상적인 상황에서 일반적인 투자자들이 선택할 수 있는 유일한 자산투자법은 벤저민 그레이엄 이후 내려오는 전통적인 가치평가에 따르는 것입니다. 거기에 미래가치를 산정할 수 있는 안목을 키워서 보탤 수만 있다면 그야말로 금상첨화이고, 실제 성공한 투자자가 되려면 그렇게 해야 합니다. 그러나 독자 중의 일부가 시장의 노이즈를 활용하고 시장의 언어를 포착해서 대중의 심리를 이용하겠다거나, 혹은 자본주의의 속성상 성장이 빠를 때는 모순이 감추어지고, 성장이 정체되면 모순이 터지고(어느 것이 먼저일지는 아직 모르겠지만), 그렇게 거품이 만들어지고 꺼지는 일과 같은 필연적 과정에 극적으로 배팅해서 큰 수익을(그만큼 고위험을) 안는 투자자가 되겠다고 한다면, 상투적인 기술적 분석의 틀이 아닌 소로스와 같은 허점을 정확히 공략하는 방식을 찾아야 합니다. 제 경우에는 변동성의 극단적 집중화 구간을 찾으며(사실 제 판단의 상당 부분이 거기에 의존하고 있다는 사실도 고백합니다), 그것을 계량화·객관화하는 수단을 찾으려고 애를 쓰고 있습니다.

다시 본론으로 돌아가서, 어쨌든 금융시장은 냉정합니다. 버핏은 자산을 사회에 환원했기 때문에 투자에 있어 윤리적이고, 소로스는 그렇지 않다는 생각은 지극히 단선적입니다. 그들은 결과물을 자선사업에 투자할 수는 있지만, 기본적으로 자신의 사업에서 많은 이익을 내는 것을 절대적인 선으로 생각하는 사람들입니다. 많은 기업들이 기업의 사회적 책임을 내세우고 있는데, 이는 기업의 이미지를 향상시키고 사업에 도움이 되려는 의도 때문이지 주주들이 천사여서 그런 것은 아닌 것과 같은 맥락입니다. 이는 산에 나무를 심는다고 자랑하는 기업이 사실은 나무를 가장 많이 베어내는 기업이라는 불편한 진실과도 맞물리는 이야기입니다.

이 책을 읽는 독자들은 이제 이런 상황들을 일정 부분 이해하리라 믿습니다. 1권으로 다시 돌아가서 살펴보면, 여러분이 주식투자에서 성공하기 위한 전제조건은 지금이 손익계산서를 들고 있을 때냐, 아니면 대차대조표에 돋보기를 들이대고 있을 때냐를 판단하는 일에서부터 출발합니다. 그리하여 위기가 걷히고 나면 어떤 기술과 산업에 관심을 기울일 것인지, 그리고 어떤 기업이 과연 새로운 희망을 들고 나올 것인지에 대한 탐색으로 이어져야 합니다. 그리고 실제 투자는 이러한 안목을 기른 후 기업의 체질을 분석하고 투자하는 방법을 숙지하는 데서 출발해야 합니다.

그리고 여러분이 투자를 할 때 가장 먼저 거시적 환경을 보고, 다음에는 기업을 보고, 마지막에 기술적 요인들을 검토하는 것은 너무나 당연한 수순이 됩니다. 다만 정말 민감한 감각의 소유자라서 헤지펀드 매니저와 같은 극적인 매매를 할 자신이 있다면, 모멘텀투자를 검토할 수도 있습니다. 모멘텀투자는 기술적 분석을 중시하는 것인데, 이 기술적 분석에는 손익계산서와 차트 분석 등이 포함될 수 있습니다.

그러나 이 책에서는 기술적 분석의 범주를 극히 제한적으로 다루고 있습니다. 보통의 주식 책에서 발견하는 수십 가지 기술적 분석에 대한 설명을 원하던 독자들은 다소 당황할 수도 있을 것입니다. 내가 기술적 분석에 대해 이 정도의 범주로 정리한 것은 확고한 입장이 있어서입니다. 물론 제 자신의 편협한 철학일 수도 있습니다. 하지만 저는 이 책에서 제 의견을 당당히 제시할 수 있는 대가이거나 혹은 실제로 제가 써보고 의미가 있다고 생각된 것을 제외하고, 이래도 그만 저래도 그만이거나 귀에 걸든 코에 걸든 일말의 소용도 없는 그런 장황한 이론들을 소개할 만큼 철면피는 아닙니다.

그래서 굳이 이 책에서 다룬 것 이상의 기술적 분석을 공부하려면 시중에 나와 있는 책들 중에서 '대박', '비법', 'ㅇㅇㅇ억' 등의 제목이 달리지 않은, 객관적이고 담담한 기술적 분석서를 한 권 사서 읽기를 권합니다. 아니면 MBN에서 강의했던, '다시 쓰는 기술적 분석' 동영상을 보기를 권합니다. 물론 동영상은 인터넷에서 무료로 구할 수 있습니다.

끝으로 책을 마무리하면서 역시 가장 걸리는 것은 기술적 분석 부분입니다. 특히 변동성 집중화에 대한 고찰 부분을 이해시키기 위해 사례로 든 볼린저밴드나 이격도에 대한 설명 등은 그야말로 방편에 지나지 않음을 다시 강조합니다. 원래 '방편'이란 말은 불가에서 쓰는 말입니다. '무엇을 이해시키기 위해 사례로 든 예화' 정도의 의미입니다. 그러니 제가 책에서 언급한 매매 이론, 그 중에서도 특히 밴드 이론, 이격도, 각도론과 같은 것들은 어디까지나 방편일 뿐임을 전합니다. 절대로 독자 여러분이 그것을 이용해서 매매를 하는 도구로 활용하라고 제시한 것이 아닙니다. 이는 "이 책을 읽어도 투자수익률은 1%도 좋아지지 않을 것이다."라고 말한 이유이기도 합니다. 더 이상 중언부언하지 않아도 독자 여러분들이 나의 뜻을 이해해 주실 것이라 믿습니다. 나라고 왜 이왕이면 그럴듯하게 포장한 '대박 이론'을 내놓고 싶지 않았겠습니까. 감히 말하자면 나처럼 오랜 시간 시장을 지켜봐온 사람이 기술적 분석 도구들을 이용해 투자자들을 감쪽같이 속이는 것은 어려운 일이 아닙니다.

이 책을 읽은 독자들이 앞으로 수익을 낼 수 있을지에 대해서는 자신할 수 없지만, 이제 더 이상 억울한 손실은 입지 않기를 기대합니다. 독자 여러분도 그렇게 이해한다면 저자로서 행복할 겁니다. 회자정리 거자필반(會者定離 去者必返), 사람은 만나면 헤어지고 헤어지면 다시 만납니다. 이 책을 통해 만난 인연도 소중한 인연이고 저는 그것을 잊지 않을 작정입니다. 믿으실지 모르겠지만, 독자 여러분들이 정말 좋은 성과를 거두기를 바랍니다. 그리고 행복하기를 바랍니다. 우리 언젠가 금융시장에서 각자 성과를 낸 다음에 길거리에서 만나면, 한번쯤 손을 맞잡고 크게 웃는 날이 오기를 빌어보겠습니다. 변변찮은 사람의 변변찮은 책을 읽어주셔서 감사합니다.

아울러 이 글의 마지막에 첨부된 대화는 지나치게 개념적인 가치투자에 대한 최종 정리를 위해 한국밸류자산운용의 이채원 부사장과 나누었던 대화입니다. 이 책의 독자들에게 작은 도움이나마 되기를 기원합니다.

2008년 10월, 어둠 속에서 한줄기 빛을 기다리며…

> 투자에 대한 인터뷰

이채원 부사장과의 대화

다음은 2008년 가을, 한국자산밸류운용의 이채원 부사장과 '가치투자'에 대해 나눈 대화를 인터뷰 형식으로 옮긴 것입니다.

Q 피터 린치는 일반 투자자들이 기업 분석에 유리한 위치에 있다고 하는데 그 생각에 동의하십니까?

A 솔직히 말하면 그렇지 않습니다. 피터 린치는 개인 투자자의 장점만 부각시켜 말한 것이라고 생각합니다. 왜냐하면 개인 투자자들에게는 평가 시점에서의 만기가 없고 환매 요구가 없기 때문이지요. 이는 종목 선택의 자유로움을 말하는 겁니다. 이를테면 삼성전자를 사기 싫으면 안 사도 됩니다. 하지만 펀드매니저는 사야 하죠. 이런 부분에 한정해서 생각하면 그렇다고 볼 수 있습니다. 그러나 개인 투자자들이 기업을 분석하기란 실제적으로는 어려운 일입니다. 고급 정보에 대한 접근이 불가능하기 때문이죠. 결국 시장에 알려진 정보를 갖고 분석할 수밖에 없습니다. 물론 안 하는 것보다는 나을 테지만 기업 분석이 간단하지 않은 것이 사실입니다.

Q 워렌 버핏을 주식 투자자라고 부를 수 있을까요?

A 아니라고 생각합니다. 워렌 버핏은 포트폴리오 매니저가 아니라 사업가죠. 그는 기업을 사서 자사주를 없애든지, 아니면 부실자산을 매각할 수도 있습니다. 물론 그렇게 해서 자신이 투자한 기업의 가치를 두세 배 올릴 수도 있죠. 그의 투자철학이 시사하는 바가 크긴 하지만 그를 일반적인 포트폴리오 매니저와 비교할 수는 없다고 생각합니다.

특히 버핏의 경우 현금할인모델을 즐겨 사용했죠. 하지만 초창기 시장이 그에게 우호적이었던 것을 고려해야 합니다. 물론 그 당시 그렇게 했던 사람이 그뿐인 것을 보면 역시나 대단한 통찰력을 가진 현인임에 분명하지만, 어쨌거나 지금 개인이 그의 성공모델을 그대로 따르기에는 무리수가 있다고 봅니다. 한국은 장기투자를 하기 어려운 환경입니다. 하지만 미국 기업은 최소 40~50년은 가는 것 같아요. 버핏과 이들 기업은 미국 자체가 성장주였던 시대를 살았죠. 하지만 앞으로도 버핏의 성공모델이 통용될지는 의문입니다. 이제 그는 자본의 힘을 가진 사람이 됐죠. 당시 워렌 버핏이 투자한 코카콜라나 질레트 같은 기업들이 주식시장에서 보여주었던 초창기 상황을 우리 증시에서는 찾아보기 어려울 것 같아요. 10년 전이라면 NHN이나 태평양, 신세계 같은 기업들이 그런 부류에 해당하지만 이제는 그런 기업들이 보이지 않는 것 같습니다.

Q 투자란 무엇이라고 생각하십니까?

A 그레이엄의 말을 빌리면 원금의 안정성을 보호하고 수익성을 유지하는 기업에 투자하는 것이죠. 가치투자는 거기서 유래한 것이고요. 때문에 주식은 지나치게 비쌀 때 사면 안 되는 것이죠. 잘 보면 KOSPI시장에서 70~80%는 경기순환주입니다. 돈을 많이 벌려면 아마도 그런 사이클을 잘

타야겠죠. 이를테면 2007년 초에 중국 관련주를 사서 2007년 말에 파는 겁니다. 말처럼 쉽다면요.

Q 그럼 가치투자의 원칙은 무엇인가요?

A 문자 그대로 가치와 가격의 갭을 따먹는 것이죠. 문제는 이 갭을 측정하고 계산하는 방법이 너무 다양하다는 것입니다. 결국 접근 방식에 따라 스타일이 달라지는 거죠. 가치투자가 전부 같은 방식으로 이뤄진다고 생각하는 것은 오해입니다. 가치를 산정하는 방법이 스타일이고 그 스타일은 투자자마다 다릅니다. 예를 들어볼까요?

주식 한 주의 가치를 두고 안정성과 수익성 그리고 미래가치를 갖고 판단한다고 해봅시다. 이때 사실 버핏은 성장성을 본 겁니다. 다만 그 성장성이 프랜차이즈 밸류를 가졌을 경우에만 인정하는 거죠. 식품회사가 반도체 분야에 진출했다면, 그 경우엔 미래가치를 인정하지 않는 거죠. 버핏은 철저하게 성장성을 보았으나 프랜차이즈 밸류 안에 부여된 성장성을 본 결과가 지금을 만들어낸 겁니다. 지금 와서 보니 마치 전통 가치주를 산 것처럼 보이지만 초창기 투자는 그것을 염두에 두고 있습니다.

그럼 수익성은 어떻게 볼까 생각하면, 그것은 지금 버는 돈의 개념과 같습니다. 이때 돈은 질과 양을 분리해서 봐야 합니다. 단적인 예를 들어보자면, 일시적으로 업황이 개선되어 번 돈은 질이 나쁜 거죠. 결국 수익가치의 비중을 질에 두고 보는 것이 수익성이고 우리는 그것을 PER이라고 부릅니다.

마지막으로 안정성의 개념은 과거에 돈을 벌어들인 역사와 같습니다. 과거 자산가치라고나 할까요? 이를테면 PBR입니다. 전통적 가치투자는 후자의 두 가지를 보는 것이죠. 그런데 스타일에 따라 1, 2, 3을 혹은 2, 3을 혹은 1, 2를 가치투자라고 한다면 각각의 스타일이 다른 것이지 않겠습니까? 때에 따라서는 철저한 성장주 투자자로 보일 수도 있고요. 결국 가치투자란 한마디로 정의할 수 없는 개념입니다. 더구나 참과 거짓을 구분할 수 없고 내 판단이 옳았는지 틀렸는지는 나중에 알게 되죠. 그래서 PER, PBR로 뚝 잘라서 보고들 하는 것이죠. 그것밖에는 도리가 없기 때문입니다.

어쨌거나 저는 여기에 과도한 배수를 부여하는 것은 투자의 본류를 벗어난 것이라 여깁니다. 내가 사는 기업들은 시장평균보다 2배수가 낮아야 한다는 게 제 투자 방식이죠. 물론 다른 견해도 있을 겁니다.

Q 그럼 성장주 투자에 대해서는 어떻게 생각하십니까?

A 저 역시 성장주에 대한 관심은 많습니다. 솔직히 혹합니다. 성장주를 좋게 생각하고 관심이 가지만 사실 못하는 거죠. 일종의 비겁함입니다. 그레이엄도 정성적 분석을 좋아했습니다. 사업의 전망을 중시했으니까요. 그러나 이것을 너무 좋아하면 투기로 기울어질 수 있습니다. 특히 사업의 전망에 있어 의견이 크게 엇갈리거나 전망이 좋은 경우에는 이미 비싸게 팔리죠. 그래서 저 역시 지금은 환경이나 에너지, 식량에 관한 주식에 관심이 많습니다. 공부중이죠. 이 세 가지 사업을 영위하면서 현금흐름을 만들어 내는 기업이 있고 실제로 돈을 벌고 있으며, 그 기업의 주가가 적정 배수라면 저도 이런 주식은 살 것입니다. 문제는 그런 게 별로 없다는 데 있죠.

그래서 약간 비겁해지려고 합니다. 안정적인 도시가스 회사나 정유 회사가 수소전지, 태양광 같은 분야에 손을 댈 경우엔, 신규 사업이 실패해도 이 기업들이 죽지는 않습니다. 주정 회사가 에탄올 사업을 한다든지 하는 것도 비슷한 맥락이구요. 저는 이런 부류만 골라서 비겁하게 투자할 생각입니다.

Q 1990년대 후반에 성장주를 사지 못해서 개인적으로 고생을 많이 하셨는데, 그럼 앞으로 다시 그런 순간이 와도 그런 기업의 주식은 사지 않을 것인가요?

A 또 그런 상황이 와도 저는 안 살 겁니다. 만일 그렇다면 반대로 롯데칠성 같은 기업의 주식은 살 수가 없거든요.

Q 우리나라의 가치투자 실태는 어떻습니까?

A 사실 냉정하게 보면 5% 미만입니다. 외국의 경우 20~30% 정도 되는데, 이에 비해 우리는 작은 수치죠. 물론 엄격한 기준에서 그렇다고 볼 수 있습니다. 하지만 앞으로도 그 비율이 늘기는 쉽지 않을 것입니다. 가치투자는 인간의 심리와 역행되므로 유행이 될 수 없습니다. 어지간해서는 절대 못 견딥니다. 피를 말리거든요.

예를 들어, 2000년에 롯데칠성을 살 때는 제 계산으로 내재가치가 30만 원이었거든요. 그래서 10만 원에 샀어요. 그런데 9만 원이 되더군요. 또 샀죠. 다시 8만 원, 7만 원이 되는데 손실이 벌써 30%에 육박하는 겁니다. 이때 혹시 내가 계산 착오를 했거나 감춰진 문제를 보지 못한 것이 아닌가 하는 생각에 두려워지더군요. 하지만 아무리 봐도 이익이 늘어나요. 그래서 믿어보자 하고 조금 더 샀죠. 곧 6만 원이 되더군요. 솔직하게 말씀드리면, 6만 원이 되자 정말 너무 겁이 나서 단 한 주도 추가 매수를 하지 못했습니다. 틀림없이 내가 모르는 악재가 있다는 생각이 들었고 공포에 질렸죠. 그런데 결과적으로 그 가격이 바닥이었습니다.

혼마 무네히사는 "바닥에서 사서 천장에서 팔아라. 단, 목숨을 걸고 사라."고 말했죠. 실제로 이것은 정말 깊은 바다에 뛰어드는 것보다 더 강한 공포를 느끼는 순간을 말합니다. 단 한 주도 못 사는 게 그게 바닥이죠. 이후 롯데칠성이 180만 원까지 올랐지만 저는 중간에 팔아버렸어요. 비싸졌으니까요. 이것은 인간의 행동에 대한 극단적인 배반이죠. 사실은 저도 이게 잘 안 됩니다.

　삼성전자를 예로 들어볼까요? 2000년 4월에 37만 5,000원이었습니다. 그때 사고 싶었죠. 나중에는 13만 5,000원이 되더군요. 그런데 또 너무 빠지니까 살 수가 없었습니다. 그러다가 나중에 74만 원이 되니까 미치도록 사고 싶더군요. 겨우겨우 참았습니다. 5년을 버텼는데 이제 와서 살 수는 없다고 이를 악물었죠. 심정적으로는 100번은 넘게 샀습니다. 그런데 그때가 상투였어요. 지나고 보니 말입니다. 그러니까 내가 사고 싶어서 못 참을 지경이 되면 그때가 바로 상투더란 겁니다.

Q 가치투자의 관점에서 해외투자는 어떻게 생각하십니까?
A 이론상 가능합니다. 하지만 경쟁의 측면에서 보면 그 나라 원주민들의 판단을 이기기가 어렵죠.

Q 손절매는 아예 하실 생각이 없으신 겁니까?
A 그렇진 않습니다. 다만 주가가 하락한다고 해서 손절매하지는 않습니다. 하지만 가치가 하락하면 손절매해야 합니다. 결국 가치투자란 10루타 종목을 사는 건데 엄청난 내공이 있어야 합니다. 피터 린치의 경우 1,600개 종목을 다뤘는데, 그가 수익을 낸 소위 대박 종목은 그의 포트폴리오에서 메인이었고, 손실을 낸 종목들은 비중이 적었어요. 이런 것이 바로 실력입니다.

Q 자산 운용의 자세는 어떤 것이어야 한다고 보십니까?
A 솔직히 우리 운용자들은 소로스나 버핏을 따라잡을 수 없습니다. 왜

냐하면 그들은 자신의 전재산을 투자하고 있기 때문입니다. 같이 살고 같이 죽는 공동운명체인 거죠. 금융시장에서 사람을 믿을 수 있다고 생각하십니까? 아닙니다. 돈을 믿는 거죠. 그래서 헤지펀드의 경우에는 운용자가 지분의 30% 이상을 소유하고 있지 않으면 투자를 안 하죠. 그러니 일반인의 돈을 맡아서 운용하는 경우, 이 사람이 리스크를 무시하고 소위 마구잡이로 질러서 낸 수익이냐 아니면 죽기살기로 지키며 낸 이익이냐를 잘 따져야 합니다.

Q 마지막으로 투자자들에게 하고 싶은 말이 있다면요?

A 세상에 완전한 기법은 없다는 겁니다. 《워렌 버핏의 완벽투자기법》이란 책이 있어요. 문제는, 그것이 버핏에게만 완벽한 투자기법이란 겁니다. 누구나 자기에게 맞는 옷을 입어야 합니다. 자기 자금의 운용 성격과 성향을 미리 알고 그에 딱 맞는 투자전략을 펴야 하는 것이죠. 투자자는 자기 자신을 정말 잘 알아야 합니다.

참고도서

이 책을 쓰기 위해 참고한 도서의 목록입니다. 국내서나 번역서를 참고한 경우에는 국내서 제목과 번역서 제목을, 원서를 참고한 경우에는 원서 제목을 명기했습니다. 이 책에서 언급한 내용과 관련해 더 자세한 내용을 알고 싶거나 제가 참고했던 문헌을 직접 읽고자 하는 분들을 위해 참고도서를 밝혀둡니다.

국내서, 번역서

1. 이성구 저, 《선물옵션 투자심리학》, 시대의 창, 2002.
2. 츠모리 싱야, 아베 마사키 공저, 홍성수 역, 《재무관리》, 새로운제안, 2007.
3. 벤저민 그레이엄 저, 박진곤 역, 《현명한 투자자 The Intelligent Inverstor》, 국일증권경제연구소, 2007.
4. 스타키안 저, 《한 번 배워 평생 써먹는 주식투자의 정석》, 위즈덤하우스, 2007.
5. 제시 리버모어 저, 박성환 역, 《주식 매매하는 법 How to trade in stocks》, 이레미디어, 2006.
6. 제러미 시겔 저, 김종완 역, 《제레미 시겔의 주식투자 바이블 Stocks for the long run》, 거름, 2001.
7. 존 보글 저, 이건 역, 《모든 주식을 소유하라 : 세계 4대 투자의 거장 존 보글의 투자 법칙 little book of common sense investing : the only way to guarantee your fair share of market ret》, 비즈니스맵, 2007.
8. 존 네프 외 저, 김광수 역, 《가치투자, 주식황제 존 네프처럼 하라 John Neff on investing : to invest smarter listen to John Neff》, 시대의창, 2007.
9. 우라카미 구미오 저, 박승원 역, 《주식시장 흐름 읽는 법 : 종목선택과 매매 타이밍 相場サイクルの見分け方 : 銘柄選擇と賣買タイミング》, 한국경제신문사, 1993.
10. 윌리엄 피터 해밀턴 저, 박정태 역, 《주식시장 바로미터 Stock market barometer》, 굿모닝북스, 2008.
11. 이채원, 이상건 공저, 《이채원의 가치투자 : 가슴 뛰는 기업을 찾아서》, 이콘, 2007.
12. 짐 로저스 저, 박정태 역, 《상품시장에 투자하라 Hot commodities》, 굿모닝북스, 2005.
13. 앙드레 코스톨라니 저, 정진상 역, 《투자는 심리게임이다 Kostolanys börsenpsychologie vorlesungen am kaffeehaustisch》, 미래의창, 2005.

14. 팻 도시 저, 조성숙 외 역, 《모닝스타 성공투자 5원칙 The five rules for successful stock investing》, 이콘, 2006.
15. 제러미 시겔 저, 윤여필 역, 《투자의 미래 Future for investors》, 청림출판, 2006.
16. 잭 슈웨거 저, 고영술 역, 《기술적 분석 못하면 절대 주식투자 하지 마라 Getting started in technical analysis》, 청림출판, 2002.
17. 바턴 빅스 저, 이경식 역, 《투자전쟁 : 헤지펀드 사람들의 영광과 좌절 Hedgehogging》, 휴먼&북스, 2006.
18. 존 앨런 파울로스 저, 이상근 역, 《수학자 증권시장에 가다 Mathematician plays the stock market》, 까치, 2003.
19. 피터 L. 번스타인 저, 강남규 역, 《세계 금융시장을 뒤흔든 투자 아이디어 Capital ideas : the improbable oringins of moden》, 이손, 2006.
20. 장득수 저, 《투자의 유혹 : 투기의 함정인가, 투자의 기회인가》, 흐름출판, 2006.
21. 주석배 저, 《증권경제론》, 거름, 2001.
22. 칼 월렌람 저, 이진원 역, 《주식투자의 군중심리 : 무엇이 똑똑한 투자자를 바보로 만드는가 Trading with Crowd Psychology》, 리더스북.
23. 조지프 엘리스 저, 이진원 역, 《경제를 읽는 기술 : 투자의 맥을 짚어주는 경제흐름 읽는 법 Ahead of the Curve 》, 리더스북, 2007.
24. 버튼 G. 맬키엘 저, 김헌 역, 《랜덤워크 이론 Random walk down wall street》, 국일증권경제연구소, 2000.
25. 로버트 B. 라이시 저, 형선호 역, 《슈퍼자본주의 Supercapitalism: The Transformation of Business, Democracy, and Everyday Life》, 김영사, 2008.
26. 사쿠라 종합연구소 편, 신한종합 연구소 역, 《세계의 금융자유화》, 고려원, 1992.
27. 피터 린치, 존 로스 차일드 공저, 권성희 역, 《피터 린치의 이기는 투자 Beating the Street》, 흐름출판, 2008.
28. 김성철 저, 《경제지식이 미래의 부를 결정한다》, 원앤원북스, 2007.
29. 커크 카잔지안 저, 김경민 역, 《가치투자를 말한다 : 미국 대표 펀드매니저 20인의 투자 비법 Value Investing with the masters》, 이콘, 2004.
30. 제임스 알투처 저, 이진원 역, 《워렌 버핏 실전 투자 Trade Like Warren Buffett》, 리더스북, 2006.
31. 로버트 해그스트롬 저, 석기용 역, 《지혜와 성공의 투자학 Latticework : the new investing》, 이끌리오, 2001.
32. 조셉 E. 그랜빌 저, 김안수 역, 《그랜빌의 최후의 예언 Granville's last stand》, 국일증권경제연구소, 2000.
33. 로버트 멘셜 저, 강수정 역, 《시장의 유혹, 광기의 덫 Markets, Mobs & Mayhem》, 에코리브르, 2005.
34. 한국밸류자산운용, 〈2008년 2/4 분기 분기보고서〉.

35. 조하현, 이승국 공저,《금융 리스크》, 세경사, 2002.

국외서

1. Peter L. Bernstein,《Capital Ideas : The Improbable Origins of Modern Wall street》, Free Press, 1992.
2. Jerome B. Cohen, Edward D. Zinbarg, and Arthur Zeikel,《Investment Analysis and Portfolio Management》, 5th Editions, Irwin, 1987.
3. De Bondt, Werner F. M, and Richard H. Thaler,《Financial Decision-Making in Markets and Firms : A Behavioral Perspective》, In R. Jarrow et al, (Eds), Handbooks in OR & MS, Vol. 9, 1995.
4. Lufkin Donaldson&Jenrette, Inc,《Common Stock and Common Sense》, Author, 1958.
5. Charles D. Ellis, and James R. Vertin,《Classics : An Investor's Anthology》, Dow Johns Irwin, 1989.
6. Marc Faber,《The Great Money Illusion》, Longman Group Ltd, 1988.
7. Peter Lynch,《Beating the Street》, Nextwave Publishing, 1993.
8. Fred W. Frailey,《John Neff : Insider Interview》, Kiplinger's personal Finance Magazine, 1994.
9. John K. Galbraith,《The Great Crash》, Mariner Books, 1997.
10. Benjamin Graham,《The Intelligent Investor》, Harper & Row, 1973.
11. Benjamin Graham, and David Dodd,《Security Analysis》, Reprint, McGraw-Hill, 1934.
12. William H. Gross,《Everything You've Heard about Investing Is Wrong!》, Times Books, 1977.
13. Henry H. Harper,《The Psychology of Speculation》, Fraser Publishing, 1966.
14. Ibbotson Associates,《Stocks, Bonds, Bills, and Inflation : 1997 Yearbook》, Ibbotson Associates, 1997.
15. John M. Keynes,《The General Theory of Employment, Interest and Money》, Harcourt Brace, 1936.
16. Kirk Kazanjian,《Value Investing》, Prentice Hall, 2002.
17. Gustave Le Bon,《The Crowd : A Study of the Popular Mind》, Reprint, Cherokee Publishing, 1982.
18. Gerald Loeb,《The Battle for Investment Survival》, Fraser Publishing, 1988.
19. Marc Faber,《Tomorrow's Gold》, Philmac Publishing, 2003.
20. Charles Mackay,《Extraordinary Popular Delusions and the Madness of Crowds》, Farrar, Straus&Giroux, 1841.
21. Martin Pring,《Martin Pring on Market Momentum》, Sheridian Books, 1993.
22. Mark Mobius,《Mobius on Emerging Markets》, Pitman Publishing, 1966.

23. John Neff, 《How I Multiplied Investors' Wealth 45 Times》, Money Guide, 1994.
24. Robert Fisher, 《The New Fibonacci Trader》, 2001.
25. Jeremy J. Siegal, 《Stocks For the Long Run》, Irwin Professional Publishing, 1944.
26. John B. Williams, 《The Theory of Investment Value》, Fraser Publishing, 1997.
27. Benjamin Graham, 《The Intelligent Investor》, Harperaudio, 2005.
28. Frost, A. J, Prechter, and Robert Rougelot, 《Elliott Wave Principle》, New Classics Library, 2007.
29. Peter D. Schiff, 《Crash Proof : How to Profit From the Coming Economic Collapse》, Lynn Sonberg Books, 2007.
30. Burton G. Malkiel, 《A Random Walk Down Wall Street : The Time-Tested Strategy for Successful Investing》, 9th Edition, 2007.
31. Edwin Lefevre, 《Reminiscences of a Stock Operator》, Wiley.
32. William J. O'Neil, 《How To Make Money In Stocks : A Winning System in Good Times or Bad》, 3th Edition, McGraw-Hill, 2002.
33. Peter Lynch, 《One up on Wall Street : How to Use What You Already Know To Make Money in the Market》, Miniature Editions ; Min Edition, Running Press, 2001.
34. Charles P. Kindleberger, 《Manias, Panics, and Crashes : A History of Financial Crises》, Wiley, 2000.
35. Jeff Madura, 《International Financial Management》, Cengage Lrng Business Press, 2007.
36. Richard Bookstaber, 《A Demon of Our Own Design : Markets, Hedge Funds, and the Perils of Financial Innovation》, Wiley, 2007.
37. John F. Carter, 《Mastering the Trade》, 1th Edition, McGraw-Hill, 2005.
38. Charles D. Kirkpatrick, 《Technical Analysis : The Complete Resource for Financial Market Technicians》, FT Press, 2006.
39. Anthony M. Gallea and William Patalon, 《Contrarian Investing》, Prentice Hall Pr.

찾아보기

영문

ALM(자산부채관리) 284, 286
BSI(경기실사지수) 94~95
CI(경기종합지수) 91~92, 121, 251
CO(Chaikin A/D Oscillator) 511
CSI(소비자동향지수) 86, 88
DCF(현금흐름 할인법) 213
DDM(배당할인모델) 256
EMH(효율적 시장가설) 291, 476
EPS(주당순이익) 168~174, 176~179,
　　181~182, 184, 187, 190
ETF(상장지수펀드) 123~125, 127,
　　129~132
FCF(자유현금흐름) 201~203, 205~206
GDP(국내총생산) 81, 104~105,
　　107~110, 121, 211, 241, 292, 319
GE 55, 124
GNP(국민총생산) 104
HMH(이질적 시장가설) 291
KOSDAQ 63, 122~123, 176, 189~190,
　　194, 230, 305
KOSPI 122~124, 127~131, 181, 190,
　　201, 243~244, 265, 267, 298, 302,
　　341~342, 348, 377, 476~477
KOSPI200 122~124, 127~131, 181, 243,
　　265, 302, 348, 476~477
KOSPI200지수 124, 128~130, 265, 348
KRX 122~126, 130
KRX섹터지수 123~124
LG디스플레이 32, 126
LG생명과학 126, 182, 184, 196, 199
MACD 72, 275, 411, 506~508, 511
MSCI 121, 251
NASDAQ 121, 476
NHN 36, 126, 192
OBV 511
PBR(주가순자산배율) 34~35, 41, 175,
　　189~194, 201~202, 206
PCR(주가현금흐름비율) 205
PEGR(주가수익성장비율) 178~179, 184
PER(주가수익배율) 32, 37, 150, 165,
　　168, 170~182, 184~185, 187~193,
　　195~196, 200~202, 206, 329
PER밴드 180
P/FCF(주가/자유현금흐름비율)
　　201~203, 205~206

PSR(주가매출액비율) 195~196,
199~202
SCF(잉여현금흐름) 204
RAROC(위험조정 자기자본수익률) 285
RSI(상대강도지수) 72, 489~493, 495,
498, 500~502, 505
VaR 285~287
VO(Volume Oscillator) 511

숫자

1점 바닥 403~405, 469
1점 천장 406, 431
2중 바닥 82, 403~405, 469
2중 천장 367, 406, 409, 431
3중 바닥 82, 404~405
3중 천장 406
45도선 382, 438, 441, 444, 456, 468

ㄱ

가우스, 칼 269
가우스곡선 269
가중평균 266~267
가치투자 30, 34, 36~37, 44, 46, 58~60,
64, 136, 191, 268, 284, 330
갠 앵글 382
갤리어, 앤터니 203, 206
BSI(경기실사지수) 94~95
CI(경기종합지수) 91~92, 121, 251
경제적 해자 35
계량경제학 80~81, 83
계속기업 139, 156
고공권 이탈 497
고정자산 35, 142, 145, 148
골든크로스 62, 304, 311
공분산 214~215, 227~229, 242, 251,
258, 262
구마자와 다케사부로 382
그랜빌, 조셉 511
그레이엄, 벤저민 27, 30, 32, 34~38,

175, 191, 231~232
근원인플레이션 97
금리할인 237, 256
기업평가 32, 34, 232, 284
기자모리 파동 381
기하평균 267~268, 346~347, 350
기하학적 각도 382, 438, 440, 442~444,
44, 458

ㄴ

내구재 수주 111~112
내재가치 41~44, 46~47, 55, 213, 224,
232, 319, 321, 324~325, 330, 437
니프티피프티 214

ㄷ

다우 이론 320, 382, 451, 454~455
다우, 찰스 61, 382
다이버전스 375, 495~499, 505~506,
508
다이버전스의 실패 498~499
대우증권 298, 306, 426~427
대차대조표 65, 141~143, 145, 148,
150~151, 159, 161, 170, 190~191,
193, 232, 286
데드크로스 62, 304~305, 311
동행종합지수 92
뚱뚱한 꼬리 253, 289, 292~293, 315,
334, 365, 410, 496~498, 505, 507

ㄹ

로저스, 짐 315
리스크 24, 28, 44, 167, 211~213,
227~231, 239, 241, 250, 258,
260~262, 281~287, 319, 353, 363
리슨, 닉 283
린치, 피터 179, 216~219, 226, 241, 246,
257, 319~320, 322, 326

ㅁ

마코위츠, 해리　209
만기갭　284
모멘텀투자　38, 60~62, 64~65, 323~324, 327
문자 파동　392, 398
미래가치의 할인　232
미래가치의 현재화　237
미래에셋　182, 226
미스터 마켓　39
미시간 소비자신뢰지수　110

ㅂ

바실리에, 루이　250
바이앤홀드　116, 211, 223, 362
바텀업　85, 116
배당　45, 51, 123, 138~139, 147, 155~157, 175, 203, 205, 210, 213, 222, 230~232, 234~235, 240, 256, 347
배당할인모델(DDM)　256
버크셔해서웨이　43, 57
버핏, 워렌　31, 35~36, 43~44, 56~58, 60, 257, 262, 319, 323, 359
베이시스위험　282
베타계수　239
베타의 죽음　246
벤치마크지수　131
변동성밴드　360, 362, 365, 496
변동성 집중화　292, 315, 322
볼린저, 존　344, 356
볼린저밴드　246, 279, 289, 329, 344, 351~352, 354~356, 358, 363, 365~366, 431
부내거래　286
부외거래　286
분산투자　212, 251~253
불규칙 조정의 꼭지점　414
불확정성의 원리　317

브라운 운동　250
블랙-슐츠 모델　288

ㅅ

사케다 5법　381, 392
산술평균　266~267, 275~276, 346~348
삼성전자　24, 39, 54, 121, 124~126, 156, 173, 226, 240~241, 266~267, 274, 279, 331, 336, 340~341, 373, 425~427, 440, 448
상대강도지수(RSI)　72, 489~493, 495, 498, 500~502, 505
상장지수펀드(ETF)　123~125, 127, 129~132
상품성지수　122~123
새뮤얼슨, 폴　83, 232
생산자물가지수　97~98
생활물가지수　97
샤프, 윌리엄　212, 242, 255
선행종합지수　92~93
섹터지수　123~125, 130
섹터펀드　125
섹터ETF　124~125
소로스, 조지　315, 319
소비자기대지수　86~89, 92~93, 97
소비자동향지수(CSI)　86, 88
소비자물가지수　97~98
손익계산서　65, 138~139, 141~142, 148, 150~151, 159~160, 195, 232
수익률 격차　173~174
수익률 모델의 자기유사성　293
숫자 파동　392, 398
스타일지수　122~123
스토캐스틱　275, 501~502, 504~505
스톨러, 매닝　331
시가총액비율
시가총액식 주가지수　121
시장가치　41, 43, 199, 205, 224
시장리스크　44, 211, 228

시장위험 281~282
시황지수 122
신규 주택 판매 114
신용위험 281, 283
쐐기형 패턴 375, 411

ㅇ

안전마진 32, 35, 37, 324
업종리스크 211, 213, 227
엔빌로프 274, 329~331, 333~334, 337, 344, 351~352, 354~355, 365~366, 375, 496
엘더, 알렉산더 357
엘리스, 조지프 107
엘리어트 파동 71~72, 293, 381, 383, 385, 390~392, 394, 397~399, 409, 413, 415~416, 419~421, 423, 425~429, 431, 447, 464
엘리어트, 랄프 385, 390
역발상투자 206
연못 속의 고래 340~341, 362
오닐, 윌리엄 175
오리 떼의 패러독스 249~250
오스본, M. F. M. 250
오차곡선 269, 277
우라가미 구니오 383
우라가미 구니오의 경기수축 팽창 사이클 383
운용위험 281, 283
원디시전 76
위험관리 138, 261, 281, 286~288, 290
위험조정 자기자본수익률(RAROC) 285
위험할인 237
윌리엄스, 존 버 213
유동성위험 281, 283
유동자산 35, 37, 138, 140, 142~143, 145
이격도 337
이자보상배율 139~140, 161~162, 239
이질적 시장가설 291

인덱스펀드 124~125, 127~130, 218, 255, 319
잉여현금흐름(SCF) 204

ㅈ

자금재조달위험 282
자산부채관리(ALM) 284, 286
자유현금흐름(FCF) 201~203, 205~206
재귀 이론 315~318
재무제표 37, 45, 54, 60, 67, 135~137, 141~143, 156, 175, 185, 196, 199, 205, 236, 329
재투자위험 282
정규분포 252, 268~270, 273~275, 277~281, 287~289, 293, 315, 331, 345, 347~348, 351
정규분포곡선 269, 273~275, 287, 347
제조업 경기실사지수 94
종목리스크 213, 227
종합주가지수 69, 91, 93, 118, 11, 121~122, 128~129, 324, 427~428
주가/자유현금흐름비율(P/FCF) 201~203, 205~206
주가매출액비율(PSR) 195~196, 199~202
주가수익성장비율(PEGR) 178~179, 184
주가수익배율(PER) 32, 37, 43, 150, 165, 168, 170~182, 184~185, 189~193, 195~196, 200~202, 206, 298, 329
주가순자산배율(PBR) 34~35, 41, 175, 189~194, 201~202, 206
주가평균식 주가지수 12
주가현금흐름비율(PCR) 205
주당순이익(EPS) 31, 168~174, 176~179, 181~182, 184, 187, 190
주당 장부가치 142
주주자본주의 225~226
주택 착공 81, 84, 112~114
중심추세 438

중앙값 266
증권 분석 30, 34, 36, 41, 43~44, 175
지그재그 파동 402, 417, 464

ㅊ

채널기법 421, 423
최빈값 266
추세선 73, 83, 237, 322, 409, 421~422, 468, 475, 481~484, 493, 498, 504, 510, 512

ㅋ

컨버전스 495, 506
코어인플레이션 97
코프먼, 페리 344
콘드라티예프 파동 383
콜린스, 찰스 386
쿠즈네츠 파동 383
퀀텀펀드 315, 317
키친 파동 383

ㅌ

토빈, 제임스 228, 255, 257
토빈의 분리정리 257
톱다운 85, 116
트래킹에러 131~132
트랩 412
트레이드오프 210

ㅍ

파동교대의 법칙 407~408
파레토 법칙 322
패턴론, 윌리엄 203, 206
페일 412, 499, 504
페일러 스윙 499, 504
평균값 266~267, 269~270, 278, 301~302, 308, 330, 346~349, 352, 504
평행 추세선 421

포스코 173, 185~188
포트폴리오 43~44, 58, 11, 123, 208~209, 212~216, 218, 227~231, 240~247, 251, 254~258, 261~262, 285~287, 319~320, 323~325, 359~360
포퍼, 칼 317
표준편차 213, 240~241, 252, 261, 264~265, 268, 274~280, 287, 289, 344, 351~352, 354~355, 358, 431
프랜차이즈 밸류 55, 135, 193, 239, 324
프레히터, 로버트 389
플랫 파동 401, 417, 464
피보나치 수열 388, 394, 434, 43, 450~451, 454
피보나치 조정비율 394
피보나치, 레오나르도 388

ㅎ

하위가합성 262
한국전력 36, 41~42, 46, 147, 150~152, 154, 177, 192~193, 199~200, 205, 214, 231~232, 237, 240, 245
합리의 함정 76~77
해밀턴, 윌리엄 61
허그 패턴 358
헤지펀드 316~318
현금할인 237
현금흐름 할인법(DCF) 213
현금흐름표 142, 152, 154, 159
현대중공업 65, 178, 213, 321, 329
혼마 무네히사 381~382, 393
효율적 시장가설(EMH) 291, 476
후행종합지수 92